普通高等学校应用型教材·会计与财务

U0873882

银行会计

周江银◎编著

BANK ACCOUNTING

中国人民大学出版社
·北京·

图书在版编目（CIP）数据

银行会计/周江银编著. --北京：中国人民大学出版社，2021.6
普通高等学校应用型教材. 会计与财务
ISBN 978-7-300-29401-8

Ⅰ.①银… Ⅱ.①周… Ⅲ.①银行会计-高等学校-教材 Ⅳ.①F830.42

中国版本图书馆 CIP 数据核字（2021）第 092172 号

普通高等学校应用型教材·会计与财务
银行会计
周江银　编著
Yinhangkuaiji

出版发行	中国人民大学出版社		
社　　址	北京中关村大街 31 号	**邮政编码**	100080
电　　话	010－62511242（总编室）		010－62511770（质管部）
	010－82501766（邮购部）		010－62514148（门市部）
	010－62515195（发行公司）		010－62515275（盗版举报）
网　　址	http://www.crup.com.cn		
经　　销	新华书店		
印　　刷	北京宏伟双华印刷有限公司		
规　　格	185 mm×260 mm　16 开本	**版　　次**	2021 年 6 月第 1 版
印　　张	23.25 插页 1	**印　　次**	2022 年 8 月第 2 次印刷
字　　数	503 000	**定　　价**	46.00 元

前　言

银行会计是金融学和会计学方向本科生的专业课程。本教材适合应用型金融学、会计学专业本科生使用，也可作为银行从业人员职业培训参考用书及自学参考用书。本教材以新的《企业会计准则——基本准则》、42 项具体准则、企业会计准则应用指南、《金融企业财务规则》和最新的金融法规为指导，依据金融管理机构颁布的最新规章制度，以教学和实际工作需要为目的，体现了理论联系实际、可操作性强、内容新颖、循序渐进、深入浅出等特点，以求最大限度地满足应用型金融人才的要求。

本教材的主要内容包括商业银行基本核算方法和现金出纳业务、存款业务、贷款业务、支付结算业务、银行往来及资金清算、外汇业务、所有者权益及损益的核算等。第一章和第二章介绍银行会计的基础知识和基本核算方法；第三章至第八章介绍银行会计各项业务的处理方法，也是本教材的重点；最后两章介绍银行会计的损益核算及年度决算，是一个会计年度银行会计的总结。

本教材在编写过程中尽量吸收成熟教材的精华，同时融入福建江夏学院金融学院银行会计课程组对多年教学和实践的总结，本教材的特色如下：

1. 理论联系实际，可操作性强。编者结合自己长期从事银行会计教学的实践经验和从商业银行获取的最新实务操作资料，将银行会计理论和最新实务发展紧密结合。本教材是编者在调研商业银行的银行业务会计核算方法的基础上编制的，仿真性较强。教材精选的例子和练习题模拟商业银行主要业务的核算，缩短了理论和实务的距离，突出教材的应用性。

2. 内容新颖，时效性较强。教材介绍了银行会计最新的核算规定及要求，融入了商业银行会计处理方法的最新改革内容，如第二代支付系统、营业税改征增值税、外汇买卖柜台逐笔确认收益、公允价值变动损益的核算等，更加突出了教材的实用性和时效性。

3. 体例清晰，深入浅出。教材每章包括学习目的、章节内容、本章小结、本章练习，教材最后配有附录（练习题参考答案、银行会计科目等）。在章节内容中，与银行会计相关的专业知识后附有知识链接，重点部分配有特别提示，难点部分增加点拨指导，使教材深入浅出。

本书在编著过程中参阅了相关资料，在此对这些资料的作者表示由衷的感谢！编者水平有限，书中难免有疏漏和错误之处，欢迎读者交流指正，以便我们在再版时更正。编者邮箱为 jinrong140@163. com。

周江银

目　录

第一章

总论

学习目的

1. 熟悉银行会计的概念、特点。
2. 了解银行会计信息质量要求，银行的会计制度，银行会计人员的职责。
3. 掌握银行会计的核算对象。

第一节　银行会计概述

一、银行会计的概念

我国金融体系主要由银行和非银行金融机构组成。

中国银行体系由中央银行、监管机构、自律组织和银行业金融机构组成。中国人民银行是中央银行，在国务院的领导下，负责制定和执行货币政策，防范和化解金融风险，维护金融稳定。中国银行保险监督管理委员会，简称银保监会，负责对全国银行业金融机构及其业务活动实施监管。中国银行业协会是在民政部登记注册的全国性非营利社会团体，是中国银行业的自律组织。中国的银行业金融机构包括政策性银行（中国进出口银行、中国农业发展银行），大型商业银行（中国工商银行、中国银行、中国农业银行、中国建设银行、交通银行），中小商业银行，农村金融机构，以及中国邮政储蓄银行和外资银行。

银保监会监管的非银行金融机构包括金融资产管理公司、信托公司、企业集团财务公司、金融租赁公司、汽车金融公司和基金管理公司等。

【知识链接】
银行概述

商业银行是现代金融体系的主体，本书着重介绍的是商业银行会计。

【特别提示】商业银行是依照《中华人民共和国商业银行法》和《中华人民共和国公司法》设立的吸收公众存款、发放贷款、办理结算等业务的企业法人。它以效益性、安全性、流动性为经营原则，自主经营、自担风险、自负盈亏、自我约束。商业银行是独立承担民事责任的金融企业法人，它依法开展业务，并以其全部法人财产独立承担民事责任。

商业银行经营的货币信用业务，直接影响着整个社会的货币流通，因而具有调节国民经济的特殊作用。商业银行通过发挥服务功能和调控作用，优化资源配置，促进经济增长方式的转变和产业结构的优化升级，实现经济可持续协调发展，实现金融政策与建设和谐社会的要求高度一致，在和谐中实现高质量发展，努力实现银行经营目标和社会和谐目标。

根据《中华人民共和国商业银行法》的规定，商业银行可以全部或者部分经营的业务包括：吸收公众存款；发放短期、中期和长期贷款；办理国内外结算；办理票据承兑与贴现；发行金融债券；代理发行、代理兑付、承销政府债券；买卖政府债券、金融债券；从事同业拆借；买卖、代理买卖外汇；从事银行卡业务；提供信用证服务及担保；代理收付款项及代理保险业务；提供保管箱服务；经国务院银行保险业监督管理机构批准的其他业务。

银行会计是我国会计体系中的一个重要组成部分。银行利用会计这一工具，直接办理和实现银行业务，同时以效益性、安全性、流动性为经营原则，对经营过程进行连续、全面和系统的核算和监督。商业银行会计是以货币为计量单位，运用确认、计量、记录和报告等专门的会计基本原理与方法，对商业银行的业务活动进行全面、连续、系统的核算、反映、控制与监督的重要信息系统和管理活动。银行会计不仅是商业银行经营管理活动的重要组成部分，也是商业银行其他工作的基础。

银行会计的目标是向会计信息的使用者提供反映其财务状况、经营成果和现金流量的核算信息。这里的会计信息使用者主要是投资者、银行经营管理者、债权人和宏观调控部门。

【特别提示】银行会计以货币为主要计量单位。由于货币是商品的一般等价物，是衡量商品价值的共同尺度，在会计核算中通常选择以货币作为主要计量单位。我国商业银行经营涉及的货币除了本币以外，还有美元（USD）、英镑（GBP）、欧元（EUR）、日元（JPY）等外币。商业银行会计要求采用原币记账法，即按业务发生时的货币记账，不折成本位币入账。但年度决算时，各种外币业务除分别编制原币的财务报表，还要按规定的汇率折合成本币，与本币报表合并，即年终并表，以人民币资金统一反映银行财务状况和经营成果。

二、银行会计的特点

商业银行作为经营货币、信用业务的特殊企业，其本身的业务活动具有一定的特殊性。银行会计作为一门专业会计，与其他部门的会计相比，主要有以下特点：

（1）核算内容的广泛性、社会性。从核算内容上看，商业银行会计既核算对内业务，又核算对外业务，并以对外业务为核算主体，这使其具有广泛的社会性、综合性和客观性。银行会计与国民经济各部门活动紧密联系，国民经济各部门、各单位和个人均可在商业银行开设账户，办理资金收付业务。商业银行会计通过开户单位账户资金的增减变化和来龙去脉，反映和监督他们的经营状况，财务状况和资金流向、流量，充当社会总会计的角色，为有关部门提供各种经济信息和统计资料。因此，商业银行是国民经济资金活动的中心和枢纽，综合反映国民经济各部门的经济活动，具有社会“公共簿记”的作用。银行会计通过记账、算账和报账，充分体现整个国民经济的资金活动情况，这是其他行业会计无法做到的。

（2）业务处理和会计核算的统一性。商业银行的经营对象是货币，各项业务的结果大部分是银行资金的增减。商业银行会计部门位于活动的第一线，在处理各项业务的同时，必须在会计凭证和账簿上对业务进行核算和反映。这样，既处理了业务，又进行了会计核算，因此，商业银行的业务处理和会计核算具有统一性。例如，客户的存款业务，从客户提交存款凭单，银行接柜审核、传递、处理凭证到登记账簿完成结算，这一系列程序既是业务活动过程，又是会计核算过程。

（3）会计核算方法的特殊性。由于商业银行经营范围和对象的特殊性，与企业相比，在采用一般会计核算方法的基础上，形成了自己的一套特殊方法。例如，银行的会计凭证主要采用单式凭证，为了简化核算手续，大量采用以原始凭证代替记账凭证的方式。正是银行会计的这种特殊性，使其既能适应银行会计业务处理的要求，又符合国家的有关财务制度。

（4）会计服务的综合性。商业银行是一个特殊的行业，它的各项业务活动都延伸到生产和流通的各个领域，与社会再生产有密切的联系。各企业和单位的资金收付与往来都要通过在银行开立的账户进行结算。每个银行虽然只反映某个单位或部门的经济活动情况，但是通过财务报表的逐级汇总，可以反映出一个地区、一个省市乃至全国的经济情况，因而商业银行会计亦可以称为“社会总会计”。人民银行可以通过商业银行财务报表汇报的资料了解全社会的总储蓄和总贷款的情况，以便制定相应的金融政策。从上述内容可以看出，商业银行的会计服务具有综合性。

（5）提供信息的及时性。商业银行与国民经济其他部门的经济活动有密切的联系，其业务涉及面广、影响范围大、政策性强。银行作为信用中介、社会的现金收支和转账结算的枢纽，每天都要处理数量众多的与有关开户单位、个人的资金清算密切相关的业务，银行柜面必须及时地把各项业务纳入核算程序进行处理。如果银行会计处理不及时，就会影响客户的用款，从而影响银行的信誉。因此，客观上要求银行会计必须在每日营业终了时及时把当天全部账务试算核对平衡。

（6）监督和服务的兼容性。各商业银行作为经营信用和货币业务的特殊企业，在全国范围内组织聚集、分配和运用资金的经营活动，使各银行和其他企业的经济利益紧密地联结在一起，这就决定了银行会计监督职能具有广泛的社会性。一方面，银行为符合国家法律规定的经济活动提供高质量的金融服务；另一方面，对于违反国家政策、法律法规的行为坚决抵制和制止，监督资金的安全运行。因此，银行会计的监督和服务具有兼容性的特征。

三、银行会计的基本职能

银行会计具有会计核算和会计监督两大基本职能。

银行会计的核算职能即反映职能，是指将银行已经发生的个别的、大量的经济业务，通过确认、计量、记录、汇总和报告，转化为全面、连续、系统的会计信息，以反映银行经济活动的全过程及其结果。

银行会计的监督职能即控制职能，是指控制和规范银行经济活动的运行，使其达到预定的目标。会计机构、会计人员要监督银行的经济活动是否符合国家的财经政策和财经纪律；监督会计核算反映的会计信息是否真实完整；监督经济活动是否按照事先确定的财务目标和编制的各项预算运行；及时反馈脱离预算的偏差并采取措施予以调整。

银行会计的会计核算和会计监督这两大基本职能是相辅相成的。会计核算是会计监督的基础，只有正确地进行会计核算，会计监督才有真实可靠的依据；会计监督是会计核算的继续，只有严格地进行会计监督，才能使经济活动按预期的目的运行，会计核算才能在银行的经济管理中充分发挥作用。

四、银行会计的对象

银行会计的具体对象就是会计要素，即资产、负债、所有者权益、收入、支出、利润，也就是银行业务活动过程中以货币为计量单位来核算、反映和监督银行资金筹集与运用的增减变化过程和银行收支形成的财务成果。

银行会计对象按照其经济特征所作的进一步分类称为会计要素，包括资产、负债、所有者权益、收入、成本和费用以及利润六个方面。

(一) 资产

银行的资产是指过去的交易或事项形成并由银行拥有或控制的、预期会给银行带来经济利益的资源。商业银行的资产按其流动性可分为流动资产和非流动资产等。其中流动资产是指可以在1年内（含1年）变现或耗用的银行资产，主要有现金、存放中央银行准备金、短期贷款等；非流动资产主要有中长期贷款、长期投资、固定资产、无形资产和其他资产。具体包括：

(1) 贷放资金：银行按照有关规定发放的短期贷款、中长期贷款、抵押贷款等。

(2) 投资资金：银行投资在各种有价证券上的资金。

(3) 各项占款：银行的房屋、器具、设备和运输工具等固定资产以及无形资产等占用的资金。

（4）备付金：银行的库存现金以及存放在中央银行的准备金。

（5）其他：各种暂付款项、应收款项等。

【特别提示】只有过去的交易或事项才能导致银行资产的增加或减少。预期未来发生的交易或事项不能作为银行增加或减少资产的依据。如固定资产购买计划不能作为确认银行资产的依据。另外，如果某些资产不能为银行所有，但是银行对该项资产有控制权，应该确认为资产。如银行因借款人不能偿还贷款本息而取得的抵债资产，银行不一定对其有所有权，但是能够实际控制，则应当确认为资产。

（二）负债

银行的负债是指过去的交易或事项形成的、预期会导致经济利益流出银行的现实义务。商业银行的负债按其流动性，可分为流动负债和其他长期负债等。其中流动负债是指将在1年内（含1年）偿还的债务，主要有短期存款、财政性存款、向中央银行借款、汇出汇款、应付款、应交税金等；其他长期负债主要有长期存款、长期应付款等。具体包括：

（1）吸收资金：商业银行吸收的各项存款，包括企事业单位存款、个人储蓄存款、发行金融债券等。

（2）借入资金：向中央银行借入、向同业借入以及向国外借入的资金。

（3）结算资金：结算中暂时占用的款项，包括联行存放款项、同业存放款项等。

（4）其他：暂收款项和各种应付款项等。

【特别提示】现实义务是银行在现行条件下已承担的义务，如果已经履行，则不构成银行的负债。如商业银行对定期存款预提的应付利息，如果已经支付给存款人，则不构成银行的负债。

（三）所有者权益

银行的所有者权益是指银行所有者在银行资产中享有的经济利益。其金额为资产减去负债后的余额。它是银行资产扣除债权人权益后应由所有者享有的部分，既可反映所有者投入资本的保值增值情况，又体现了保护债权人权益的理念。具体包括：

（1）实收资本：投资者实际投入银行形成的资本金或股本金。银行设立必须按国家规定筹集资本金，这是银行成立和存在的前提。银行筹集的资本金按其来源不同，分为国家资本金、法人资本金、个人资本金和外商资本金等。

（2）资本公积：指资本（或股本）溢价、重估准备、接受非现金资产捐赠准备、股权投资准备、外币资本折算差额、关联交易差价、可供出售金融资产公允价值变动储备和其他资本公积。

（3）盈余公积：银行从利润中提取的盈余公积、公益金等。

（4）一般准备：银行按规定比例从净利润中提取的、用于弥补尚未识别的或可能损失的准备。

（5）未分配利润：待分配给投资者的利润和未决定用途的利润。

【特别提示】银行通过所有者权益筹集的资金可以长期使用，除非发生减资、清算，银行没有归还的义务。一般情况下，所有者只能参与银行税后利润的分配，不能从银行取得固定的利息收入。

（四）收入

银行的收入是指银行在日常活动中形成的、会导致所有者权益增加的、与所有者投入资本无关的经济利益的总流入。商业银行的收入包括在一定经营期间提供金融产品服务而实现的各种收入，以及对外投资实现的投资收益和获取的与业务经营无直接关系的营业外收入等。商业银行提供金融商品服务所取得的收入主要包括利息收入、金融企业往来收入、手续费收入、贴现利息收入、证券发行差价收入、买入返售证券收入、汇兑收益和其他营业收入等。投资收益是指银行对外投资所获取的投资报酬，主要包括债券投资的利息收入、股票投资的股利收入。

【特别提示】银行的收入不包括为第三方或者客户代收的款项，如为企业代垫的工本费、代邮电部门收取的邮电费、代水电部门收取的水电费等。

【点拨指导】商业银行的收入必须是银行在日常经营活动中取得的经济利益流入，非日常活动所形成的经济利益的总流入不能确认为收入。如商业银行对外贷款取得的利息收入和提供结算等中间业务取得的手续费收入可以确认为银行的收入，但是银行处置固定资产（非日常活动）形成的净收益不应确认为营业收入，而应确认为资本利得。

（五）成本和费用

银行的费用是指银行在日常活动中发生的、会导致所有者权益减少的、与向所有者分配利润无关的经济利益的总流出；银行的成本是指银行为提供劳务和产品而发生的各种耗费。不包括为第三方或客户垫付的款项。

商业银行的营业成本，是指在业务经营过程中发生的与业务经营有关的支出，包括利息支出、金融企业往来支出、手续费支出、卖出回购证券支出、汇兑损失、赔款支出等。

商业银行的营业费用，是指商业银行在业务经营及管理工作中发生的各项费用，包括固定资产折旧、业务宣传费、业务招待费、电子设备运转费、安全防卫费、邮电费、印刷费、公杂费、低值易耗品摊销、职工工资、差旅费、水电费、租赁费（不包括融资租赁费）、修理费、职工福利费、职工教育经费、工会经费、会议费、无形资产摊销、长期待摊费用摊销、董事会费、广告费等。银行在经营过程中所发生费用应当按实际发生数计入成本费用。商业银行向投资者分配利润虽然会导致经济利益的总流出，但是不应确认为费用，应该直接抵减所有者权益。

商业银行必须分清本期营业成本、营业费用和下期营业成本、营业费用的界限，不得任意预提和摊销费用。

【特别提示】凡应当由本期负担而尚未支出的费用，商业银行应该将其作为预提费用计入本期成本费用；凡已支出、应当由本期和以后各期负担的费用，商业银行应当将其作为待摊费用，分期摊入成本费用。另外，银行会计核算应当合理划分收益性支出与资本性支出。凡支出的效益仅与本会计年度相关的，应当作为收益性支出；凡支出的效益与几个会计年度相关的，应当作为资本性支出。

（六）利润

银行的利润是指银行在一定会计期间的经营成果，包括营业利润、利润总额和净利润。营业利润由营业收入减去营业成本和营业费用，再加上投资净收益得出。利润总额等于营业利润减去税金及附加，加上营业外收入，减去营业外去出。净利润等于利润总额减去资产减值损失，减去所得税。

银行实现的利润和利润分配应当分别核算，利润构成及利润分配各项目应当设置明细账，进行明细核算。金融企业提取的法定盈余公积和法定公益金、分配的优先股股利、提取的任意盈余公积、分配的普通股股利、转作资本（或股本）的普通股股利，以及年初未分配利润（或未弥补亏损）、期末未分配利润（或未弥补亏损）等，均应当在利润分配表中分别列项予以反映。

按照国际惯例和会计准则的规定，以上银行资金的六项内容构成了会计要素。会计要素是对会计对象的具体内容进行的分类。综上所述，银行会计的具体对象就是会计要素，也就是银行业务活动过程中以货币为计量单位来核算、反映和监督银行资金筹集与运用的增减变化过程和银行收支形成的财务成果。

【知识链接】
营改增对银行
利润的影响

五、银行会计核算的基本前提

商业银行的经营活动作为会计核算的对象具有不确定性，而会计核算的目的是通过连续、系统、全面地记录、计算和反映，为各方面提供有价值的会计信息。为此，就必须对银行会计核算的对象和会计核算方法做出基本规定，即建立会计核算的基本前提，有时也称之为会计假设。它也是银行收集会计数据、选择会计方法的重要依据。国内外会计界多数人公认的会计核算基本前提有四个，分别是会计主体、持续经营、会计分期和货币计量。

（一）会计主体

会计主体指会计核算服务的对象，换言之，指会计人员进行核算（确认、计量、报告）时采取的立场及空间活动范围界定。凡是有能力拥有资源、承担义务、独立或相对独立的特定单位和组织，都需要进行独立核算，成为一个会计主体。在实际工作中，会计主体又称会计单位、会计实体、记账主体等。以会计主体作为会计的基本前提条件，对会计核算范围从空间上进行了有效界定，有利于正确反映一个经济实体所拥有的财产及承担的债务，提供准确的财务信息。

【特别提示】会计主体不同于法律主体。一般来说，法律主体必然是会计主体，但会计主体不一定是法律主体。会计主体既可以是独立法人，也可以是非法人；既可以是整个企业，也可以是企业内部某个特定的部分或单位；既可以是单一企业，也可以是由几个企业组成的企业集团。比如中国工商银行股份有限公司是企业法人，也是会计主体。各省的分行、支行本身是领取营业执照的法人分支机构，并且有总部授权，可以对外签订合同，也是会计主体。而工商银行的营业网点则没有法人资格，也没有营业执照，不能对外签订合同，但是各网点是会计记账主体，要对银行资金运动过程及结果进行反映和控制。随着信息技术在金融业的广泛运用，我国商业银行的会计主体出现了由多层次主体向单一主体转化的趋势。

（二）持续经营

如果说会计主体作为基本前提是一种空间界定，那么持续经营则是一种时间界定。将持续经营作为基本前提条件，是指银行在可以预见的将来，不会面临破产和清算，而是持续不断地经营下去。只有在持续经营的前提下，资金才能实现周而复始的循环和维持，会计人员才能分期记账、定期编制财务报告，会计处理方法才能保持一致性和稳定性，并以权责发生制为基础确定本期的收入与费用，解决资产计价和负债偿还等问题。

一般情况下，商业银行都应按持续经营假设进行核算。持续经营对于银行会计十分重要，它为财产计价、收益以及计量提供了理论依据。只有具备了这一前提条件，银行才能够以历史成本作为资产的计价基础，才能够认为资产在未来的经营活动中可以给企业带来经济效益，固定资产的价值才能够按照使用年限的长短以折旧的方式分期转为费用。

【特别提示】若有证据表明银行已无法继续经营，持续经营假定就不再适用。银行会计人员应改用清算价格或重置成本确定财产价值，并进行相应的会计处理。

（三）会计分期

会计分期这一前提是从持续经营基本前提引申出来的，也可以认为是持续经营的客观条件。商业银行的经营活动从时间上来看是持续不断的，但银行会计为了确定损益并编制财务报表，定期为使用者提供信息，必须将持续不断的经营过程划分成若干期间，分期结算账目和报告财务状况。会计期间一般按照日历时间划分，分为年、季、月。会计分期解决了商业银行会计核算和监督的时间范围问题。

会计期间的划分是一种人为的分割，实际的经济活动周期可能与这个期间不一致，有的经济活动可以持续多个会计期间。但是，与银行有利益关系的单位或个人都需要在一个期间结束之后随时掌握企业的财务状况和经营成果，而不可能等待全部经营过程完结之后再考察企业经营成果。银行会计核算必须确定各项经济业务与某一会计期间的关系，由此产生了权责发生制和收付实现制两种会计处理方法，以及折旧、摊销、计提贷款坏账准备等账务处理方法。

【特别提示】银行将划分会计分期作为会计的基本前提是由持续经营和及时提供信息的要求决定的，这种划分是一种人为的划分。

（四）货币计量

货币计量是指银行会计应以货币为计量尺度。它包括三层含义：一是假设货币币值保持不变。当货币本身价值波动不大或前后波动可以相互抵消时，这些波动在会计核算中可以不予考虑。但是在发生持续的恶性通货膨胀、货币购买力严重下跌时，就需要采用特殊的会计准则进行处理。二是银行会计表内核算的对象只包括能用货币计量的经济活动，表内核算方法采用借贷记账法。三是我国商业银行会计核算以人民币为记账本位币。

【特别提示】业务收支以外币为主的银行，也可以选定某种外币作为记账本位币，但是在编制年终财务报表时应折算为人民币。境外金融企业向国内有关部门报送的财务报表也应折算为人民币。

六、商业银行会计基础

在会计主体的经济活动中，经济业务的发生和货币的收支不是完全一致的，即存在着现金流动与经济活动的分离。由此产生两个确认和记录会计要素的标准，一个标准是根据货币收付与否来作为收入确认和费用确认的依据，称为收付实现制；另一个标准是以取得收款权利或付款责任作为记录收入或费用的依据，称为权责发生制。

根据《企业会计准则——基本准则》，商业银行应当以权责发生制为基础进行会计确认、计量和报告。

权责发生制是以权利和责任的发生来决定收入和费用归属期的一项原则。凡是在本期内已经收到的收入和已经发生或应当负担的费用，不论其款项是否收到或付出，都作为本期的收入和费用处理，计入利润表；反之，凡不属于本期的收入和费用，即使款项在本期收到或付出，也不应作为本期的收入和费用处理。权责发生制属于会计要素确认计量方面的要求，它解决收入和费用何时予以确认及确认多少的问题。

权责发生制依据持续经营和会计分期两个基本前提正确划分不同会计期间资产、负债、收入、费用等会计要素的归属，并运用一些诸如应收、应付、预提、待摊等项目记录由此形成的资产和负债等会计要素。商业银行经营不是一次而是多次，而其损益的记录又要分期进行，每期的损益计算理应反映所有属于本期的真实经营业绩，收付实现制显然不能完全做到这一点。因此，权责发生制能更加准确地反映特定会计期间实际的财务状况和经营业绩。例如商业银行各项贷款利息除有特殊规定外，一般按权责发生制原则于资产负债表日计提应收利息并确认利息收入。计息时，利息并没有实际收到，但是要计提应收利息，借记“应收利息”科目，贷记“利息收入”科目。实际收到时，借记“单位活期存款”科目，贷记“应收利息”科目。

【特别提示】权责发生制原则要求商业银行以收入在本期实现和费用在本期发生或应由本期负担为标准确认本期的收入和费用，而不论款项是否在本期收付。该原则以持续经营和会计分期假设为前提。

七、银行会计信息质量要求

【知识链接】
企业会计准则对会计信息质量的要求

银行会计信息质量要求是指对银行财务报告中所提供的会计信息质量的基本要求，根据企业会计准则，银行会计信息质量要求主要包括以下方面。

（一）可靠性

可靠性原则又称真实性原则，要求银行以实际发生的交易或者事项为依据进行会计确认、计量和报告，如实反映符合确认和计量要求的各项会计要素及其他相关信息，保证会计信息真实可靠与内容完整。可靠性原则包括三方面含义：一是客观性，即银行会计所提供的会计信息必须以实际发生的交易或事项为依据；二是完整性，即银行会计信息的披露要求完整并充分，不得随意隐瞒；三是可验证性，即银行会计必须有可靠的凭据以供复查其数据来源和信息提供过程，银行会计提供的信息应当能够经受验证，以核实其是否真实。

（二）相关性

相关性原则又称有用性原则，要求银行提供的会计信息与财务报告使用者的经济决策需要相关，有助于财务报告使用者对银行过去、现在或者未来的情况做出评价或者预测。相关性是会计信息的重要质量要求，银行在会计核算中贯彻相关性原则，就要求会计人员在加工、生成与提供会计信息的过程中，充分考虑银行财务报告使用者对会计信息的需求。

【特别提示】会计信息质量的相关性要求，需要银行在确认、计量和报告会计信息的过程中，充分考虑使用者的决策模式和信息需要。但是，相关性是以可靠性为基础的，两者之间并不矛盾，不应将两者对立起来。也就是说，会计信息在可靠性的前提下，尽可能做到相关性，以满足投资者等财务报告使用者的决策需要。

（三）可比性

可比性原则又称统一性原则，要求银行会计核算按照规定的会计处理方法进行，会计指标应当口径一致、相互可比。相互可比包括两层含义：一是横向比较，即银行在会计核算中贯彻可比性原则，可以将不同银行的财务报表编制建立在相同的会计处理方法上，以便财务报表使用者进行比较、分析和利用。二是纵向比较，即银行在会计核算中，对于同一银行不同时期发生的相同或者相似的交易或者事项，应当采用一致的会计政策，不得随意变更。确需变更的，应当在附注中说明。

【特别提示】可比性要求同一银行在不同时期采用一致的会计政策并不是绝对的，如果影响会计政策选择的环境和条件发生了较大变化，可以变更会计政策，并需要在财务报表附注中进行披露，但是银行不得随意变更会计政策。

（四）明晰性

明晰性原则又称可理解性原则，要求银行会计记录和会计信息清晰明了，便于财务报告使用者理解和使用。如果会计信息的表达含糊不清，就容易使财务信息的使用者产生歧义，从而降低会计信息的质量。因此，可理解性原则有利于会计报告使用者准确、完整地把握会计信息的内容，从而更充分地利用会计信息，满足其经济决策的需要。根据明晰性原则的要求，银行会计记录应当准确、清晰；在凭证处理和账簿登记时，有客观依据；账户的对应关系清楚；文字摘要完整；在编制财务报表时，项目勾稽关系清楚，内容完整，数字准确。

（五）及时性

及时性原则要求银行对于已经发生的交易或者事项，及时进行会计确认、计量和报告，不得提前或者延后。由于会计信息具有时效性，不及时的会计信息会使其相关性完全消失，从而对会计信息使用者的决策毫无价值。为保证银行会计信息的及时性，务必做到三点：一是及时收集会计信息，即银行在经济业务发生后，及时收集整理各种原始单据；二是及时处理会计信息，即在国家统一的会计制度规定的期限内，及时编制财务报告；三是及时传递会计信息，即在国家统一的会计制度规定的时限内，及时将编制出的财务报告传递给报告使用者，便于其使用和决策。

【特别提示】银行在会计核算中贯彻及时性原则，就需要在经济业务发生后，及时取得原始凭证并进行账务处理，定期及时结账，编制和提供财务报告，以确保会计信息在失去影响决策的能力之前提供给信息使用者。

（六）谨慎性

谨慎性原则又称稳健性原则，要求银行对交易或者事项进行会计确认、计量和报告时，保持应有的谨慎，不应高估资产或者收益、低估负债或者费用，合理核算可能发生的损失和费用，即所谓“宁可预计可能的损失，不可预计可能的收益”。银行在会计核算中运用谨慎性原则，就需要采用少计或推迟确认资产或收益，多计或提前确认负债或费用的会计程序和方法，而不是采取相反的处理方法。例如，银行按照规定提取资产减值准备、贷款损失准备和坏账准备就是谨慎性原则的具体运用。

谨慎性原则是银行会计核算中一项重要原则，运用广泛，可防止抬高资产和收益，压低负债和费用，并起到预警风险和化解风险的作用。但实际运用中要防止利用谨慎性原则操纵利润，因此要采取必要措施趋利避害，使会计信息更具客观性。

【特别提示】谨慎性原则要求银行针对银行经济活动中的不确定因素，在会计处理上保持小心谨慎的态度，充分考虑到可能发生的风险和损失，当某些经济业务或会计事项存在不同的会计处理程序和方法时，在不影响合理反映的情况下，尽可能选择不虚增利润或夸大所有者权益的会计处理程序和方法，以便对风险起到预警作用。

（七）实质重于形式

实质重于形式原则要求银行按照交易或者事项的经济实质进行会计确认、计量和报告，不应仅以交易或者事项的法律形式为依据。

在银行会计实务中，发生的交易或事项在多数情况下，其经济实质和法律形式是一致的，但在有些情况下会出现不一致。当交易或事项的外在法律形式或人为形式与其经济实质不一致时，银行会计核算应根据交易或事项的经济实质进行会计处理，而不能仅仅以其法律形式为依据。例如，对于以融资租赁方式租入的资产，虽然从法律形式来讲银行并不拥有其所有权，但是由于租赁合同中规定的租赁期相当长，接近该资产的使用寿命，租赁期结束时承租银行有优先购买该资产的选择权，在租赁期内承租银行有权支配资产并从中受益等，因此，从其经济实质来看，银行能够控制融资租入资产所创造的未来经济利益，在会计确认、计量和报告上就应当将以融资租赁方式租入的资产视为银行的资产，列入银行的资产负债表。

【特别提示】当交易或事项的外在法律形式或人为形式与其经济实质不一致时，银行会计核算应该考虑交易或者事项的经济实质，保证会计信息的有用性，以利于会计信息使用者做出正确的经济决策。实质重于形式原则能够保证会计核算信息与客观经济事实相符，从而提高会计信息的质量。

（八）重要性

重要性原则是指银行在会计核算中对不同的交易或事项应当区别对待，根据其重要程度采用不同的会计处理方法。如果会计信息的省略或者错报会影响投资者等财务报告使用者据此做出的决策，该信息就具有重要性。

在银行会计实务中，会计人员应当结合不同企业不同时期的实际情况，从性质和金额两个方面对某项交易或者事项的重要性做出评价。从性质方面讲，如果某项交易或者事项的发生可能对决策产生一定的影响，该项目就具有一定的重要性；从金额方面讲，如果某项交易或者事项的金额达到一定规模或者比例就可能对决策产生一定的影响，则认为该项交易或者事项具有重要性。

重要性原则要求银行对于对资产、负债、利润等有较大影响进而影响财务报告使用者做出合理判断的重要会计事项，按规定的会计方法和程序处理，并在财务报告中充分准确地披露；对于次要的会计事项，在不影响会计信息真实性和不致误导财务报告使用者做出正确判断的前提下，可适当简化处理。例如，我国上市银行要求对外提供季度财务报告，考虑到季度财务报告披露的时间较短，从成本效益原则来考虑，季度财务报告没有必要像年度财务报告那样披露详细的附注信息。银行财务报告附注应当以年初至本中期末为基础编制，披露自上年度资产负债表日之后发生的，有助于理解企业财务状况、经营成果和现金流量变化情况的重要交易或者事项。这种附注披露就体现了会计信息质量的重要性要求。

第二节 银行会计的任务和工作组织

一、银行会计的任务

为了充分发挥商业银行会计的职能，银行必须根据会计的特点，正确地确定会计工作的任务，从而明确会计工作的内容、履行职责的方法以及开展工作的依据。商业银行会计的任务主要有：

（1）正确进行会计核算，提供真实完整的会计信息。核算是会计工作的基本职能，正确组织会计核算是充分发挥会计工作的作用，完善会计监督的基础。组织会计核算必须以国家的经济与金融政策以及会计制度为依据，真实、准确、完整、及时地记录、计算和反映资产、负债、所有者权益、收入、成本和费用、利润以及各项金融和财务活动情况，为贯彻政策、考核计划、研究国民经济发展提供可靠数据，为股东、债权人、政府部门、监管部门、内部管理部门等信息需求主体提供真实完整的会计信息。

【特别提示】根据会计法，商业银行会计应该对本行款项和有价证券的收付、财物的收发增减和使用、债权债务的发生和结算、基金的增减和经费的收支、收入与费用成本的计算以及财务成果的计算和处理等事项，办理会计手续，进行会计核算。

（2）加强银行的服务与监督，提高内部控制水平。商业银行会计对银行的内部控制表现为控制银行业务按照相关的经济及金融法律法规以及相关的管理规定开展，防止银行从事非法的业务活动，提高内部控制水平。银行会计的监督作用表现为通过向外界提供财务报告，接受外界的监督。

二、银行会计机构的设置

银行会计机构是指银行内部组织领导和直接从事会计工作的职能部门。目前，我国银行会计机构的设置是：中国人民银行和各专业银行总行设会计司（或财会部），省自治区、直辖市分行设会计处，市分行、地市支行设会计处（或科），县（市）支行和城市区级银行设科（或股），配备专职会计主管人员和与业务量相适应的会计人员。县支行城市办事处以下的处所，指定会计主管人员和配备相应的会计人员。

【特别提示】银行会计机构分为独立会计核算单位和附属会计核算单位。凡单独编制财务报表和办理年度决算的单位为独立会计核算单位；凡其业务收付由管辖行采用并账或并表方式进行汇总反映的单位为附属会计核算单位。

各级银行的会计工作，必须在行长（主任）领导下，由会计部门统一管理。总、分行和地、市中心支行会计部门，除做好本身的会计工作外，还负责组织、指导、监督所属行的会计工作审核，分析和汇总所属行上报的财务报表，经常了解所管辖行处的会计情况，帮助解决工作中的问题，管理本部门的财务收支和经济核算。基层行（处）会计部门主要对各开户单位的存、贷款和结算工作进行会计核算，并按照规定报送财务报表和请领业务资金等。

商业银行视业务量情况设置若干柜组，对外办理各项业务，对内核算可分别设置综合核算小组、联行小组、同城票据清算组等。城市行处因业务量大，分工较细，一般县支行分工略粗。在实行计算机核算办理对外业务的行处，一般设有接柜员、接柜复核员等，同时配备柜组长、会计主管及总会计师等。

三、银行的会计制度

银行会计制度是指银行进行会计工作应遵循的规则、方法和程序的总称。银行会计核算制度是银行会计制度的一个重要组成部分，是指以货币为计量单位，运用专门的核算方法，对银行货币信用业务活动进行连续的、系统的、全面的登记、计算、反映等工作，对其进行监督和控制。我国会计核算制度的主要内容是：根据国家的方针、政策及有关法规，制定相应的会计制度、办法，具体办理存款、贷款、结算等业务手续；正确使用会计科目，根据确定会计分录的记账凭证登记各种账簿，正确处理和及时传递会计凭证，办理现金收付和资金账务划转；根据国家规定的存贷款利率和计息基本规定，正确计算和核算存贷款利息；正确核算各项业务收支，准确计算经营成果；按规定编制和报送财务报表等。

银行会计制度实行“统一领导，分级管理”的原则，属于全国银行统一的会计基本制度和方法，由财政部统一制定。中国人民银行和各商业银行系统内的制度和办法，由各总行根据统一的会计制度制定，并报财政部备案，各商业银行分行可对各自总行的会计制度做必要的补充，但在报送各总行核准备案时，要报送当地中国人民银行。

四、银行会计人员的主要职责

银行会计人员身处银行业务活动的第一线，因此必须具备较高的职业道德修养和业务水平，熟悉国家颁布的财经纪律、会计法规和各项会计准则和制度等。银行会计人员包括：会计主管人员、复核人员、记账员、出纳员、稽核人员、检查人员、辅导人员和其他从事账务工作的人员。

当前，我国商业银行电子化设备齐全，银行会计部门人员的分工和组织形式主要采用柜员制，柜员制是指在承接业务时，同时兼办出纳、记账、复核等工作的劳动组织形式。针对应用型本科学生的特点，本书主要介绍银行柜员。银行柜员一般指在商业银行柜台里直接跟顾客接触的银行员工。银行柜员在最前线工作，分为前台柜员和后台柜员。

1. 前台柜员

前台柜员负责直接面向客户的柜面业务操作、查询、咨询等。当独立为客户提供服务并独立承担相应责任时，前台柜员必须自我复核、自我约束、自我控制、自担风险；当按规定必须由专职复核人员进行滞后复核时，前台柜员与复核人员必须明确各自的职责，相互制约、共担风险。前台柜员的主要职责有：

（1）对外办理存取款、计息业务，包括输入电脑记账，打印凭证、存折、存单，收付现金；

（2）办理营业用现金的领解、保管，登记柜员现金登记簿；

（3）办理营业用存单、存折等空白重要凭证和有价单证的领用与保管，登记空白重要凭证和有价单证登记簿；

（4）掌管本柜台各种业务用章和个人名章；

（5）办理柜台轧账，打印轧账单，清理、核对当班库存现金，结存空白重要凭证和有价单证，收检业务用章，在综合柜员的监督下共同封箱，办理交接班手续，凭证等会计资料交综合柜员。

2. 后台柜员

后台柜员又称综合柜员，主要负责无须面向客户的联行、票据交换、内部账务等业务处理及对前台业务的复核、确认、授权等后续处理。后台柜员的主要职责有：

（1）领发、登记和保管储蓄所的有价单证和空白重要凭证，办理各柜员的领用和上交有价单证和空白凭证的手续；

（2）负责各柜员营业用现金的内部调剂和储蓄所现金的领用、上缴，并做好登记；

（3）处理与管辖行会计部门的内部往来业务；

（4）监督柜员办理储蓄挂失、查询、托收、冻结与没收等特殊业务，并办理储蓄所年度结息；

（5）办理所在行处的对账，整理凭证并编制科目日结单，打印所在行处的流水账，定期打印总账、明细账、存款科目分户日记账、表外科目登记簿，备份数据及打印，装订和保管账、表、簿等会计资料，负责将原始凭证、账、表和备份盘交事后监督；

（6）编制营业日、月、季、年度报表。

五、银行会计人员的职业道德

商业银行会计人员职业道德规范是商业银行会计职业行为及职业活动的具体体现。目前，我国商业银行会计人员职业道德规范主要有爱岗敬业、廉洁自律、诚实守信、客观公正、坚持会计准则、提高工作技能、参与管理和加强服务这八个基本的要点。在银行会计实务中具体体现在：

(1) 热爱自己的岗位，树立职业道德观念；

(2) 提高服务意识和守法合规意识；

(3) 在业务处理中保持客观公正；

(4) 钻研专业技能，精通业务，有能力胜任会计工作；

(5) 对银行客户的信息保密，不得以非道德手段泄露客户的信息；

(6) 提供真实完整的会计信息，供信息需求者使用。

本章小结

1. 商业银行会计是以货币为计量单位，以凭证为依据，运用确认、计量、记录和报告等专门的会计基本原理与方法，对商业银行的经营活动内容、过程和结果进行连续、系统、全面的核算与监督，为银行管理当局和外部有利害关系的财务信息使用者提供财务状况、经营成果和现金流量等决策所需信息的专业会计。它不仅是商业银行经营管理活动的重要组成部分，也是商业银行其他工作的基础。

2. 银行会计的具体对象是银行业务活动过程中以货币为计量单位来核算、反映和监督银行资金筹集与运用的增减变化过程和银行收支形成的财务成果。银行会计对象按照其经济特征所作的进一步分类称为会计要素，包括资产、负债、所有者权益、收入、成本和费用以及利润六个方面。

3. 根据《企业会计准则——基本准则》的规定，银行会计核算必须遵循的四项基本假设是：会计主体、持续经营、会计分期、货币计量；会计基础是权责发生制；银行会计信息质量要求是指对银行财务报告中所提供的会计信息质量的基本要求，根据企业会计准则，银行会计信息质量要求主要包括可靠性、相关性、可比性、明晰性、及时性、谨慎性、实质重于形式和重要性。

4. 商业银行会计除具有会计的共性之外，在会计核算的形式、方法和程序方面，还独具自己的特点，即核算内容的广泛性、社会性，业务处理和会计核算的统一性，会计核算方法的特殊性，会计服务的综合性，提供信息的及时性以及监督和服务的兼容性。

5. 银行会计机构是银行职能机构体系的组成部分，也是具体组织和直接从事会计核算以及管理会计工作的部门。因此，商业银行都应按照会计法的统一规定，结合银行业务活动和财务收支的特点，设置会计机构，配备必要的会计人员，并建立和健全各项会计规章制度。银行会计人员必须具备较高的职业道德修养和业务水平，熟悉国家颁布的财经纪律、会计法规及各项会计准则和制度等，银行会计人员在职权范围内认真履行自己的职责的同时，还应承担相应的法律责任。

本章练习

一、单项选择题

1. 商业银行发放的短期贷款属于银行的（　　）。

A. 流动资产　　B. 流动负债　　C. 长期负债　　D. 长期资产

2. 商业银行吸收的短期存款属于银行的（　　）。

A. 流动资产　　B. 流动负债　　C. 长期负债　　D. 长期资产

3. 汇出汇款和汇入汇款属于银行的（　　）。

A. 流动资产　　B. 流动负债　　C. 长期负债　　D. 长期资产

4. 银行资本（或股本）溢价应记入（　　）。

A. 实收资本　　B. 盈余公积　　C. 资本公积　　D. 未分配利润

5. 银行进行债券投资所获得的利息收入应记入（　　）。

A. 利息收入　　B. 金融企业往来收入

C. 汇兑收益　　D. 投资收益

6. 业务收支以外币为主的银行，也可以选定某种外币作为记账本位币，但是在编制年终财务报表时应折算为（　　）。

A. 人民币　　B. 业务外币　　C. 美元　　D. 欧元

7. 商业银行会计核算应当以（　　）为基础。

A. 重要性原则　　B. 可比性原则　　C. 权责发生制　　D. 谨慎性原则

8. 会计信息质量的（　　）要求，需要银行在确认、计量和报告会计信息的过程中，充分考虑使用者的决策模式和信息需要。

A. 重要性原则　　B. 相关性原则　　C. 及时性原则　　D. 谨慎性原则

9. 会计信息质量的（　　）要求，需要银行按照规定提取资产减值准备、贷款损失准备和坏账准备。

A. 重要性原则　　B. 可比性原则　　C. 及时性原则　　D. 谨慎性原则

10.（　　）要求银行对于对资产、负债、利润等有较大影响进而影响财务报告使用者做出合理判断的重要会计事项，按规定的会计方法和程序处理，并在财务报告中充分准确地披露。

A. 重要性原则　　B. 实质重于形式原则

C. 相关性　　D. 明晰性

二、多项选择题

1. 银行会计具有（　　）两大基本职能。

A. 会计核算　　B. 会计报告　　C. 会计监督　　D. 会计说明

2. 银行会计核算必须遵循的基本假设是（　　）。

A. 会计主体　　B. 持续经营

C. 非持续经营　　D. 会计分期和货币计量

3. 商业银行会计的具体对象包括（　　）。

A. 资产　　B. 负债及所有者权益

C. 收入和成本费用　　D. 利润

4. 银行的资产是指过去的交易或事项形成并由银行拥有或控制的、预期会给银行带来经济利益的资源，具体包括（　　）。

A. 贷放资金　　B. 吸收资金

C. 投资资金　　D. 各项占款和备付金

5. 银行的负债是指过去的交易或事项形成的、预期会导致经济利益流出银行的现实义务，具体包括（　　）。

A. 贷放资金　　B. 吸收资金

C. 借入资金　　D. 结算资金和各种应付款

6. 银行的所有者权益是银行资产扣除债权人权益后应由所有者享有的部分，既可反映所有者投入资本的保值增值情况，又体现了保护债权人权益的理念。具体包括（　　）。

A. 实收资本　　B. 资本公积和盈余公积

C. 一般准备　　D. 未分配利润

7. 商业银行的收入主要包括（　　）。

A. 利息收入　　B. 金融企业往来收入和手续费收入

C. 汇兑收益　　D. 代邮电部门收取的邮电费

8. 商业银行的营业成本，是指在业务经营过程中发生的与业务经营有关的支出，主要包括（　　）。

A. 利息支出　　B. 金融企业往来支出

C. 汇兑损失　　D. 业务宣传费

9. 商业银行费用主要包括（　　）。

A. 业务宣传费和业务招待费　　B. 职工工资和福利费

C. 为第三方或客户垫付的款项　　D. 广告费

10. 银行会计信息质量要求主要包括（　　）。

A. 可靠性和相关性　　B. 可比性和明晰性

C. 及时性和谨慎性　　D. 重要性和实质重于形式

三、判断题

1. 由于商业银行业务经营的对象是特殊的商品——货币，经营货币除了本币外，还有大量外币。年度决算时，可以根据需要以人民币或外币反映银行财务状况和经营成果。（ ）

2. 银行会计的目标是向会计信息的使用者提供反映其财务状况、经营成果和现金流量的核算信息。（ ）

3. 银行会计的会计核算和会计监督这两大基本职能是相辅相成的。会计核算是会计监督的基础，会计监督是会计核算的继续。（ ）

4. 预期未来发生的交易或事项可以作为银行增加或减少资产的依据。（ ）

5. 商业银行成本费用包括为第三方或客户垫付的款项。（ ）

6. 一般来说，法律主体必然是会计主体，但会计主体不一定是法律主体。（ ）

7. 银行的营业收入是银行在日常和非日常活动中形成的、会导致所有者权益增加的、与所有者投入资本无关的经济利益的总流入。（ ）

8. 商业银行向投资者分配利润会导致经济利益的总流出，应确认为银行的费用。（ ）

9. 权责发生制原则要求商业银行以收入在本期实现和费用在本期发生或应由本期负担为标准确认本期的收入和费用，而不论款项是否在本期收付。（ ）

10. 当交易或事项的外在法律形式或人为形式与其经济实质不一致时，银行会计以其法律形式为依据进行会计处理。（ ）

四、简答题

1. 什么是商业银行会计？它有何特点？

2. 银行会计的核算对象是什么？

3. 商业银行前台柜员的主要职责有哪些？

4. 银行会计人员有哪些职业道德？

第二章

基本核算方法

学习目的

1. 掌握银行会计科目的分类及使用。
2. 掌握借贷记账法在银行会计中的具体运用。
3. 掌握银行会计凭证的种类、填制与审核。
4. 掌握银行会计错账冲账方法，以及银行账务组织的构成、账务处理与核算程序。

第一节　会计科目

一、银行会计科目概述

（一）定义

银行会计科目是对银行会计核算具体对象按照不同特征和不同经济内容所作的科学分类。即对银行的资产、负债、所有者权益、收入、成本和费用以及利润等会计要素，按经济内容作进一步分类所形成的项目。

【特别提示】银行会计科目贯穿银行会计核算的始终，从设置账户、处理会计事项、填制凭证、登记账簿到编制财务报表等，都与会计科目有密切的联系。它可以全面概括地反映和监督银行业务活动。在我国，全国银行统一会计科目由中国人民银行总行规定；各级专业银行系统内使用的会计科目由其总行规定。

（二）设置依据与要求

银行会计科目以《中华人民共和国会计法》、新企业会计准则等法律法规为依据，以依法合规开展业务、全面成本管理的经营思想为导向，以现实的业务和技术水平为基础，以满足各方面需要、向国际惯例靠拢为目标，依据资金性质、业务特点、经营管理和会计核算管理的要求来设置。例如，银行是经营货币商品的特殊经济组织，其主要经营活动是存款、贷款以及结算业务。因此，银行会计必须设置反映存款、贷款和结算业务的会计科目。银行会计科目设置要考虑以下因素：

（1）结合银行会计对象的特点，适应商业银行业务的需要。科目名称简明扼要，科目划分繁简得当、主次分明。

（2）适应国家宏观经济管理与银行内部财务管理和会计核算的要求。

（3）在名称、含义、核算内容等方面保持相对稳定。规定的银行会计科目名称、编号和核算内容不得随意变动，在日常核算中要分清资金性质，正确使用会计科目。

（4）会计科目总体上保持完整性，即整套会计科目能反映所有的银行经济业务，每项银行业务都有特定的会计科目来反映。会计科目之间具有互排性，即各个会计科目的核算内容相互排斥。

【知识链接】为贯彻执行《中华人民共和国会计法》和《企业财务会计报告条例》，规范金融企业的会计核算工作，财政部制定《金融企业会计制度》，并于自 2002 年 1 月 1 日开始施行。该《金融企业会计制度》于 2011 年 2 月 21 日被中华人民共和国财政部令第 62 号《财政部关于公布废止和失效的财政规章和规范性文件目录（第十一批）的决定》废止。现在金融企业执行企业会计准则。

【特别提示】商业银行设置会计科目应遵循统一的会计核算规范，满足统一经营管理的需要。适当简化会计科目的设置，不仅可以提高会计核算的工作效率，还可以降低核算成本。

二、银行会计科目的分类与科目代号

（一）科目的分类

1. 按与资产负债表的关系分类

会计科目按与资产负债表的关系分类，可分为表内科目和表外科目。表内科目用于核算银行资产、负债、所有者权益的实际增减变化以及损益的发生情况，并反映在银行资产负债表等财务报表上。

【特别提示】表内科目核算的内容涉及银行资金增减变化，其记账方法采用借贷记账法，有借必有贷，借贷必相等。

表外科目用以反映或有事项，以及债权债务或权利责任已经形成，但尚未涉及资金实际增减变化的会计事项以及保管债券、单证等需要在表外进行控制的事项，其余额不反映在资产负债表等财务报表上。如商业银行的空白重要凭证、国外开来保证凭信等科目。

【特别提示】表外科目核算的内容是银行确已发生但尚未涉及银行资金的实际增减变化的会计事项，其记账方法采用收付单式记账法，业务发生时记收方，业务转销时记付方，余额反映在收方，有收不一定有付。

表内科目按资金性质，可以分为资产类、负债类、所有者权益类、资产负债共同类和损益类科目。

（1）资产类科目。银行资产包括流动资产、长期资产、固定资产和其他资产。流动资产是指可以在一年内（含一年）变现的资产，包括现金、存放中央银行准备金、拆放同业、贴现及买入票据、短期投资、各类应收款项、各类短期贷款等科目。长期资产是指不准备在一年内变现的资产，包括长期投资、各类长期贷款等。银行固定资产是银行使用期限在一年以上的房屋、建筑物、机器、机械、运输工具和其他与经营有关的设备、器具、工具等资产，如果不属于经营主要设备的物品，单位价值在 2 000 元以上，并且使用期限超过 2 年的，也应作为固定资产，主要包括固定资产、在建工程、工程物资等科目。其他资产是指无形资产、待摊费用及上述项目以外的其他资产，主要包括无形资产、商誉、长期待摊费用等科目。

【特别提示】资产类科目主要反映银行财产和各类债权。该类科目借方登记增加数，贷方登记减少数，余额在借方。

（2）负债类科目。银行负债包括流动负债、长期负债和其他负债。流动负债是指将在一年内（含一年）偿还的债务，主要包括单位活期存款、单位定期存款、活期储蓄存款、同业拆入、中央银行借款、各种应付款项等科目。长期负债是指偿还期在一年以上的各种债务，包括长期借款、应付债券等科目。其他负债是指上述项目以外的其他负债，包括长期应付款等科目。

【特别提示】负债类科目用来反映银行各项负债。该类科目借方登记减少数，贷方登记增加数，余额在贷方。

（3）所有者权益类科目。银行所有者权益科目主要包括实收资本或股本、其他权益工具、资本公积、盈余公积、一般风险准备、未分配利润、少数股东权益等科目。

【特别提示】所有者权益类科目用来反映银行投资者对银行净资产的所有权，即银行资产扣除负债后由所有者享有的剩余权益。该类科目借方登记减少数，贷方登记增加数，余额在贷方。

（4）资产负债共同类科目。银行资产负债共同类科目主要包括待清算辖内往来、总行报账财务往来、同城票据交换、外汇买卖、代客结汇等科目。

【特别提示】资产负债共同类科目既可以反映银行的债权，也可以反映银行的负债，主要用来核算银行间的资金往来业务，具有余额方向不确定的性质。借方登记债权的增加和负债的减少，贷方登记债权的减少和负债的增加。

（5）损益类科目。银行损益类科目用来核算以下内容。

营业收入是指银行在办理业务时由于提供贷款、资金、劳务，办理证券交易、外汇买卖等取得的收入，包括利息收入、同业往来利息收入、手续费收入、外汇买卖收益和其他营业收入。利息收入包括各项外汇贷款利息收入、境外借款转贷费、转贷利差收入、贴现利息收入等；同业往来利息收入包括境内同业往来利息收入、境外同业往来利息收入、拆放同业利息收入、拆放金融性公司利息收入、系统内往来利息收入等；其他营业收入包括咨询、信托、租赁业务收入，短期投资收入，掉期、期权、远期交易收入等。营业外收入指与银行业务经营活动无直接关系的各项收入，包括出纳长款收入、罚款收入、固定资产盘盈、固定资产清理净收益及其他收入。

营业支出包括利息支出、同业往来利息支出、手续费支出、营业费用、外汇买卖损失以及其他营业支出。利息支出包括各项存款利息支出、境外借款利息支出、外汇债券利息支出、再贴现利息支出等；同业往来利息支出包括境内同业往来利息支出、境外同业往来利息支出、同业拆入利息支出、金融性公司拆入利息支出、系统同业往来利息支出等；营业费用包括在业务及管理工作中发生的各项费用，如业务宣传、外事接待、邮电通讯、公证诉讼、固定资产折旧修理等方面的费用支出以及各项准备金等；其他营业支出包括掉期、期权、远期交易支出等。营业外支出指与银行业务经营活动无直接关系的各项支出，包括出纳短款和结算赔款支出、违约金、固定资产盘亏、固定资产清理净损失及其他非营业性支出。

【特别提示】损益类科目反映银行经营管理过程中形成的当期收入与支出。该类科目借方登记损失的增加和收益的结转，贷方登记收益的增加和损失的结转，年终无余额。

在企业会计准则应用指南附录中，财政部依据企业会计准则中确认和计量的规定制定了会计科目，它涵盖了各类企业的交易或者事项。银行在不违反会计准则中确认、计量和报告规定的前提下，可以根据银行的实际情况自行增设、分拆、合并会计科目。银行不存在的交易或事项可不设置相关会计科目。

对于明细科目，银行可以比照附录中的规定自行设置。

2. 按管理需要和核算内容的详细程度分类

会计科目按管理需要和核算内容的详细程度划分为一级科目和二级科目。

（1）一级科目。商业银行半年报及决算报表按一级科目编制报送总行，其名称代号及核算内容由总行统一规定，科目的设置及修改权集中于总行。

（2）二级科目。商业银行日计表、月计表可按二级科目编制。

【特别提示】银行的一级科目控制二级科目，各管辖行根据自身业务的实际需要和权限增设辖内专用科目。

在银行会计科目表中，会计科目依据资金的流动性大小进行排列，流动性大的排列在前，流动性小的排列在后。如资产类科目中，“现金”“存放中央银行准备金”等排列在前，而各种贷款、投资等排列在后，最后是“固定资产”“无形资产”等科目。

（二）科目代号

科目代号是指在制定银行会计科目时，为了便于账务处理而设置的代号。使用科目代号可以简化核算手续，方便计算机的识别、记账以及有关信息的传递。科目代号的编排是有一定规律的。

财政部和中国人民银行制定的银行业会计科目统一编号，一级科目的代号由4位数字组成，其中第一位代表该科目所属的大类，如：1开头代表资产类科目，余额均在借方反映；2开头代表负债类科目，余额均在贷方反映；3开头代表所有者权益类科目，余额均在贷方反映；4开头代表资产负债共同类科目，余额可轧差反映；5开头代表损益类科目，期末转入本年利润后无余额；6～9开头代表表外科目及补充资料。一级科目的第二、三、四位代表该科目的顺序号。

二级科目由6位数字组成，前四位数表示其归属的一级科目，后两位表示在该一级科目下的顺序号。如某工商银行1210短期贷款，1开头代表的是资产类一级科目，121001短期普通贷款、121002短期项目贷款是1210短期贷款一级科目下的二级科目。

三、科目与账户

银行会计科目只是对银行的各项会计要素进行分类汇总，而要序时、连续、系统地记录银行经济业务发生引起的会计要素的增减变动，核算时还必须在账簿中开设账户。会计科目与账户，二者既有严格区分，又有密切的联系。

会计科目是银行进行综合核算的基础，账户是进行明细核算的基础，有的会计科目不开设账户，有的开设账户，会计科目控制账户。

【特别提示】账户是根据会计科目开设的，用来分类、连续地记录银行经济业务，反映会计要素增减变动及其结果的一种工具。

银行的账户按其开户的对象，可以分为对内账户和对外账户两大类。对内账户是根据银行自身的业务经营管理需要而开立的银行内部专用账户，如：固定资产账户、利息收入账户等。对外账户是银行在业务经营中对经营客户或往来户开立的账户，按资金性质和管理要求可分为银行结算账户和储蓄账户；按核算内容可分为存款类账户、贷款类账户和往来类账户。

银行开立的各种对外账户，均应由经办行为开户单位编列账号。账号一般由行号、科目代号、顺序号、计算机识别号四部分组合而成。通常来说，行号由五位数字组成，科目代号由四位数字组成，顺序号由四位以上数字组成，计算机识别号由一位数字组成，所以银行账号一般由十位以上数字构成。银行账号是开户单位和银行办理业务和记账的主要依据之一。银行会计在处理业务时，可通过账号初步判断出该单位的账户信息，防止串户行为的发生，有利于商业银行正确地进行会计核算。

第二节　记账方法

银行会计记账方法是指按照一定的记账原理和规则，使用特定的记账符号，对日常发生的各种经济业务按会计科目进行整理、分类并登记会计账簿，通过试算平衡来检查账簿记录是否正确的一种专门方法。记账方法是银行会计进行正确记录的一项重要基础性工作，在会计核算体系中占有非常重要的地位。

记账方法按其登记一项经济业务时，涉及一个账户还是两个或两个以上的账户，可分为单式记账法和复式记账法两种。

一、单式记账法

单式记账法是对发生的某项交易或事项，只在一个账户中进行登记的记账方法。这种方法比较简单，由于对经济业务只在一个会计科目中进行登记，各账户之间没有联系，所以不能完整地反映经济业务的来龙去脉，也会对审核会计记录是否完整和正确造成影响。它的优点是记账手续简单。

【特别提示】在目前我国银行会计系统中，一般对表外科目所涉及的重要会计事项采用单式记账法进行核算。

单式记账法设置“收入”“付出”“余额”三栏，当业务发生或增加时记收入，减少或销账时记付出，余额表示尚未结清的业务事项，即结存。空白重要凭证、票据承兑等表外科目一般按经济业务发生额或凭证的票面额记载，有些控制实物数量的表外科目按照假定价格记载。例如，空白重要凭证通常按 1 元表示一份。

【例 2-1】开户单位榕艺有限公司向商业银行 A 行购买支票 200 张，一张 1 元。该笔业务转销空白重要凭证，其会计分录为：

付出：空白重要凭证——支票　　200

【例 2-2】商业银行 A 行收到空白重要凭证现金支票 100 本，每本 20 元，并入库保管，其会计分录为：

收入：空白重要凭证——现金支票　　2 000

【例 2-3】商业银行 A 行为开户单位华盛贸易公司承兑面额为 600 000 元的商业汇票，其会计分录为：

收入：银行承兑汇票　　600 000

二、复式记账法

复式记账法是对每一项经济业务，同时在两个或两个以上相互联系的账户中，以相等的金额进行登记的记账方法。复式记账法的优点是既可以全面反映银行经济业务的来龙去脉，反映资金的变动情况，又便于检查账簿记录的完整性和正确性，是一种比较科学的记账方法。根据企业会计准则的规定，目前我国商业银行对表内业务的核算采用借贷记账法。

【特别提示】银行会计通常采用的复式记账法为借贷记账法，即以会计科目为主体，以“借”和“贷”为记账符号，按照“有借必有贷，借贷必相等”的记账规则，记录和反映资金增减变化情况的一种复式记账法。

凡银行资产和费用支出的增加，负债、所有者权益、收入和利润的减少均记借方；凡资产和费用支出的减少，负债、所有者权益、收入和利润的增加均记贷方，任何一笔经济业务或财务收支都必须同时分别记录到两个（或两个以上）账户中。两个账户可以是同一性质的，也可以是不同性质的，但两个账户记账的方向必须是相反的，即“此借彼贷”。一笔业务所涉及账户中的借方发生额合计与贷方发生额合计必须相等。

银行如果每一笔经济业务都直接根据凭证记账，很容易造成串户、漏记等差错。因此，为了保证账务登记的准确性，一般在记账之前首先标明各项经济业务所涉及的账户名称及登记方向，即首先列明会计分录，然后根据会计分录来记账。在实际工作中，会计分录一般在分录簿（普通日记账）或记账凭证中填制，其最简化的格式就是：

借：××科目　　金额

　贷：××科目　　金额

但需要注意的是：上行书写借方科目及金额；下行书写贷方科目及金额。上下行间应错开一个字或两个字的位置，以便体现借、贷科目之间的对应关系。

会计分录按其涉及的会计科目的多少可以分为简单分录和复合分录。简单分录是指只涉及两个账户（科目）的会计分录，复合分录是指涉及两个以上账户的会计分录。

在借贷记账法下，会计分录的编制一般要遵循四个步骤：一是分析该项业务涉及的会计科目名称；二是判断会计科目的性质；三是分析资金的增减变动；四是确认借贷方向。

【例 2-4】 商业银行 A 行签发现金支票一张，向其开户的人民银行发行库提取现金 1 000 000 元。

【点拨指导】 这笔现金业务涉及“现金”和“存放中央银行准备金”两个会计科目，“现金”是银行资产类科目，“存放中央银行准备金”也是银行资产类科目。该笔业务引起了 A 行现金的增加，即资产的增加，记入“现金”科目的借方；同时引起 A 行存放中央银行准备金的减少，即资产的减少，记入“存放中央银行准备金”科目的贷方，所以会计分录为：

借：现金　　1 000 000

　贷：存放中央银行准备金　　1 000 000

【例 2-5】 开户单位乐华纺织公司从商业银行 A 行提取现金 10 000 元。

【点拨指导】 这笔现金业务涉及“现金”和“单位活期存款”两个会计科目，“现金”是银行资产类科目，“单位活期存款”是银行负债类科目。该笔业务引起 A 行单位活期存款的减少，即负债的减少，记入“单位活期存款”科目的借方；同时引起 A 行现金的减少，即资产的减少，记入“现金”科目的贷方，所以会计分录为：

借：单位活期存款——乐华纺织公司存款户　　10 000

贷：现金　　10 000

【例 2-6】 商业银行 A 行按规定从汇款单位乐华纺织公司的存款账户中收取手续费 160 元。

【点拨指导】 这笔收取汇款手续费业务涉及“单位活期存款”和“中间业务收入”两个会计科目，“单位活期存款”是银行负债类科目，“中间业务收入”是银行损益类科目中的收益类科目。该笔业务引起了单位活期存款的减少，即负债的减少，记入“单位活期存款”科目的借方；同时引起 A 行中间业务收入的增加，即收入的增加，记入“中间业务收入”科目的贷方，所以会计分录为：

借：单位活期存款——乐华纺织公司存款户　　160

贷：中间业务收入——人民币对公结算业务收入　　160

【例 2-7】 商业银行 A 行从开户单位奥美服装公司账户支付 500 000 元货款给另一开户单位乐华纺织公司。

【点拨指导】 这笔对公转账业务涉及“单位活期存款”科目，“单位活期存款”是银行负债类科目。该笔业务引起了奥美服装公司单位活期存款的减少，即负债的减少，记入“单位活期存款——奥美服装公司存款户”的借方；同时引起乐华纺织公司单位活期存款的增加，即负债的增加，记入“单位活期存款——乐华纺织公司存款户”的贷方，所以会计分录为：

借：单位活期存款——奥美服装公司存款户　　500 000

贷：单位活期存款——乐华纺织公司存款户　　500 000

借贷记账法根据复式记账原理，按照“资产＝负债＋所有者权益”这一恒等式来检查和平衡账务，始终坚持“有借必有贷，借贷必相等”的记账规则，因此一定时期内全部账户的借方发生额合计数和贷方发生额合计数必然相等，而反映各个账户资金增减变动结果的余额，其借、贷方合计数也必然相等。因此形成两个账务平衡公式：

各科目借方发生额合计＝各科目贷方发生额合计

各科目借方余额合计＝各科目贷方余额合计

试算平衡表可以用日计表代替。外汇银行 A 行根据上述四项经济业务的会计分录，编制试算平衡表（见表 2-1）。

表 2-1　试算平衡表

2020 年 11 月 08 日　　单位：元

会计科目	期初余额		本期发生额		期末余额	
	借方	贷方	借方	贷方	借方	贷方
现金	50 000		1 000 000	10 000	1 040 000	
存放中央银行准备金	1 600 000			1 000 000	600 000	
单位活期存款		1 570 000	510 160	500 000		1 559 840
中间业务收入		80 000		160		80 160
合计	1 650 000	1 650 000	1 510 160	1 510 160	1 640 000	1 640 000

第三节　会计凭证

银行会计凭证又称为传票，是记录银行经济业务、明确业务经济责任、具有法律效力的书面证明，是办理银行资金收付、登记账簿、核对账务和进行事后查考的依据。

一、银行会计凭证的种类与特点

（一）银行会计凭证的种类

银行使用的会计凭证是银行办理业务和财务收支的主要依据，可从不同角度进行分类。

1. 按凭证的填制程序和用途分类

按凭证的填制程序和用途不同，分为原始凭证与记账凭证。

原始凭证是经济业务发生时直接取得或填制的会计凭证，是用来证明经济业务实际发生及完成情况、明确经济责任、编制记账凭证的最原始的资料。原始凭证按其来源不同，可分为外来原始凭证和自制原始凭证。外来原始凭证是在经济业务发生时从银行外部取得的凭证。如开户单位签发的转账支票，从其他商业银行收到的进账单等。银行的原始凭证大多为外来原始凭证。自制原始凭证是银行办理各种经济业务过程中，根据业务需要而自行填制的凭证，如银行填写的特种转账借方、贷方凭证。

【特别提示】在银行会计实务中，大量的原始凭证代替记账凭证用于直接记账，但是原始凭证要符合客观性、合法性和要式性的特征。如银行受理开户单位签发的转账支票，经审核无误后可以直接用于记账。

记账凭证是根据原始凭证信息填制或由电子信息输出后打印生成的凭证，是登记账簿的直接依据。银行的记账凭证，按其生成方式可分为人工填制凭证和计算机打印凭证。银行的记账凭证根据用途不同可分为明细账记账凭证和总账记账凭证。明细账记账凭证在核算过程中要在企业内部各核算环节进行传递，故又称为传票。总账记账凭证为汇总记账凭证，故又称为科目日结单。

【特别提示】对商业银行来说，有些符合记账凭证要素条件的原始凭证可以代替记账凭证直接用于记账。但是如果根据原始凭证另外生成记账凭证，则必须将原始凭证附在记账凭证的后面，作为记账凭证的附件，并在原始凭证上加盖“附件”戳章。

2. 按凭证的形式分类

按凭证的形式的不同，分为单式凭证与复式凭证。

单式凭证是指每张凭证上只填记一个会计科目或账户的会计凭证，填列的对方科目仅供参考，不作为登记账簿的依据。商业银行的一笔表内业务按其转账的对应关系，需要编制两张或两张以上的单式会计凭证。在商业银行繁杂的业务办理中，单式凭证的优点是便于各柜组之间的传递、分工记账和分类汇总。目前，为了方便银行内部的传递，也便于每日营业终了的综合整理和装订保管，大部分商业银行主要采用单式凭证。

【特别提示】单式凭证的缺陷是不能在记账凭证上清楚地反映经济业务的来龙去脉，出现差错不便于查找。

复式凭证是指一笔经济业务所涉及的几个科目或账户都反映在一张凭证上的会计凭证。复式凭证是在记账时将同一笔业务涉及的借方科目和贷方科目在同一张凭证上记录，从而可以了解每一笔业务的具体内容，了解经济业务全貌，查找对应关系，故为工商企业、事业单位广泛使用。

【特别提示】复式凭证的缺陷是不便于业务量大的银行进行分工记账，也不便于按一级科目汇总，当同一凭证要在几个不同科目所涉及的多个人员之间传递时很不方便。

3. 按凭证的性质和适用范围分类

按凭证的性质和适用范围不同，分为基本凭证和特定凭证。

(1) 基本凭证。基本凭证又称通用凭证或一般凭证，是银行根据合法真实的原始凭证及业务事项自行填制并凭以记账的具有统一格式的凭证。商业银行的基本凭证按照使用范围的不同可分为3类，共8种。

1) 第一类凭证仅供银行内部使用，不对外销售和传递，适用于未设专用凭证的一切现金收付和转账业务，包括4种。

①现金收入凭证（见表2-2）、现金付出凭证（见表2-3）。

表2-2 现金收入凭证

××银行 现金收入凭证

（贷）

（借） 现金　　　　年　月　日

总字第　号
字第　号

户名或账号	摘要	金额											
		亿	千	百	十	万	千	百	十	元	角	分	附单据
													张
合计													

会计　　出纳　　复核　　记账

表 2-3 现金付出凭证

××银行 现金付出凭证

(贷) ……………… 总字第 号
(借) 现金 年 月 日 字第 号

户名或账号	摘要	金额										
		亿	千	百	十	万	千	百	十	元	角	分
合计												

附单据 张

会计 出纳 复核 记账

②转账借方凭证（见表2-4）、转账贷方凭证（见表2-5）。转账凭证主要用于银行内部资金收付的账务处理。

表 2-4 转账借方凭证

××银行 转账借方凭证

总字第 号
(借) ……………… 年 月 日 共 张第 张

户名或账号	摘要	对方科目（贷）代号	金额										
			亿	千	百	十	万	千	百	十	元	角	分
合计													

附件 张

会计 复核 记账 制单

表 2-5 转账贷方凭证

××银行 转账贷方凭证

总字第 号
(贷) ……………… 年 月 日 共 张第 张

户名或账号	摘要	对方科目（借）代号	金额										
			亿	千	百	十	万	千	百	十	元	角	分
合计													

附件 张

会计 复核 记账 制单

2）第二类凭证仅供银行内部使用，不对外销售但可对外传递，适用于涉及外单位资金收付且银行主动代为收款或者扣款时使用（如银行代收款项的收账通知或单位存款利息的进账），使用特种转账凭证要经过会计主管审核。包括特种转账借方凭证（见表2-6）、特种转账贷方凭证（见表2-7）。

表2-6　特种转账借方凭证

××银行　特种转账借方凭证

年　月　日

总字第　号
字第　号

<table>
<tr><td rowspan="3">付款人</td><td>全称</td><td colspan="3"></td><td rowspan="3">收款人</td><td>全称</td><td colspan="3"></td></tr>
<tr><td>账号或地址</td><td colspan="3"></td><td>账号或地址</td><td colspan="3"></td></tr>
<tr><td>开户银行</td><td></td><td>行号</td><td></td><td>开户银行</td><td></td><td>行号</td><td></td></tr>
<tr><td>金额</td><td colspan="6">人民币（大写）</td><td colspan="3">十 亿 千 百 十 万 千 百 十 元 角 分</td></tr>
<tr><td colspan="2">原凭证金额</td><td></td><td>赔偿金</td><td></td><td colspan="5" rowspan="3">科目（借）
对方科目（贷）

会计　复核　记账</td></tr>
<tr><td colspan="2">原凭证名称</td><td></td><td>号码</td><td></td></tr>
<tr><td>转账原因</td><td colspan="4">银行盖章</td></tr>
</table>

代借方凭证或支款通知　附件　张

表2-7　特种转账贷方凭证

××银行　特种转账贷方凭证

年　月　日

总字第　号
字第　号

<table>
<tr><td rowspan="3">付款人</td><td>全称</td><td colspan="3"></td><td rowspan="3">收款人</td><td>全称</td><td colspan="3"></td></tr>
<tr><td>账号或地址</td><td colspan="3"></td><td>账号或地址</td><td colspan="3"></td></tr>
<tr><td>开户银行</td><td></td><td>行号</td><td></td><td>开户银行</td><td></td><td>行号</td><td></td></tr>
<tr><td>金额</td><td colspan="6">人民币（大写）</td><td colspan="3">十 亿 千 百 十 万 千 百 十 元 角 分</td></tr>
<tr><td colspan="2">原凭证金额</td><td></td><td>赔偿金</td><td></td><td colspan="5" rowspan="3">科目（借）
对方科目（贷）

会计　复核　记账</td></tr>
<tr><td colspan="2">原凭证名称</td><td></td><td>号码</td><td></td></tr>
<tr><td>转账原因</td><td colspan="4">银行盖章</td></tr>
</table>

代贷方凭证或支款通知　附件　张

3）第三类凭证是特定业务使用的通用凭证，包括表外科目收入凭证（见表 2－8）和表外科目付出凭证（见表 2－9）。表外科目收入凭证和表外科目付出凭证是银行对不涉及银行资金增减变化但又必须记录的重要会计事项使用的会计凭证。

表 2－8　表外科目收入凭证

××银行　表外科目收入凭证

表外科目（收入）……………　　年　月　日　　总字第　号　字第　号

户名	摘要	金额										
		亿	千	百	十	万	千	百	十	元	角	分

附件　张

会计　　复核　　记账　　制票

表 2－9　表外科目付出凭证

××银行　表外科目付出凭证

表外科目（付出）……………　　年　月　日　　总字第　号　字第　号

户名	摘要	金额										
		亿	千	百	十	万	千	百	十	元	角	分

附件　张

会计　　复核　　记账　　制票

【特别提示】采用计算机记账后，有的银行不再使用以上固定格式的八种凭证，而采用现金和转账两种机制凭证。

除上述基本凭证外，对于一笔需要经过几个柜组转账才能完成的业务，为了保证各柜组账务的平衡，应有一个联系科目，目前一般设“临时存欠”科目，并采取临时存欠传票处理。临时存欠传票是一种辅助传票，在装订传票时，应装订在各种传票的最后。

（2）特定凭证。特定凭证是银行根据某项业务的特殊需要而编制的具有特定格式的专用凭证。特定凭证的专用性较强，凭证有固定的格式和要素，计算机业务处理系统按照要求将凭证的要素打印在对应的位置，如存单、银行往来的报单、支付系统凭证等。

（二）银行会计凭证的特点

（1）大量采用原始凭证代替记账凭证作为记账依据。银行由于业务量大，在实际业务核算中会收到大量的原始凭证，而这些原始凭证是由银行统一印制的，具备记账凭证的要素。为了避免重复劳动，提高工作效率，银行大量用原始凭证代替记账凭证作为记账依据，这样既节省人力物力，又有利于银行和客户双方的账务保持一致。值得注意的是，为了提高工作效率，银行在某些特定条件下，才可以用原始凭证代替记账凭证。其条件为：

1）能证明经济业务发生的真实性，即客观性；

2）具有法定约束力，即合法性；

3）要有一定的格式和有关的文字说明，即要式性。

（2）除个别业务外，大多采用单式凭证。商业银行会计每天处理大量的业务，使用单式凭证便于在各柜组之间传递、分工记账和分类汇总，因此，除个别业务外，很多银行采用单式凭证。但是目前采取计算机联网操作和综合柜员制的商业银行为了提高工作工作效率，有些表内业务也采取了复式凭证。表外业务的核算主要采用单式凭证。

二、银行会计凭证的基本要素

银行会计凭证的基本要素是指银行作为记账依据的会计凭证中所记载的相关信息。银行使用的各种会计凭证一般都应具备下列基本要素：

（1）编制的日期，即年、月、日（以特定凭证代替记账凭证时，必须注明记账日期）；

（2）有关收、付款人的户名和账号；

（3）有关收、付款人的开户行名称与行号；

（4）人民币或外币符号和大小写金额；

（5）款项来源、用途或摘要及附件的张数；

（6）会计分录和凭证编号；

（7）客户按照有关规定的签章；

（8）银行及有关人员的签章。

三、银行会计凭证的处理

会计凭证的处理是指从受理或填制会计凭证开始，经过对凭证的审核、传递、记账，到整理、装订、保管为止的全过程。受理或填制会计凭证，是银行会计核算工作的起点。

（一）银行会计凭证的填制

【特别提示】编制会计凭证是银行会计核算工作的起点和基础。编制会计凭证应做到要素齐全、数字正确、字迹清晰、书写规范、手续完备，并且不得任意涂改。对外签发的会计凭证及客户提交的会计凭证，其金额除了填写阿拉伯数字的小写金额以外，应同时填写中文大写数字，以防涂改，并且大小写数字必须相符。

银行每发生一笔经济业务都必须填制会计凭证，而银行的业务按支付方式不同，分为现金业务和转账业务，因此填制会计凭证的方法有所不同。

1. 现金凭证的填制

现金业务使用的凭证有现金收入凭证和现金付出凭证。银行内部发生现金收付业务，由银行自行填制现金收入传票或现金付出传票；对外的现金收付业务，则以客户提交的凭证如现金缴款单、现金支票等代替现金收入凭证和现金付出凭证。

【特别提示】发生现金业务时，记载的一方是有关业务使用的科目，另一方必然是现金科目。为了简化核算手续，现金业务只填制一张凭证，即现金科目的对方科目凭证，现金科目不再另行填制凭证。

2. 转账凭证的填制

转账业务使用的凭证是转账借方凭证和转账贷方凭证。发生转账业务时，根据“有借必有贷，借贷必相等”的记账规则，至少要填制两张或两张以上的转账借方凭证和转账贷方凭证，凭证双方的金额应相等。

【特别提示】银行内部的转账业务，由银行自行填制转账凭证；对外的转账业务，以客户提交的特定凭证代替转账借方凭证和转账贷方凭证。

（二）银行会计凭证的审核

商业银行对自制或受理的会计凭证，必须根据会计规范和业务要求认真审核，只有审核无误的会计凭证，才能作为银行会计办理资金收付、款项划转和登记账簿的依据。

1. 内容审核

内容审核即审核凭证的真实性、合法性和正确性。包括：

（1）是否错用本行受理的凭证；

（2）凭证应填写的内容和应加盖的印章是否齐全；

（3）凭证是否超过有效期限；

（4）款项来源及用途是否符合有关规定，凭证联数及附件是否齐全；

（5）有密押的凭证是否经过专人核押。

【特别提示】只有审核合格的会计凭证才能作为记账凭证，对内容审核不合格的凭证商业银行应拒绝受理。

2. 技术审核

技术审核即对凭证的填制和使用是否符合要求进行审核。包括：

（1）是否错用凭证种类；

（2）凭证的科目账号、户名、印鉴、金额大小写等栏次是否符合填制和更正要求；

（3）数字计算是否正确，牌价、收费标准是否有误。

技术审核不合格时，可予退票或要求有关人员按规定的改错方法更正。

审核无误的会计凭证，应及时进行账务处理；如果内容不全，应予以补办；对不符合要求的凭证应拒绝受理；如发现伪造、编造会计凭证的违法行为，要认真追究责任，严肃处理。凡是经过银行办理的凭证，必须加盖有关人员名章及公章，以明确责任。

（三）银行会计凭证的传递

【知识链接】
会计签章

银行会计凭证传递是指银行为了满足处理业务的需要，将自制或受理的会计凭证在银行内部或者两家或两家以上银行之间进行传递。银行会计凭证传递必须做到准确及时、手续严密、办妥交接、先外后内、先急后缓。

银行各类业务凭证的传递应遵守以下规定。

（1）现金收入业务，必须先收款，后记账，以防止漏收或错收款项。

（2）现金付出业务，必须先记账，后付款，以防止透支款项。

（3）转账业务，必须先记付款人账户，后记收款人账户，以保证付款一方账目有足够的余额转账；对单位提交的付款凭证，必须坚持按照“审核-验印-记账-复核-付款（签发回单）”的程序办理。

（4）代收他行票据，收妥抵用，以贯彻银行不垫款原则。代理行提交的凭证应先核押或核对签字无误后受理。

（5）当日的凭证按核算处理过程经有关柜组处理，不再回归。

【特别提示】 除另有规定外，商业银行会计凭证一律通过邮局、专业快递公司或银行内部指定专人传递，必须建立严格的登记签收制度，保证银行会计凭证在传递过程中的安全，避免造成银行资金的损失。

（四）银行会计凭证的装订与保管

1. 会计凭证的装订

由于商业银行的业务量大，会计凭证应按期整理装订。每日营业终了，应对已经办完核算手续的会计凭证集中整理。装订前应先检查科目日结单张数，凭证张数，附件张数及有关戳记是否完整、齐全，发现不符和手续不全的，必须由有关人员更正补齐。检查无误后，按“先表内科目，后表外科目”的顺序排列。表内科目按科目编号“先小号，后大号”的顺序进行整理。同一科目按“现金传票在前，转账传票在后，借方传票在前，贷方传票在后”顺序排列。表外科目按收入、付出顺序排列。原始凭证及有关单证附于记账凭证后面，并加盖“附件”戳记。科目日结单装订在各该科目传票的前面。装订时要将凭证、附件整理整齐，并加具封面、封底，将装订日期、号码、册数、传票总张数和附件张数等填于封面上，用线绳装订牢固，在绳结处用纸条加封，由装订人员和会计主管在加封处盖章。

已装订成册的凭证，应在封面上编列号码；当日凭证过多可分若干册装订，分册装订的凭证封面上应注明共几册、第几册，并及时登记已用传票账表登记簿，由指定的会计人员妥善保管。

会计凭证每日经缩微扫描存储于光盘等介质后，能满足保管、查阅需要的，可不经装订，直接装入专用袋塑封保管，在袋上注明日期、凭证和附件张数等。

2. 会计凭证的保管

对已装订成册的银行会计凭证，应编列序号，在及时登记银行会计档案保管登记簿后归档，妥善保管。保管人员必须定期检查凭证是否保存完好，发现问题应及时解决。调阅已入库的凭证一定要有手续，经有关领导批准可以复印或摘录，但不得外借。为了便于查账，会计部门也可按规定保管当年凭证，直至从次年元月一日起期满一年后再移交档案部门。超过规定保管期限的会计凭证，经过批准手续方可销毁。

第四节　账务组织与账务处理

一、银行的账务组织

银行账务组织是指账簿的设置、核算程序以及账务核对方法相互配合所形成的核算体系，是银行会计基本核算方法的重要组成部分。对银行账务组织的要求表现在两个方面，一方面是反映情况要全面完整，符合商业银行经营管理的需要；另一方面是结构要严谨，能够保证数字准确，账务记错可以通过对账发现。银行的账务组织包括明细核算和综合核算两个系统。

明细核算是按账户进行的核算，明细反映各账户资金增减变化情况，它是银行办理具体业务、维护资金和财产安全的重要手段，由各科目下的分户账、登记簿和余额表组成。

综合核算是按科目进行的核算，综合反映各类资金增减变化的全面和概括情况，由科目日结单、总账和日计表组成。

明细核算和综合核算根据同一会计凭证分别按规定程序进行核算，每一科目明细核算各账户的发生额、余额之和，必定与综合核算的发生额、余额相一致。根据这种平行登记的关系，建立双线核算和双线核对制度，保证明细核算和综合核算的数据相符。

【特别提示】明细核算是综合核算的具体化，综合核算是对所属明细核算的概括，对明细核算有监督的作用。二者相互配合、相互补充、相互联系、相互制约，共同构成了银行完整的账务组织。

（一）账簿的设置

账簿是由一定格式的账页组成，以审核无误的会计凭证为依据，用以全面、连续、系统地记载各种经济业务的簿册。银行账簿按其用途不同，一般设置有日记账、明细账、总账和登记簿四种。

1. 日记账

日记账是每日按经济业务发生时间的先后顺序，逐笔连续登记的账簿。银行的日记账主要有现金收入日记簿（见表2-10）和现金付出日记簿，是逐笔、序时记载现金收入、付出及结存情况的详细记录。现金收入日记簿和现金付出日记簿由银行出纳人员根据现金收入和现金付出的传票逐笔记录。

2. 明细账

明细账是银行会计账簿中详细反映银行经济业务的账簿，分户账是其最重要的表现形式。

表2-10　现金收入日记簿

现金收入日记簿

柜组名称：　　　　　　　　年　　月　　日　　　　　　　　第　　页共　　页

凭证号数	科目代号	户名或账号	金额（位数）	凭证号数	科目代号	户名或账号	金额（位数）
合计				合计			

（1）分户账。分户账是在总账科目下，按照开户单位和银行的各种资金性质独立开设账户，具体反映各项资金增减变动情况和结果的明细分类账簿。它是银行与开户单位对账的依据，是银行明细核算的主要形式。分户账的格式，除根据业务所规定的专用格式外，一般有以下四种：

1）甲种账（见表2-11）。设有借方发生额、贷方发生额和余额三栏，适用于不计息科目账户、用余额表计息科目账户、银行内部科目账户。适用应收账款、待摊费用、损益类、所有者权益类账户的明细核算。

表 2-11　甲种账

××银行

（　　　　　　　）账

本账总页数	
本户页数	

户名：　　　　　　　　账号：　　　　　　　　领用凭证记录：

年		摘要	凭证号码	对方科目代号	借方	贷方	借或贷	余额	复核员
月	日				（位数）	（位数）		（位数）	

会计　　　　　　　　　　　　记账

2）乙种账（见表 2-12）。乙种账又称计息式账页，设有借方发生额、贷方发生额、余额、积数四栏，适用于在账簿上加计积数，并计算利息的账户，如存款账户和贷款账户。

3）丙种账（见表 2-13）。设有借方发生额、贷方发生额、借方余额、贷方余额四栏，适用于借、贷双方反映余额的账户，如联行往来、同业往来、国外代理行往来等账户。

表 2-12　乙种账

××银行

（　　　　　　　）账

本账总页数	
本户页数	

户名：　　　　　　　　账号：　　　　　　领用凭证记录：　　　　　　利率：

年		摘要	凭证号码	对方科目代号	借方	贷方	借或贷	余额	积数	复核员
月	日				（位数）	（位数）		（位数）	（位数）	

会计　　　　　　　　　　　　记账

表 2-13　丙种账

××银行

（　　　　　　　）账

本账总页数	
本户页数	

户名：　　　　　　　　账号：　　　　　　　　领用凭证记录：

年		摘要	凭证号码	对方科目代号	发生额		余额		复核员
月	日				借　方	贷　方	借　方	贷　方	

会计　　　　　　　　　　　　记账

4）丁种账（见表 2－14）。设有借方发生额、贷方发生额、余额和销账四栏，适用于逐笔记账、逐笔销账的一次性账务，它兼有分户核算作用，如应收及暂付款项、应付及暂收款项、汇入汇款、汇出汇款等科目适用该账页。

表 2－14　丁种账

××银行

（　　　　　　　　）账

本账总页数	
本户页数	

户名：　　　　　　　　　账号：　　　　　　　　　　　　　领用凭证记录：

年		账号	户名	摘要	凭证号码	对方科目代号	借方	销账			贷方	借或贷	余额	复核员
月	日						（位数）	年	月	日	（位数）		（位数）	

会计　　　　　　　　　　　　　　　　记账

（2）余额表。余额表是反映每日营业终了各账户最后余额的明细表，分为计息余额表和一般余额表两种。余额表是核对总账和分户账余额是否相符的重要工具。余额表由商业银行业务系统于日终批量在各营业网点产生，其同一科目下各分户账余额合计数与当日该科目总账余额必须相等。

1）计息余额表（见表 2－15），适用于计息科目。

表 2－15　计息余额表

××银行（　　）计息余额表

年　　月　　日

科目名称：单位活期存款　　　　　　　　利率：　　　　　　　　　　共　　页第　　页

账号		
户名		
日期	余额	
至上期累计应计息积数		
1		
…		
10 天小计		
11		
…		
20 天小计		
…		
本月计息积数		
应加减积数		
至本期累计应计息积数		
结息日利息		

会计　　　　　　　　　　复核　　　　　　　　　　制表

2）一般余额表（见表 2－16），一般在抄制各科目及账户余额时使用。

表 2－16　一般余额表

××银行（　　）一般余额表

年　月　日　　　　共　页第　页

科目代号	户名及摘要	余额 （位数）	科目代号	户名及摘要	余额 （位数）

会计　　　　复核　　　　制表

3. 总账

总账（见表 2－17）按科目设置账户，是银行综合核算的总分类账簿。它是综合核算和明细核算相互核对和统驭分户账的主要工具，也是编制财务报表的依据。总账设有借方发生额、贷方发生额、借方余额、贷方余额四栏。账页每月更换一次。

表 2－17　总账

××银行（　　）

总　账

科目代号：＿＿＿＿

科目名称：＿＿＿＿　　　　第　号

年　月	借方 （位数）	贷方 （位数）
上年底余额		
本年累计发生额		
上月底余额		
上月底累计未计息积数		

日期	发生额		余额		核对盖章
	借方 （位数）	贷方 （位数）	借方 （位数）	贷方 （位数）	复核员
1					
…					
10 天小计					
11					
…					
月计					
自年初累计					
本期累计计息积数					
本月累计未计息积数					

会计　　　　复核　　　　记账

总账的格式一般为三栏式。任何科目总账的当日借、贷发生额或者余额，应当与其所属各分户账借、贷方发生额或者余额的合计数相等。这种数量相等关系能使总分类核算与明细核算互相制约，是总账和明细账核对、保证账账相符的重要依据。

【特别提示】每日营业终了，总账根据各科目日结单借、贷发生额和当日余额进行登记，由银行业务系统自动将流水过入生成。各个科目总账每日发生额和余额应当与当日同科目分户账发生额和余额合计数相等。

4. 登记簿

登记簿又称备查账簿，是为了适应某些业务的需要设置的，起备忘、控制和管理作用的辅助性账簿。它是对某些在序时账簿和分类账簿等主要账簿中未能记载的事项进行补充登记的账簿，没有固定的格式，可根据需要加以设计。如：空白重要凭证登记簿、印章保管使用登记簿、开销户登记簿、凭证（资料）交接登记簿、挂失登记簿等。

银行会计账簿按其外表形式又可分为订本账、活页账和卡片账。订本账是在未启用前就把许多账页装订在一起，并有固定编号的账簿，采用此种账簿，能避免账页散失和防止抽换账页。活页账是在账簿启用之前，账页不装订在一起，而是根据核算和管理的需要，将单张账页随时夹入账夹或从中抽出的账簿。许多银行明细账（除现金账外）及总账采用此种账簿，它有利于分工记账，提高工作效率。卡片账是根据某些核算和管理的特殊需要，在卡片上设计必要的栏次，以反映各种指标和内容的账簿。它具有内容详细、使用灵活、不需要更换账页、可跨年度使用等特点。

（二）银行会计账簿的记账规则与错账冲正

1. 银行总账与明细账的平行登记

对于同一笔银行业务，总账用来反映总括数字，明细账用来反映具体的详细数字。总账账户对所属明细账账户起着控制作用；明细账账户是有关总账账户的从属账户，对有关总账账户起着辅助作用。二者反映的对象、登记的原始依据相同，所提供的核算资料相互补充、相互核对，从而既总括又明细地核算同一对象，因此，必须采用平行登记的方法来登记总账与其所属的明细账，其要点是：

（1）每项银行业务，一方面在有关总账中进行总括登记，另一方面分别在该有关总账所属明细账中进行明细登记；

（2）每项银行业务，在总账及其所属明细账中记载的方向是一致的，即对同一银行业务，在总账上登记借方或贷方，在明细账上也必须登记在借方或贷方；

（3）记入总账的金额同记入所属的明细账的金额之和必须相等。

【特别提示】平行登记实际上是对同币种银行总账与明细账采用同时间（实际工作中往往是先记明细账、后记总账）、同方向、同金额，按不同记账凭证（总账依据银行科目日结单，明细账依据明细账记账凭证）进行的登记和反映。所以每一银行总账账户当日的借方和贷方发生额与其所属各明细账借方和贷方发生额合计必然分别相等；每一银行总账账户的当日余额与其所属各银行明细账账户余额之和必然相等。

2. 银行账簿的记账规则

为了确保账簿记录的合法性，明确记账人员的责任，在启用银行账簿时，应填制账簿启用表，注明账簿名称、编号、启用日期和经营会计账簿人员姓名等内容。登记银行账簿的总体要求是：内容完整、科目正确、摘要清楚、数字真实、字迹整洁、及时登记。具体规则如下：

（1）账页上首有关各栏必须填写齐全，其余账页除更正错账外，一律用蓝黑墨水书写。

（2）各种账簿必须根据记账凭证逐笔记载，即时结计余额，计息账户还要同时结出计息日数和积数。

（3）发现错账，应及时按规定方法更正，不许涂改、挖补、刀刮、皮擦和用药水销蚀。

（4）账页一经启用，不得随意抽换，记载错误无法更改时，不得撕毁，须经会计主管人员同意，另换账页记载，经过复核，并在错误账页上划交叉红线注销，由记账、复核、会计主管人员盖章证明。注销的账页另行保管，俟装订账页时，附在后面备查。

（5）记载账簿时，文字和数字应靠横格底线书写，约占全格二分之一。账簿要连续记载，如发生空格、空页，应在摘要栏用红线从左下角至右上角划销，并经复核人员盖章。账簿上的借或贷栏，余额在借方的填“借”字，余额在贷方的填“贷”字，余额为零的填“平”字，并在余额栏的个位上划“—0—”符号。

（6）账页记满结转下页时，应将账页上首各项内容记入新账页上首，账内各栏数字，按各种账户记载业务的要求，记入新账页的第一行对应栏内，并在摘要栏内注明“承前页”字样。

（7）各种账簿所记载的账目都必须经复核人员逐笔复核并签章。

（8）月份结束或年度账务整理期结束之后，总账必须分别办理月结和年结，结算出当月或当年各科目的借贷方发生额，并在摘要栏注明“本月合计”或“本年合计”字样，其下划一道红线。

（9）凭证、账簿盖错印章，应在所错盖印章上用红笔划“×”以示注销，再补盖正确印章。

3. 银行会计账簿的错账冲正

银行的账务处理要严肃认真，正确无误。如果发生账务差错，应经部门会计主管审批后，分别按下列规定办理更正，并对错账的原因、日期、金额以及冲正的日期等进行登记，以便考核、分析，改进工作。

（1）当日结账前发现的错账，一般采用划线更正法。

1）账簿上日期或金额写错时，应以一道红线把全行数字划销，将正确数字写在划销数字的上边，并由记账员在红线左端盖章证明。如划错红线，可在红线两端用红色墨水划“×”销去，并由记账员在右端盖章证明。文字写错，只需将错字用一道红线划销，将正确的文字写在划销文字的上边。

2）栏次或行次记错时，除按上述方法划销并加盖名章外，还应将正确的文字或数字填入应记栏目内或行次内。

3）凭证填错科目或账户，应重新换制凭证，原凭证盖“作废”戳记作为附件，再参照上述方法改正账簿。

4）已使用的账页记载错误无法更正时，不得撕毁，须经会计主管人员同意，另换新账页记载，但必须全页复核，并在原账页上划交叉红线注销，由记账员及会计主管人员盖章证明。注销的账页另行保管，俟装订账页时，附在后面备查。

（2）结账后或隔日发现的错账，一般采用红、蓝字冲正法。

1）记账串户，应填制同一方向红字凭证，记入原错误的账户，在摘要栏内批注“更正×年×月×日错账”字样；同时，在原记错账的摘要栏内批注“已于×年×月×日更正”字样；同时另填制同一方向蓝字凭证记入正确的账户，在摘要栏内注明“补记×年×月×日账”字样及简明事项。

【例2-8】 4月25日商业银行A行将华联超市的一笔存款50 000元，误记入华盛超市存款户，4月26日发现并办理更正。

原来会计分录为：

借：有关科目　　50 000

　贷：单位活期存款——华盛超市存款户　　50 000

更正的会计分录为：

　贷：单位活期存款——华盛超市存款户　　50 000（红字）

　贷：单位活期存款——华联超市存款户　　50 000（蓝字）

2）凭证的金额、科目或账户填错，账簿随之记错，应填制同方向红字凭证将错误金额全数冲销，再按正确的金额、科目或账户重新填制借、贷方蓝字凭证补记入账，并在摘要栏内注明情况。同时在原错误凭证上批注“已于×年×月×日更正”字样。

【例2-9】 6月5日商业银行A行计收榕美服装公司流动资金贷款利息9 600元，误将传票金额填为6 900元并据以记账，于6月15日发现并办理更正。

原来的会计分录为：

借：单位活期存款——榕美服装公司存款户　　6 900

　贷：利息收入　　6 900

更正的会计分录为：

借：单位活期存款——榕美服装公司存款户　　6 900（红字）

　贷：利息收入　　6 900（红字）

借：单位活期存款——榕美服装公司存款户　　9 600（蓝字）

　贷：利息收入　　9 600（蓝字）

（3）隔年发现的差错，采用蓝字反方向更正法。本年度发现上年度的错账，应填制蓝字反方向凭证更正，不得更改决算报表。凭证的摘要栏应注明情况，原错账凭证上应批注“已于×年×月×日更正”字样。

【例 2-10】12 月 26 日商业银行 A 行将华联超市的一笔存款 50 000 元误记入华盛超市存款户，第二年 1 月 3 日发现并办理更正。

原来的会计分录为：

借：有关科目　50 000

　贷：单位活期存款——华盛超市存款户　50 000

更正的会计分录为：

借：单位活期存款——华盛超市存款户　50 000（蓝字）

　贷：单位活期存款——华联超市存款户　50 000（蓝字）

采用红字冲正法或蓝字反方向更正法时，还应注意以下几点：

1）在冲销原错误凭证的凭证摘要栏内注明：“冲销×年×月×日错账”字样，同时在重新编制的正确凭证的摘要栏内注明“补记冲正×年×月×日账”字样，并在原错误凭证上注明“已于×年×月×日冲正”字样；

2）冲正各计息户错账，应计算应加（或应减）积数，并在账页上做出相应调整；

3）冲正错账采用统一格式的错账冲正凭证；

4）冲正错账必须经过复核，并由会计主管人员审查签章，登记冲正错账登记簿。

二、银行会计的账务处理

银行会计核算程序就是科学、合理地组织银行会计核算工作的步骤和过程。根据发生的银行经济业务受理或编制原始凭证，采用一定的方法记账、算账、轧账和核对账务，最终编制出银行财务报表，体现出银行会计核算方法体系中各种核算方法相互补充、缺一不可的有机联系。

1. 根据银行经济业务审核或填制原始凭证

（1）审核外来原始凭证的真实性、准确性、完整性和合法性；

（2）根据银行经济业务的发生情况填制银行原始凭证。

2. 根据审核无误的原始凭证编制明细核算记账凭证

（1）对外来或自制原始凭证，经过编制会计分录等必要处理后，代替明细核算记账凭证；

（2）根据不能用来代替明细核算记账凭证的合法原始凭证，填制明细核算记账凭证。

3. 根据明细核算记账凭证登记银行会计明细核算账簿和余额表

根据明细核算记账凭证及有关资料登记银行会计明细核算账簿和余额表，并结记余额。

（1）分户账。分户账是明细核算的主要形式，必须按户立账，连续记载，并在摘要栏注明简明事由，不得以凭证代替分户账。

分户账的记账方法，除按照有关业务核算手续的规定办理外，应注意下列规定：

1）记账前，必须切实核对户名、账号、印鉴、金额或额度、限额等，防止串户、透支等事故的发生。

2）账页上首规定填记的主要事项（如账号、户名、贷款额度、拨款限额和页数等）均应详细填写。记账时，要写明记账日期，摘要栏扼要填写款项来源、用途或简明事由，现金支票、转账支款凭证应填列凭证号码。

3）业务发生后，必须根据凭证逐笔记载分户账，并结出余额。

4）换新账页时，应将前页的最后余额过入新页的第一行余额栏内，并在摘要栏填写“承前页”字样。乙种账页记满时，还应把未结息积数的合计数同时过入新账页积数栏第一格。

5）损益类各账户应具体记载发生收支的事由。

（2）登记簿。登记簿是为适应某些业务需要而设置的账簿，也是用以控制空白重要凭证、有价单证和实物的重要账簿，还是统驭卡片账的辅助账簿。凡在分户账上不能记载而又需要登记查证的业务，都可通过登记簿予以登记反映。

（3）现金收入日记簿及现金付出日记簿。现金收入日记簿及现金付出日记簿是记载和控制现金收入和现金付出数字的序时账簿，是现金收入和现金付出的明细记录。其记载方法是：在业务发生后，按照现金收入凭证、现金付出凭证分别序时、逐笔记载。除记载记账日期、凭证号码外，还要在摘要栏内简要记载交款或取款单位名称、款项来源或用途等，尽量配合现金项目分类要求。对外营业终了后，各自结出合计数，编制收付结数表，登记现金库存簿，并与实际现金库存数核对相符。

（4）余额表。余额表是核对总账与分户账余额以及计算利息的重要工具。余额表分计息余额表和一般余额表两种。

计息余额表，适用于计息科目，最主要功能是计息，每日营业终了，根据分户账各户最后余额填列，当日未发生收付的账户（法定假日同），根据上一日的最后余额填列。

一般余额表，适用于不计息的各科目，一般在抄制各科目的余额，以便进行总账和分户账余额核对时使用。

一般余额表是定期核对账务的工具，每月按各户分户账的余额填制一次；而计息余额表是每日核对账务的工具。

4. 编制科目日结单并据以登记总账，根据总账编制日计表

综合核算是按科目进行的核算，由科目日结单、总账、日计表组成。其核算程序是：根据会计凭证编制科目日结单，根据科目日结单登记总账，根据总账编制日计表。

（1）科目日结单（见表2-18）。科目日结单是监督明细账账户发生额，轧平当日账务的重要工具。每日营业终了，每个科目编制一张科目日结单，编制方法是：按当日同一会计科目的传票汇总整理，按现金收入、现金付出、转账借方、转账贷方顺序排列，各自加计传票张数和金额，填列在科目日结单的有关栏内，并结出借、贷方合计数。

【特别提示】当日全部科目日结单相加的借方、贷方合计数必须相等，表明当日账务的发生额登记平衡。

现金科目日结单的编制比较特别。由于现金收入、付出业务只有一张凭证，所以现金科目日结单下没有凭证。因此，现金科目日结单应根据其他科目日结单中的现金部分，分别汇总借方、贷方合计数，反方填列，只填金额，不填凭证张数。即：其他科目日结单中现金部分的借方合计数，填列现金科目日结单现金部分的贷方；其他科目日结单中现金部分的贷方合计数，填列现金科目日结单现金部分的借方。

表 2-18 科目日结单

××银行（　　　）科目日结单

年　　月　　日

凭证种类	借方												贷方											
	传票张数	金额											传票张数	金额										
		亿	千	百	十	万	千	百	十	元	角	分		亿	千	百	十	万	千	百	十	元	角	分
现金																								
转账																								
合计																								

复核　　　　　　　　　　记账　　　　　　　　　　制单

（2）总账。总账是综合核算的主要形式，是综合核算同明细核算相互核对和统驭明细分户账的主要工具。其记载方法是：每日营业终了，根据各科目日结单的借、贷方发生额合计数填记，并结出余额。当日未发生账务的科目（法定假日同），应根据上一日的余额填入当日余额栏内，以便与余额表核对。检验科目总账余额是否正确应视不同情况而定。

【特别提示】借、贷双方反映余额的科目，其总账上的本日余额，应根据余额表或分户账各户的借方、贷方余额分别加计总数填记，不得轧差记载。单方反映余额的科目，余额可以根据本科目的上日余额与本日余额轧差求出。

如果上日借方余额大于贷方余额，检验公式为：

上日借方余额－上日贷方余额＋本日借方发生额－本日贷方发生额
＝本日借方余额－本日贷方余额

如果上日贷方余额大于借方余额，检验公式为：

上日贷方余额－上日借方余额＋本日贷方发生额－本日借方发生额
＝本日贷方余额－本日借方余额

【例 2-11】 商业银行 M 行“港澳及国外联行往来”科目下有三个分户账 A，B，C，资料如下：

	A	B	C
上日余额	贷：70 000	借：60 000	贷：30 000
本日发生额	借：55 000	贷：20 000	贷：20 000
本日余额	贷：15 000	借：40 000	贷：50 000

“港澳及国外联行往来”总账发生额和余额应登记如下：

时间	发生额		余额	
	借方	贷方	借方	贷方
上日	略	略	60 000	100 000
本日	55 000	40 000	40 000	65 000

“港澳及国外联行往来”科目总账核对如下：

贷方 100 000－借方 60 000＋贷方 40 000－借方 55 000＝贷方 25 000

贷方 65 000－借方 40 000＝贷方 25 000

说明借、贷双方反映余额的“港澳及国外联行往来”科目总账，其数字轧差核对结果是相符的。

【特别提示】 当日营业终了，要将科目日结单上借贷方发生额试算平衡，即当日同种货币的全部科目日结单相加的借方、贷方合计数必须相等，表明当日账务的发生额登记平衡。

(3) 日计表（见表 2-19）。日计表是反映当日业务活动和轧平当日全部账务的主要工具。日计表应每日编制，每日营业终了，日计表的各科目当日发生额和余额，根据总账各科目当日发生额和余额填记，表内各科目的借、贷方发生额合计数和借、贷方余额的合计数必须各自平衡。

表 2-19　日计表

××银行（　　）日计表

年　　月　　日

科目代号	科目名称	本日发生额		余额		科目代号
		借方	贷方	借方	贷方	
	合计					

行长（主任）　　　　　　会计　　　　　　复核　　　　　　制表

(4) 财务报表。为加强商业银行的市场约束，规范商业银行的信息披露行为，维护存款人和其他客户的合法权益，促进商业银行安全、稳健、高效运行，2007 年 7 月 3 日，中国银行业监督管理委员会公布《商业银行信息披露办法》(以下简称《办法》)。《办法》要求，商业银行应在主要营业场所、互联网上刊登年度报告，中国银监会还鼓励商业银行通过媒体向公众披露年度报告的主要信息。

在信息披露的内容方面，《办法》要求，商业银行应按规定披露财务会计报告、各类风险管理状况、公司治理、年度重大事项等信息。其中，财务会计报告由财务报表、财务报表附注和财务情况说明书组成。财务报表应包括资产负债表、利润表、现金流量表、所有者权益变动表及其他有关附表。

资产负债表是反映银行在某一特定日期（如月末、季末、年末）全部资产、负债和所有者权益情况的财务报表，是银行经营活动的静态体现，根据“资产＝负债＋所有者权益”这一平衡公式，依照一定的分类标准和次序，将某一特定日期的资产、负债、所有者权益的具体项目予以适当的排列编制而成。它表明银行在某一特定日期所拥有或控制的经济资源、所承担的现有义务和所有者对净资产的要求权。它是一张揭示银行在一定时点财务状况的静态报表。资产负债表利用会计平衡原则，将合乎会计原则的资产、负债、股东权益交易科目分为“资产”和“负债及股东权益”两大区块，经过分录、转账、分类账、试算、调整等会计程序后，以特定日期的静态银行情况为基准，浓缩成一张报表。

利润表是反映银行在一定会计期间的经营成果的财务报表。银行一定会计期间的经营成果既可能表现为盈利，也可能表现为亏损，因此，利润表也称为损益表。它全面揭示了银行在某一特定时期实现的各种收入，发生的各种费用、成本或支出，以及银行实现的利润或发生的亏损情况。利润表是根据“收入－费用＝利润”的基本关系来编制的，其具体内容取决于收入、费用、利润等会计要素及其内容，利润表项目是收入、费用和利润要素内容的具体体现。它是一种反映银行经营资金动态表现的报表，主要提供有关银行经营成果方面的信息，属于动态财务报表。

现金流量表是反映一定时期内（如月度、季度或年度）银行经营活动、投资活动和筹资活动对其现金及现金等价物产生的影响的财务报表。现金流量表可以概括反映银行经营活动、投资活动和筹资活动对银行现金流入流出的影响，在评价银行的实现利润、财务状况及财务管理方面，与传统的利润表相比，现金流量表能提供更好的基础。

所有者权益变动表是反映银行本期（年度或中期）至期末所有者权益变动情况的报表。2007 年以前，公司所有者权益变动情况是以资产负债表附表的形式予以体现的。新准则颁布后，要求上市银行于 2007 年正式对外呈报所有者权益变动表，所有者权益变动表成为与资产负债表、利润表和现金流量表并列披露的第四张财务报表。在所有者权益变动表中，银行还应当单独列示下列信息。1）所有者权益总量的增减变动。2）所有者权益增减变动的重要结构性信息。3）直接计入所有者权益的利得和损失。

商业银行应在财务报表附注中披露资本充足状况，包括风险资产总额、资本净额的数量和结构，核心资本充足率，资本充足率。此外，银行的各类风险和风险管理情况也要求披露。财务报表附注是为便于报表使用者理解报表的内容而对报表的编制基础、编制依据、编制原则和方法及主要内容等所做的进一步说明、补充或解释。

商业银行应将信息披露的内容以中文编制成年度报告，于每个会计年度终了后的四个月内披露。因特殊原因不能按时披露的，应至少提前十五日向中国银行保险监督管理委员会申请延迟。披露的年度财务报告须经具有相应资质的会计师事务所审计。商业银行应披露会计师事务所出具的审计报告。资产规模少于 10 亿元人民币的农村信用社可不经会计师事务所审计。

5. 账务核对

账务核对简称对账，是会计核算的重要环节，是防止账务差错、保证核算正确的重要措施，是达到账账、账款、账据、账实、账表、内外账务相符等六项质量标准所必须采取的方法。通过账务核对，达到账账、账款、账据、账实、账表和内外账相符的目的。银行账务核对分为每日核对和定期核对两种。

（1）每日核对。每日核对即每日营业终了进行的账务核对，这是保证银行账务正确的第一道防线。核对的主要内容如下：

1）业务处理量核对。电脑打印的当日凭证总张数与实际凭证数核对相符。

2）账款核对。出纳部门记录的现金日记簿的收入、付出各自合计数，应与会计部门的“现金”科目总账借、贷方发生额核对相符；业务库房的现金库存登记簿的库存数，应与“现金”科目总账余额核对相符，同时与实际库存现金数核对相符。

3）总分核对。每日营业终了，总账各科目余额应与分户账或余额表对应各账户余额合计数核对相符。借、贷双方反映余额的总账，应就账页本身的有关数字轧差核对。

4）账表核对。总账与日计表核对，总账各科目的借贷方发生额和余额合计数应与日计表中的借贷方发生额和余额合计数核对相符。

5）表表核对。余额表各账户余额合计数与日计表对应各科目余额核对相符。

（2）定期核对。定期核对即对未能纳入每日核对的账务按规定定期进行核对。

1）使用销账式账页记载的账户，应按旬加计未销账的账户余额，与该科目总账的余额核对相符。

2）贷款科目最少每季度通打一次全部分户账余额，并与总账核对相符；同时，还要与借款借据逐笔勾对。

3）贴现卡片票面金额按月与表外科目核对相符。

4）各种卡片账按月与该科目总账或有关登记簿核对相符。

5）余额表上的计息积数，应按旬、按月、按结息期与同科目总账的十天小计、二十天小计、月计和本结息期累计积数核对相符。如遇有应加、应减积数，应审查发生的原因和数字是否合理正确。

6）金银占款分户账每月与发行部门的金银保管登记簿核对相符。

7）各种有价单证、空白重要凭证等，应每月账实、账簿核对相符。

8）固定资产在年度决算前账、卡、簿、实核对相符；固定资产卡片上的折旧额合计与“固定资产折旧”科目余额核对相符。

9）内外账务核对。按月或规定时间向开户单位发送余额对账单，由开户单位填列余额和未达账项，并加盖预留印鉴后返回，对账回单中如有未达账项，应及时查明原因。开户单位的对账回单经核对无误后，应按科目、账号顺序排列装订保管，以备查考。必要时，可与开户单位进行面对面对账。

10）同业往来账户核对。每月要保持和同业单位余额相一致，并且要送对账单对账。

银行经办人员在核对相符后，应在有关账、簿、卡上盖章证明，会计主管人员应加强检查督促。

【特别提示】 在计算机操作下，银行会计业务系统每日还需进行总账、分户账自身平衡核对及总账与分户账核对。在财务报表数据均由系统根据相同的凭证数据自动生成的情况下，凭证要素输入是否正确直接决定会计核算是否正确。因此，银行会计的工作人员在输入凭证要素时一定要认真，不能出差错。

记账程序与每日账务核对流程见图 2-1。

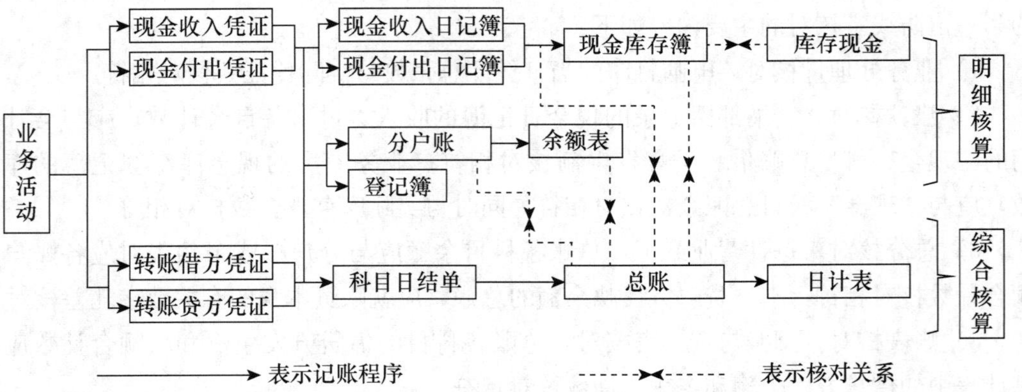

图 2-1 记账程序与每日账务核对流程

本章小结

1. 银行会计科目是按照一定的要求，对银行的各项会计要素进行分类汇总的类别名称。银行会计科目按与资产负债表的关系分类，可分为表内科目和表外科目。表内科目按资金性质，可以分为资产类、负债类、资产负债共同类、所有者权益类和损益类科目。按管理需要和核算内容的详细程度划分为一级科目和二级科目。

2. 银行会计记账方法按其登记一项经济业务时，涉及一个账户还是两个或两个以上账户，分为单式记账法和复式记账法两种。单式记账法是对发生的某项交易或事项只在一个账户中进行登记的记账方法，一般对表外科目所涉及的重要会计事项采用单式记账法进行核算。复式记账法是对每一项经济业务，按照资金内在的对应关系，以相等的金额同时在相关联的两个或两个以上账户中进行登记的记账方法。目前我国银行系统中，对表内业务采用借贷记账法进行核算。

3. 会计凭证是银行办理业务和财务收支的主要依据。按凭证的填制程序和用途不同，分为原始凭证与记账凭证。按凭证的形式不同，分为单式凭证与复式凭证。按凭证的性质和适用范围不同，分为基本凭证和特定凭证。银行会计凭证的特点是：大量采用原始凭证代替记账凭证作为记账依据；除个别业务外，大多采用单式凭证。

4. 编制会计凭证是银行会计核算工作的起点和基础。编制会计凭证应做到要素齐全、数字正确、字迹清晰、书写规范、手续完备，并且不得任意涂改。无论是银行自行填制的基本凭证，还是客户提交的特定凭证，在记账前都必须根据有关业务的具体要求进行审查，只有审核合格的会计凭证才能作为记账凭证。

5. 银行各类业务凭证的传递，具体应遵守以下规定：现金收入业务，必须先收款，后记账；现金付出业务，必须先记账，后付款；转账业务，必须先记付款人账户，后记收款人账户；代收他行票据，收妥抵用，以贯彻银行不垫款原则；当日的凭证按核算处理过程经有关柜组处理，不再回归。

6. 银行的账务组织是指账簿的设置、核算程序以及账务核对方法相互配合所形成的核算体系。银行的账务组织包括明细核算和综合核算两个系统。前者是按账户进行的核算，明细反映各账户资金增减变化情况；后者是按科目进行的核算，综合反映各类资金增减变化情况。两者都是反映业务活动、考核计划执行情况的主要依据，也是维护各项资金和财产安全的重要工具。两个系统的账簿都必须根据同一会计凭证分别进行登记、核算。它们互相联系、相互制约。明细核算与综合核算的数字必须相符。

本章练习

一、单项选择题

1. 反映银行财产和各类债权的会计科目是（　　）。

A. 资产类科目　　B. 负债类科目　　C. 共同类科目　　D. 损益类科目

2. 下列凭证属于基本凭证的是（　　）。

A. 现金支票　　B. 转账支票　　C. 银行汇票　　D. 转账借方传票

3. 银行资产账户的借方、贷方、余额分别表示为资产的（　　）。

A. 减少、增加、借方　　B. 增加、减少、借方

C. 减少、增加、贷方　　C. 增加、减少、贷方

4. 银行负债账户的借方、贷方、余额分别表示为负债的（　　）。

A. 减少、增加、借方　　B. 增加、减少、借方

C. 减少、增加、贷方　　C. 增加、减少、贷方

5. 本月 26 日发现本月 15 日的一笔错账，应采用的方法是（　　）。

A. 划线更正法　　B. 红、蓝字冲正法

C. 蓝字反方向更正法　　D. 撕毁，另换账页记载

6. 本年度发现上年度的错账，应采用的方法是（　　），不得更改决算报表。

A. 划线更正法　　B. 红、蓝字冲正法

C. 蓝字反方向更正法　　D. 撕毁，另换账页记载

7. 借、贷双方反映余额的账户适用（　　）。

A. 甲种账　　B. 乙种账　　C. 丙种账　　D. 丁种账

8. （　　）适用于逐笔记账、逐笔销账的一次性业务。

A. 甲种账　　B. 乙种账　　C. 丙种账　　D. 丁种账

9. （　　）适用银行内部资金科目的账户。

A. 甲种账　　B. 乙种账　　C. 丙种账　　D. 丁种账

10. 银行会计总账发生额应根据（　　）填制。

A. 原始凭证　　B. 科目日结单

C. 记账凭证　　D. 各分户账发生额合计数

二、多项选择题

1. 下列属于银行资产类会计科目的有（　　）。

A. 存放中央银行准备金　　B. 贴现及买入票据

C. 单位活期存款　　D. 短期贷款

2. 下列属于银行负债类会计科目的有（　　）。

A. 活期储蓄存款　　B. 同业拆入　　C. 应付利息　　D. 短期投资

3. 银行营业外支出指与银行业务经营活动无直接关系的各项支出，包括（　　）。

A. 出纳短款和结算赔款支出　　B. 违约金

C. 手续费收入　　D. 固定资产盘亏净损失

4. 仅供银行内部使用，不对外销售但可对外传递，适用于涉及外单位资金收付且银行主动代为收款或者扣款时使用的凭证包括（　　）。

A. 转账借方凭证　　B. 特种转账借方凭证

C. 转账贷方凭证　　D. 特种转账贷方凭证

5. 银行的表内科目包括（　　）。

A. 资产类科目　　B. 负债类科目

C. 共同类科目　　D. 损益类科目

6. 银行会计凭证的传递应遵循的规定包括（　　）。

A. 现金收入必须先收款，后记账；现金付出必须先记账，后付款

B. 转账业务必须先记收款单位账，后记付款单位账

C. 转账业务必须先记付款单位账，后记收款单位账

D. 代收他行票据，收妥抵用

7. 下列属于明细核算构成的是（　　）。

A. 分户账　　B. 登记簿

C. 现金收入（付出）日记簿　　　　D. 余额表

8. 银行综合核算是按科目进行的核算，由（　　）组成。

A. 科目日结单　　B. 总账　　C. 余额表　　D. 日计表

9. 银行的账簿按其用途不同，一般设置有（　　）。

A. 序时账　　B. 明细账和总账　　C. 登记簿　　D. 日计表

10. 银行总账与明细账的平行登记的主要内容有（　　）。

A. 银行业务一方面在有关总账中进行总括登记，另一方面分别在该有关总账所属明细账中进行明细登记

B. 银行业务在总账及其所属明细账中记载的方向是一致的

C. 银行业务在总账及其所属明细账中记载的方向是不一致的

D. 记入总账的金额同记入所属明细账的金额之和必须相等

三、判断题

1. 银行表内科目和表外科目都采用借贷复式记账法，且会计核算对象相同。（　　）

2. 银行会计科目与账户既有严格区分，又有密切的联系。会计科目是银行进行综合核算的基础，账户是进行明细核算的基础。（　　）

3. 银行的一些原始凭证在特定条件下，可以作为记账凭证用于直接记账。（　　）

4. 银行发生的每一笔业务都至少要填两张单式传票。（　　）

5. 银行对外签发的会计凭证及受理客户提交的会计凭证，其金额除了填写阿拉伯数字的小写金额以外，应同时填写中文大写数字，以防涂改，并且大小写数字必须相符。（　　）

6. 根据借贷记账法的记账原理，一定时期内一个账户的借方发生额合计数和贷方发生额合计数必然相等。（　　）

7. 银行发现上年度错账时，应填制红字冲正传票予以冲正。（　　）

8. 日计表是监督明细账账户发生额、轧平当日账务的重要工具。（　　）

9. 无论是银行自行填制的基本凭证，还是客户提交的特定凭证，在记账前都必须根据有关业务的具体要求进行审查，只有审核合格的会计凭证才能作为记账凭证。（　　）

10. 银行综合核算是按科目进行的核算，由科目日结单、总账、余额表和日计表组成。（　　）

四、业务题

要求：编制下列经济业务的会计分录，并按发生额填写试算平衡表，进行试算平衡。

资料：商业银行A行2020年4月26日发生下列业务：

(1) 本行向开户的人民银行提取现金200 000元。

(2) 开户单位百姓超市签发现金支票，向本行支取现金10 000元。

(3) 开户单位榕盛公司从其基本活期存款账户转出 260 000 元，办理期限为两年的单位定期存款业务。

(4) 向在本行开户的乐华纺织厂发放三个月的短期贷款 300 000 元，并转入其活期存款账户。

试算平衡表

年　　月　　日

科目代码	科目名称	上日余额		本日发生额		本日余额	
		借方	贷方	借方	贷方	借方	贷方
1010	现金	200 000					
1040	存放中央银行准备金	600 000					
1210	短期贷款	500 000					
2010	单位活期存款		850 000				
2020	单位定期存款		450 000				
合计		1 300 000	1 300 000				

五、简答题

1. 银行会计凭证的种类有哪些?
2. 银行各类业务凭证的传递应遵守哪些规定?
3. 银行的账务组织包括哪些系统? 它们之间有什么关系?
4. 银行每日核对的主要内容包括哪些?

第三章

现金出纳业务的核算

学习目的

1. 掌握银行现金出纳业务的主要内容和原则。
2. 掌握银行现金收付的会计核算。
3. 掌握银行出纳现金错款的会计核算。

第一节 现金出纳业务概述

一、现金出纳的含义

银行是现金出纳的中心，市场上商品流通所需要的现金先通过商业银行的业务流向社会，形成社会购买力，然后通过商品交易等渠道回笼到银行，回笼的现金还可以以各种方式流向市场。

【特别提示】现金出纳业务是银行的基础工作，其工作质量的好坏直接关系到商业银行的声誉和经营效益。它在调节货币流通、组织现金结算、实现银行的职能中发挥着重大作用。

现金出纳是指银行的本币现钞、外币现钞、有价单证、贵重物品等的收付及保管工作。它的服务对象是与其有往来关系的客户。商业银行一方面为客户办理现金结算，使其经济活动正常进行；另一方面还担负执行国家货币政策、落实货币发行和回笼计划、调剂市场流通票币的比例等重要工作。因此，现金出纳业务是商业银行的一项基础业务。

现金出纳业务既是商业银行的一项基础业务，也是银行业开展各项业务的基础。现金出纳通过货币发行和现金收付等业务活动，使银行与社会经济活动及人民生活紧密联系起来。商业银行出纳业务直接与客户接触，对于中国人民银行观察社会现金流通状况、了解市场票币需求、跟踪社会经济动向、捕捉各种经济情报、汇集相关信息资料有着重要意义。同时，它也为国家制定宏观经济决策提供重要依据。

二、现金出纳的分类

按照与货币发行的关系，现金出纳可分为中央银行货币发行与商业银行现金出纳两个部分。

1. 中央银行货币发行

中央银行货币发行不是直接向社会投放货币，而是间接地通过商业银行将发行基金（未发行的货币）投入流通领域，实现货币发行。商业银行通过其现金支付活动将货币现金投向社会，在实现货币发行职能后，通过商业银行出纳汇集起来的现金，经过整理、筛选再缴回中央银行发行部门，实现货币回笼，重新成为货币发行基金的一部分。这就构成了货币发行与现金流通的循环过程。中央银行货币发行工作在货币流通循环过程中处于中心环节．它既是货币发行的起点，又是货币回笼的终点。

2. 商业银行现金出纳

在现金流通循环过程中，商业银行现金出纳是货币流通的桥梁和纽带。它既向社会经济活动供应现金，又不断将社会现金汇集起来。中央银行的货币发行和商业银行的现金出纳之间联系密切、互为依存。它们共同为执行国家货币政策、支持社会经济发展和推动社会扩大再生产服务。

三、现金出纳业务的内容

现金出纳业务的主要内容包括：

（1）贯彻执行国家的金融法令和有关法规制度，进行柜面监督和柜面服务工作；

（2）办理现金（包括本国货币和外币）收付、整点、保管和调运业务，做好现金回笼、供应工作；

（3）办理人民币的兑换和挑残业务，调剂市场各种票币的比例；

（4）办理金银等贵金属和有价单证的收兑、配售、封装、保管和调运业务；

（5）接受委托代理人民银行货币发行部分业务，代理其他银行及金融机构的部分现金收付业务；

（6）做好爱护人民币、维护人民币信誉的公众宣传工作，做好本、外币反假和反破坏工作；

（7）经人民银行授权，承担对社会公众残损人民币和外币的兑换工作，承担假人民币和外币的最终鉴定工作；

（8）对现钞票样及假钞实物进行管理，做好本外币票样的发放、保管和回收工作，做好假钞登记、保管与上缴工作，防止票样、假钞流入市场。

四、现金出纳业务的核算原则

商业银行的现金出纳业务与转账结算业务不同，它既是琐碎复杂、占用服务时间长的业务，又是客户要求高效服务的业务，因此，它具有直接接触客户、高风险的特点。为了减少银行现金出纳业务的差错，提高工作效率，现金出纳业务的核算要遵守以下一般原则：

（1）钱账分管原则。钱账分管原则就是管钱不管账、管账不管钱，做到钱账分管、责任分明。这样有利于会计、出纳各自发挥不同的专业职能，便于相互核对和制约，确保账款相符。

（2）收付分开原则。收付分开原则是指收款业务与付款业务分开经办，实行收付两条线，不能由一人同时负责收款业务和付款业务。

（3）双人经办原则。双人经办原则是指在现金出纳工作中，坚持双人管库、双人守库、双人押送。这样便于相互监督，防止差错和意外事故的发生。

（4）先收款后记账和先记账后付款原则。收入现金时，必须经出纳人员收妥后才能给缴款单位记账；支付现金时，必须为支款单位记账后方能付款。

（5）复核制度原则。收款要另人复点，付款要另人复核。在一人临柜时，经办人要自行复点和复核。

（6）交接手续和查库原则。款项交接或出纳人员调换时，须办理交接手续，分清责任。库房管理须坚持双人管库、双人守库。与此同时，还应定期或不定期进行查库，确保账实相符。

【特别提示】商业银行办理现金收入业务，必须“先收款，后记账”，以防止漏收或错收款项；办理现金付出业务，必须“先记账，后付款”，以防止客户透支款项。

五、现金出纳柜员制

（一）定义

现金出纳柜员制，是指出纳临柜人员独立完成人民币现金收款业务的接柜、凭证审核、现金复点、票币整理、登记账簿和付款业务的现金领取、凭证审核、登记账簿、配款、付款等各环节的业务操作，柜员独立承担经济责任的一种劳动组合形式。实行现金出纳柜员制，可以提高工作效率、减少客户等待的时间、优化柜台服务、增强同业竞争力，适应市场经济发展的需要。

（二）银行应具备的条件

实行现金出纳柜员制的银行一般应具备以下条件：

（1）现金出纳内部管理较好，管理人员素质较高，财会工作达标。

（2）柜台出纳人员必须有较高的思想觉悟、职业道德，责任心强，熟悉和掌握现金出纳有关规章制度和计算机操作技能，从事临柜工作1年以上，点钞速度达到单项三级能手以上（含三级）标准。

（3）现金出纳柜台必须实行核算电算化，点钞机、复点机、伪钞鉴别仪、捆钞机等出纳机具齐全。同时还应安装监控设备，对出纳柜台进行监控。

（4）柜台出纳人员熟练掌握计算机出纳核算软件的运用。

（三）岗位设置和岗位责任

实行现金出纳柜员制的银行，原则上应设出纳主管岗、主机管理岗、收款岗、付款岗或收付合一岗。

出纳主管岗的职责主要是：全面负责本行现金出纳工作，制定工作计划和措施，组织落实出纳工作规章制度，完成各项工作任务；组织、调配柜员组合，保证业务正常开展；设置、更换密码，负责高级别业务操作；检查、监督柜员日常现金业务核算，定期或不定期核查柜台尾箱现金，并做好检查记录，确保账账、账款、账表相符；负责出纳柜台安全工作，及时解决工作中出现的问题，对异常情况深入分析，发现重大问题及时向行领导汇报等。

主机管理岗的职责主要是：负责启动和关闭计算机出纳核算系统；掌握计算机出纳核算系统的运行管理，负责系统的日常管理和维护，协调各端机的操作，保证系统安全运行，发现问题及时解决；负责日终结账，打印各种账表，并与各专柜、库房和会计部门核对；负责数据备份，软盘及各种账表资料的装订、保管等。

收款岗的职责主要是：负责按有关制度要求审查客户交款凭证；负责客户交存现金的初点、复点、挑残和保管；负责收入现金真伪鉴别工作；负责登记有关账簿，保管和使用"现金收讫"章；营业终了，双人装箱，轧结、核对尾箱现金；保管和维护所用出纳机具等。

付款岗的职责主要是：负责向业务库领取备付金，办理对外付款业务；审查付款凭证的各项要素和有关人员名章是否齐全，登记有关账簿；根据付款凭证金额和客户要求的付款面额配款、复点、付款；负责保管和使用"现金付讫"章；营业终了，双人装箱，轧结、核对尾箱现金，办理尾箱入库交接手续；保管和维护所用出纳机具。

收付合一岗位指既办理现金出纳收款业务又办理付款业务的岗位，其职责同收、付款岗位。

【特别提示】为提高出纳人员的责任心和风险意识，实行现金出纳柜员制的银行应对出纳人员的工作进行明确分工。出纳负责人应负相应的管理责任和经济责任。

（四）安全管理

现金出纳柜员制的安全管理非常重要，直接关系到银行资金的安全，一般要遵循以下规定①：

（1）收款要做到空箱上柜。

【特别提示】付款柜营业中现金不足支付时，要按规定手续领取，柜台之间不得调剂使用。一笔业务未办完，柜员不得离岗。

（2）柜员日终办理结账时，出纳负责人必须在场监督。

（3）柜员不得携带个人现金、手袋等物品临柜营业。

（4）在岗柜员不得相互顶班换岗。

（5）柜员必须严格管理电脑有关钥匙、口令，注意保密；上下班必须坚持签到签退制度，工作时间中途暂离岗位，亦须办理签退，锁好现金尾箱，印章入屉，待回岗后，重新签到，开箱办理业务。

（6）出纳负责人必须严格管理计算机出纳核算系统，做好系统口令及有关资料的保管、保密工作；应对柜员进行经常性的检查、监督，特别要加强对尾箱款、库款等关键环节的检查，发现违反操作规程，必须严肃处理。

（7）计算机出纳核算系统独立运作后，严禁非故障停机，发生故障要请有关厂家或技术人员及时排除。

（8）主机操作员不得兼职管库，不得操作柜台端机，临柜人员不得操作主机。

（9）柜员因故离岗，必须严格办理交接手续，出纳负责人监交。

（10）出纳柜台的监控设备必须由专人管理，他人不得进入监控室。每日按时开启，营业终了，将录像资料交行内指定的有关部门保管。

第二节　现金出纳业务的核算

现金出纳工作是商业银行业务的重要组成部分，对于发展生产和商品流通、组织人民经济生活起着重要作用。现金出纳业务在银行的日常经营中主要表现为现金收付业务。现金收付业务核算主要是指人民币、外币现钞的收付和兑换业务，包括金库现金调拨、ATM机（自动取款机）清机和加钞以及出纳长短款等与现金相关业务的账务处理办法。

一、金库现金调拨的核算

【知识链接】金库是指存放银行现金、贵金属、有价单证的专用库房，是负责辖内现金保管及供应的库房。可分为：外币集中行金库、一级金库、二级金库、普通金库。其中，一级金库、二级金库、普通金库统称现金中心金库。金库现金业务是指对金库现金进

① 《中国人民建设银行现金出纳柜员制管理办法》（试行）.

行收付、整点、保管、调运操作和管理的行为，是银行业务活动不可缺少的重要组成部分。

（一）现金中心与人民银行/同业现金调拨的核算

现金中心上解人民银行/同业现金时，经办人员依据核定的库存限额，向主管领导提出办理现金上解申请。经办用户填制现金缴款单（一式三联），并按凭证格式规定在各联上签字盖章，提交主管领导审批。系统操作人员凭已审批的现金缴款单第三联录入全部信息，会计分录为：

借：运送中现金

　贷：库存现金

运钞员将现金和现金缴款单第一、二联送人民银行/同业，人民银行/同业经办员按规定审核凭证、清点现金无误后，在现金缴款单第一联加盖业务公章，系统操作人员根据运钞员带回的现金缴款单第一联，转销在途资金，会计分录为：

借：存放中央银行准备金/存放银行同业

　贷：运送中现金

【点拨指导】向当地人民银行上解现金，用“存放中央银行准备金”科目核算；向银行同业上解现金，用“存放银行同业”科目核算。

【例3-1】5月22日，商业银行A行依据核定的库存现金限额，填制现金缴款单，向当地人民银行上解现金200 000元。运钞员当天将现金和现金缴款单第一、二联送当地人民银行，带回现金缴款单第一联。该业务的会计分录为：

借：运送中现金	200 000	
贷：库存现金		200 000
借：存放中央银行准备金	200 000	
贷：运送中现金		200 000

【点拨指导】“存放中央银行准备金”是资产类会计科目，商业银行向当地人民银行上解现金，资产增加，记入该科目的借方。

（二）现金中心向人民银行/同业领入现金的核算

经人民银行/同业同意后由现金中心金库按要求填制现金申领表（单），经负责人审核签字后，交会计部门开具现金支票，密封后交领钞人员带到人民银行/同业，凭以向人民银行/同业领取现金。系统操作人员凭确认后的调运凭证和现金支票底联，将在途资金入账，会计分录为：

借：运送中现金

　贷：存放中央银行准备金/存放银行同业

借：库存现金

　贷：运送中现金

【例3-2】6月5日，商业银行A行现金中心金库按要求填制现金申领表，经负责人审核签字后，交会计部门开具现金支票，密封后交领钞人员带到当地人民银行，凭以向人民银行领取现金 300 000 元。

借：运送中现金　　300 000

　　贷：存放中央银行准备金　　300 000

借：库存现金　　300 000

　　贷：运送中现金　　300 000

【点拨指导】“存放中央银行准备金”是资产类会计科目，商业银行向当地人民银行领入现金，资产减少，记入该科目的贷方。

二、储蓄所现金出纳业务的核算

储蓄所是管辖行的一个派出机构，其办理业务所需储蓄备用现金要从管辖行领取，超过规定限额的储蓄备用现金要上交给管辖行。

（一）领取储蓄备用现金的核算

储蓄所需要领取储蓄备用现金时，应填制一式两联内部往来划付款报单，管辖行收到后办理转账。其会计分录为：

借：系统内往来——储蓄所往来户

　　贷：库存现金

储蓄所领回现金后，办理转账。其会计分录为：

借：库存现金

　　贷：系统内往来——管辖行往来户

【例 3-3】商业银行鼓楼区储蓄所 A 行填制一式两联内部往来划付款报单，向管辖行领回现金 100 000 元。该业务的会计分录为：

借：库存现金　　100 000

　　贷：系统内往来——管辖行往来户　　100 000

【点拨指导】储蓄所领回备用现金，造成库存现金增加，“库存现金”是资产类科目，资产增加，记入借方。

（二）交回储蓄备用现金的核算

储蓄所上交储蓄备用现金时，应填制现金缴款单和内部往来划付款报单各一式两联，储蓄所负责人审查并签章后交管辖行出纳柜台。

管辖行出纳柜台应认真审查内部往来划付款报单和现金缴款单，清点现金，无误后，登记现金收入日记簿，并按规定收款。其会计分录为：

借：库存现金

　　贷：系统内往来——储蓄所往来户

储蓄所以留存的第二联内部往来划付款报单作借方凭证，管辖行退回的第一联交款单作其附件，办理转账，其会计分录为：

借：系统内往来——管辖行往来户

　贷：库存现金

【例 3-4】 商业银行鼓楼区储蓄所 B 行填制现金缴款单和内部往来划付款报单，向管辖行交回储蓄备用现金 50 000 元。该业务的会计分录为：

借：系统内往来——管辖行往来户　　50 000

　贷：库存现金　　50 000

【点拨指导】 储蓄所交回储蓄备用现金，造成库存现金减少，“库存现金”是资产类科目，资产减少，记入贷方。

（三）金库 ATM 现金调拨的核算

1. 金库 ATM 现金出库的核算

ATM 管理员需向核心银行系统提出现金出库申请。然后金库操作人员根据系统记录的经过核准的申请信息，在核心银行系统录入出库交易信息并提交。会计分录为：

借：自动柜员机占款

　贷：库存现金

2. 金库 ATM 现金入库的核算

ATM 管理员需向核心银行系统提出现金入库申请。然后金库操作人员根据系统记录的经过核准的申请信息，在核心银行系统录入入库交易信息并提交。会计分录为：

借：库存现金

　贷：自动柜员机占款

（四）出纳柜台现金收付的核算

为了加强对银行现金收付业务的核算与管理，银行设置“库存现金”科目，用于核算和反映银行经营需要的库存现金情况。该科目是资产类科目，借方登记银行收入现金，贷方登记银行支出现金，余额在借方，反映的是现金结存数。该科目按现金类别设置明细账账户核算。

1. 出纳柜台现金收入的核算

交款单位或个人向银行交存现金时，应填制一式两联的现金缴款单或存款凭条，连同现金一并交银行出纳柜台。出纳柜台收款员应认真审查凭证有关内容，清点现金实物，注意有无假钞，审查现金数是否与凭证相符，防止错收或漏收的情况。审查无误后，根据存款凭证相关项目录入存款人账号、存款金额及相关要素。最后打印出一式二联的存款凭证，加盖业务公章和收款员名章，将回单联交客户，记账联作为记账依据，客户的存款凭证作为记账联的附件。其会计分录为：

借：库存现金

贷：单位活期存款/活期储蓄存款等——交款人户

【例 3-5】 开户单位某家具厂持现金 40 000 元和现金缴款单要求存入其存款账户，银行审核无误后，办理了这笔现金收入业务。该业务的会计分录为：

借：库存现金 40 000

贷：单位活期存款——某家具厂户 40 000

【点拨指导】 开户单位存入现金，造成银行库存现金的增加，“库存现金”是资产类科目，资产增加，记入借方；同时开户单位在银行的存款增加，“单位活期存款”是负债类科目，负债增加，记入贷方。

2. 出纳柜台现金付出的核算

开户单位或个人到银行支取现金时，应填制现金支票或其他取现凭证，然后到会计柜台办理。银行应审查取款凭证是否合法有效，户名账号是否正确，大小写金额是否相符，预留印鉴是否相符，个人取款密码是否正确等。审查取现凭证无误后，将取款人的账号、金额及相关要素录入终端，转账并经复核无误后，及时配现付款。其会计分录为：

借：单位活期存款/活期储蓄存款等——取款人户

贷：库存现金

【例 3-6】 李明持本行开户的借记卡到本行要求支取现金 20 000 元，银行审核无误后，办理了这笔现金付出业务。该业务的会计分录为：

借：活期储蓄存款——李明户 20 000

贷：库存现金 20 000

【点拨指导】 储户向银行支取现金，造成该储户在银行的储蓄存款的减少，“活期储蓄存款”是负债类科目，负债减少，记入借方；同时该业务造成银行库存现金的减少，“库存现金”是资产类科目，资产减少，记入贷方。

三、出纳现金长短款业务的核算

（一）有关规定

1. 柜面现金收付操作流程的规定

柜面现金收付应严格按照操作流程的要求办理：

（1）现金收付坚持“五清”制度，做到凭证审清、钞券点清、金额问清、钞券交清、笔笔分清。

（2）现金收付一笔一清，一户一结，不得将几笔款项混收，不得与其他款项混收或相互调换券别，不得与内部钞券混淆。一笔款项未收妥时，柜员不得离岗。

（3）清点现金，必须做到逐张清点。按照“三先三后”程序操作，即先卡大数、后点细数；先点主币、后点辅币；先点大额票币、后点小额票币。对大面额人民币不论数量多少，一律进行正反票面机器清点与复点，对有疑问的人民币要进行手工复点，以辨别其真伪。

（4）收入现金时，应鉴别是否为现行流通的货币；付出现金时，票面要达到人民银行规定的流通标准。

2. 柜面发生错款的规定

柜面发生错款时，应立即查找，并区别性质进行处理：

（1）柜员发现差错时应在自行查找的同时立即报告支行营运经理。

（2）营运经理应换人清点柜员现金，并组织人员结合业务传票及监控录像逐笔核对该柜员当日现金收付业务，查找差错原因。

（3）当日无法处理的，无论发生错款账户是否确认，营运经理都应在日终结账前将长短款情况汇报支行（部）负责人及运营管理部。对于确实无法挽回的错款损失，要区别性质进行处理：技术性错款，按规定的手续审批后，长款归公、短款报损，不得以长补短；责任事故错款，应按长款归公、短款自赔的原则处理；属于自盗、挪用以及侵吞长款的，均应追回款项，并给予相应的处分；触犯刑律的，移交司法部门处理。

经运营管理部同意后，长款可暂挂其他应付款。短款原则上由经办柜员先行赔付，金额较大无法自行赔付的经总行有权部门批准后可暂挂其他应收款，挂账期限最长不得超过一个月。

【特别提示】严禁错款不报自行处置或库款不平结账签退，更不允许隐匿长款和擅自垫款、挂账。

（4）错款挂账后仍需继续查找。经查找核实已确认发生错款账户的，由支行（部）提交申请，经运营管理部批准后做相应的账务处理。

（二）银行出纳长款业务的核算

银行出纳长款是指银行出纳部门在办理现金收付业务中所发生的实际库存现金多于账面现金的现象。它包括：对外收付现金，发现结存的现金多于账面结存的现金；盘点库存现金，发现多于账面记载的现金；联行调拨款项，经清点多出现金等。

银行在收付现金过程中发生长款应当日查明原因。如果当日未能查明原因，应由出纳部出具证明，经会计部门批准后，由会计部门编制现金收入传票，会计分录为：

借：库存现金

　　贷：待处理财产损溢——待处理流动资产损溢

长款原因经查明是客户多交或其他金融机构少付时，应及时退返原主。作如下会计分录：

借：待处理财产损溢——待处理流动资产损溢

　　贷：其他应付款

借：其他应付款

贷：库存现金

长款如经查找，确实无法归还时，应按照规定的报批程序批准后，作为商业银行的营业外收入。作如下会计分录：

借：待处理财产损溢——待处理流动资产损溢

贷：营业外收入——出纳长款收入

【例3-7】商业银行A行对外现金收付业务终了，发现长款100元，当日未能查明原因，经会计部门批准后，由会计部门编制现金收入传票先入账处理。该业务的会计分录为：

借：库存现金　100

贷：待处理财产损溢——待处理流动资产损溢　100

第二天A行发现长款原因系客户李明存款时多交现金，当天通知李明。李明到银行后，A行将长款100元退返李明。该业务的会计分录为：

借：待处理财产损溢——待处理流动资产损溢　100

贷：其他应付款——李明户　100

借：其他应付款——李明户　100

贷：库存现金　100

【点拨指导】银行在收付现金过程中发生长款，如果当日未能查明原因，可以先通过“待处理财产损溢——待处理流动资产损溢”账户挂账处理，第二天查明原因后，再冲销该过渡性科目。

（三）银行出纳短款业务的核算

银行出纳短款是指银行出纳部门实际结存现金少于账面结存现金的现象。它包括：出纳部门对外收付现金业务终了时，发生结存的现金少于实存的现金；盘点库存现金，发现少于账面库存的金额；联行调入款项，经清点缺少现金等。按照银行的出纳制度规定，发生短款，应及时查找，一时查不清下落的，应先以“待处理财产损溢——待处理流动资产损溢”出纳短款户列账，挂账期限最长不得超过一个月，并登记错款登记簿，继续追查。

【特别提示】商业银行发生出纳短款不得以长补短，长短抵销。发生大额短款，应及时上报上级行。经长期查找，确实无法挽回损失时，应分清短款是一般技术性差错，还是属于贪污、盗窃，区别对待，严格按有关规定正确处理。

银行在收付现金过程中发生短款，如当日未能查明原因和找回，应由出纳部门出具证明，经会计主管批准后，会计部门编制现金付出传票。作如下会计分录：

借：待处理财产损溢——待处理流动资产损溢

贷：库存现金

短款如系银行多付、少收，经深入细致的工作追回短款时，作如下会计分录：

借：其他应收款

贷：待处理财产损溢——待处理流动资产损溢

借：库存现金

贷：其他应收款

短款如经查找，确实无法查明原因和找回，应按照规定的报批程序批准后，作为商业银行的营业外支出。作如下会计分录：

借：营业外支出——损失款项支出

贷：待处理财产损溢——待处理流动资产损溢

【例 3-8】商业银行 A 行对外现金收付业务终了，发现短款 50 元，当日未能找回，经会计部门批准后，由会计部门编制现金付出传票先入账处理。该业务的会计分录为：

借：待处理财产损溢——待处理流动资产损溢 50

贷：库存现金 50

经过认真查找，该笔短款 50 元由出纳员王平负责赔偿。

借：其他应收款——王平户 50

贷：待处理财产损溢——待处理流动资产损溢 50

借：库存现金 50

贷：其他应收款——王平户 50

本章小结

1. 现金出纳是指银行的本币现钞、外币现钞、有价单证、贵重物品等的收付及保管工作。它的服务对象是与其有往来关系的客户。商业银行一方面为客户办理现金结算，使其经济活动正常进行；另一方面还担负执行国家货币政策、落实货币发行和回笼计划、调剂市场流通票币的比例等重要工作。它既是商业银行的一项基础业务，也是银行业开展各项业务的基础。

2. 商业银行的现金出纳业务与转账结算业务不同，它既是琐碎复杂、占用服务时间长的业务，又是客户要求高效服务的业务，因此，它具有直接接触客户、高风险的特点。为了减少银行现金出纳业务的差错，提高工作效率，现金出纳业务的核算要遵守钱账分管原则、收付分开原则、双人经办原则、先收款后记账和先记账后付款原则、复核制度原则、交接手续和查库原则。

3. 现金出纳柜员制，是指出纳临柜人员独立完成人民币现金收款业务的接柜、凭证审核、现金复点、票币整理、登记账簿和付款业务的现金领取、凭证审核、登记账簿、配款、付款等各环节的业务操作，柜员独立承担经济责任的一种劳动组合形式。实行现金出纳柜员制的银行一般应具备人员素质高和硬件完备等条件，原则上应设出纳主管岗、主机管理岗、收款岗、付款岗或收付合一岗。现金出纳柜员制的安全管理非常重要，直接关系到银行资金的安全，一定要遵循银行的安全管理相关规定。

4. 商业银行的现金出纳工作，是商业银行业务的重要组成部分，对于发展生产和商品流通、组织人民经济生活起着重要作用。现金出纳业务在银行的日常经营中主要表现为现金收付业务。现金收付业务核算主要是指人民币、外币现钞的收付和兑换业务，包括金库现金调拨、ATM机（自动取款机）清机和加钞以及出纳长短款等与现金相关业务的账务处理办法。

本章练习

一、单项选择题

1.（　　）是银行的基础工作，其工作质量的好坏直接关系到商业银行的声誉和经营效益。

A. 现金出纳业务　　B. 贷款业务
C. 结算业务　　D. 外汇买卖业务

2. 向当地人民银行上解现金，用“存放中央银行准备金”科目核算，该科目是（　　）类会计科目。

A. 资产　　B. 负债　　C. 共同　　D. 损益

3. 银行对于确实无法挽回的错款损失，要区别性质进行处理，如属于技术性错款，按规定的手续审批后，（　　）。

A. 长款归公，短款自赔　　B. 长款归公，短款报损
C. 追回款项，并给予相应的处分　　D. 移交司法部门处理

4. 短款原则上由经办柜员先行赔付，金额较大无法自行赔付的经总行有权部门批准后可暂挂其他应收款，挂账期限最长不得超过（　　）。

A. 10天　　B. 15天　　C. 1个月　　D. 2个月

5. 长款如经查找，确实无法归还时，应按照规定的报批程序批准后，作为商业银行的（　　）处理。

A. 利息收入　　B. 手续费收入　　C. 投资收益　　D. 营业外收入

二、多项选择题

1. 按照与货币发行的关系，现金出纳可分为（　　）。

A. 中央银行货币发行　　B. 商业银行现金出纳
C. 国有企业现金出纳　　D. 民营企业现金出纳

2. 银行现金出纳业务的主要内容包括（　　）。

A. 柜面监督和柜面服务工作
B. 办理现金收付、整点、保管和调运工作
C. 办理人民币的兑换和挑残业务
D. 做好本、外币反假和反破坏工作

3. 现金出纳业务的核算要遵守的原则是（　　）。

A. 钱账分管和收付分开　　B. 先记账后收款和先付款后记账

C. 先收款后记账和先记账后付款　　D. 复核

4. 银行金库是指存放（　　）的专用库房，是负责辖内现金保管及供应的库房。

A. 本币现金　　B. 外币现金　　C. 贵金属　　D. 有价单证

5. 银行办理现金付出业务，应重点审查（　　）。

A. 取款凭证是否合法有效　　B. 大小写金额是否相符

C. 户名账号是否正确　　D. 预留印鉴或密码是否正确

三、判断题

1. 现金出纳业务既是商业银行的一项基础业务，也是银行业开展各项业务的基础。（　　）

2. 中央银行的货币发行和商业银行的现金出纳之间相互独立，没有联系。（　　）

3. 商业银行的现金出纳业务与转账结算业务不同，它既是琐碎复杂、占用服务时间长的业务，又是客户要求高效服务的业务，因此，它具有直接接触客户、高风险的特点。（　　）

4. 银行支付现金时，必须先付款再记付款单位账。（　　）

5. 付款柜营业中现金不足支付时，要按规定手续领取，柜台之间可以调剂使用。（　　）

6. 现金出纳业务中，主机操作员不得兼职管库，不得操作柜台端机，临柜人员不得操作主机。（　　）

7. 银行出纳在清点现金时，对大面额人民币，不论数量多少，一律进行正反票面机器清点与复点，对有疑问的人民币要进行手工复点，以辨别其真伪。（　　）

8. 银行现金收付一笔一清，一户一结，允许将几笔金额小的款项混收。（　　）

9. 银行对于技术性错款，按规定的手续审批后，长款归公，短款报损，可以以长补短。（　　）

10. 银行经过认真查找，确实无法收回短款时，对非责任事故发生的出纳短款，按规定的报批权限批准后，列入"营业外支出"科目核算。（　　）

四、业务题

要求：编制下列经济业务的会计分录。

资料：商业银行A行2020年6月15日发生下列业务：

(1) 本行依据核定的库存现金限额，填制现金缴款单，向当地人民银行上解现金300 000元。

(2) 本行现金中心金库按要求填制现金申领表，经负责人审核签字后，交会计部门开具现金支票，密封后交领钞人员带到当地人民银行，凭以向人民银行领取现金500 000元。

(3) 本行填制一式两联内部往来划付款报单，向管辖行领回现金200 000元。

(4) 本行填制现金缴款单和内部往来划付款报单，向管辖行交回储蓄备用现金

60 000 元。

(5) 开户单位某纺织厂持现金 50 000 元和现金缴款单要求存入其存款账户，银行审核无误后，办理了这笔现金收入业务。

(6) 开户单位某外贸公司持现金支票到本行要求支付现金 20 000 元，本行审核无误后办理了这笔现金付出业务。

(7) 本行当日对外现金收付业务终了，发现长款 200 元，当日未能查明原因，经会计部门批准，由会计部门编制现金收入传票先入账处理。后发现长款系客户张超存款时多交现金，通知张超。张超到银行后，本行将长款 200 元退返张超。

(8) 本行当日对外现金收付业务终了，发现短款 100 元，当日未能找回，经会计部门批准，由会计部门编制现金付出传票先入账处理。经过认真查找，该笔短款 100 元由本行出纳员刘英负责赔偿。

第四章

存款业务的核算

学习目的

1. 熟悉银行存款的种类，掌握存款业务的相关规定。
2. 掌握单位存款业务的会计核算。
3. 掌握个人储蓄业务的种类和会计核算。
4. 掌握单位和个人储蓄存款利息的计算和账务处理。

第一节　存款业务概述

一、存款业务的意义以及存款的种类

（一）存款业务的意义

存款业务是商业银行以信用的方式吸收社会暂时闲置资金的筹资活动。吸收存款是商业银行赖以生存和发展的基础，存款占负债总额的70%以上。商业银行只有通过存款业务将资金集中起来，才能实现放款和投资等资产业务，因此，不断扩大商业银行的存款业务范围是扩大放款和投资规模的主要途径。商业银行存款的业务量决定了放款的业务量，直接决定商业银行的利差收入，从而决定商业银行的经济效益。总之，存款是银行业务发展的重要基础，为商业银行各职能的实现，如信用中介、支付中介和信用创造等，创造了条件。存款是商业银行盈利水平的重要决定因素，商业银行的存款业务活动为其与社会各界沟通提供了渠道。

【特别提示】存款业务是银行负债业务中最重要的业务，存款是商业银行信贷资金的主要来源。

（二）存款的种类

商业银行的存款按不同的标准可分为不同的类别。

（1）按存款的资金性质划分，可分为一般性存款和财政性存款。

一般性存款是指商业银行吸收的各企事业单位、机关团体、部队和居民个人存入的，并可由其自行支配的资金形成的存款。

财政性存款是商业银行经办的各级财政拨入的预算资金、应上缴财政的各项资金以及财政安排的专项资金形成的存款。

【特别提示】商业银行吸收的一般性存款应计付利息，并且应当按照一定的比例向人民银行缴存法定存款准备金。商业银行吸收的财政性存款一般不计付利息，但应按规定全额缴存当地人民银行。

（2）按存款对象划分，可分为单位存款和储蓄存款。

单位存款是商业银行吸收的一般性企业、事业单位、机关、社会团体、部队以及个体工商户等暂时闲置的资金形成的存款。按期限可分为单位活期存款、单位协定存款、单位通知存款、单位定期存款等。

储蓄存款是商业银行吸收的城乡居民个人生活节余或待用资金形成的存款。

【特别提示】国家对单位存款和储蓄存款分别采用不同的管理政策。任何单位和个人不得将公款以个人名义转为储蓄存款，也不得将私款以单位名义存入金融机构。

（3）按存款期限划分，可分为活期存款、定期存款和定活两便存款（含通知存款）。

活期存款是存入时不约定存期，可随时存取，按结息期计算利息的存款，主要包括单位活期存款和活期储蓄存款。

定期存款是存入时约定存期，到期支取本息的存款，主要包括单位定期存款和定期储蓄存款，有整存整取、零存整取、整存零取、存本取息等不同种类。我国商业银行提供的定期存款服务的期限一般为3个月、6个月、1年、2年、3年和5年等。

定活两便存款是不规定存期，存款人可以随时支取，支取时按同档次定期存款利率的一定比率确定存款利息的一种存款，如通知存款等。

【知识链接】活期存款与定期存款在流动性及资金成本上存在差异。活期存款流动性强，所提供的资金来源具有不稳定性，但由于其利率低，资金成本也低；定期存款流动性弱，所提供的资金来源具有较高的稳定性，但由于其利率高于活期存款利率，故其资金成本也较高。商业银行在经营管理中，应充分考虑活期存款与定期存款在流动性及资金成本上的差异，加强资产与负债期限的对应管理，保持贷款期限结构的合理性，正确处理好效益性、安全性和流动性三者之间的关系。

（4）按存款产生的来源划分，可分为原始存款和派生存款。

原始存款，又称现金存款或直接存款，是客户将现金或现金支票送存商业银行而形成的存款。除了包括单位存款和个人存款，原始存款还包括银行之间的同业存款。

派生存款，又称转账存款或间接存款，是商业银行通过发行贷款、购买证券等资产业务创造的存款。派生存款的增加会导致全社会货币供应量的增加。商业银行的派生存款是建立在原始存款的基础之上的。对商业银行来讲，派生存款具有提供支付手段、节约现金使用和加速资金周转的作用。

(5) 按存取款方式划分，可分为存折存款、存单存款、转账存款和通知存款。

存折存款是指由银行发给存款人存折，存款人凭存折办理款项存取的存款，如活期储蓄存款、零存整取存款等。

存单存款是指以存单作为存取工具的存款，如整存整取存款、定活两便存款等。

转账存款是指以支票、银行汇票等结算凭证为工具进行转账存取的存款，也称为支票户存款，如企事业单位的活期存款。

通知存款是指存款人在存入款项时不约定存期，当需要支取存款时提前通知银行，并按照通知约定的取款日期和金额支取款项的存款。

(6) 按存入币种的不同，可分为人民币存款和外币存款。

人民币存款是单位或个人存入人民币款项而形成的存款。

外币存款是单位或个人将其外汇资金存入银行，并随时或约期支取的存款。目前，我国商业银行主要有美元、欧元、日元、英镑、港元等外币存款。

二、存款业务核算的基本要求

1. 保护存款人的合法权益

各单位和个人在银行的存款属于存款人。首先，银行必须坚持“谁的钱，进谁的账，由谁支配”的结算原则，准确办理存款业务的核算，防止串户、延压结算凭证以及冒领等情况的发生。同时坚持“存款自愿、取款自由、存款有息、为储户保密”的储蓄原则，切实维护存款人的合法权益。

【特别提示】银行要履行保密义务，对存款人的银行结算账户信息保密，除国家法律、法规另有规定外，银行有权拒绝任何单位或个人查询。

2. 正确使用存款账户，严格存款操作流程

存款账户是商业银行办理存款业务和进行明细核算的重要工具，必须严格管理。因为存款业务核算直接关系到客户和银行的利益，所以银行应正确使用存款账户，准确及时地反映存款的增减变化情况及结果，努力提高服务质量，严格存款操作流程。

【特别提示】存款人的账户只能办理存款人自己的业务，商业银行不得明知是非存款人的业务，仍然为其办理存款业务。

3. 遵循银行不垫款原则

在银行开立存款账户的存款人委托银行办理款项的支付，必须确保存款账户有足够的资金，存款人签发的各种支款凭证的金额必须小于其存款账户的余额，银行作为支付中介，不可以代垫款项。银行在“先存后用，存大于支”的原则下为客户提供安全、快捷的金融服务。

【特别提示】银行为保证资金的安全，在办理现金收入业务时，应先收款后记账；

在办理现金付出业务时，应先记账后付款；在办理转账业务时，应先记付款单位账，后记收款单位账。

三、银行结算账户的种类、使用与管理

（一）银行结算账户的种类

根据《人民币银行结算账户管理办法》的规定，银行结算账户是指银行为存款人开立的办理资金收付结算的人民币活期存款账户。它按存款人分为单位银行结算账户和个人银行结算账户。而存款人是指在中国境内开立银行结算账户的机关、团体、部队、企业、事业单位、其他组织（以下统称单位）、个体工商户和自然人。

（二）银行结算账户的使用

1. 单位银行结算账户的使用

存款人以单位名称开立的银行结算账户为单位银行结算账户。单位银行结算账户按用途分为基本存款账户、一般存款账户、专用存款账户和临时存款账户。

（1）基本存款账户。基本存款账户是存款人因办理日常转账结算和现金收付需要开立的银行结算账户。存款人日常经营活动的资金收付及其工资、奖金和现金的支取，应通过该账户办理，但是不能用于单位的基本建设。该账户是存款人的主办账户。

【特别提示】单位银行结算账户的存款人只能在一家银行开立一个基本存款账户，不允许在多家银行开立基本存款账户。

（2）一般存款账户。一般存款账户是存款人因借款或其他结算需要，在基本存款账户开户银行以外的银行营业机构开立的银行结算账户。存款人开立一般存款账户没有数量限制，存款人可以自主选择具有不同经营理念的银行开立一般存款账户，这有利于存款人方便地使用或享受不同银行提供的特色支付结算工具或现金管理服务。

【特别提示】一般存款账户用于办理存款人借款转存、借款归还和其他结算的资金收付。该账户可以办理现金缴存，但不得办理现金支取。

（3）专用存款账户。专用存款账户是存款人按照法律、行政法规和规章的要求，对其特定用途资金进行专项管理和使用而开立的银行结算账户。该账户用于办理各项专用资金的收付，具有专款专用、专项管理的特点，存款人拥有的基本建设资金、更新改造资金、特定用途需要专户管理的资金等均可在银行开立专用账户。存款人可以通过本账户办理专项限制内的转账结算，根据国家现金管理的规定办理现金收付。该账户对于资金的合理使用具有较好的监督作用。

（4）临时存款账户。临时存款账户是存款人因临时需要并在规定期限内使用而开立的银行结算账户。存款人因设立临时机构、异地临时经营活动或注册验资等需要，可以申请开立临时存款账户，用于办理资金收付。临时存款账户有效期最长不得超过 2 年，

在使用中需要延长期限的，应在有效期限内向开户银行提出申请，并由开户银行报中国人民银行当地分支行核准后办理展期。存款人可通过该账户办理转账结算，按照国家现金管理规定办理现金收付。

营业执照注册地与经营地不在同一行政区域（跨省、市、县）需要开立基本存款账户的、办理异地借款和其他结算需要开立一般存款账户的、存款人因附属的非独立核算单位或派出机构发生的收入汇缴或业务支出需要开立专用存款账户的、异地临时经营活动需要开立临时存款账户的、自然人根据需要在异地开立个人银行结算账户的，也可以在异地开立有关银行结算账户。

【知识链接】
银行账户
管理改革

2. 个人银行结算账户的使用

存款人凭个人身份证件以自然人名称开立的银行结算账户为个人银行结算账户。个人银行结算账户是自然人因投资、消费、结算等而开立的可办理支付结算业务的存款账户。自然人可根据需要申请开立个人银行结算账户，也可以在已开立的储蓄账户中选择并向开户银行申请确认为个人银行结算账户。

【特别提示】自2016年12月1日起，银行业金融机构（以下简称银行）为个人开立银行结算账户的，同一个人在同一家银行（以法人为单位，下同）只能开立一个Ⅰ类户，已开立Ⅰ类户，再新开户的，应当开立Ⅱ类户或Ⅲ类户。银行对行内异地存取现、转账等业务收取异地手续费的，应当自2016年12月1日之日起三个月内实现免费。

【知识链接】Ⅰ类户，指的是通过传统银行柜面开立的、满足实名制所有严格要求的账户，具有储存、支取、转账以及消费等功能，每天的消费和取现没有任何的限制；Ⅱ类户不能存取现金，也不能向非绑定账户转账，这类账户单日支付限额为1万元；Ⅲ类户则仅能办理小额消费及缴费支付，不得办理其他业务，户内余额不超过1 000元。Ⅱ类、Ⅲ类户都没有实体卡片。对Ⅱ类、Ⅲ类户限额，可有效控制客户资金风险。

（三）银行结算账户的管理

（1）开户实行双向选择。存款人可以自主选择银行，银行也可以自主选择存款人开立账户。除国家法律、行政法规和国务院规定外，任何单位和个人不得强令存款人到指定银行开立银行结算账户。

（2）境内依法设立的企业法人、非企业法人、个体工商户在银行业金融机构办理基本存款账户、临时存款账户业务，由核准制改为备案制，人民银行不再核发开户许可证。

（3）银行应依法为存款人的银行结算账户信息保密。对单位银行结算账户的存款和有关资料，除国家法律、行政法规另有规定外，银行有权拒绝任何单位或个人查询。对个人银行结算账户的存款和有关资料，除国家法律另有规定外，银行有权拒绝任何单位或个人查询。

(4) 存款人的账户只能办理存款人本身的业务活动，不得出租、出借银行结算账户，不得利用银行结算账户套取银行信用。

(5) 银行开立银行结算账户时不得违规为存款人多头开立银行结算账户，不得明知或应知是单位资金，而允许以自然人名称开立账户存储。

【知识链接】银行要加强对异常开户行为的审核。有下列情形之一的，银行和支付机构有权拒绝开户：第一，对单位和个人身份信息存在疑义，要求出示辅助证件，单位和个人拒绝出示的；第二，单位和个人组织他人同时或者分批开立账户的；第三，有明显理由怀疑开立账户从事违法犯罪活动的。银行和支付机构应当加强账户交易活动监测，对开户之日起6个月内无交易记录的账户，银行应当暂停其非柜面业务，支付机构应当暂停其所有业务，银行和支付机构向单位和个人重新核实身份后，可以恢复其业务。

第二节　单位存款业务的核算

一、单位活期存款业务的核算

单位活期存款是指企业、事业单位、机关、部队和社会团体等存款人在银行开立的单位结算账户，办理不规定存期、凭支票可随时存取的存款。此项存款的特点是不受时间限制，可根据需要随时办理，利率较低，适用于单位经营业务中的经常性的资金收支。

单位活期存款业务方式主要有两种，即存取现金和转账存取。其中，转账存取是通过银行使用票据、信用卡和各种结算方式而实现的，具体方法按本书第六章所述内容办理。单位活期存款按照存取形式的不同，分为支票户和存折户，本节仅介绍单位活期存款现金存取业务中支票户的核算。

(一) 存入现金的核算

现金业务的办理应遵循人民银行现金管理的规定，执行大额现金收支备案、大额支出审批制度，并遵守“现金收入业务，先收款后记账，现金付出业务，先记账后付款”的原则。

单位存入现金时，应填制一式三联现金缴款单（见表4-1），连同现金交开户银行接柜人员。银行接柜人员在审查凭证和点收现金无误后，将第一联回单联盖章后退交存款人，第二联在登记现金收入日记簿后交会计部门，代现金收入传票凭以登记单位存款分户账。第三联加盖业务清讫章作收账通知交收款单位，其会计分录为：

借：现金　　3 800

　贷：单位活期存款——大洋百货户　　3 800

表 4-1　现金缴款单

中国××银行现金缴款单（收入凭证）②

20××年 6 月 25 日

总字第	号
现金日记账顺序	号

缴款人			
全称	大洋百货	款项来源	货款
账号	2010001	缴款部门	营业部

人民币（大写）：	千	百	十	万	千	百	十	元	角	分
叁仟捌佰元整				¥	3	8	0	0	0	0

券别	张数	十	万	千	百	十	元	券别	张数	千	百	十	元	角	分
一百元	30			3	0	0	0	一元	50			5	0	0	0
五十元	8				4	0	0	五角	20			1	0	0	0
二十元	6				1	2	0	二角							
十元	20				2	0	0	一角							
五元	4					2	0	分币							

会计分录：
科目（贷）　2010
对方科目（借）　1010

会计　复核　记账　出纳

【例 4-1】 市服装厂将其超出库存现金限额的 50 000 元填制现金缴款单送交商业银行 A 行，A 行清点无误后，办理收款手续。其会计分录为：

借：现金　50 000

　贷：单位活期存款——市服装厂户　50 000

【点拨指导】 单位存入现金，造成商业银行的现金增加，资产增加，记入“现金”科目的借方；同时造成单位活期存款的增加，负债增加，记入“单位活期存款”账户的贷方。

（二）支取现金的核算

单位向银行支取现金时，应填写取款凭证，如现金支票。银行受理后，应按现金管理和支付结算要求认真审查：支票要素是否填写齐全；支票是否挂失；是否背书；存款人账户是否有足够支付的存款余额；大小写金额是否相符；支票是否超过提示付款期；支票上加盖的印鉴与预留印鉴是否相符；大额现金支付是否经有权人审批、签章等。审核无误后，先登记现金付出日记簿，再代现金付出传票凭以登记存款分户账、付款。其会计分录如下：

借：单位活期存款——××户

　贷：现金

【特别提示】 支票的提示付款期限为自出票日起 10 日，到期日遇例假日顺延。超过提示付款期限提示付款的，持票人开户银行不予受理，付款人不予付款。但是出票人在票据权利时效内（自出票日起 6 个月）仍应对持票人承担票据责任。

【例 4-2】 开户单位市家具厂签发现金支票一张，支取现金 60 000 元，用于发放工资。商业银行A行经审核无误后，办理支付现金手续。其会计分录为：

借：单位活期存款——市家具厂户　　60 000

　贷：现金　　60 000

【点拨指导】单位支取现金，造成单位活期存款的减少，负债减少，记入“单位活期存款”账户的借方；同时造成商业银行的现金减少，资产减少，记入“现金”科目的贷方。

单位活期存款户的对账是指银行的单位存款账户与单位的银行存款账户进行核对，以保证双方存款账户一致。双方记账时间有先有后及技术性差错，导致双方账务不相符或产生未达账项。为了保证内外账务相符，银行与开户单位之间必须定期或不定期地进行账务核对。采用电子计算机记账的商业银行，每月应打印对账单并交单位对账。

二、单位定期存款业务的核算

单位定期存款业务是单位在存入存款时约定期限、利率，到期支取本息的一种存款业务。一般为整存整取定期存款。办理单位定期存款业务注意以下规定：起存金额为1万元，多存不限；期限分三个月、半年、一年、二年、三年、五年六个档次；单位支取定期存款本息只能以转账方式转入基本存款账户，定期存款账户不得作为结算户使用或不得从定期存款账户中提取现金；单位定期存款可以全部或部分提前支取，但只能提前支取一次。

【特别提示】财政拨款、预算内资金及银行贷款不得作为单位定期存款。

（一）存入定期存款的核算

单位申请办理定期存款时，应签发转账支票交开户银行，银行按规定审查无误后，以转账支票代转账借方传票登记活期存款分户账，另填制一式三联单位定期存款开户证实书，经复核后，证实书第一联代定期存款转账贷方传票，第二联加盖业务公章和经办人员名章后交存款单位作存款凭据，第三联作定期存款卡片账。其会计分录为：

借：单位活期存款——××户

　贷：单位定期存款——××户

【例4-3】开户单位市纺织厂2019年6月5日签发转账支票一张，金额为200 000元，要求转为定期1年的存款，利率为1.75%。银行经审核无误后，办理存入定期存款手续。其会计分录为：

借：单位活期存款——市纺织厂户　　200 000

　贷：单位定期存款——市纺织厂户　　200 000

【点拨指导】单位活期存款转为定期存款，造成单位活期存款减少，负债减少，记入“单位活期存款”账户的借方；同时造成单位定期存款增加，负债增加，记入“单位定期存款”账户的贷方。

（二）支取定期存款的核算

单位持到期或过期的证实书支取定期存款时，银行应抽出该户卡片与原证实书进行核对。无误后，计算利息，填制利息清单，并在证实书上加盖“结清”戳记，以证实书代定期存款转账借方传票，卡片账作附件，另编一联特种转账借方传票和两联特种转账贷方传票，办理转账。其会计分录为：

借：单位定期存款——××户

　　应付利息——应付定期存款利息

　贷：单位活期存款——××户

单位定期存款到期又在本行转存的，单位应重新办理支取和开户手续，存入多笔定期存款的，应分笔设户核算。

单位的定期存款，若有急需可办理提前支取。按照银行规定，单位提前支取部分款项时，若支取款项后的剩余定期存款不低于定期存款起存金额，则提前支取金额按支取日挂牌公告的活期存款利率计算利息，剩余定期存款金额按原存日、存期、利率另开新定期存款证实书；若部分支取后所剩的定期存款金额不足定期存款起存金额，银行应按支取日活期存款利率计算利息，并对该项存款予以清户，提前支取部分款项的会计处理与全额支取相同，未支取金额达到银行定期存款起存金额的部分重新打印定期存款开户证实书，金额为留存金额，日期为原存款日。

【例4-4】 在例4-3的业务中，市纺织厂2020年6月5日要求支取定期存款本息。银行审查无误后，办理了支取到期定期存款本息的手续。

利息＝200 000×1.75%×1＝3 500(元)

借：单位定期存款——市纺织厂户	200 000
应付利息——应付定期存款利息	3 500
贷：单位活期存款——市纺织厂户	203 500

【点拨指导】 单位支取定期存款本息只能以转账方式转入基本存款账户，造成单位活期存款增加，负债增加，记入“单位活期存款”账户的贷方。

三、单位通知存款业务的核算

单位通知存款是存款人在存入款项时不约定存期，当需要支取时提前通知银行，约定支取存款日期和金额方能支取的款项。

（一）单位通知存款的有关规定

（1）单位通知存款必须一次性全额存入，最低起存金额为50万元，存入方式为现金和转账两种。

(2) 单位通知存款不论存期长短，按存款人提前通知的期限划分，分为1天通知存款和7天通知存款两个品种。1天通知存款必须提前1天通知约定支取存款，7天通知存款必须提前7天通知约定支取存款。

(3) 单位通知存款的支取可一次或分次进行，最低支取额为10万元，支取存款利随本清，支取的存款本息只能转入存款人的其他存款户，不得支取现金。

(4) 单位通知存款按支取日挂牌公告的同档次通知存款利率和实际存期计息，利随本清。

(5) 单位通知存款如遇下述情况，按活期存款利率计息：实际存期不足通知期限的，按活期存款利率计息；未提前通知而支取的，支取部分按活期存款利率计息；已办理通知手续而提前支取或逾期支取的，支取部分按活期存款利率计息；支取金额不足或超过约定金额的，不足或超过部分按活期存款利率计息；支取金额不足最低支取金额的，按活期存款利率计息。

（二）业务处理

(1) 存入通知存款。单位存入通知存款的方式包括现金和转账两种，其会计处理程序和单位定期存款处理程序一样。在“单位定期存款”科目下，设立1天通知存款或7天通知存款分户。银行在为单位通知存款开立的单位定期存款开户证实书上注明“通知存款”字样和通知存款品种，但不注明存期和利率。该证实书只能作为存款证明，不得作为质押的权利凭证。其会计分录如下：

借：单位活期存款——××户

　贷：单位定期存款——通知存款户

(2) 提前通知。单位通知存款的存款人提前通知银行按照约定支取通知存款时，应向银行提交单位通知存款通知书，经银行会计人员审核无误后，登记单位通知存款支取提交通知登记簿，详细登记存款人账号、证实书编号、实际金额、通知支取金额、通知支取日期等。若单位因故取消通知，则由存款人向银行提交单位通知存款取消通知书，经会计人员审核无误后，取消对银行的通知。

(3) 支取通知存款的核算。通知存款的存款人按照约定期限支取款项时，应该按照单位通知存款证实书填写一式三联的单位通知存款支取凭证，连同单位通知存款证实书一并交给银行。银行会计人员收到凭证审核无误后，即可办理支付手续。存款人支取存款时，本金和利息只能转入存款单位的其他存款户，不得支取现金。其会计分录如下：

借：单位定期存款——通知存款户

　　应付利息——通知存款利息支出

　贷：单位活期存款——××户

【特别提示】单位通知存款可一次或多次支取，但是规定最低支取金额为10万元。单位存入和支取通知存款的会计处理程序比照单位定期存款处理程序进行。

四、单位存款利息的核算

（一）单位存款计息的一般规定

（1）计息范围。单位存款除活期财政性存款和应解汇款等有特殊规定的存款不计付利息外，其他存款一般应计付利息。其范围如下。

1）独立核算的企业单位的流动资金存款以及个人存款应计付利息。

2）行政机关、部队、社会团体、学校等单位的经费存款，其款项来源为国家预算拨款的，1998 年后列为一般性存款计付利息。

3）各单位的党费、团费、工会经费按现行企业存款利率计算利息。

4）人民银行与商业银行之间以及商业银行之间往来存款计付利息。

【特别提示】银行经办的财政预算内资金存款及集中待交财政的各种款项形成的存款不计付利息。

（2）计息时间。单位活期存款的利息一般采取按季定期结息的办法；单位定期存款的利息采取利随本清的方法。

（3）利息计算的基本公式为：

利息＝本金×存期×利率

存款本金以元为单位，元以下不计息。

存期是存款人的存款时间，从款项存入之日起，算至支付的前一日止，即“算头不算尾”。在具体计算利息时，对定期存款与活期存款的存期计算有所不同。单位定期存款的存期一般按年、月计算；单位活期存款的存期按照实际天数计算，即日历的天数，大月按 31 天计算，小月按 30 天计算。2 月按 28 天（或 29 天）计算。

存款利率一般用年利率（%）、月利率（‰）、日利率（‱）表示。在计算存期时，应注意与利率在计算单位上保持一致，存期以日计算时，用日利率；存期以月计算时，用月利率；存期以年计算时，用年利率。实际中，存期一般以天计算，而银行公布的利率一般是年利率或月利率，3 种利率之间的转换关系为：

日利率＝年利率÷360

日利率＝月利率÷30

月利率＝年利率÷12

计算的利息保留至分位，分位以下四舍五入。

（二）单位活期存款利息的计算

从 2005 年 9 月 21 日起，单位活期存款按日计息，按季结息。存期按实际天数计算，有一天算一天。计息期内遇利率调整需分段计息。每季度末月 20 日为结息日，利息于次日列账（如遇法定节假日顺延）。会计分录为：

借：利息支出

贷：单位活期存款——××户

未到结息日清户的，于清户日按挂牌公布的活期存款利率计付利息。按季结息的计息期按实际天数计算，从上季末月 21 日至本季末月 20 日。按日累加存款余额，累加的存款余额为计息积数，用计息积数乘以结息日挂牌公布的活期存款利率，计算出存款利息。计息的具体方法有余额表计息法和账页计息法两种。

1. 余额表计息法

此方法适用于存款余额变动频繁的存款账户。采用这种方法计息时，每日营业终了，将各计息分户账的最后余额按户抄列在余额表（见表 4-2）内。当日未发生收付业务，根据上一日的最后余额填列。按季结息时，在结息日当天，将余额表上的各户余额，从上季度结息日后第一天（21 日）起，加总至本季度结息日（20 日）止，得出累计计息积数，再乘以日利率，即可得出各户本季应付利息数。如遇记账日期与起息日期不同，或错账冲正涉及利息时，应根据其发生额和天数，算出应加或应减积数，填入余额表相关栏内进行调整。

表 4-2　余额表

科目：20101　　　　6 月

账号	20101006	20101007		合计
户名	甲企业	乙企业		
上月底累计积数	4 768 992.31	3 589 325.37		
1	128 996.57	176 521.25		
2	257 231.01	158 250.52		
3	346 259.33	69 574.25		
…	…	…		
10 天小计	968 342.35	670 859.36		
…	…	…		
20 天小计	2 467 386.22	957 624.14		
…	…	…		
月末合计				
应加积数	120 000.00			
应减积数				
计息积数	7 356 378.53	4 546 949.51		

表中应加、应减积数是为更正账务记载中出现的差错而设置的。如甲企业结息日（20 日）经核对账务，发现 3 月 8 日转收款项一笔，金额 10 000 元，误记入其他单位账户。对此项错误，在 20 日更正账簿的基础上，应计算 3 月 8 日至 3 月 20 日共 12 天的应加积数，即 10 000×12＝120 000，记入余额表中“应加积数”栏目。

甲企业本季计息积数＝上月底累计积数＋20 天小计＋应加积数

=4 768 992.31+2 467 386.22+120 000.00

=7 356 378.53

乙企业本季计息积数=上月底累计积数+20 天小计

=3 589 325.37+957 624.14

=4 546 949.51

【例 4-5】根据表 4-2 商业银行 A 行的余额表资料，已知该年 6 月 20 日单位活期存款利率是 0.3%，计算甲企业和乙企业第二季度的利息并列出第二天利息入账的会计分录。

甲企业第二季度利息=7 356 378.53×0.3%÷360=61.30(元)

乙企业第二季度利息=4 546 949.51×0.3%÷360=37.89(元)

6 月 21 日根据利息数额编制利息记账传票进行账务处理。会计分录如下：

借：利息支出　61.30

　贷：单位活期存款——甲企业户　61.30

借：利息支出　37.89

　贷：单位活期存款——乙企业户　37.89

【点拨指导】商业银行按日计息，按季结息后，利息于次日列账，即把利息转入单位活期存款。银行利息支出增加，损失增加，记入“利息支出”科目的借方；同时，单位活期存款增加，负债增加，记入“单位活期存款”科目的贷方。

2. 账页计息法

此方法适用于存款余额变动不多的存款户。采用这种方法，一般使用乙种账页。当发生资金收付时，按上次最后余额乘以该余额的实存日数得出积数，填入账页上的“积数”栏内，日数的计算从上一次记账日期算至本次记账日期的前一日。如更换账页，应将累计积数过入新账页第一行的上半栏内，待结息日营业终了，再计算出本季的累计天数和累计积数，乘以日利率即得出应付利息。

【例 4-6】根据表 4-3 乙种账账页资料，计算华联百货公司活期存款第二季度的利息并列出银行付息的会计分录。

表 4-3　华联百货公司乙种账账页资料

户名：华联百货公司　　账号：2010068　　利率：0.30%

2020 年		摘要	借方	贷方	借或贷	余额	日数	积数
月	日							
3	21	结息		3 500	贷	300 000	4	1 200 000
3	25	转收		10 000	贷	310 000	19	5 890 000
4	13	提现	22 000		贷	288 000	23	6 624 000
5	6	委托收款		63 500	贷	351 500	40	14 060 000
6	15	信汇汇入		7 000	贷	358 500	6	2 151 000
6	21	息转存		249.38	贷	358 749.38	92	29 925 000

利息计算过程：

利息＝29 925 000×0.3％÷360 ＝ 249.38(元)

银行付息会计分录如下：

借：利息支出　　249.38

　贷：单位活期存款——华联百货公司户　　249.38

(三) 单位定期存款利息的计算

单位定期存款利息的计算采取利随本清的办法，即在支取本金时计付利息。存期按对年、对月、对日计算，零头天数按实际天数计算。对年按 360 天计算，对月按 30 天计算。商业银行也可以根据规定计息期全部按实际天数计算。

【特别提示】不论存期内是否有利率调整，到期支取时单位定期存款按存入日挂牌公告的利率计息，不分段计息。

全部提前支取，应按支取日挂牌公告的活期存款利率计付利息。部分提前支取时，若剩余部分高于起存金额，则支取部分按支取日挂牌公告的活期存款利率计付利息，对剩余部分应开具新的单位定期存款开户证实书，其利率为原存款日挂牌公告的同档次定期存款利率。若剩余部分不足起存金额，则应对该笔定期存款全部支取，按支取日挂牌公告的活期存款利率计付利息。

单位定期存款逾期支取，逾期部分按支取日挂牌公告的活期存款利率计付利息。

【例 4－7】2020 年 3 月 5 日榕美工艺品厂从其活期账户支款 600 000 元存入单位定期存款账户，定期六个月，利率为 1.55％。2020 年 9 月 28 日榕美工艺品厂支取上述定期存款 600 000 元，支取日活期存款利率为 0.3％，要求计算银行应付利息并列出相关会计分录。

3 月 5 日存入单位定期存款的会计分录为：

借：单位活期存款——榕美工艺品厂户　　600 000

　贷：单位定期存款——榕美工艺品厂户　　600 000

9 月 28 日支取定期存款，计算银行应付利息。

(1) 2020 年 3 月 5 日至 2020 年 9 月 4 日的到期利息：

到期利息＝600 000×1.55％÷12×6＝4 650(元)

(2) 2020 年 9 月 5 日至 2020 年 9 月 28 日的逾期利息：

逾期利息＝600 000×0.3％÷360×23＝115(元)

该笔存款应付利息＝4 650＋115＝4 765(元)

其会计分录为：

借：单位定期存款——榕美工艺品厂户　　600 000

　　应付利息——单位定期存款利息支出　　4 765

贷：单位活期存款——榕美工艺品厂户　　604 765

【点拨指导】 2020 年 3 月 5 日至 2020 年 9 月 4 日的到期利息计算中，存期按对年、对月、对日计算，2020 年 9 月 5 日至 2020 年 9 月 28 日的零头天数按实际天数计算，支取日 9 月 28 日不算，共计 23 天。

第三节　个人储蓄存款业务的核算

一、个人储蓄存款的基本原则和种类

（一）基本原则

个人储蓄存款是银行通过信用方式吸收社会公民暂时闲置或节余的货币资金的一项负债业务。它是银行资金来源的重要组成部分。银行对储蓄存款实行“存款自愿，取款自由，存款有息，为储户保密”的原则。同时，银行办理储蓄存款业务应实行实名制，即以本人有效身份证件的姓名办理存入手续。银行自 1999 年 11 月 1 日起代扣储蓄存款利息所得个人所得税，自 2008 年 10 月 9 日起，暂停征收储蓄存款利息所得个人所得税。

（1）存款自愿，取款自由。储户存期长短，存入哪家银行及何时存取，都由储户自己决定。对定期存款，也可按照储蓄管理规定办理提前支取。

（2）存款有息。银行对储户的各种储蓄存款都应该按照规定计付利息。

（3）为储户保密。银行有责任对储户的存款情况保密，这是宪法保护公民储蓄所有权的一项重要措施，也是贯彻银行储蓄政策的一项措施，因此既符合储户心理，也有利于保护存款的安全。公安、司法机关因审查案件需要查询有关个人储蓄资料时，应按规定提供县支行以上书面查询公函，由指定的储蓄机构提供情况，非有权查询单位不得向银行查询储蓄存款情况，银行工作人员如有违反上述原则规定的现象，应视情节轻重追究责任。

（二）个人储蓄存款的种类

根据居民个人经济收入和消费的特点以及金融机构聚集和运用资金的需要，《储蓄管理条例》规定的基本储蓄种类有三类六种，活期储蓄存款、定期储蓄存款（整存整取、零存整取、整存零取、存本取息）、定活两便储蓄存款，这些称为传统的储蓄存款。近年来，商业银行又推出了定期一本通、活期一本通、通知储蓄、小额支付账户等新型储蓄种类。本书着重介绍传统的储蓄存款的核算。

1. 活期储蓄存款

活期储蓄存款是指不规定存期，储户随存随取的储蓄存款。活期储蓄起存金额 1 元，多存不限。活期储蓄存款具有存取方便、灵活、办理快捷的特点。

2. 定期储蓄存款

定期储蓄存款是指在存款时约定存期，一次或多次存入，到期一次或分次平均取出本金和利息的储蓄存款。定期储蓄存款根据存取的次数可分为整存整取、零存整取、整存零取和存本取息 4 种类型。

（1）整存整取。整存整取是一次存入一定数额本金，约定期限，到期一次支取本息的储蓄存款。它适用于结余款项的储蓄。

（2）零存整取。零存整取是开户时约定期限，存期内按月存入固定金额（中途漏存仍可续存，未存月份应在次月补存），到期一次支取本金和利息的储蓄存款。它适用于储户预积零成整的储蓄。

（3）整存零取。整存零取是一次存入，约定期限，存期内按固定期限分次提取本金，到期一次计付利息的储蓄存款。它适用于储户有较大数额收入，需分期陆续使用的储蓄。

（4）存本取息。存本取息是一次存入本金，存期内按固定期限分次支取利息，到期一次支取本金的储蓄存款。它适用于储户有整笔收入，不动用本金，而按期支取利息以安排生活的储蓄。

3. 定活两便储蓄存款

定活两便储蓄是开户时不确定存期，储户可以随时提取，利率随存期长短而变动的一种储蓄存款。这种储蓄既有活期储蓄随时可取的灵活性，又可在达到一定存期时，享受相应存期定期储蓄存款利率按一定比例折扣的优惠。

除以上储蓄存款以外，各地还可根据当地情况，经批准后办理其他种类的储蓄存款。在我国，商业银行在大多数城市基本实现了电脑储蓄。办理电脑储蓄的处所通常建有单独的连通系统，并在管辖行和各储蓄所分别设立地区计算机中心、本所计算机中心和终端机进行联网。业务发生后，由终端机输入本所计算机中心的小型计算机，然后再定时或批量输入地区计算机中心的主计算机。随着计算机记账代理手工记账，银行将提供更多、更好的服务来满足客户的需要。

二、个人储蓄存款业务的核算

（一）活期储蓄存款业务的核算

活期储蓄存款是不固定期限，随时可以存取的一种储蓄存款。活期储蓄存款按存取方式的不同分为支票户和存折户两种。活期储蓄存款存折户是凭存折存取款项的一种活期储蓄存款方式。一元起存，多存不限，凭折存取，也可预留印鉴或密码，凭印鉴或密码支取。本节仅介绍活期储蓄存款存折户的核算。

【知识链接】《个人存款账户实名制规定》

（1）开户存入的核算。储户第一次存入活期储蓄存款亦即开户，应由储户填写储蓄存款凭条（见表 4－4），连同现金、身份证件一并交经办人员。经办人员审查凭条和点收现金无误后，根据凭条登记开销户登记簿，开立活期储蓄存款分户账，登记活期储蓄存折，以存款凭条代现金收入传票。其会计分录为：

借：现金

　贷：活期储蓄存款——××户

付出：空白重要凭证——活期存折

表 4－4　储蓄存款凭条

储蓄存款凭条　　存

科目（贷）　　　　　　　　　年　月　日

<table>
<tr><td>机器确认</td><td colspan="2"></td></tr>
<tr><td rowspan="2">储户填写</td><td colspan="2">账号________ 户名________ 币种________ 存期________
存入金额：（大写）________________
<table><tr><td>千</td><td>百</td><td>十</td><td>万</td><td>千</td><td>百</td><td>十</td><td>元</td><td>角</td><td>分</td></tr><tr><td></td><td></td><td></td><td></td><td></td><td></td><td></td><td></td><td></td><td></td></tr></table>种类：定期□ 活期□ 零整□ 定活□ 大额□ 通知□ 存本□ 一折通□ 其他____</td></tr>
<tr><td>新开户时填写</td><td>是否留密码：是□ 否□ 电话号码：____________ 证件种类：____________
号码：______________ 地址：______________
是否约定转存：是□ 否□ 代理人：____________ 证件种类：____________
号码：__________________________</td></tr>
</table>

（2）续存的核算。储户到商业银行续存时，也应提交存款凭条，连同现金、存折一并交与柜员，经审核无误后，除不再另开账户及存折外，其余收款、记账、打印等处理方法基本与开户手续相同。

【例 4－8】 储户张华持现金 5 000 元和某行的借记卡，要求存入其活期存款账户。银行审核无误后，办理了存入的手续。其会计分录为：

借：现金　　　　5 000

　贷：活期储蓄存款——张华户　　　　5 000

【点拨指导】 储户存入现金，造成商业银行的现金增加，资产增加，记入“现金”科目的借方；同时造成活期储蓄存款的增加，负债增加，记入“活期储蓄存款”账户的贷方。

（3）支取的核算。

【知识链接】 自 2016 年 12 月 1 日起，银行和支付机构提供转账服务时，应向存款人提供实时到账、普通到账、次日到账等多种转账方式，存款人在选择后才能办理业务。除向本人同行账户转账外，个人通过自助柜员机（含其他具有存取款功能的自助设备）转账的，发卡行在受理 24 小时后办理资金转账。在发卡行受理后 24 小时内，个人可以向发卡行申请撤销转账。受理行应当在受理结果界面对转账业务办理时间和可撤销规定做出明确提示。

储户到商业银行支取存款时，应填写储蓄取款凭条（见表 4－5），凭印鉴、密码支取外，还要在凭条上加盖印鉴，输入密码，连同存折交柜员。柜员根据凭条核对账、折、印鉴、密码无误后，以取款凭条代现金付出传票。会计分录如下：

借：活期储蓄存款——××户

　　贷：现金/活期储蓄存款——××户

表 4-5　储蓄取款凭条

储蓄取款凭条　　取

科目（借）　　　　　　　　　　年　月　日

<table>
<tr><td rowspan="3">储户填写</td><td colspan="4">账号________　户名______　币种________　存折序号________
笔次________　密码：无□　有□

支取金额：（大写）______________
种类：活期□　零整□　定活□　存本□　一折通□　其他____</td><td>
<table><tr><td>千</td><td>百</td><td>十</td><td>万</td><td>千</td><td>百</td><td>十</td><td>元</td><td>角</td><td>分</td></tr><tr><td></td><td></td><td></td><td></td><td></td><td></td><td></td><td></td><td></td><td></td></tr></table>
</td></tr>
<tr><td rowspan="2">提前支取时填写</td><td>存款人</td><td></td><td>证件号码：</td><td>地址：</td></tr>
<tr><td>代取人</td><td></td><td>证件号码：</td><td>地址：</td></tr>
<tr><td>机器确认</td><td colspan="5"></td></tr>
</table>

【点拨指导】如果储户支取现金，则贷记“现金”科目；如果是转账给其他个人账户，则贷记“活期储蓄存款”账户。

经复核账、折内容无误，配款，并在取款凭条上加盖现金付讫及名章后，将现金及存折交储户。

【例 4-9】储户张华持某行的借记卡，要求从其活期储蓄存款中支取现金 3 000 元，银行审核无误后，办理了支取的手续。其会计分录为：

借：活期储蓄存款——张华户　　　　3 000

　　贷：现金　　　　3 000

【点拨指导】储蓄支取现金，造成活期储蓄存款的减少，负债减少，记入“活期储蓄存款”账户的借方；同时造成商业银行的现金减少，资产减少，记入“现金”科目的贷方。

【特别提示】除向本人同行账户转账外，银行为个人办理非柜面转账业务，单日累计金额超过 5 万元的，应当采用数字证书或者电子签名等安全可靠的支付指令验证方式。单位、个人银行账户非柜面转账单日累计金额分别超过 100 万元、30 万元的，银行应当进行大额交易提醒，单位、个人确认后方可转账。

（4）结息的核算。目前活期储蓄存款每季结息一次，每季末月 20 日（3，6，9，12 月的 20 日）为结息日，计息的期间是从上季（年）末月 21 日至本季（年）末月 20 日，即结息时应把结息日当天计算在内，下季度的利息从结息日的次日开始算起。

结息后的利息并入本金起息，元以下尾数不计息。

储蓄活期存款结息采取日积数法计算利息，日积数是把结息期间经常变动的活期存款按日累加的和看作是一天的存款，使用日利率。活期存款结息按结息日或销户日挂牌公告的活期存款利率计付利息。利息计算公式为：

到期利息＝存款余额日积数×结息日挂牌公告的活期储蓄存款日利率

会计分录如下：

借：利息支出——活期储蓄利息支出

　贷：活期储蓄存款——××户

【例 4-10】 储户林华在商业银行 A 行有活期储蓄存款，A 行在 2020 年第二季度结息时，该储户的累计应计息积数为 7 500 000 元，当日挂牌公告的活期储蓄存款利率为 0.3%，其利息计算如下：

应计付的利息＝7 500 000×0.3%÷360＝62.5(元)

会计分录如下：

借：利息支出——活期储蓄利息支出　　62.5

　贷：活期储蓄存款——林华户　　62.5

【点拨指导】 银行支付储户利息，造成利息支出增加，损失增加，记入“利息支出”科目的借方；同时，活期储蓄存款增加，负债增加，记入“活期储蓄存款”账户的贷方。

(5) 销户的核算。储户取清全部款项，不再续存称为销户。销户时，储户应根据存折上的最后存款余额填写取款凭条，连同存折交银行经办人员。经办人员除按支取手续办理外，还应计算利息，填制一式两联利息清单，一联连同本息交储户，另一联在营业终了时，凭以汇总编制利息支出科目传票。同时，应在存折和分户账上加盖“结清”或“销户”戳记，销记开销户登记簿，存折作为取款凭条附件，账页另行保管。其会计分录为：

借：活期储蓄存款——××户

　　利息支出——活期储蓄利息支出

　贷：现金

(二) 定期储蓄存款业务的核算

定期储蓄存款是存款时约定存款期限，一次或分次存入本金，到期一次或分次支取本金和利息的储蓄存款。定期储蓄存款按存取方式的不同分为整存整取、零存整取、整存零取、存本取息等。

银行在“定期储蓄存款”科目下分别设置明细科目进行核算。由于定期储蓄存款具有事先约定存期，一次或分次存入本金，整笔或分期支取本息的特点，因此 4 类定期储蓄存款的会计核算手续相差不多，下面分别予以阐述。

1. 整存整取定期储蓄存款

整存整取定期储蓄存款是指一次存入本金，约定存期，到期一次支取本息的一种定期储蓄存款。一般50元起存，多存不限，存期分三个月、半年、一年、二年、三年和五年等档次。

(1) 开户存入的核算。储户第一次存入整存整取定期储蓄存款（即开户）应由储户填写定期储蓄存款凭证，连同现金、身份证一并交由柜员办理。审查凭条、预留印鉴、清点现金无误后，填制一式三联整存整取定期储蓄存单，第一联代现金收入传票，其会计分录为：

借：现金或活期储蓄存款

　贷：定期储蓄存款——整存整取——××户

付出：空白重要凭证——××存单（折）

第二联为存单，加盖业务公章交储户执存；第三联卡片账，登记开销户登记簿后，专夹保管。凭印鉴、密码支取的，应在各联上加盖“凭印（密码）支取”戳记，并在第三联卡片账上预留印鉴。采用计算机操作的，存单用计算机打印。

(2) 支取的核算。

1) 到期和逾期支取。储户持到期存单到银行取款时，在存单背面背书，经办人员应将留存的第三联卡片账与存单核对，凭印鉴、密码支取的还须核对储户加盖的预留印鉴和密码。核对无误后，按规定计算应付利息，填写两联利息清单，在存单和卡片账有关栏中分别填写利息金额，加盖支付日期和“结清”戳记，销记开销户登记簿，以存单代现金付出传票。其会计分录为：

借：定期储蓄存款——整存整取——××户

　　应付利息——定期储蓄利息支出

　贷：现金或活期储蓄存款

配款后，将本息及一联利息清单交给储户，另一联利息清单作利息支出科目汇总传票的附件，结清的卡片账另行保管，定期装订。

储户持过期存单到银行取款时，除按规定计付过期利息外，其余处理手续与到期支取相同。

2) 提前支取。储户要求提前支取存款时应交验身份证件，并将证件名称、发证机关及号码记录在存单背面，凭印鉴支取的，则应在存单上同时加盖预留印鉴，审核无误后在存单及卡片账上加盖“提前支取”戳记，按提前支取的规定计付利息，其余手续与到期支取相同。

若储户要求提前支取一部分存款，采取满付实收、更换新存单的做法，即对原存单本金视同一次付出，同时按规定计付提前支取部分利息。需在原存单及卡片账上注明“部分支取××元”，新存单上注明“由××号存单部分转存”字样以及原存入日，同时在开销登记簿上作相应注明，以便于日后查考。其他手续与到期支取及存入时手续相同。会计分录如下：

借：定期储蓄存款——整存整取——××户（全额）

　　应付利息——定期储蓄利息支出（提前支取部分利息）

贷：现金

借：现金

贷：定期储蓄存款——整存整取——××户（未支取本金部分金额）

（3）利息的核算。储蓄存款中规定，银行可采用积数计息法和逐笔计息法计算利息。

积数计息法按实际天数每日累计账户余额，以累计积数乘以日利率计算利息。计息公式为：利息＝累计计息积数×日利率，其中累计计息积数等于每日余额合计数。

逐笔计息法按预先确定的计息公式逐笔计算利息。计息期为整年（月）的，计息公式为：利息＝本金×年（月）数×年（月）利率。计息期有整年（月）又有零头天数的，计息公式为：利息＝本金×年（月）数×年（月）利率＋本金×零头天数×日利率。其中存期一律按对年、对月、对日计算，不论平年、闰年、大月、小月，年均为360天，月均为30天，凡大月的31日视同30日；不足一个月的零头天数，按实际天数计算，如到期日为该月所没有的，以月底日为到期日；闰年2月29日存入，次年2月28日支取，视同存满一年；2月28日存入，次年（闰年）2月29日支取，存期为一年零一天；2月28日存款到期，3月1日支取，逾期天数为3天。

同时，银行也可选择将计息期全部化为实际天数计算利息，即每年为365天（闰年366天），每月为当月公历实际天数，计息公式为：利息＝本金×实际天数×日利率。本章存期采纳第一种方法。

1）到期支取。整存整取定期储蓄存款在原定存期内，一律按存单开户日所定整存整取定期储蓄利率计息，存期内遇利率调整，不论调高或调低，亦不分段计息。

2）逾期支取。存期内利息计算同到期支取，过期部分一律按支取日挂牌公布的活期储蓄利率计息。

3）提前支取。提前支取部分按支取日挂牌公布的活期储蓄利率计息；其余部分到期时，按原存入日所定整存整取定期储蓄利率计息。

【例4-11】 储户周平2019年3月15日从其活期储蓄存款中支取10万元存入一年期整存整取定期储蓄存款，年利率1.75%。存入时会计分录如下：

借：活期储蓄存款——周平户	100 000
贷：定期储蓄存款——整存整取——周平户	100 000
付出：空白重要凭证——一年期整存整取存单	100 000

【点拨指导】 活期储蓄存款转为定期存款，造成活期储蓄存款减少，负债减少，记入“活期储蓄存款”账户的借方；同时造成定期储蓄存款增加，负债增加，记入“定期储蓄存款”账户的贷方。

（1）周平于2020年3月15日到期支取，本息存入其活期储蓄存款账户。

到期利息＝100 000×1.75%×1＝1 750(元)

会计分录为：

借：定期储蓄存款——整存整取——周平户 100 000

贷：活期储蓄存款——周平户 100 000

借：应付利息——定期储蓄利息支出——周平户 1 750

贷：活期储蓄存款——周平户 1 750

【点拨指导】整存整取定期储蓄存款于到期日支取，一律按存单开户日所定整存整取定期储蓄利率计息，利息转入储户活期储蓄存款，造成活期储蓄存款增加，负债增加，记入“活期储蓄存款”账户的贷方。

(2) 周平于2020年3月31日逾期支取，支取日挂牌公告的活期储蓄存款利率为0.3%，本息存入其活期储蓄存款账户。

到期利息＝100 000×1.75%×1＝1 750(元)

逾期利息＝100 000×0.3%÷360×16＝13.33(元)

会计分录为：

借：定期储蓄存款——整存整取——周平户 100 000

贷：活期储蓄存款——周平户 100 000

借：应付利息——定期储蓄利息支出——周平户 1 763.33

贷：活期储蓄存款——周平户 1 763.33

【点拨指导】整存整取定期储蓄存款过期部分一律按支取日挂牌公布的活期储蓄存款利率计息，应付利息总额等于到期利息加上逾期利息。

(3) 周平于2019年5月8日提前支取20 000元，要求支取现金，支取日挂牌公告的活期储蓄存款利率为0.3%。余款于2020年3月15日到期支取，本息存入其活期储蓄存款账户。

2019年5月8日利息计算如下。

应付利息＝20 000×0.3%÷360×54＝9(元)

会计分录为：

借：定期储蓄存款——整存整取——周平户 20 000

贷：现金 20 000

借：应付利息——定期储蓄利息支出——周平户 9

贷：现金 9

2020年3月15日到期支取余款，本息存入其活期储蓄存款账户。

到期利息＝80 000×1.75%×1＝1 400(元)

会计分录为：

借：定期储蓄存款——整存整取——周平户 80 000

贷：活期储蓄存款——周平户 80 000

借：应付利息——定期储蓄利息支出——周平户 1 400

贷：活期储蓄存款——周平户　　1 400

【点拨指导】 整存整取定期储蓄存款提前支取部分 20 000 元按支取日挂牌公布的活期储蓄存款利率 0.3%计息；其余部分 80 000 元到期时，按原存入日所定整存整取定期储蓄利率 1.75%计息。

2. 零存整取定期储蓄存款

零存整取定期储蓄存款是约定存期，在存期内分次存入固定本金，到期一次支取本息的一种定期储蓄存款。一般 5 元起存，存期分为一年、三年、五年三档。每月存入一次本金，中途如有漏存，可在次月补齐；未补存者，到期支取时按实存金额和实际存期计算利息。

(1) 开户存入的核算。储户第一次存入零存整取定期储蓄存款（即开户）应由储户填写定期储蓄存款凭证，连同现金、身份证一并交由柜员办理手续。操作手续同整存整取开户。会计分录如下：

借：现金

　贷：定期储蓄存款——零存整取——××户

付出：空白重要凭证——××存折

存折加盖业务公章后交储户，分户账按账号顺序保管。

(2) 续存的核算。在存期内储户续存时，应填制定期储蓄存款凭条，与存折、现金一并交经办员，核对并清点现金无误后，登记存折，操作手续与开户基本相同。会计分录如下：

借：现金

　贷：定期储蓄存款——零存整取——××户

【特别提示】 零存整取定期储蓄存款如果中途漏存仍可续存，未存月份应在次月补存，它适用于储户预积零成整的定期储蓄。

(3) 支取的核算。

1) 到期支取。到期支取时，储户应将存折交与经办员，经办员验明存折确系本行所签发并已到期，账、折核对后，计算利息，注销存折、登记分户账及销记开销户登记簿，并在存折和分户账上加盖“结清”戳记，以存折代现金付出传票。会计分录如下：

借：定期储蓄存款——零存整取——××户

　　应付利息——定期储蓄利息支出——××户

　贷：现金

2) 逾期支取。储户持过期零存整取存折去银行支取存款，除按规定计算到期利息和过期利息外，其余手续及分录与到期支取相同。

3) 提前支取。储户提前支取零存整取定期储蓄存款时，应提交身份证件，经办员审查无误后，办理提前支取手续，在存折和分户账上加盖“提前支取”戳记，按提前支取的规定计算利息，其余手续与到期支取相同。零存整取定期储蓄存款只能全部提前支取，不能部分提前支取，分录与到期支取相同。

(4) 利息的核算。零存整取定期储蓄存款是逐月存入，余额逐月增加，利息计算主要有以下两种方法，即月积数计息法和固定基数计息法。

1）月积数计息法。这种方法根据存款账每月余额计算出月积数，再将累计月积数乘以月利率，即为应付利息。适用于存期内有漏存的零存整取储蓄利息计算，也可用于逐月全存无漏存的零存整取储蓄利息计算，其计算公式如下：

利息＝累计存款月积数×月利率

累计存款月积数＝每月存储额×[存储月数×(存储月数＋1)÷2－漏存存期]

漏存存期＝预定存次＋1－漏存期次

漏存期次是指第几次漏存，可在分户账上查到，如中间无漏存，则漏存存期为零。

【例 4－12】储户张刚 2020 年 6 月 8 日第一次用现金存入零存整取定期储蓄存款，每月存入 500 元的一年零存整取定期储蓄存款，存入日利率为 1.35％。

2020 年 6 月 8 日第一次存入时的会计分录如下

借：现金　　500

　贷：定期储蓄存款——零存整取——张刚户　　500

付出：空白重要凭证——年零存整取存折　　6 000

每月续存时，会计分录如下：

借：现金　　500

　贷：定期储蓄存款——零存整取——张刚户　　500

2021 年 6 月 8 日到期支取本息，要求银行支付现金。

累计存款月积数＝500＋1 000＋1 500＋……＋6 000

＝500×(1＋2＋3＋……＋12)

＝39 000(元)

到期利息＝39 000×1.35％÷12

＝43.88(元)

借：定期储蓄存款——零存整取——张刚户　　6 000.00

　应付利息——定期储蓄利息支出——张刚户　　43.88

　贷：现金　　6 043.88

2）固定基数计息法。该方法是以每月存入 1 元，存满所定期限，到期按规定利率计算出应计付的利息作为基数，再乘以存款金额，即为应付利息。适用于每月存入固定金额，中途无漏存的零存整取储蓄利息计算，其计算公式如下：

每元固定利息基数＝1 元×平均存期×月利率

应付利息＝每元固定利息基数×存款金额

其中，平均存期应根据等差数列求平均值的方法计算，公式为：

平均存期＝(首月＋末月)÷2

【例 4－13】同上例，其利息计算如下：

每元固定利息基数＝1×(12＋1)÷2×1.35%÷12＝0.007 3(元)

应付利息＝0.007 3×6 000＝43.80(元)

3. 整存零取定期储蓄存款

整存零取定期储蓄存款是本金一次存入，约定存期，分次支取本金，到期一次支取利息的一种定期储蓄存款。一般 1 000 元起存，存期分一年、三年、五年三档，本金支取期分 1 个月、3 个月、半年一次，由储户与储蓄机构协商确定。

(1) 开户存入的核算。开户时应由储户提出申请，并填制存款凭证，经办员审核身份证件、存入金额、期限以及支取的次数和时间无误后，操作同整存整取开户。会计分录如下：

借：现金或活期储蓄存款

　贷：定期储蓄存款——整存零取——××户

付出：空白重要凭证——××存单

(2) 分次支取本金的核算。储户按约定时间到银行取款，应填写定期整存零取储蓄取款凭条，连同存单一并交经办员，经办员应审查存单上的公章，确认是由本行签发的，核对账号、户名、印鉴或密码、金额后，计付利息，取款凭条代现金付出传票。会计分录如下：

借：定期储蓄存款——整存零取——××户

　贷：现金

(3) 结清的核算。最后一次取款时，以存单作取款凭条附件一并支付本金和利息。如果提前支取全部余额，则根据实存金额和存期按规定利率计息。过期支取的，在存单和卡片账上注明支取的日期，并按规定计付过期利息。

【特别提示】若储户要求提前支取整存零取定期储蓄存款，可提前支取一至二次，但须在以后月份内停取一至二次，其余手续不变。

整存零取定期储蓄存款的本金因分次支取而逐月递减，利息计算采用本金存期等差级数求平均值的方法。其计算公式为：

应付利息＝(全部本金＋每次支取本金)÷2×存期×利率

借：定期储蓄存款——整存零取——××户

　　应付利息——定期储蓄利息支出——××户

　贷：现金或活期储蓄存款

【例 4-14】储户林芳 2020 年 6 月 12 日从其活期储蓄存款中支取 200 000 元存入整存零取定期储蓄存款，存期一年，存入日利率为 1.35%，要求每 3 个月支取本金现金一次。到期一次支取利息，最后一次本金和利息转入活期储蓄存款账户。

2020 年 6 月 12 日存入时的会计分录如下：

借：活期储蓄存款——林芳户	200 000
贷：定期储蓄存款——整存零取——林芳户	200 000

付出：空白重要凭证——整存零取存单　　200 000

分次支取本金的会计分录如下：

借：定期储蓄存款——整存零取——林芳户　　50 000

　贷：现金　　50 000

应付利息=(全部本金+每次支取本金)÷2×存期×利率

=(200 000+50 000)÷2×1×1.35%

=1 687.50(元)

结清的会计分录如下：

借：定期储蓄存款——整存零取——林芳户　　50 000.00

　　应付利息——定期储蓄利息支出——林芳户　　1 687.50

　贷：活期储蓄存款——林芳户　　51 687.50

4. 存本取息定期储蓄存款

存本取息定期储蓄存款是一次存入本金，约定存款期限，分次支取利息，到期一次支取本金的一种定期储蓄存款。一般 5 000 元起存，存期分一年、三年、五年，利息支取可以一个月或几个月一次，由储户与储蓄机构协商确定。

(1) 开户存入的核算。开户时应由储户提出申请，并填制存款凭证，注明姓名、存期及每次取息的日期，审核无误后，操作同整存整取开户。会计分录如下：

借：现金或活期储蓄存款

　贷：定期储蓄存款——存本取息——××户

付出：空白重要凭证——××存单

(2) 支取利息的核算。存期内储户按约定时间到银行支取利息时，应按每次应支取利息数填写定期存本取息储蓄取息凭条，连同存单一并交经办员，审核无误后，凭以登记账卡、存单并支付现金。

存本取息应先按存入本金和约定利率计算出应付利息总额，然后再根据取息次数计算出每次支取的利息，其计算公式为：

每次支取利息=本金×存期×利率÷支取利息的次数

支付利息会计分录如下：

借：应付利息——定期储蓄利息支出——××户

　贷：现金

【特别提示】存本取息定期储蓄存款取息日未到，不得提前支取利息；取息日未取息，以后可以随时支取，但不计复利。

(3) 到期支取的核算。存款到期，储户支取最后一次利息的手续和前面一样，本金则凭存单支取。同时在存单及账卡上加盖“结清”戳记，据以销记开销户登记簿。会计分录如下：

借：定期储蓄存款——存本取息——××户

应付利息——定期储蓄利息支出——××户

贷：现金或活期储蓄存款

【例4-15】 储户林平2020年7月16日从其活期储蓄存款中支取100 000元存入存本取息定期储蓄存款，存期一年，存入日利率为1.35%，要求每3个月支取利息现金一次。到期一次性支取本金和最后一次利息，转入活期储蓄存款账户。

2020年7月16日存入时的会计分录如下：

借：活期储蓄存款——林平户	100 000	
贷：定期储蓄存款——存本取息——林平户		100 000
付出：空白重要凭证——存本取息存单	100 000	

每次支取利息＝100 000×1×1.35%÷4＝337.50(元)

每次支付利息的会计分录如下：

借：应付利息——定期储蓄利息支出——林平户	337.50	
贷：现金		337.50

到期结清的会计分录如下：

借：定期储蓄存款——存本取息——林平户	100 000.00	
应付利息——定期储蓄利息支出——林平户	337.50	
贷：活期储蓄存款——林平户		100 337.50

(4) 提前支取的核算。储户如果要求提前支取本金，可凭有关身份证件到银行办理。提前支取的利息按规定计算。但对于已支取的利息金额，应用红字冲回，即编制红字现金付出传票。会计分录如下：

借：应付利息——定期储蓄利息支出——××户（红字）

贷：现金（红字）

然后，按提前支取利息规定计算应付利息，与本金一并支付给储户。会计分录如下：

借：应付利息——定期储蓄利息支出——××户

定期储蓄存款——存本取息——××户

贷：现金或活期储蓄存款

【特别提示】 存本取息定期储蓄存款只允许全部提前支取，不办理部分提前支取。

(三) 定活两便储蓄存款业务的核算

定活两便储蓄存款是不约定存期，可以随时支取，按实际存期确定利率的一种储蓄存款，具有定期和活期双重性质。一般50元起存。存单分记名、不记名两种，记名的可以挂失，不记名的不能挂失。

储户到银行办理定活两便储蓄存款及支取时的有关手续，基本与整存整取定期储蓄存款相同。

【特别提示】定活两便储蓄存款应根据不同存期计算利息。具体来说，存期不足3个月的，按支取日挂牌公告的活期利率计算；存期超过3个月而不满1年的，按支取日定期整存整取定期储蓄存款半年期同档利率6折计息；存期超过1年的，无论存期多少，均按支取日定期整存整取定期储蓄存款1年期同档利率6折计息。如果打折后的利率低于活期储蓄存款利率，则应按活期储蓄存款利率计息。存期内不分段计息。

（四）个人通知存款的核算

个人通知存款是由储户一次存入本金，银行发给存折，储户凭存折可不限次数支取款项，取款时需提前一天或七天通知银行的储蓄存款。一般五万元起存，不约定存期，按实际存期分档（目前有一天和七天两档）计息。该储种适合有随时支取较大金额需要的储户。

个人通知存款的处理手续，除了取款要按规定提前通知银行外，其余基本上与整存整取定期储蓄存款相同。

三、储蓄所的结账与管辖行事后监督

每日营业终了，储蓄所应及时办理结账，日结是储蓄所每天账务处理的最后环节，应认真做好日结并进行账务核对，以保证账务正确。同时，基层储蓄所账务是管辖行账务的一个组成部分，为保证储蓄所账务核算质量，管辖行应对辖属储蓄所进行事后监督。

（一）储蓄所的结账工作

（1）编制储蓄利息汇总传票。根据已付款的各种储蓄存款利息清单，按定、活期分别加计总数。

（2）编制科目日结单。根据当日各类储蓄的存、取款凭证及其他科目的借贷方传票，编制各科目的科目日结单。

（3）编制营业日报表。营业日报表（见表4-6）是反映储蓄所当日全部业务活动情况的报表，也是轧平当日账务和核对账款的工具。其编制方法为：根据当日各科目日结单发生额，分别填入有关科目借贷发生额栏并结出本日各科目余额；根据各种储蓄当日开、销户数填入本日开、销户栏，并结出本日结存户数；根据当日实际传票张数和其他业务凭证数量，分别种类填入业务量笔数有关本日发生额栏，结出该科目余额；根据昨日结存现金，加减本日现金收付数，计算出本日现金库存数，填入表中相关栏中；根据空白重要凭证和有价单证的收、付数，按种类分别填入有关栏内，并结出本日结存数。

表 4－6 营业日报表

（ ）储蓄所营业日报表

年 月 日

业务种类	本日发生额		本日余额	储蓄户数		
	借方	贷方		本日开户	本日销户	结存户数
整存整取						
零存整取						
整存零取						
存本取息						
活期储蓄						
定活两便						
…						
…						
各种储蓄小计						
利息支出						
…						
利息小计						
昨日库存现金						
今日库存现金						
合计						

空白重要凭证			
种类	本日收入	本日付出	本日结存
整存整取			
零存整取			
整存零取			
存本取息			
活期存折			
活期支票			

传票张数		
种类	本日数	本月累计数
整存整取		
零存整取		
整存零取		
存本取息		
活期储蓄		
定活两便		
合计		

未发行有价单证			
种类	本日收入	本日付出	本日结存
定活两便			
定额有奖			

管辖单位： 所负责人： 复核： 出纳： 制表：

营业日报表一式两份，一份留存，一份连同有关科目日结单及传票送管辖行。

（二）账务核对

（1）核对现金库存。将营业日报表上“今日库存现金”数额与实际现金库存数核对相符。

（2）核对储蓄分户账余额。各种储蓄存款户较多，收付频繁，不可能每天通打余额。为保证账务正确，通常采用计算变动户账户余额的方法轧对余额。具体做法是：

$$\text{变动户本日余额}=\text{变动户上日余额}+\text{变动户本日贷方发生额}-\text{变动户本日借方发生额}$$

$$\text{本日活（定）期储蓄科目总余额}=\text{上日活（定）期储蓄科目总余额}-\text{变动户昨日余额}+\text{变动户本日余额}$$

计算出的变动户本日余额合计数应与各变动户分户账本日余额的总数相等；各储蓄科目本日余额应与营业日报表有关数字核对相符。

（3）核对开销户情况。新开户和结清销户的账卡应与营业日报表上的开销户核对相符。

（4）核对有价单证及空白重要凭证。各种有价单证及空白重要凭证的实际收、付和结存数，应分别与营业日报表上的收付数和结存数核对相符。

（三）账务组织与管辖行事后监督

1. 账务组织

储蓄所账务一般采取并账和并表两种方式。并账所的账务不独立，需将每天办理业务的传票并入管辖行的账务进行处理。并表所的账务独立，有一套完整的账务体系，管辖行只需将储蓄所当日的营业日报表并入本行当日的日计表。

2. 管辖行事后监督

（1）审核传票和营业日报表。审核收入、付出传票的内容是否完整、正确，处理手续是否符合规定；各种储蓄开户数与空白重要凭证支出数是否一致；根据销户的付出传票，核对注销的账页、卡片是否一致。

审核营业日报表的各栏合计数是否正确，与汇总传票及所附单证金额是否相符，各科目余额、凭证张数及附件与该科目日结单和各栏数字是否一致；库存轧算是否正确，与现金是否一致，是否超过核定的库存限额。

（2）按储蓄种类逐笔进行事后监督。事后监督的主要内容有：对辖属储蓄所的账务进行汇总核算，对所有储蓄业务明细核算逐笔监督，整理、装订和保管凭证、账表，并进行检查和指导。由于储蓄种类较多，本节仅介绍活期储蓄存款存折户和整存整取定期储蓄两大储种的事后监督方法，其他储种的事后监督比照该两种办法。

1）活期储蓄存款存折户的事后监督。将开户存款凭条按账号顺序放入卡片箱，根据续存或支取的凭条抽出该户的上一张凭条，核对有关内容无误后，将续存或支取的凭条放入卡片箱，抽出的凭条另行保管。销户时，上次凭条与销户凭条一起装订。卡片箱内凭条余额的合计与日报表该科目余额核对相符。

2）整存整取定期储蓄的事后监督。将开户的存款凭条按顺序保管，销户时，根据销户存单抽出账卡进行核对，审核利息计算，然后另行保管。未销户存款凭条总余额应与日报表该科目余额核对相符。

本章小结

1. 存款业务是银行以信用方式吸收社会暂时闲置资金的筹资活动，是银行负债的重要组成部分，也是银行信贷资金的最主要来源。银行吸收的存款按照不同的标准可划分为不同的种类。存款按对象可分为单位存款和储蓄存款，按期限长短可分为活期存款和定期存款。单位和个人办理存款、结算和资金往来等业务，必须在银行开立银行结算账户，银行结算账户按存款人分为单位银行结算账户和个人银行结算账户。单位银行结算账户按用途分为基本存款账户、一般存款账户、专用存款账户和临时存款账户。个人银行结算账户分为Ⅰ类户、Ⅱ类户和Ⅲ类户。

2. 单位存款按存取期限可分为活期存款和定期存款。单位活期存款按照存取形式的不同，分为支票户和存折户。单位定期存款起存金额为1万元，多存不限，可以全部或部分提前支取，但只能提前支取一次，存款本息只能以转账方式转入基本存款账户，不得支取现金。

3. 储蓄存款是银行的一项负债业务，也是银行资金来源的重要组成部分。银行对储蓄存款实行“存款自愿，取款自由，存款有息，为储户保密”的原则。现行的储蓄存款种类有：活期储蓄存款、定期储蓄存款、定活两便储蓄存款、个人通知储蓄存款等。定期储蓄存款主要有：整存整取、零存整取、整存零取和存本取息。

4. 银行应正确及时地办理存取款业务，按有关规定准确地计算存款利息并进行账务核算，同时，定期或不定期地与开户单位进行账务核对，加强储蓄存款的账务组织和事后监督。

本章练习

一、单项选择题

1. 存款人因办理日常转账结算和现金收付需要而在银行开立的结算账户是（　　）。

A. 一般存款账户　B. 基本存款账户　C. 专用存款账户　D. 临时存款账户

2. 个人银行结算账户中的（　　）具有储存、支取、转账以及消费等功能，每天的消费和取现没有任何的限制。

A. Ⅰ类户　B. Ⅱ类户　C. Ⅲ类户　D. 信用卡户

3. 单位活期存款的利息一般采取（　　）的方法。

A. 逐笔结息　B. 利随本清　C. 按年定期结息　D. 按季定期结息

4. 单位定期存款的利息采取（　　）的方法。

A. 逐笔结息　B. 利随本清　C. 按年定期结息　D. 按季定期结息

5. 单位定期存款的利息支付给客户时，（　　）。

A. 只能以转账方式转入基本存款账户，不得支取现金

B. 可以支付现金

C. 不能转账，只能支付现金

D. 可以转账，也可以支付现金

6. 某单位存入银行定期存款 10 万元，定期 1 年，利率 1.75%，7 月 20 日到期，该单位于 8 月 16 日支取，支取日活期存款利率为 0.3%，其利息为（　　）。

A. 1 750 元　　B. 1 772.5 元　　C. 1 800 元　　D. 1 872.5 元

7.（　　）用于存款余额变动频繁的存款账户。

A. 余额表计息法　　B. 账页计息法　　C. 逐笔结息　　D. 利随本清

8.（　　）适用于储户预积零成整的定期储蓄。

A. 整存整取　　B. 零存整取　　C. 存本取息　　D. 整存零取

9.（　　）适用于储户有较大数额收入而需分期陆续使用的储蓄。

A. 整存整取　　B. 零存整取　　C. 存本取息　　D. 整存零取

10. 定活两便储蓄存款业务存期不足（　　）时，按支取日挂牌公告的活期利率计算。

A. 1 个月　　B. 2 个月　　C. 3 个月　　D. 6 个月

二、多项选择题

1. 一般性存款是商业银行吸收的（　　）。

A. 单位存款　　B. 财政预算外存款

C. 财政预算内存款　　D. 居民个人储蓄存款

2. 银行结算账户的管理规定包括（　　）。

A. 开户实行双向选择

B. 银行为存款人的银行结算账户信息保密

C. 存款人的账户只能办理存款人本身的业务活动

D. 银行不得违规为存款人多头开立银行结算账户

3.（　　）不得作为单位定期存款。

A. 财政拨款　　B. 预算内资金　　C. 单位销售货款　　D. 银行贷款

4. 单位活期存款利息的具体计算方法有（　　）。

A. 余额表计息法　　B. 账页计息法

C. 月积数计息法　　D. 固定基数计息法

5. 单位银行结算账户按用途分为（　　）。

A. 基本存款账户　　B. 一般存款账户

C. 辅助存款账户　　D. 临时存款账户

E. 专用存款账户

6. 银行对个人储蓄存款实行（　　）的原则。

A. 存款自愿　　B. 存款有息　　C. 取款自由　　D. 为储户保密

7. 零存整取定期储蓄存款是约定存期，在存期内分次存入固定本金，到期一次支取本息的一种定期储蓄存款。其支取方式包括（　　）。

A. 全部提前支取　　B. 部分提前支取　　C. 到期支取　　D. 逾期支取

8. 零存整取、存本取息、整存零取三种定期储蓄存款的存期分为（　　）。

A. 半年　　B. 一年　　C. 三年　　D. 五年

9. 存款业务的种类按照期限长短可分为（　　）。

A. 单位存款　　B. 活期存款　　C. 个人储蓄存款　　D. 定期存款

10. 储蓄所的结账工作包括（　　）。

A. 编制储蓄利息汇总传票　　B. 登记储蓄存款分户账

C. 编制科目日结单　　D. 账务核对

E. 编制营业日报表

三、判断题

1. 单位活期存款一般按季结息，每季末月 20 日为结息日，利息于当日列账。（　　）

2. 商业银行吸收的一般性存款和财政性存款都要计付利息，并且应当按照一定的比例向人民银行缴存法定存款准备金。（　　）

3. 任何单位和个人不得将公款以个人名义转为储蓄存款，任何单位和个人也不得将私款以单位名义存入金融机构。（　　）

4. 余额表计息法适用于存款余额变动不多的存款账户。（　　）

5. 银行要履行保密义务，对存款人的银行结算账户信息保密，除国家法律、法规另有规定外，银行有权拒绝任何单位或个人查询。（　　）

6. 银行为保证资金的安全，在办理现金收入业务时，应先收款后记账；在办理现金付出业务时，应先付款后记账。（　　）

7. 单位银行结算账户的存款人只能在一家银行开立一个基本存款账户，不允许在多家银行开立基本存款账户。（　　）

8. 存款人可以自主选择银行，但银行不可以自主选择存款人开立账户。（　　）

9. 一般存款账户用于办理存款人借款转存、借款归还和其他结算的资金收付。该账户可以办理现金缴存，也可以办理现金支取。（　　）

10. 零存整取定期储蓄存款只能全部提前支取，不能部分提前支取。（　　）

四、业务题

1. 大洋百货将其超出库存现金限额的 80 000 元填制现金缴款单送交银行，银行清点无误后，办理收款手续。请列出会计分录。

2. 开户单位大发超市签发现金支票一张，支取现金 50 000 元，用于超市备用金开支。银行经审核无误后，办理付现金手续。请列出会计分录。

3. 开户单位市机电厂 2019 年 6 月 10 日签发转账支票一张，金额为 500 000 元，要求转为定期 1 年的存款，利率为 1.75%。银行经审核无误后，办理存入定期存款手续。请列出会计分录。

4. 市机电厂于 2020 年 6 月 30 日支取上述定期存款，支取日活期存款利率为 0.3%。请列出会计分录。

5. 根据市机电厂存款分户账计算本季度利息并列出会计分录。

户名：市机电厂　　　　　　　　　　账号：2010036　　　　　　　　　　利率：0.30%

2020年		摘要	借方	贷方	借或贷	余额	日数	积数
月	日							
3	21	结息		359.54	贷	770 000		
3	25	提现	87 000					
4	14	汇兑汇入		42 000				
4	27	委托收款		26 000				
5	21	转支	173 000					
6	21	息转存						

6. 商业银行A行2020年第二季度结息时，储户黄刚的累计应计息积数为6 500 000元，当日挂牌公告的活期储蓄存款利率为0.3%。请计算利息并列出会计分录。

7. 储户王平2020年3月5日从其活期储蓄存款中支取20万元存入半年期整存整取定期储蓄存款，年利率1.55%。请列出在王平存入时的银行会计分录。

8. 根据下列支取情况，分别计算利息并列出有关会计分录。

(1) 王平于2020年9月5日到期支取，本息存入其活期储蓄存款账户。

(2) 王平于2020年9月25日逾期支取，支取日挂牌公告的活期储蓄存款利率为0.3%，本息存入其活期储蓄存款账户。

(3) 王平2020年6月2日提前支取200 000元，支取日挂牌公告的活期储蓄存款利率为0.3%，本息存入其活期储蓄存款账户。

9. 储户李明2020年7月5日第一次用现金存入一年零存整取定期储蓄存款，每月存入1 000元，存入日利率为1.35%。2021年7月5日到期支取本息，要求银行支付现金。请列出第一次存入、每月续存和到期支取本息的会计分录。

10. 储户陈华2020年6月22日从其活期储蓄存款中支取100 000元存入整存零取定期储蓄存款，存期一年，存入日利率为1.35%，要求每3个月支取本金现金一次。到期一次支取利息，最后一次本金和利息转入活期储蓄存款账户。请列出第一次存入、分次支取本金和到期结清的会计分录。

11. 储户周玲2020年6月25日从其活期储蓄存款中支取500 000元存入存本取息定期储蓄存款，存期一年，存入日利率为1.35%，要求每1个月支取利息现金一次。到期一次性支取本金和最后一次利息，转入活期储蓄存款账户。请列出第一次存入、分次支取利息和到期结清的会计分录。

第五章

贷款业务的核算

学习目的

1. 熟悉银行贷款的种类，掌握贷款业务的核算要求。
2. 掌握贷款发放、收回的会计核算，掌握贷款利息的计算方法和会计核算。
3. 掌握银行贴现业务的会计核算。

第一节　贷款业务概述

一、银行贷款的含义

银行贷款也称银行放款，是指经国务院银行保险业监督管理机构批准的商业银行按照一定的贷款原则和政策，对借款人提供的按约定的利率和期限还本付息的货币资金的信用活动。票据贴现是指商业汇票的持票人在商业汇票到期前需要资金，将商业汇票背书后转交给银行，并向银行贴付一定的利息，把商业汇票的债权转让给银行的一种信用活动。广义的贷款是贷款、贴现等贷出资金的总称。

贷款业务是商业银行的主要资产业务之一，也是银行资金运用的主要形式。银行通过放款收回本金和利息，扣除成本后获得利润，所以贷款也是商业银行利润的最大来源。银行通过贷款的方式将集中的货币资金投放出去，可以满足社会扩大再生产对补充资金的需要，促进经济的发展；同时，银行也可以由此取得贷款利息收入，增加自身的积累。

【知识链接】根据中国人民银行发布的《贷款通则》，贷款的发放和使用应当符合国家的法律、行政法规和中国人民银行发布的行政规章，应当遵循效益性、安全性和流动性的原则；借款人与贷款人的借贷活动应当遵循平等、自愿、公平和诚实信用的原则；贷款人开展贷款业务，应当遵循公平竞争、密切协作的原则，不得从事不正当竞争。

二、贷款的种类

根据《贷款通则》的有关规定，商业银行贷款可按不同的分类标准进行划分。

1. 按银行发放贷款的自主程度划分

按银行发放贷款的自主程度不同来划分，银行贷款可分为自营贷款、委托贷款和特定贷款。

自营贷款，系指贷款人以合法方式筹集的资金自主发放的贷款，其风险由贷款银行承担，并由贷款银行收回本金和利息。它是商业银行贷款的主要部分。

【特别提示】自营贷款期限最长一般不得超过10年，超过10年应当报中国人民银行备案。

委托贷款，系指由政府部门、企事业单位及个人等委托人提供资金，由贷款银行（即受托人）根据委托人确定的贷款对象、用途、金额期限、利率等代为发放、监督使用并协助收回的贷款。

【特别提示】委托贷款中贷款银行（受托人）只收取手续费，不承担贷款风险。

特定贷款，系指经国务院批准并对贷款可能造成的损失采取相应补救措施后责成国有独资商业银行发放的贷款。这类贷款具有政策性贷款的性质，但又不属于政策性贷款，如扶贫救灾贷款、国家重点科研项目贷款、国家重点工程项目贷款等。

2. 按贷款期限划分

按贷款期限不同来划分，银行贷款可分为短期贷款、中期贷款和长期贷款。

短期贷款是指贷款期限在1年以内（含1年）的贷款，一般用于满足借款人生产、经营中的流动资金需要，其利率较其他的贷款高。

中期贷款是指贷款期限在1年以上（不含1年）5年以下（含5年）的贷款，多数用于固定资产投资和重大设备改造，其利率比短期贷款低。

长期贷款是指贷款期限在5年以上（不含5年）的贷款，主要用于大型工程、重点工程、对外援助等项目的投资，其利率在三种期限的贷款中最低。

3. 按贷款的保障条件划分

按贷款的保障条件不同来划分，银行贷款可分为信用贷款、担保贷款和票据贴现。

信用贷款，系指以借款人的信誉发放的贷款。信用贷款无须借款人提供抵押物或第三者保证，所以银行承担的风险较大，通常要收取较高的利息。

担保贷款，包括保证贷款、抵押贷款、质押贷款。

保证贷款，系指银行以第三人承诺在借款人不能偿还贷款时，按约定承担一般保证责任或者连带责任为前提而发放的贷款。

抵押贷款，系指银行以借款人或第三人的财产作为抵押物发放的贷款。

质押贷款，系指银行以借款人或第三人的动产或权利作为质押物发放的贷款。

票据贴现，系指贷款人以购买借款人未到期商业票据的方式发放的贷款。票据贴现的贴现期限最长不得超过6个月，贴现期限为从贴现日起到票据到期日止。票据贴现是一种特殊的信贷活动，贷款银行在接受借款人的贴现申请后，扣除票据从贴现日到到期日的利息，把余额给借款人。如果票据不能到期兑现，贷款银行根据我国票据法的规定，享有对借款人和票据上记载的任何其他的前手进行追索的权利。

【特别提示】除委托贷款外，贷款银行发放贷款，借款人一般应提供担保。贷款人应当对保证人的偿还能力，抵押物、质物的权属和价值以及实现抵押权、质权的可行性进行严格审查。经贷款审查、评估，确认借款人资信良好，确能偿还贷款的，可以不提供担保。

4. 按贷款的对象划分

按贷款的对象不同来划分，银行贷款可分为单位贷款和个人贷款。

单位贷款是银行对法人或其他经济组织发放的贷款，具体可分为流动资金贷款、固定资金贷款、贸易融资和综合信贷等信贷品种。

个人贷款是银行对个人发放的用于个人消费的担保贷款，主要包括：个人定期存单质押贷款、凭证式国债质押贷款、个人住房贷款、个人汽车消费贷款、个人耐用品消费贷款、个人住房装修贷款、个人助学贷款等。

【知识链接】个人定期存单质押贷款

5. 按贷款的用途划分

银行贷款的用途非常复杂，它涉及再生产的各个环节、各种产业、各个部门、各个企业，与多种生产要素相关，贷款用途本身也可以按照不同的标准进行划分。按照习惯通常有两种分类方法：一是按照贷款对象的部门来划分，分为工业贷款、商业贷款、农业贷款、科技贷款和消费贷款；二是按照贷款的具体用途来划分，分为流动资金贷款和固定资金贷款。

6. 按贷款的质量和风险程度划分

按贷款的质量和风险程度不同来划分，银行贷款可分为正常贷款、关注贷款、次级贷款、可疑贷款和损失贷款。

正常贷款是指借款人能够履行合同，没有足够理由怀疑贷款本息不能按时足额偿还的贷款。

关注贷款是指尽管借款人目前有能力偿还贷款本息，但存在一些可能对偿还产生不利影响的因素的贷款。

次级贷款是指借款人的还款能力出现明显的问题，完全依靠其正常营业收入无法足额偿还贷款本息，即使执行抵押、质押或担保也可能造成一定损失的贷款。

可疑贷款是指借款人无法足额偿还贷款本息，即使执行抵押、质押或担保也将造成较大损失的贷款。

损失贷款是指在采取所有可能的措施或一切必要的法律程序之后，贷款本息仍然无法收回或只能收回极少部分的贷款。

【特别提示】次级贷款、可疑贷款和损失贷款合称为不良贷款。

7. 按贷款核算方法划分

按贷款核算方法不同来划分，银行贷款可分为应计贷款和非应计贷款。

应计贷款是指非应计贷款以外的贷款，应在表内核算。当应计贷款转为非应计贷款时，应将已入账的利息收入和挂账的应收利息予以冲销。

非应计贷款是指贷款本金和利息逾期 90 天没有收回的贷款，一般列入表外科目核算。非应计贷款收回时首先冲减本金，待本金全部收回后，再将收到的款项确认为当前的利息收入。在资产负债表中，应计贷款和非应计贷款应分别列示。

三、贷款业务的基本规定

（1）贷款的发放和使用必须符合国家的法律法规、《贷款通则》及中国人民银行发布的有关规章制度，办理贷款业务应遵循效益性、安全性和流动性的原则。

（2）对单位发放的贷款可申办展期，个人贷款不办理展期。不能按期归还贷款的，借款人应当在贷款到期日之前，向贷款人申请贷款展期。是否展期由贷款人决定。申请保证贷款、抵押贷款、质押贷款展期的，还应当由保证人、抵押人、出质人出具同意的书面证明。已有约定的，按照约定执行。

【特别提示】短期贷款展期期限累计不得超过原贷款期限，中期贷款展期期限累计不得超过原贷款期限的一半，长期贷款展期期限累计不得超过 3 年，国家另有规定者除外。借款人未申请展期或申请展期未得到批准的，其贷款在到期日营业终了前，转入逾期贷款账户。

（3）所有贷款应当由贷款人与借款人签订借款合同。借款合同应当约定借款种类、借款用途、金额、利率、借款期限、还款方式、借贷双方的权利和义务、违约责任和双方认为需要约定的其他事项。借款合同变更必须经借贷双方协商同意，并依法签订变更协议。借款人死亡、宣告失踪或丧失民事行为能力，其财产合法继承人继续履行借款人所签订的借款合同。

（4）贷款人和借款人应当按照借款合同和中国人民银行有关计息规定按期计收和交付利息。贷款人应当按照中国人民银行规定的贷款利率的上下限，确定每笔贷款利率，并在借款合同中载明。

【特别提示】贷款的展期期限加上原期限达到新的利率期限档次时，从展期之日起，贷款利息按新的期限档次利率计收。逾期贷款按规定计收复利罚息。

（5）个人贷款的其他规定。

1）发放个人贷款坚持的原则。除个人定期储蓄存单小额质押贷款坚持“先存后贷，存贷结合，存单质押，到期归还，逾期扣收”的原则外，其他各品种的个人贷款均坚持“有效担保，专款专用，按期偿还”的原则。

2）办理个人贷款所提供的有效身份证件必须是居民身份证、军人证或户口簿等。

3）可用于办理个人贷款的抵押物是指借款人或第三人具有完全产权的房屋、汽车等（必要时需办理保险）。可用于办理个人贷款的质押物包括：实物国库券及银行代理发行的凭证式国库券（国家特别规定不能质押贷款的除外）、金融债券、AAA 级企业债券、银行出具的定期储蓄存单。

4）个人贷款用途应符合法律法规规定和国家有关政策，贷款人不得发放无指定用途的个人贷款。

5）个人贷款的期限和利率应符合国家相关规定。贷款人应建立借款人合理的收入偿债比例控制机制，结合借款人收入、负债、支出、贷款用途、担保情况等因素，合理确定贷款金额和期限，控制借款人每期还款额不超过其还款能力。

【知识链接】互联网贷款相关规定

第二节　贷款业务的核算

一、贷款业务的核算要求

1. 根据贷款的分类制定贷款核算方法

虽然银行贷款根据不同的标准具有不同的分类，但是贷款业务的会计核算必须从简化手续和便于管理的要求出发，制定相应的贷款核算方法。也就是说，银行根据不同类别的贷款，设立不同种类的贷款账户，制定贷款和收回的具体核算手续，对贷款业务进行及时处理，对不同部门的资金需求进行监督并予以反映。

2. 严格规章制度，做好贷款核算工作

会计人员对贷款业务必须按照会计核算的要求，做好会计核算工作。银行贷款的会计核算手续主要分为发放贷款、计算利息、按照权责发生制原则将本期应收利息列入当期损益、收回贷款本金和利息、按规定计算和收取逾期贷款的罚息、核销呆账贷款和坏账等。

3. 不同贷款应分别核算

商业贷款和政策性贷款应分别核算；自营贷款和委托贷款应分别核算；应计贷款和非应计贷款应分别核算。

二、会计科目的设置及使用

1.“短期贷款”“中期贷款”和“长期贷款”科目

“短期贷款”“中期贷款”和“长期贷款”科目都属于资产类科目。

“短期贷款”科目用来核算银行根据有关规定发放的期限在 1 年以下（含 1 年）的各种贷款，包括抵押贷款、质押贷款、保证贷款、信用贷款等。

“中期贷款”科目用来核算银行发放的期限在 1 年以上（不含 1 年）5 年以下（含 5 年）的各种贷款。

“长期贷款”科目用来核算银行发放的期限在5年以上（不含5年）的各种贷款。

银行发放短期、中期和长期贷款时登记这些科目的借方，银行收回短期、中期和长期贷款时贷记这些科目的贷方，余额在借方表示银行发放尚未收回的短期、中期和长期贷款。这三个科目按贷款种类分类核算。

银行向借款人发放短期、中期和长期贷款时，其会计分录如下：

借：短期贷款/中期贷款/长期贷款——××户

贷：单位活期存款——××户

收回贷款本息时，其会计分录如下：

借：单位活期存款——××户

贷：短期贷款/中期贷款/长期贷款——××户

利息收入

银行按规定计算应收利息时，其会计分录如下：

借：应收利息

贷：利息收入

实际收取利息时，其会计分录如下：

借：单位活期存款——××户

贷：应收利息

贷款逾期转为逾期贷款时，其会计分录如下：

借：短期贷款/中期贷款/长期贷款——××户（红字）

借：逾期贷款——××户（蓝字）

2. “逾期贷款”科目

该科目属于资产类科目，用来核算银行发放的借款合同约定到期（含展期后到期）未归还，但逾期未满90天的贷款，以及其他按照有关规定作为逾期贷款核算的款项。逾期满90天及以上的贷款，在“非应计贷款”科目核算，不在该科目核算。

贷款到期未归还，转为逾期贷款时，其会计分录如下：

借：短期贷款/中期贷款/长期贷款——××户（红字）

借：逾期贷款——××户（蓝字）

按规定计算应收利息时，其会计分录如下：

借：应收利息

贷：利息收入

收回贷款时，其会计分录如下：

借：单位活期存款——××户

贷：逾期贷款——××户

转作非应计贷款时，其会计分录如下：

借：非应计贷款——××户

贷：逾期贷款——××户

3. “非应计贷款”科目

该科目属于资产类科目，用来核算银行发放的逾期满 90 天及超过 90 天仍不能归还的贷款，以及贷款虽然未到期或逾期不到 90 天但生产经营已停止、项目已停建的贷款。

逾期贷款转为非应计贷款时，其会计分录如下：

借：非应计贷款——××户

贷：逾期贷款——××户

收回贷款的还款时，其会计分录如下：

借：单位活期存款——××户

贷：非应计贷款——××户

非应计贷款不再计提应收利息，并且将原已入账的利息收入和应收利息予以冲销，其会计分录如下：

借：利息收入

贷：应收利息

贷款本金全部收回后，再收到还款时，其会计分录如下：

借：单位活期存款——××户

贷：利息收入

4. “应收利息”科目

该科目属于资产类科目，用来核算银行交易性金融资产、持有至到期投资、可供出售金融资产、发放贷款、存放中央银行款项、拆出资金、买入返售金融资产等应收取的利息。

银行发放的贷款，应于资产负债表日按贷款的合同本金和合同利率计算应收未收利息，按贷款的摊余成本和实际利率计算利息收入，其会计分录如下：

借：应收利息

贷：利息收入

应收利息实际收到时，其会计分录如下：

借：单位活期存款——××户

贷：应收利息

已计提的贷款应收利息逾期 90 天后仍未收到时，其会计分录如下：

借：利息收入

贷：应收利息

同时将应收利息纳入表外核算。

5. “利息收入”科目

该科目属于损益类科目，用来核算银行确认的利息收入，包括发放的各类贷款、与其他金融机构发生资金往来业务、买入返售金融资产等实现的利息收入。

资产负债表日，银行应按合同利率计算应收未收利息，按摊余成本和实际利率计算利息收入，其会计分录如下：

借：应收利息

　贷：利息收入

贷款本金逾期 90 天或贷款本金尚未逾期，但应收利息逾期 90 天的贷款，其应收利息不再计入当期损益，其会计分录如下：

借：利息收入

　贷：应收利息

期末，应将“利息收入”科目余额转至“本年利润”科目，其会计分录如下：

借：利息收入

　贷：本年利润

结转后该科目应无余额。

6.“贷款损失准备”科目

该科目属于资产类科目，同时也是有关贷款科目的备抵科目，用来核算商业银行贷款的减值准备。该科目可按计提贷款损失准备的资产类别进行明细核算。

资产负债表日，贷款发生减值的，按应减记的金额，借记“资产减值损失”科目，贷记“贷款损失准备”科目。期末余额在贷方，反映银行已计提但尚未转销的贷款损失准备。

对于确实无法收回的各项贷款，经批准后予以转销，借记“贷款损失准备”科目，贷记“贷款”“贴现及买入票据”“拆出资金”等科目。

7.“资产减值损失”科目

该科目是损益类中的损失类科目，用来核算商业银行计提各项资产减值准备所形成的损失。商业银行的贷款等资产发生减值的，按应减记的金额，借记“资产减值损失”科目，贷记“贷款损失准备”科目。

应计提减值准备的资产价值又得以恢复，应在原已计提的减值准备金额内，按恢复增加的金额，借记“贷款损失准备”科目，贷记“资产减值损失”科目。期末，应将该科目余额转入“本年利润”科目，结转后该科目没有余额。

三、贷款业务的核算

（一）信用贷款的核算

信用贷款是指银行凭借款人的信誉发放的贷款。信用贷款采用逐笔核贷方式发放。逐笔核贷是商业银行发放贷款最常用的方式，这种方式的特点是借款人需用贷款时逐笔提出借款申请，银行根据批准的贷款计划，逐笔立据，逐笔审查，逐笔签订借款合同，约定期限，一次发放，到期一次或分次归还贷款。

1. 贷款发放的核算

借款人申请借款时，应向银行信贷部门提交借款申请书和一式五联借款凭证（见表5-1），经有权人审查签章后，交会计部门进行账务处理。会计部门收到借款凭证后，应认真审查借款凭证是否有有权人的签字，金额大小写是否一致，企业加盖的印鉴是否与预留印鉴相符等。审核无误后，通过银行会计核算系统办理转账。转账完成后，在借款凭证各联加盖业务章，第一联退借款人作回单，第二联作转账借方凭证，第三联作转账贷方凭证，第四联由信贷部门留存，第五联作借据由会计部门按贷款到期日先后顺序排列，专夹保管。其会计分录如下：

借：短期贷款——××户（合同本金）

　贷：单位活期存款——××户（实际支付金额）

　（借或贷）短期贷款——利息调整（差额）

表 5-1　借款凭证

××银行借款凭证

借款单位名称：　　　　　　　　年　月　日　　　　　　　　利率：

<table>
<tr><td>借款种类</td><td></td><td>贷款账号</td><td colspan="4"></td><td colspan="3">存款账号</td><td colspan="3"></td></tr>
<tr><td rowspan="2">借款金额</td><td colspan="2" rowspan="2">人民币（大写）</td><td>百</td><td>十</td><td>万</td><td>千</td><td>百</td><td>十</td><td>元</td><td>角</td><td>分</td><td rowspan="2">用途：</td></tr>
<tr><td></td><td></td><td></td><td></td><td></td><td></td><td></td><td></td><td></td></tr>
<tr><td colspan="3" rowspan="7">兹借到上列贷款，到期时请凭此凭证收回。

借款单位盖章　　　　负责人盖章</td><td colspan="4">约定还款期限</td><td colspan="6">年　月　日</td></tr>
<tr><td colspan="10">分次还款记录</td></tr>
<tr><td colspan="2">日期</td><td colspan="3" rowspan="2">偿还本金</td><td colspan="3" rowspan="2">结欠本金</td><td colspan="2" rowspan="2">复核</td></tr>
<tr><td>月</td><td>日</td></tr>
<tr><td></td><td></td><td colspan="3"></td><td colspan="3"></td><td colspan="2"></td></tr>
<tr><td></td><td></td><td colspan="3"></td><td colspan="3"></td><td colspan="2"></td></tr>
<tr><td></td><td></td><td colspan="3"></td><td colspan="3"></td><td colspan="2"></td></tr>
</table>

第一联　借据

【例5-1】 2020年2月10日，开户单位联华商场向商业银行A行申请流动资金贷款，经信贷部门核定，同意2月21日贷给该客户期限6个月、利率4.35%的短期贷款300 000元，按月计提利息，借款人定期支付利息，2020年8月21日归还。会计部门于2020年2月21日根据借款凭证编制贷款发放的会计分录。

2020年2月21日贷款发放的会计分录为：

借：短期贷款——联华商场户　　　　300 000

　贷：单位活期存款——联华商场户　　　　300 000

【点拨指导】 银行发放贷款，将短期贷款存入申请单位存款账户，该业务造成短期贷款的银行债权增加，资产增加，记入“短期贷款”账户的借方；同时单位活期存款增加，负债增加，记入“单位活期存款”账户的贷方。

2. 计提利息的核算

在每季末月（或每月）20日，应按贷款的合同本金和合同利率计算应收未收利息，其会计分录为：

借：应收利息

贷：利息收入（按贷款的摊余成本和实际利率计算）

（借或贷）短期贷款——利息调整（差额）

合同利率与实际利率差异较小的，也可以采用合同利率计算确定利息收入。

【例5-2】 承上例，2020年3月至8月每月20日银行计提利息，其会计分录如下：

300 000×4.35%÷12=1 087.50(元)

借：应收利息——短期贷款应收利息　　1 087.50

贷：利息收入——短期贷款利息收入　　1 087.50

联华商场3月至7月支付利息，会计分录如下：

借：单位活期存款——联华商场户　　1 087.50

贷：应收利息——短期贷款应收利息　　1 087.50

3. 贷款收回的核算

贷款到期，借款单位归还贷款时，应填制还款凭证（见表5-2），交贷款银行办理还款手续，会计部门审核无误后，抽出专夹保管的借据核对并登记还款记录，然后通过会计核算系统进行账务处理。会计分录为：

借：单位活期存款——××户

贷：短期贷款——××户

应收利息

利息收入（差额）

（借或贷）短期贷款——利息调整（余额）

【例5-3】 2020年8月21日联华商场向银行归还上述贷款，期限半年，金额30万元，其会计分录如下：

借：单位活期存款——联华商场户　　301 087.50

贷：短期贷款——联华商场户　　300 000.00

应收利息——短期贷款应收利息　　1 087.50

【点拨指导】 贷款到期，借款单位用存款偿还贷款本息，单位活期存款减少，负债减少，记入“单位活期存款”账户的借方；同时，短期贷款的债权减少，资产减少，记入“短期贷款”账户的贷方。由于在8月20日计提了最后一次利息，利息收入已经确定，到期偿还了利息，所以要冲减“应收利息”科目。

表 5-2 还款凭证

××银行贷款还款凭证（借方传票）

凭证开出日期 年 月 日 银行转账日期 年 月 日

<table>
<tr><td rowspan="3">汇款人</td><td>名称</td><td colspan="12"></td></tr>
<tr><td>账号</td><td colspan="12"></td></tr>
<tr><td>开户银行</td><td colspan="12"></td></tr>
<tr><td colspan="2">贷款到期日</td><td colspan="2">年 月 日</td><td colspan="10">还款项数</td></tr>
<tr><td colspan="2" rowspan="2">人民币
（大写）</td><td colspan="2" rowspan="2"></td><td>千</td><td>百</td><td>十</td><td>万</td><td>千</td><td>百</td><td>十</td><td>元</td><td>角</td><td>分</td></tr>
<tr><td></td><td></td><td></td><td></td><td></td><td></td><td></td><td></td><td></td><td></td></tr>
<tr><td colspan="2">贷款种类</td><td></td><td>原借款金额</td><td colspan="2"></td><td colspan="4">原借据银行编号</td><td colspan="4"></td></tr>
<tr><td colspan="4">此借款由上列账户归还
此致
中国××银行××分行</td><td colspan="5">借款单位预留银行印鉴
（银行主动收回后盖章）</td><td colspan="5">会计分录：
借：
贷：
审核 复核 记账</td></tr>
</table>

贷款银行与借款人事先有约定的，贷款到期时也可由银行办理直接扣收。扣收时，由银行填制两联特种转账借方传票和两联特种转账贷方传票，一联特种转账借方传票代扣款通知送借款人，一联特种转账贷方传票加盖业务公章送信贷部门，另外各一联分别作借、贷方传票办理转账，会计分录同上。

4. 贷款展期的核算

贷款即将到期，借款人由于客观原因不能按期还清贷款的，可以在贷款到期前向银行申请贷款展期。短期贷款必须于到期日前 10 天申请，中长期贷款必须于到期日前 1 个月申请，由借款人向银行提出贷款展期的书面申请，写明展期的原因，银行信贷部门视具体情况决定是否展期。对同意展期的贷款，应在展期申请书上签署意见，然后将展期申请书交给会计部门。展期期限按以下规定执行：短期贷款不得超过原贷款期限；中期贷款不得超过原贷款期限的一半；长期贷款不得超过 3 年；贷款展期只限一次。

会计部门收到贷款展期申请书后，主要审查以下内容：信贷部门是否批准、有无签章；展期贷款的金额与借款凭证上的金额是否一致；展期时间是否超过规定期限；展期利率的确定是否正确。审核无误后，在贷款分户账及到期卡上批注展期还款利率、还款日期，同时将一联贷款展期申请书加盖业务公章后交借款单位收执，另一联贷款展期申请书附在原借据后，按展期后的还款日期排列。贷款展期不需办理转账手续。

5. 贷款逾期的核算

逾期贷款是指到期（含展期后到期）应收而未能收回的贷款。

【特别提示】贷款到期时，借款人无力偿还贷款或者存款账户资金不足，只能偿还部分贷款，其余部分未能按时归还，则尚未归还的贷款部分要转入逾期。

会计部门应在贷款到期日营业终了前，将未归还贷款转入逾期贷款账户。由会计部门填制一红两蓝特种转账借方传票同方向办理转账。其会计分录为：

借：××贷款——××户（红字）

借：逾期贷款——××逾期户（蓝字）

同时将逾期贷款的借款凭证另行保管。对逾期 90 天及以上仍不能归还的贷款，应作为非应计贷款进行管理。

【例 5-4】 上面例子中，银行于 2020 年 2 月 21 日向联华商场发放期限 6 个月、利率 4.35%的短期贷款 300 000 元，假设该笔贷款于 8 月 21 日到期只归还 200 000 元，其余 100 000 元于 9 月 26 日归还，采用利随本清的计息方法，逾期利率按合同利率加收 30%计算。

8 月 21 日贷款到期时：

200 000×4.35%÷12×6=4 350(元)

借：单位活期存款——联华商场户　　204 350

　贷：短期贷款——联华商场户　　200 000

　　利息收入——短期贷款利息收入　　4 350

借：短期贷款——联华商场户　　100 000（红字）

借：逾期贷款——联华商场逾期户　　100 000（蓝字）

9 月 26 日收回逾期贷款时：

到期利息=100 000×4.35%÷12×6=2 175(元)

逾期利息=(100 000+2 175)×4.35%÷360×(1+30%)×36=577.80(元)

利息合计=2 175+577.80=2 752.80(元)

借：单位活期存款——联华商场户　　102 752.80

　贷：逾期贷款——联华商场逾期户　　100 000.00

　　利息收入——短期贷款利息收入　　2 752.80

【点拨指导】 贷款到期时，借款人只能用存款偿还部分贷款本金 200 000 元及其利息 4 350 元，单位活期存款一共减少 204 350 元。到期不能偿还的 100 000 元转入逾期贷款，逾期部分按合同利率加收 30%复利计息。

6. 非应计贷款的核算

贷款本息逾期超过 90 天尚未归还的贷款，转入非应计贷款核算，会计部门根据经审核批准的不良贷款认定表填制特种转账借方和贷方传票各两联，分别作为借方、贷方记账凭证，摘要栏注明“贷款转入”字样，不良贷款认定表作为借方记账凭证的附件，办理转账。会计分录为：

借：逾期贷款——××户（红字）

借：非应计贷款——××户（蓝字）

其间发生的应收利息不计入当期损益，同方向红字冲销，同时通过表外科目“待转利息收入”核算，其会计分录为：

借：应收利息（红字）

贷：利息收入（红字）

收入：待转利息收入——××利息收入户

（二）担保贷款的核算

1. 保证贷款的核算

【知识链接】 保证贷款是指银行以第三人承诺在借款人不能偿还贷款时，按约定承担一般保证责任或者连带责任为前提而发放的贷款。保证是指保证人和债权人约定，当债务人不履行债务时，保证人按约定履行债务或者承担责任的行为。保证人与债权人应当以书面形式订立保证合同。保证担保的范围包括主债权及利息、违约金、损害赔偿金和实现债权的费用。保证合同另有约定的，按照约定处理。

（1）贷款发放的核算。借款人向银行申请保证贷款时，提交保证贷款申请书，银行信贷部门审查保证人的法人资格、营业执照、近几年的年度报表后，经法律公证，与借款人签订保证合同，填制借款凭证，交给银行会计部门保管，会计部门凭以记账。其会计分录如下：

借：保证贷款——××户

贷：单位活期存款——××户

（2）贷款收回的核算。保证贷款到期时，银行收回保证贷款，与信用贷款类似，也是通过借款人主动归还，或者银行主动扣收的方式收回贷款。贷款收回的会计分录如下：

借：单位活期存款——××户

贷：保证贷款——××户

利息收入——保证贷款利息收入

其余处理手续与信用贷款收回的处理手续相同。

保证贷款到期，借款人因客观原因无法按时偿还贷款时，也可以向银行申请办理展期，但是保证人需要向银行出示续保证明，由银行信贷部门审批。其余手续与信用贷款到期收回的处理手续相同。

【特别提示】 如果借款人无力偿还，又没有办理展期或者展期申请未被银行批准，则银行向保证人收回贷款，保证人承担保证责任的期间为借款合同履行期届满但本息尚未清偿之时起两年。

银行向保证人收回贷款的会计分录如下：

借：单位活期存款——××户

贷：保证贷款——××户

应收利息——保证贷款应收利息

【例5-5】 商业银行A行经审查同意于2017年7月5日向富华乳品厂发放期限3年、利率为4.75%的保证贷款50万元，利随本清。富华乳品厂2020年7月5日到期偿还贷款本息。

2017 年 7 月 5 日保证贷款发放的会计分录如下：

借：保证贷款——富华乳品厂户　　500 000

　贷：单位活期存款——富华乳品厂户　　500 000

【点拨指导】发放保证贷款，即将保证贷款存入申请单位存款账户，该业务造成银行债权增加，资产增加，记入“保证贷款”账户的借方；同时单位活期存款增加，负债增加，记入“单位活期存款”账户的贷方。

到期利息＝500 000×4.75%×3＝71 250(元)

2020 年 7 月 5 日到期收回保证贷款的会计分录如下：

借：单位活期存款——富华乳品厂户　　571 250

　贷：保证贷款——富华乳品厂户　　500 000

　　利息收入——保证贷款利息收入　　71 250

【点拨指导】贷款到期，借款单位用存款偿还保证贷款本息，单位活期存款减少，负债减少，记入“单位活期存款”账户的借方。同时，保证贷款的债权减少，资产减少，记入“保证贷款”账户的贷方。银行的利息收入增加，记入“利息收入”账户的贷方。

2. 抵押贷款的核算

抵押贷款是指银行以借款人或第三人的财产作为抵押物发放的贷款。借款人到期不能归还贷款本息时，银行有权依法处置贷款抵押物，并从所得价款收入中优先收回贷款本息，或以该抵押物折价冲抵贷款本息。

【特别提示】在抵押贷款中，流动资金贷款最长不超过 1 年，固定资金贷款一般为 1～3 年，最长不超过 5 年。

(1) 抵押财产的种类。可以用于抵押的财产一般有：抵押人所有的房屋和其他地上定着物；抵押人所有的机器、交通运输工具和其他财产；抵押人依法有权处分的国有的土地使用权、房屋和其他地上定着物；抵押人依法有权处分的国有的机器、交通运输工具和其他财产；抵押人依法承包并经发包方同意抵押的荒山、荒沟、荒丘、荒滩等荒地的土地使用权；依法可以抵押的其他财产。

下列财产不得抵押：土地所有权；耕地、宅基地、自留地、自留山等集体所有的土地使用权，但法律规定可以抵押的除外；学校、幼儿园、医院等以公益为目的的事业单位、社会团体的教育设施、医疗卫生设施和其他社会公益设施；所有权、使用权不明或者有争议的财产；依法被查封、扣押、监管的财产；法律、行政法规规定不得抵押的其他财产。

【特别提示】法律法规对于能够作为抵押物的财产有一定的规定，个人或者单位在接受抵押物时一定要注意该财产是不是法律法规禁止作为抵押物的财产。

(2) 抵押贷款额度的确定。

【知识链接】抵押人所担保的债权不能超出其抵押物的价值。财产抵押后，该财产的价值大于所担保债权的余额部分可以再次抵押，但不能超过余额部分。

抵押贷款通常按抵押物价值的一定比例发放。这个比例称为抵押率。商业银行在办理抵押贷款时，抵押率一般控制在80%以下，对于一些科技含量高、更新速度快的机器设备，一般控制在50%以下。

抵押贷款额度=抵押物现值×合同中约定的抵押率

(3) 抵押贷款发放的核算。借款人申请抵押贷款时，须填写抵押贷款申请书，注明抵押品的名称、数量、价格和保管方式等内容。银行信贷部门和审批人审批并办理相应登记手续后，由信贷部门交会计部门办理抵押品保管手续。信贷部门与会计部门应严格交接手续。根据借款人填写的一式四联的借款凭证进行处理，各联处理程序与信用贷款基本相同。

【特别提示】抵押贷款以财产作抵押，银行应特别注意对抵押品的鉴定。借款人申请贷款时，所提供的抵押品必须是抵押人所有并且具有价值、可保存、易变卖的财产。

银行保管的抵押物贯彻证（物）账分管的原则，会计部门负责管账并在本部门（或指定的部门）内指定专人管物（票据、保险单、房产证等），管账、管物人员必须分离，互相制约，互相核对，确保安全。会计按企业及财产类别设置明细账账户，纳入“待处理抵押品”表外账户核算。其会计分录如下：

收入：待处理抵押品——××户

然后按信用贷款方式办理贷款发放手续。其会计分录如下：

借：抵押贷款——××户

　贷：单位活期存款——××户

(4) 抵押贷款收回的核算。抵押贷款到期，借款人应主动提交还款凭证，连同银行出具的抵押物代保管收据办理还款手续。抵押贷款收回的账务处理可以比照信用贷款到期收回。其会计分录如下：

借：单位活期存款——××户

　贷：抵押贷款——××户

　　利息收入——抵押贷款利息收入

然后，会计部门或指定部门经办人员根据信贷部门书面通知办理抵押物退还手续，销记表外账户。其会计分录如下：

付出：待处理抵押品——××户

【例5-6】商业银行A行经审查同意于2019年6月26日向光明机电厂发放期限1年、利率为4.35%的抵押贷款500万元，利随本清。借款人以某栋厂房为抵押，厂房的公允价值为800万元。光明机电厂2020年6月26日到期偿还贷款本息。

2019年6月26日抵押贷款发放的会计分录如下：

借：抵押贷款——光明机电厂户　　5 000 000

　贷：单位活期存款——光明机电厂户　　5 000 000

收入：待处理抵押品——光明机电厂户　　8 000 000

2020 年 6 月 26 日到期收回抵押贷款的会计分录如下：

到期利息＝5 000 000×4.35％×1＝217 500(元)

借：单位活期存款——光明机电厂户　　5 217 500
　贷：抵押贷款——光明机电厂户　　5 000 000
　　利息收入——抵押贷款利息收入　　217 500
付出：待处理抵押品——光明机电厂户　　8 000 000

【点拨指导】抵押贷款的发放和到期收回的核算比照前面的保证贷款处理。不同的是银行发放抵押贷款要注意“待处理抵押品”的表外核算，借款人到期归还时要销记表外“待处理抵押品”账户。

抵押贷款到期时，如果借款单位不能按期归还贷款本息，银行应将其贷款转入“逾期贷款”科目核算，同时向借款人填发处理抵押品通知单，会计分录如下：

借：抵押贷款——××户（红字）
借：逾期贷款——××逾期户（蓝字）

【特别提示】逾期一个月借款人仍无法归还贷款的，银行有权处理其抵押物，以补偿抵押贷款。

银行处理抵押物的方法包括拍卖、变卖和作价入账。

1）拍卖、变卖抵押物。拍卖、变卖抵押物的价款（扣除有关费用）超过贷款本金部分先归还利息，如有节余，超过贷款本息部分归还抵押人。如拍卖、变卖的价款（扣除有关费用）低于贷款本金，不足部分应向借款人收取。

2）将抵押物作价入账。即按贷款本金和应收利息数将抵押物作价入账。

【知识链接】出现下列情况时，银行有权依法处理抵押物：借款合同履行期满，借款人未按期偿还贷款本息，又未同银行签订贷款展期协议或申请展期未经批准的；在抵押期间，借款人死亡，无继承人或受遗赠人的；借款人的继承人拒绝偿还贷款本息或继承人放弃继承的；借款人被解散、宣布破产或依法撤销的；其他可以依法处分抵押物的情形。

（5）抵债资产处置的核算。抵债资产处置时，抵押品处理后扣除有关费用所得的净收入，如果低于贷款本息，低于的部分继续由借款人负责偿还；如果高于贷款本息，多余的部分归借款人所有。

抵押品折价时，其会计分录如下。

借：××资产科目
　贷：逾期贷款——××逾期户
　　应收利息——抵押贷款应收利息
付出：待处理抵押品——××户

抵押品拍卖、变卖所得款项扣除有关费用后，超过贷款本金和利息时，其会计分录如下：

借：存放中央银行款项等科目
　贷：逾期贷款——××逾期户
　　　应收利息——抵押贷款应收利息
　　　利息收入——抵押贷款利息收入
　　　单位活期存款——××户
付出：待处理抵押品——××户

抵押品拍卖、变卖所得款项扣除有关费用后，低于贷款本金的部分，应由借款人偿还。其会计分录如下：

借：存放中央银行款项等科目
　　单位活期存款——××户
　贷：逾期贷款——××逾期户
付出：待处理抵押品——××户

【例5-7】商业银行A行经审查同意于2019年6月26日向光明机电厂发放期限1年、利率为4.35%的抵押贷款500万元，利随本清。借款人以某栋厂房为抵押，厂房的公允价值为800万元。光明机电厂2020年6月26日到期不能归还贷款本息，银行将其贷款转入“逾期贷款”科目核算，逾期利息按原合同利率加收30%计算。2020年7月28日，逾期一个多月后借款人仍无法归还贷款，A行将抵押品变卖所得款项扣除有关费用后所得795万元用以补偿抵押贷款。

2020年6月26日银行应将抵押贷款转入逾期贷款，会计分录如下：

借：抵押贷款——光明机电厂户	5 000 000（红字）
借：逾期贷款——光明机电厂逾期户	5 000 000（蓝字）

2020年7月28日变卖抵押品补偿抵押贷款，会计分录如下：

到期利息＝5 000 000×4.35%×1＝217 500(元)

逾期利息＝(5 000 000＋217 500)×4.35%÷360×(1＋30%)×32
　　　　＝26 226.63(元)

利息合计＝217 500＋26 226.63＝243 726.63(元)

借：存放中央银行款项	7 950 000
贷：逾期贷款——光明机电厂逾期户	5 000 000
利息收入——抵押贷款利息收入	243 726.63
单位活期存款——光明机电厂户	2 706 273.37
付出：待处理抵押品——光明机电厂户	8 000 000

【点拨指导】银行变卖抵押品收入先补偿抵押贷款的本金和利息，超过贷款本金和利息的部分归还抵押人，即存入抵押人的活期存款账户。

3. 质押贷款的核算

质押贷款是指银行以借款人或第三人的动产或权利作为质押物发放的贷款。可以用于质押的动产或权利主要有：除土地以及房屋、林木等地上定着物以外的物；汇票、支票、本票、债券、存款单、仓单、提单；依法可以转让的股份、股票；依法可以转让的商标专用权、专利权、著作权中的财产权；依法可以质押的其他权利。

【特别提示】质押和抵押是有区别的。质押是指债务人或第三人将其动产移交债权人占有或将某项权利出质，并以动产或权利作为债权的担保。债务人不履行债务时，债权人有权按照法律规定的程序和方式，以该动产或权利折价的价款或以拍卖、变卖该动产或权利的价款优先受偿。质押分为动产质押和权利质押。抵押不转移抵押物的占有，而动产质押转移质押物的占有。抵押中没有权利抵押，权利不能作为抵押物，但是权利可以作为质押物。

质押贷款的具体核算可以比照抵押贷款。

（三）贷款损失准备的核算

1. 贷款损失准备的有关规定

根据《商业银行贷款损失准备管理办法》的规定，商业银行应在期末分析各项贷款的可收回性，并预计可能产生的贷款损失。对预计可能产生的贷款损失，计提贷款损失准备。

贷款损失准备是按一定比例或方法提取的，用于补偿贷款损失的准备金。贷款损失准备的提取可以真实反映商业银行的信贷资产质量，增强商业银行的风险意识，提高防御风险的能力，同时也是会计谨慎性原则的体现。

贷款损失准备计提范围为发放、提供信用以及承担信用风险的信贷资产，具体包括：贷款（含抵押、质押等贷款）、银行卡透支、贴现、信用垫款（含银行承兑汇票垫款、信用证垫款、担保垫款等）、进出口押汇、拆出资金、转贷并承担对外还款责任的国外贷款、承担还款责任的国外贷款等。

【特别提示】商业银行对不承担风险的委托贷款等，不计提贷款损失准备。

贷款损失准备金包括一般准备金、专项准备金和特种准备金三种。

一般准备金是商业银行按照贷款余额的一定比例提取的贷款损失准备金。根据我国《银行贷款损失准备计提指引》的规定，银行应按季计提一般准备，一般准备年末余额不得低于年末贷款余额的1%。

专项准备金是根据《贷款风险分类指引》对贷款进行风险分类后，按贷款损失的程度计提的用于弥补专项损失的准备金。专项准备的计提比例由商业银行根据贷款资产的风险程度和回收的可能性合理确定，商业银行可参照以下比例计提专项准备：关注类贷款，计提比例为2%；次级类贷款，计提比例为25%；可疑类贷款，计提比例为50%；损失类贷款，计提比例为100%。其中，次级类和可疑类贷款损失准备金的计提比例可以上下浮动20%。

特种准备金是指商业银行对特定国家、地区、行业发放贷款所计提的准备，具体比例由商业银行根据贷款资产的风险程度和回收的可能性合理确定，即自行确定按季计提比例。

贷款损失准备金必须根据贷款的风险程度足额提取，损失准备金提取不足的，不得进行税后利润分配。贷款损失准备金由各家银行总行统一计提。

【知识链接】宣告死亡的相关规定

对于被确认为损失的贷款，应按规定的核销条件、核销办法和审批权限，从提取的损失准备金中加以核销。损失贷款核销的条件如下：借款人和担保人依法宣告破产，经法定清偿后，仍不能还清的贷款；借款人死亡，或依照《中华人民共和国民法典》的规定，宣告失踪或死亡，以其遗产清偿后未能还清的贷款；借款人遭受重大自然灾害或意外事故，损失巨大且不能获得保险补偿，确实无力偿还的部分或全部贷款，或经保险赔偿清偿后仍未能还清的贷款；贷款人依法处理贷款抵押品所得价款不足补偿贷款的部分；国务院专案批准核销的逾期贷款。

【特别提示】我国金融企业依据规定计提的呆账准备，按提取呆账准备资产期末余额1%计提的部分，可在企业所得税前扣除。金融企业凡符合规定核销条件的呆账损失，首先应冲减已在税前扣除的呆账准备，不足冲减部分据实在企业所得税前扣除。金融企业收回已核销呆账损失时，应相应调增其应纳税所得额。

【知识链接】关于调整商业银行贷款损失准备监管要求的通知

2. 贷款损失准备的核算

商业银行设置“贷款损失准备”和“资产减值损失”科目来核算贷款损失准备。

“贷款损失准备”科目核算商业银行贷款的减值准备，可按计提贷款损失准备的资产类别进行明细核算。

“资产减值损失”科目核算商业银行计提各项资产减值准备所形成的损失，可按资产减值损失的项目进行明细核算。

（1）资产负债表日，贷款发生减值的，按应减记的金额计提贷款损失准备，其会计分录为：

借：资产减值损失——计提的贷款损失准备

　　贷：贷款损失准备

冲减贷款损失准备时，其会计分录相反。

（2）核销呆账贷款损失时，其会计分录为：

借：贷款损失准备

　　贷：非应计贷款（或××贷款）

非应计贷款是指贷款本金或利息逾期90天没有收回的贷款，应单独核算。

（3）已计提贷款损失准备的贷款价值以后又得以恢复时，应在原已计提的贷款损失准备金额内，按恢复增加的金额进行处理。其会计分录为：

借：贷款损失准备

　　贷：资产减值损失——计提的贷款损失准备

【例5-8】某商业银行年末各项贷款余额为300 000 000元，年末一般准备账面余额为2 600 000元，计算年末计提一般准备的数额并作会计分录。

年末应计提一般准备＝300 000 000×1％＝3 000 000(元)

调整计提一般准备＝3 000 000－2 600 000＝400 000(元)

计提贷款损失准备的会计分录如下：

借：资产减值损失——计提的贷款损失准备　　400 000

　贷：贷款损失准备　　400 000

【点拨指导】年末应计提一般准备 3 000 000 元，大于已经计提的一般准备 2 600 000 元，所以年末要再计提一般准备 400 000 元。

第三节　贷款利息的核算

一、贷款利息计算的有关规定

商业银行贷款利息的计算有定期结息（批量结息）和利随本清（单户结息）两种方法。人民币各项贷款（不含个人住房贷款）的计息和结息方式由借贷双方协商确定。

（1）结息时间。贷款可以按月（季）结息，也可以利随本清。短期贷款按季结息的，每季度末月的 20 日为结息日，即以 3、6、9、12 月的 20 日为结息日；按月结息的，每月的 20 日为结息日；具体结息方式由借贷双方协商确定。中长期贷款按季结息，每季度末月的 20 日为结息日。

（2）利率调整。贷款人应按照中国人民银行规定的贷款利率的上下限，确定每笔贷款利率，并在借款合同中载明。除国务院规定外，任何单位和个人无权决定停息、减息和免息。贷款人应当根据国务院的决定，按照职责权限范围办理停息、减息和免息。

短期贷款按合同签订日的相应档次的法定贷款利率计息，在贷款合同期内，如遇利率调整，不分段计息。

中长期贷款（含中长期个人住房贷款）由借贷双方根据借款合同和中国人民银行有关计息规定按期计收和交付利息。目前，商业银行中长期贷款利率大部分仍沿用一年一定的原则。贷款根据合同确定的期限，按贷款合同生效日相应档次的法定贷款利率计息，每满一年再按当时相应档次的法定贷款利率确定下一年度的利率。

【特别提示】贷款展期，期限应累计计算，累计期限达到新的利率期限档次时，自展期之日起，按展期日挂牌的同档次利率计息；达不到新的期限档次时，按展期日的原档次利率计息。逾期贷款按规定计收罚息。

（3）逾期贷款或挤占挪用贷款。逾期贷款或挤占挪用贷款，从逾期或挤占挪用之日起，按逾期和挪用贷款利率计息，直到清偿本息为止，遇逾期和挪用贷款利率调整时分段计息。对贷款逾期或挪用期间不能按期支付的利息，按逾期和挪用贷款利率按季或月计收复利。如果同一笔贷款既逾期又挤占挪用，应择其重，不能并处。

（4）应收未收贷款利息的处理。对贷款的应收未收利息，按季或按月以当前执行利率计收复利。

二、定期结息贷款利息的核算

（一）定期结息的计息方法

根据权责发生制，各种贷款应按规定的结息日期结息，按季收息的，以每季末月（3、6、9、12 月）的 20 日为结息日。按月收息的，以每月的 20 日为结息日。计息期为上季（月）末月 21 日起至本季（月）末月 20 日止。

定期结息一般采用余额表计息或分户账账页计息的做法。除贷款利率不同外，其余计算方法与单位活期存款的利息计算相同。

贷款发生逾期的，自转入逾期贷款账户之日起，余额表应单独立户登记，积数应根据逾期金额和实际逾期天数单独计算，利息改按规定逾期贷款利率计收复利。

【知识链接】按照《中国人民银行关于人民币贷款利率有关问题的通知》的规定，逾期贷款（借款人未按合同约定日期还款的借款）罚息利率为在借款合同载明的贷款利率水平上加收 30%～50%，对逾期或未按合同约定用途使用借款的贷款，从逾期或未按合同约定用途使用贷款之日起，按罚息利率计收利息，直至清偿本息为止。对不能按时支付的利息，按罚息利率计收复利。也就是说，对贷款期内不能按期支付的利息按贷款合同利率按季或按月计收复利，贷款逾期后改按罚息利率计收复利。最后一笔贷款清偿时，利随本清。

（二）定期结息的核算

定期结息是指银行在每月或每季度末月 20 日营业终了时，根据贷款科目余额表计算累计贷款积数（贷款积数计算方法与存款积数计算方法相同），登记贷款计息科目积数表，按规定的利率计算利息。定期结息的计息天数按日历天数，全年按 365 天或 366 天计算。算头不算尾，即从贷出的那一天算起，至还款的那一天止。在结息日计算时应包括结息日。其公式为：

贷款利息＝累计贷款计息积数×(贷款年利率÷360)

银行按季或按月计算贷款的应收利息，应编制传票，全部转入“应收利息”科目，其会计分录为：

借：应收利息——××户

　　贷：利息收入——××贷款利息收入

然后按借款人的不同，填制一式三联的贷款利息通知单。如果借款人单位存款账户有足够的余额支付贷款利息，则贷款利息通知单第一联作为支款通知，另外两联分别代转账借、贷方传票办理转账。其会计分录为：

借：单位活期存款——××户

　　贷：应收利息——××户

如果账户资金不足，在合同期内，银行会计部门应根据有关规定计收复利，待借款人存款账户上有足够余额支付贷款利息时，银行一并扣收。其会计分录为：

借：单位活期存款——××户

　　贷：应收利息——××户

贷款利息自结息日起，逾期90天以内（含90天）的应收未收利息，应继续计入当期损益。逾期90天以上（不含90天），无论贷款本金是否逾期，发生的应收未收利息不再计入当期损益，应专设“未收贷款利息”表外科目核算，实际收回时再计入损益，并销记“未收贷款利息”表外科目。

对已经纳入损益的应收未收利息，逾期超过90天（不含90天），要相应冲减利息收入并记入表外科目。其会计分录为：

借：利息收入——××贷款利息收入

　　贷：应收利息

收入：未收贷款利息

应收未收利息的复利不计入损益，在表外核算，实际收回时再计入损益。

【例5-9】商业银行A行于2019年5月15日向借款单位甲企业发放一笔短期贷款，金额为100万元，期限为4个月，利率为4.35%，按季定期结计利息。

2019年5月15日发放短期贷款，其会计分录如下：

借：短期贷款——甲企业户　　1 000 000

　　贷：单位活期存款——甲企业户　　1 000 000

(1) 6月20日，银行结息。假设甲企业按时支付贷款利息。

应计利息=1 000 000×4.35%÷360×37=4 470.83(元)

会计分录如下：

借：应收利息——甲企业户　　4 470.83

　　贷：利息收入——短期贷款利息收入　　4 470.83

6月21日银行扣收利息，会计分录如下：

借：单位活期存款——甲企业户　　4 470.83

　　贷：应收利息——甲企业户　　4 470.83

【点拨指导】银行按季计算贷款的应收利息全部转入“应收利息”账户，如果借款人单位存款账户有足够的余额支付贷款利息，银行在结息日第二天扣收利息，减少单位活期存款，记入“单位活期存款”账户借方；同时冲销应收利息，记入“应收利息”账户的贷方。

9月15日，甲企业归还银行贷款本息。

应计利息=1 000 000×4.35%÷360×86=10 391.67(元)

会计分录如下：

借：单位活期存款——甲企业户　　1 010 391.67

　贷：短期贷款——甲企业户　　1 000 000.00

　　利息收入——短期贷款利息收入　　10 391.67

【点拨指导】 因为之前借款人已经按期支付了一部分利息，所以只要偿还最后一个结息日第二天到偿还日的利息，即6月21日至9月14日共计86天的利息，注意偿还日9月15日不算利息。

(2) 6月20日，银行结息。假设甲企业未能支付贷款利息。

应计利息＝1 000 000×4.35%÷360×37＝4 470.83(元)

会计分录如下：

借：应收利息——甲企业户　　4 470.83

　贷：利息收入——短期贷款利息收入　　4 470.83

9月15日，甲企业归还银行贷款本息。

6月21日至9月15日应计利息＝(1 000 000＋4 470.83)×4.35%÷360×86
＝10 438.13(元)

利息合计＝4 470.83＋10 438.13＝14 908.96(元)

借：单位活期存款——甲企业户　　1 014 908.96

　贷：短期贷款——甲企业户　　1 000 000.00

　　应收利息——甲企业户　　4 470.83

　　利息收入——短期贷款利息收入　　10 438.13

【点拨指导】 如结息日借款人账户资金不足，未能按期支付利息，银行会计部门应根据有关规定计收复利，计息本金1 004 470.83元（1 000 000＋4 470.83），到期日借款人存款账户上有足够余额支付贷款利息时，银行一并扣收本息1 014 908.96元（1 000 000＋4 470.83＋10 438.13）。

贷款发生逾期，逾期部分应先按合同约定的利率和期限计收到期贷款利息。自逾期金额转入“逾期贷款”账户之日起，逾期贷款（借款人未按合同约定日期还款的借款）罚息利率在借款合同载明的贷款利率水平上加收30%～50%，按规定计收罚息。

【例5-10】 商业银行A行于2020年1月8日向乙企业发放短期贷款一笔，金额50万元，期限3个月，年利率为4.35%，按季计息。假设乙企业未按期付息，该笔贷款全部本息于同年4月26日归还，逾期贷款罚息利率在原贷款利率水平上加收30%。

2020年1月8日发放短期贷款，会计分录如下：

借：短期贷款——乙企业户　　500 000

　贷：单位活期存款——乙企业户　　500 000

2020年3月20日，银行结息，乙企业未能支付贷款利息。

应计利息＝500 000×4.35%÷360×73＝4 410.42(元)

会计分录如下：

借：应收利息——乙企业户　　4 410.42

　贷：利息收入——短期贷款利息收入　　4 410.42

2020 年 4 月 8 日贷款转入逾期，会计分录如下：

借：短期贷款——乙企业户　　500 000（红字）

借：逾期贷款——乙企业户　　500 000（蓝字）

应计利息＝(500 000＋4 410.42)×4.35%÷360×18＝1 097.09(元)

会计分录如下：

借：应收利息——乙企业户　　1 097.09

　贷：利息收入——短期贷款利息收入　　1 097.09

【点拨指导】借款人到期未能归还本息，逾期金额 500 000 元应转入“逾期贷款”账户，复利计算应收利息，即 3 月 21 日至 4 月 7 日共计 18 天的利息。

2020 年 4 月 26 日贷款收回，会计分录如下：

逾期罚息＝(500 000＋4 410.42＋1 097.09)×4.35%÷360×(1＋30%)×18
＝1 429.32(元)

会计分录如下：

借：单位活期存款——乙企业户　　506 936.83

　贷：逾期贷款——乙企业户　　500 000.00

　　应收利息——乙企业户　　5 507.51

　　利息收入——短期贷款利息收入　　1 429.32

【点拨指导】逾期贷款利息自逾期金额应转入“逾期贷款”账户之日算起，即 4 月 8 日至 4 月 25 日共计 18 天利息，逾期贷款罚息利率在 4.35%利率水平上加收 30%，即按 4.35%÷360×(1＋30%) 计算。

（三）利随本清贷款利息的核算

利随本清也称为逐笔结息，是银行按借款合同约定的期限，于贷款归还时收取利息的一种计息方法。采用利随本清计息方法计算贷款天数时，对年按 360 天，对月按 30 天，不满月的零头天数按实际天数计算，算头不算尾。其利息计算公式为：

贷款利息＝贷款金额×贷款天数×(贷款年利率÷360)

贷款发生逾期，逾期部分应先按合同约定的利率和期限计收到期贷款利息。自逾期金额转入“逾期贷款”账户之日起，罚息利率在借款合同载明的贷款利率水平上加收 30%～50%，按规定计收罚息。

银行收回贷款时，应根据计算的利息，编制贷款利息通知单或特种转账借、贷方传票，从借款单位账户收取利息。

【例 5-11】 商业银行 A 行于 2019 年 6 月 8 日向华盛粮油公司发放短期贷款一笔，金额 60 万元，期限 3 个月，年利率 4.35%，如该笔贷款于同年 9 月 28 日归还，采用利随本清的计息方法，逾期罚息利率在借款合同载明的贷款利率水平上加收 30%。

2019 年 6 月 8 日发放短期贷款，其会计分录如下：

借：短期贷款——华盛粮油公司户　　600 000

　贷：单位活期存款——华盛粮油公司户　　600 000

2019 年 9 月 8 日，短期贷款转入逾期，其会计分录如下：

借：短期贷款——华盛粮油公司户　　600 000（红字）

借：逾期贷款——华盛粮油公司户　　600 000（蓝字）

2019 年 9 月 28 日收回贷款，利息计算如下：

$$\text{到期利息}=600\,000\times 4.35\%\div 12\times 3=6\,525(\text{元})$$

$$\begin{aligned}\text{逾期利息}&=(600\,000+6\,525)\times 4.35\%\div 360\times(1+30\%)\times 20\\&=1\,905.50(\text{元})\end{aligned}$$

$$\text{利息合计}=6\,525+1\,905.50=8\,430.50(\text{元})$$

【知识链接】
我国法律对私人借款利息的规定

借：单位活期存款——华盛粮油公司户　　608 430.50

　贷：逾期贷款——华盛粮油公司户　　600 000.00

　　利息收入——短期贷款利息收入　　8 430.50

第四节　票据贴现业务的核算

一、票据贴现概述

（一）票据贴现的定义

票据贴现是收款人或持票人将未到期的银行承兑汇票或商业承兑汇票向银行申请贴现，银行按票面金额扣除贴现利息后将余款支付给收款人的一项银行授信业务。票据一经贴现便归贴现人所有，贴现人到期可凭票直接向承兑人收取票款。综上所述，票据贴现的定义主要包含两层意思：(1) 票据贴现是银行买入借款人未到期商业票据的行为，是一种买卖关系。其贴现期限短，一般不超过 6 个月，可以办理贴现的票据仅限于已经承兑的并且尚未到期的商业汇票。(2) 票据贴现是金融机构向持票人融通资金的一种方式。

【特别提示】 实际上，贴现是票据持票人在票据到期前为获得资金而将票据权利转让给银行的行为。

（二）票据贴现与一般贷款的区别

票据贴现和发放贷款，都是银行的资产业务，都是为客户融通资金，银行都要计收利息，但二者之间却有许多差别。

（1）资金流动性不同。一般来说，贴现银行只有在票据到期时才能向付款人要求付款，但银行如果急需资金，它可以通过向中央银行再贴现或转贴现提前收回资金。而一般贷款只有到期才可以收回资金。

（2）利息收取不同。贴现业务中利息在业务发生时即从票据面额中扣除，是预先扣除利息。而贷款是事后收取利息，它可以在期满时连同本金一同收回，或根据合同规定，定期收取利息。票据贴现的利率一般要比贷款的利率低。

（3）资金使用范围不同。持票人在贴现票据以后，就完全拥有资金的使用权，他可以根据自己的需要使用这笔资金，而不会受到贴现银行和公司的任何限制。但借款人在使用贷款时，要受到贷款银行的审查、监督和控制，因为贷款资金的使用情况直接关系到银行能否很好地回收贷款。

（4）资金投放的对象不同。贴现以持票人（债权人）为放款对象，体现的是银行与持票人、出票人、承兑人及背书人之间的信用关系。一般贷款以借款人（债务人）为放款对象，体现的是银行与借款人、担保人之间的信用关系。

（5）资金的规模和期限不同。票据贴现的金额一般不太大，每笔贴现业务的资金规模有限，可以允许部分贴现。票据的期限较短，一般为 2～4 个月，最长不超过 6 个月。而贷款的形式多种多样，期限长短不一，规模一般较大，贷款到期时，经银行同意，借款人可继续贷款。

二、票据贴现业务的核算

商业银行办理票据贴现业务使用“贴现及买入票据”科目核算，该科目用于核算客户以未到期的票据向银行申请贴现及银行买入的票据情况。它是资产类会计科目，办理票据贴现时，借记该科目；收回票据款项时，贷记该科目，余额在借方，表示银行办理票据贴现但是尚未收到票据款的金额。

（一）银行受理商业汇票贴现的核算

当收款人或背书人（持票人）需要资金时，可以在商业汇票到期以前，持未到期的商业汇票到银行申请贴现。申请贴现时，应填制一式五联的贴现凭证（见表 5－3）。第一联作贴现放款（借方）凭证，第二联作持票人账户收款（贷方）凭证，第三联作贴现利息收入（贷方）凭证，第四联给持票人作收账通知，第五联为到期卡。第一联按规定盖章后，连同汇票一并交银行，信贷部门审查以下内容：申请人是否为在银行开立存款账户的企业法人以及其他组织；与出票人或者前手之间是否具有真实的商品交易关系；申请人是否提供与其直接前手之间的增值税发票和商品发运单据复印件。审核无误后，可以贴现的，在凭证的银行审批栏签注“同意”字样并加盖有关人员名章后交会计部门。

表 5-3 贴现凭证

××银行贴现凭证（借方传票） 2

填写日期 年 月 日

<table>
<tr><td rowspan="3">申请人</td><td>名称</td><td></td><td rowspan="3">贴现汇票</td><td>种类</td><td></td><td>号码</td><td></td></tr>
<tr><td>账号</td><td></td><td>发票日</td><td colspan="3">年 月 日</td></tr>
<tr><td>开户银行</td><td></td><td>到期日</td><td colspan="3">年 月 日</td></tr>
<tr><td colspan="2" rowspan="2">汇票承兑人（或银行）</td><td>名称</td><td colspan="2"></td><td rowspan="2">开户银行</td><td colspan="2" rowspan="2"></td></tr>
<tr><td>账号</td><td colspan="2"></td></tr>
<tr><td colspan="2">汇票金额（即贴现金额）</td><td colspan="4">人民币（大写）</td><td colspan="2">十 万 千 百 十 元 角 分</td></tr>
<tr><td>贴现率每月</td><td>‰</td><td>贴现利息</td><td colspan="2">千 百 十 万 千 百 十 元 角 分</td><td>实付贴现金额</td><td colspan="2"></td></tr>
<tr><td colspan="5">备注</td><td colspan="3">科目（借）
对方科目（贷）
复核 记账</td></tr>
</table>

会计部门接到汇票和贴现凭证后，按要求审查汇票并认真审核贴现凭证是否与汇票内容相符，然后按照规定贴现率计算贴现利息和贴现金额。计算公式为：

贴现利息＝汇票金额×贴现天数×(月贴现率÷30)

贴现金额＝汇票金额－贴现利息

式中，贴现天数自贴现之日起至汇票到期日前一天止，贴现金额按票面金额扣除贴现日至汇票到期前一日的利息计算。承兑人在异地的，贴现的期限以及贴现利息的计算应另加 3 天的划款日期。

银行办理贴现业务时的会计分录如下：

借：贴现及买入票据

　贷：单位活期存款——××户

　　贴现及买入票据——利息调整

收入：商业汇票贴现

在资产负债表日，按计算确定的贴现利息收入进行处理，其会计分录为：

借：贴现及买入票据——利息调整

　贷：利息收入——贴现利息收入

【点拨指导】贴现利息是贴现日至票据到期日这段时间的收入，不应将其全部计入贴现日，而应将其分摊到每个受益期。处理方法是先将贴现利息记入利息调整，每月终了，再按票据到期值、贴现率以及贴现申请人使用资金的时间计算利息收入。

（二）贴现到期收回的核算

1. 付款人有款支付的核算

贴现银行作为持票人，在汇票背面背书栏加盖结算专用章，并由授权的经办人员签名或盖章，注明“委托收款”字样；填制委托收款凭证，在委托收款凭证名称栏注明“商业承兑汇票”或“银行承兑汇票”及其汇票号码，连同汇票向付款人办理收款。付款人在异地的，应在汇票到期前，匡算至付款人的邮程，提前办理委托收款。将第五联贴现凭证作第二联委托收款凭证的附件存放，其余手续比照发出委托收款凭证的手续处理。

贴现银行在收到款项划回时，比照委托收款的款项划回处理。其会计分录为：

借：待清算辖内往来

　贷：贴现及买入票据

借：贴现及买入票据——利息调整

　贷：利息收入——贴现利息收入

付出：商业汇票贴现

2. 付款人无款支付的核算

贴现银行收到付款人开户行退回的委托收款凭证、商业承兑汇票和拒绝付款理由书或付款人未付票款通知书后，在追索票款时，申请贴现的持票人在本行开户的，可从其账户收取贴现款。填制两联特种转账借方传票，在转账原因栏注明“未收到××号汇票款，贴现款已从你账户收取”，一联作借方传票，第五联贴现凭证作贴现科目贷方传票。其会计分录为：

借：单位活期存款——××户

　贷：贴现及买入票据

借：贴现及买入票据——利息调整

　贷：利息收入——贴现利息收入

付出：商业汇票贴现

另一联特种转账借方传票加盖转讫章作支款通知，随同汇票和拒绝付款理由书或付款人未付票款通知书交给贴现申请人。

如贴现申请人存款账户余额不足，不足部分应转入“逾期贷款”科目核算。

借：单位活期存款——贴现申请人户

　　逾期贷款——贴现申请人户

　贷：贴现及买入票据

付出：商业汇票贴现

【特别提示】贴现申请人未在本行开立账户的，对已贴现的汇票金额，应按规定向贴现申请人或其他前手进行追索。

【例 5－12】轻工机械厂 2020 年 4 月 1 日向开户银行提交银行承兑汇票及贴现凭证，该汇票于 2 月 10 日签发并经异地某系统内银行承兑，到期日为 5 月 10 日，票面金额 300 000 元，经审查同意办理贴现，假设贴现率为 4.3%，做出办理贴现、收到划回贴现款的会计分录。

2019 年 4 月 1 日银行办理贴现。

贴现利息＝300 000×4.3%÷360×(39＋3)＝1 505(元)

贴现金额＝300 000－1 505＝298 495(元)

会计分录如下：

借：贴现及买入票据	300 000	
贷：单位活期存款——轻工机械厂户		298 495
贴现及买入票据——利息调整		1 505
收入：商业汇票贴现	300 000	

【点拨指导】银行办理贴现时，要扣除从 4 月 1 日至 5 月 9 日的 39 天的利息，又因为是异地某系统内银行承兑，另加 3 天的划款日期，共计 42 天。注意扣除的贴现利息不能马上记入银行的利息收入，要先记入“贴现及买入票据——利息调整”账户的贷方，待资产负债表日再确认贴现利息收入。

4 月 30 日资产负债表日确认贴现利息收入。

300 000×4.3%÷360×30＝1 075(元)

会计分录如下：

借：贴现及买入票据——利息调整	1 075	
贷：利息收入——贴现利息收入		1 075

【点拨指导】4 月 30 日资产负债表日确认贴现利息收入的贴现期限是从 4 月 1 日至 4 月 30 日共计 30 天，剩下的 12 天贴现利息收入待 5 月 10 日收到划回贴现款再确认。

5 月 10 日收到划回贴现款。

300 000×4.3%÷360×(42－30)＝430(元)

或者：

1 505－1075＝430(元)

会计分录如下：

借：待清算辖内往来	300 000	
贷：贴现及买入票据		300 000
借：贴现及买入票据——利息调整	430	
贷：利息收入——贴现利息收入		430
付出：商业汇票贴现	300 000	

本章小结

1. 贷款是指金融企业对借款人提供的按约定的利率和期限还本付息的货币资金的信用活动。银行的贷款按银行发放贷款的自主程度可分为自营贷款、委托贷款和特定贷款；按贷款的期限可分为短期贷款、中期贷款和长期贷款；按贷款的保障条件可分为信用贷款、担保贷款和票据贴现；按贷款的对象可分为单位贷款和个人贷款；按贷款的质量和风险程度可分为正常贷款、关注贷款、次级贷款、可疑贷款和损失贷款。

2. 银行应按照贷款的基本原则，根据不同种类的贷款，设立不同种类的贷款账户，做好贷款的发放、到期收回、展期及逾期等核算工作，计提贷款损失准备，并按规定核销贷款呆账损失。

3. 商业银行贷款利息的计算有定期结息（批量结息）和利随本清（单户结息）两种方法。人民币各项贷款（不含个人住房贷款）的计息和结息方式由借贷双方协商确定。商业银行应根据权责发生制原则计算贷款的应收利息。根据权责发生制，各种贷款应按规定的结息日期结息，定期结息一般采用余额表计息或分户账账页计息的做法。除贷款利率不同外，其余计算方法与单位活期存款的利息计算相同。对贷款期内不能按期支付的利息，根据贷款合同利率按季或按月计收复利，贷款逾期后改按罚息利率计收复利。最后一笔贷款清偿时，利随本清。利随本清是银行按借款合同约定的期限，于贷款归还时收取利息的一种计息方法。

4. 票据贴现是收款人或持票人将未到期的银行承兑汇票或商业承兑汇票向银行申请贴现，银行按票面金额扣除贴现利息后将余款支付给收款人的一项银行授信业务。票据贴现和发放贷款，都是银行的资产业务，都是为客户融通资金，银行都要计收利息，但二者之间却有许多差别。银行要做好商业汇票贴现和贴现到期收回的核算。

本章练习

一、单项选择题

1. 自营贷款是商业银行贷款的主要部分。自营贷款期限最长一般不得超过（　　）。

A. 3 年　　B. 5 年　　C. 8 年　　D. 10 年

2. 下列不计提贷款损失准备的贷款是（　　）。

A. 信用贷款　　B. 担保贷款　　C. 抵押贷款　　D. 委托贷款

3. 长期贷款展期不得超过（　　）。

A. 1 年　　B. 2 年　　C. 3 年　　D. 5 年

4. 借款人因故不能按期归还贷款时，短期贷款必须在到期日（　　）以前向银行申请展期。

A. 10天　　B. 15天　　C. 20天　　D. 1个月

5. 非应计贷款是指贷款本金或利息逾期（　　）没有收回的贷款。

A. 30天　　B. 60天　　C. 90天　　D. 120天

6. 商业银行在办理抵押贷款时，抵押率一般控制在80%以下，对于一些科技含量高、更新速度快的机器设备，一般控制在（　　）以下。

A. 30%　　B. 50%　　C. 60%　　D. 80%

7.（　　）是不可以用于质押的动产或权利。

A. 土地以及房屋　　B. 汇票、支票和本票

C. 依法可以转让的商标专用权、专利权　　D. 债券和股票

8. 银行应按季计提一般准备，一般准备年末余额不得低于年末贷款余额的（　　）。

A. 1%　　B. 2%　　C. 3%　　D. 4%

9.（　　）是根据《贷款风险分类指引》对贷款进行风险分类后，按贷款损失的程度计提的用于弥补专项损失的准备金。

A. 一般准备金　　B. 专项准备金

C. 备用准备金　　D. 特种准备金

10. 关于银行票据贴现，下列表述不正确的是（　　）。

A. 票据贴现是金融机构向持票人融通资金的一种方式

B. 票据贴现是银行买入借款人未到期商业票据的行为，贴现期限短，一般不超过6个月

C. 票据贴现和发放贷款都是银行的资产业务，二者之间没有差别

D. 商业银行办理票据贴现业务使用“贴现及买入票据”科目核算，该科目用于核算客户以未到期的票据向银行申请贴现及银行买入的票据情况

二、多项选择题

1. 按贷款的保障条件分类，银行贷款分为（　　）。

A. 信用贷款　　B. 委托贷款　　C. 担保贷款　　D. 票据贴现

2. 按贷款的质量和风险程度分类，银行贷款可以分为（　　）。

A. 正常贷款　　B. 关注贷款　　C. 次级贷款　　D. 可疑贷款

E. 损失贷款

3. 银行不良贷款包括（　　）。

A. 正常贷款　　B. 关注贷款　　C. 次级贷款　　D. 可疑贷款

E. 损失贷款

4. 按银行发放贷款的自主程度不同来划分，银行贷款可以分为（　　）。

A. 自营贷款　　B. 委托贷款　　C. 信用贷款　　D. 特定贷款

5. 按银行发放贷款的期限分类，银行贷款可以分为（　　）。

A. 短期贷款　　B. 中期贷款　　C. 临时贷款　　D. 长期贷款

6. 关于贷款展期，下列表述正确的有（　　）。

A. 短期贷款展期期限累计不得超过原贷款期限

B. 中期贷款展期期限累计不得超过原贷款期限的一半

C. 长期贷款展期期限累计不得超过 3 年

D. 每一笔贷款只能展期 1 次

7. 可用于办理个人贷款的质押物包括（　　）。

A. 实物国库券　　B. 房屋和汽车

C. 金融债券　　D. 银行出具的定期储蓄存单

8. 银行资产类会计科目包括（　　）。

A. 短期贷款　　B. 应收利息　　C. 单位活期存款　　D. 贴现及买入票据

9. 下列财产不得抵押的包括（　　）。

A. 土地所有权　　B. 耕地使用权

C. 所有权、使用权不明的财产　　D. 抵押人所有的房屋

10. 银行贷款损失准备金包括（　　）。

A. 一般准备金　　B. 专项准备金　　C. 备用准备金　　D. 特种准备金

三、判断题

1. 单位发放的贷款可申办展期，个人贷款不办理展期。（　　）

2. 票据贴现的贴现期限最长不得超过 3 个月，贴现期限从贴现之日起到票据到期日止。（　　）

3. 银行中长期贷款可以展期 3 次。（　　）

4. 借款人因故不能按期归还贷款时，中长期贷款必须于到期日前 1 个月，由借款人向银行提出贷款展期的书面申请。（　　）

5. 贷款到期时，若借款人存款账户资金不足，只能偿还部分贷款，其余部分不能按时归还，则尚未归还的贷款部分也要转入逾期贷款。（　　）

6. 抵押人所担保的债权不能超出其抵押物的价值，抵押贷款通常按抵押物价值全额贷款。（　　）

7. 抵债资产处置时，抵押品处理后扣除有关费用所得的净收入，如果低于贷款本息，低于的部分继续由借款人负责偿还；如果高于贷款本息，多余的部分归银行所有。（　　）

8. 质押和抵押是有区别的。抵押不转移抵押物的占有，而动产质押转移质押物的占有。抵押中没有权利抵押，权利不能作为抵押物，但是权利可以作为质押物。（　　）

9. 贷款损失准备金必须根据贷款的风险程度足额提取，损失准备金提取不足的，银行也可以进行税后利润分配。（　　）

10. 贴现到期付款人无款支付，银行应向贴现申请人收取，如贴现申请人存款账户

余额不足，不足部分应转入“短期贷款”科目核算。（　）

四、业务题

1. 商业银行A行于2020年3月6日向借款单位甲企业发放一笔短期贷款，金额为500万元，期限为3个月，利率为4.35%，按季定期结计利息。要求分下列情况列出A行发放贷款、结计利息和收回贷款的会计分录。

(1) 甲企业按期支付利息。2020年6月6日，甲企业归还银行贷款。

(2) 甲企业未按期支付利息。2020年6月6日，甲企业归还银行贷款。

2. 商业银行A行于2020年1月15日向长华纺织公司发放短期贷款一笔，金额200万元，期限3个月，年利率4.35%，如该笔贷款于同年5月6日归还，采用利随本清的计息方法，逾期罚息利率在借款合同载明的贷款利率水平上加收30%。要求列出A行发放贷款、贷款转入逾期和收回贷款的会计分录。

3. 商业银行A行经审查同意于2020年1月12日向美达服装厂发放期限半年、利率为4.35%的抵押贷款600万元，利随本清。借款人以某栋厂房为抵押，厂房的公允价值为800万元。美达服装厂2020年7月12日到期不能归还贷款本息，银行将其贷款转入“逾期贷款”科目核算，逾期利率按原合同利率加收30%计算。2020年8月20日，逾期一个多月后借款人仍无法归还贷款，A行将抵押品变卖所得款项扣除有关费用后所得796万元用以补偿抵押贷款。要求列出A行发放抵押贷款、贷款转入逾期和处置抵债资产的会计分录。

4. 商业银行A行年末各项贷款余额为700 000 000元，年末一般准备账面余额为6 600 000元。计算年末计提一般准备的数额并做出会计分录。

5. 盛华化工厂2020年5月10日向开户银行A行提交银行承兑汇票及贴现凭证，该汇票于3月25日签发并经同城某系统内银行承兑，到期日为6月25日，票面金额600 000元，经审查同意办理贴现，假设贴现率为4.3%。做出办理贴现、收到划回贴现款的会计分录。

第六章

支付结算业务的核算

学习目的

1. 掌握支付结算的原则、纪律以及支付结算工具的种类。
2. 掌握银行汇票、商业汇票、银行本票、支票结算的基本规定和会计核算。
3. 掌握汇兑、委托收款和托收承付结算业务的会计核算。
4. 了解信用卡支付系统的会计核算。

第一节　支付结算业务概述

支付结算是指单位、个人在社会经济活动中使用票据、信用卡或通过汇兑、托收承付、委托收款等结算方式进行货币给付及其资金清算的行为。支付结算工作的任务，是根据经济往来组织支付结算，准确、及时、安全办理支付结算，按照有关法律、行政法规和支付结算办法的规定管理支付结算，保障支付结算活动的正常进行。

支付结算按支付方式的不同又分为现金结算和转账结算两种形式。现金结算是指收付款双方直接使用现金进行清算；转账结算是指通过银行将款项从付款人账户划转到收款人账户的货币收付行为，表现为各存款账户之间的资金转移。在现代社会经济中，转账结算已成为货币收付的主要形式。

【特别提示】银行是支付结算和资金清算的中介机构。未经中国人民银行批准的非银行金融机构和其他单位不得作为中介机构经营支付结算业务。但法律、行政法规另有规定的除外。

一、支付结算的原则与纪律

（一）支付结算的原则

支付结算原则是单位、个人和银行在办理支付结算业务时必须遵守的基本准则，根据我国《支付结算办法》的规定，应遵守的结算原则有：

(1) 恪守信用，履约付款。产生支付结算行为时，结算当事人必须依照双方约定依法承担义务和行使权利，严格遵守信用，履行付款义务，特别是应当按照约定的付款金额和付款日期进行支付，不得任意拖欠款项和无理拒付款项。

(2) 谁的钱进谁的账，由谁支配。这一原则主要在于维护存款人对存款资金的所有权，保证其对资金支配的自主权。存款人的资金，除国家法律另有规定外，必须由存款人自己支配，其他任何单位、个人及银行都不得对其资金进行干预和侵犯。

(3) 银行不垫款。银行只负责办理结算当事人之间的款项划拨，不承担垫付任何款项的责任。这一原则主要在于划清银行资金与存款人资金的界限，保护银行资金的所有权和安全，促使单位和个人直接对自己的债权债务负责。

(二) 支付结算的纪律

1. 银行应遵守的结算纪律

银行是办理结算的主体，是维护结算秩序的重要环节，银行必须严格按照结算制度办理结算。银行应该遵守的结算纪律主要包括以下几条：

第一，不准以任何理由压票、任意退票、截留挪用客户和他行资金、受理无理拒付、不扣少扣滞纳金；

第二，不准在结算制度之外规定附加条件，影响汇路畅通；

第三，不准违反规定开立账户；

第四，不准拒绝受理、代理他行正常结算业务；

第五，不准放弃对企业单位违反结算纪律的制裁；

第六，不准违章承兑、贴现商业汇票和逃避承兑责任，拒绝支付已承兑的商业汇票票款；

第七，不准超额占用联行汇差资金、转嫁资金矛盾；

第八，不准逃避向人民银行转汇大额汇划款项和清算大额银行汇票资金。

【特别提示】 银行为了保证结算质量，必须严格遵守规定的办理结算的时间标准。根据《关于加强银行结算工作的决定》，向外发出的结算凭证，必须于当天最迟次日寄发；收到的结算凭证，必须及时将款项支付给收款人。结算的时间，同城一般不超过 2 天；异地全国或省内直接通汇行之间，电汇一般不超过 4 天，信汇一般不超过 7 天。

2. 单位、个人应遵守的结算纪律

办理结算的单位和个人，必须重合同、守信用，并严格执行《中华人民共和国票据法》(以下简称《票据法》)、《支付结算办法》和账户管理的规定。单位、个人应该遵守的结算纪律主要包括以下内容：

第一，不准签发没有资金保证的票据或远期支票，套取银行信用；

第二，不准签发、取得和转让没有真实交易和债权债务的票据，套取银行和他人资金；

第三，不准无理拒绝付款，任意占用他人资金；

第四，不准违反规定开立和使用账户；

第五，不准出租出借账户或转让他人使用；

第六，不准利用多头开户转移资金以逃避支付结算的债务。

二、支付结算业务的种类

1. 按使用的支付结算工具划分

按照《支付结算办法》的规定，支付结算业务按使用的支付结算工具分为票据结算业务、结算方式业务和信用卡业务三种。

(1) 票据结算业务。票据结算业务包括银行汇票业务、商业汇票业务、银行本票业务和支票业务。

(2) 结算方式业务。结算方式业务包括汇兑业务、托收承付业务和委托收款业务。

(3) 信用卡业务。信用卡是指商业银行向个人和单位发行的，凭以向特约单位购物、消费和向银行存取现金，且具有消费信用的特制载体卡片。

【特别提示】单位信用卡不得用于10万元以上的商品交易、劳务供应款项的结算。单位信用卡一律不得支取现金。

2. 按使用的区域范围划分

支付结算业务按使用的区域范围分为同城支付结算业务、异地支付结算业务、同城异地均可使用的结算业务。

(1) 同城支付结算业务。人们习惯上将同一票据交换区域内收付款人之间的款项支付结算称为同城支付结算。如银行本票业务只适用于同城支付结算。

(2) 异地支付结算业务。人们习惯上将不同票据交换区域间收付款人之间的款项支付结算称为异地支付结算。如托收承付业务只适用于异地支付结算。

(3) 同城异地均可使用的结算业务。这种结算是指既可在同一票据交换区域内，又可以在不同票据交换区域间进行收付款人之间的款项支付结算。银行汇票业务、支票业务、商业汇票业务、汇兑业务、委托收款业务、信用卡业务等就属于同城异地均可使用的结算业务。

【特别提示】由于支付结算业务的当事人可在不同地点、不同银行开户，银行间资金的划转和清算需要根据不同情况使用不同的支付清算系统，如系统内各银行资金汇划系统、同城票据交换系统、中国人民银行的大额支付系统和小额支付系统等。

第二节　票据结算业务的核算

一、票据概述

（一）票据的定义

根据票据法的规定，票据是指由出票人签发的、约定自己或者委托付款人见票时或者在指定的日期向收款人或持票人无条件支付一定金额的有价证券。在我国，票据一般包括汇票、本票和支票。其中汇票根据出票人的不同分为银行汇票和商业汇票。商业汇票根据承兑人的不同，分为银行承兑汇票和商业承兑汇票。

票据作为交易媒介的重要载体，是单位使用最多的非现金支付工具，在支付工具体系中占有重要的地位。

（二）票据的基本规定

【知识链接】
票据使用过程
中应注意的问题

票据出票人制作票据，应当按照法定条件在票据上签章，并按照所记载的事项承担票据责任。持票人行使票据权利，应当按照法定程序在票据上签章，并出示票据。

票据责任，是指票据债务人向持票人支付票据金额的义务。票据权利，是指持票人向票据债务人请求支付票据金额的权利，包括付款请求权和追索权。

二、银行汇票业务的核算

（一）银行汇票的概念及基本规定

1. 银行汇票的概念

银行汇票是出票银行签发的，由其在见票时按照实际结算金额无条件支付给收款人或持票人的票据。银行汇票的出票银行为银行汇票的付款人。银行汇票的代理付款人是代理本系统出票银行或跨系统签约银行审核支付汇票款项的银行。

2. 银行汇票的基本规定

（1）银行汇票的使用范围。单位和个人在异地、同城或同一票据交换区域的各种款项结算，均可以使用银行汇票。银行汇票无起点金额限制。

（2）银行汇票的用途。银行汇票可以用于转账，填明“现金”字样的银行汇票也可以用于支取现金。

（3）银行汇票的出票和付款办理。银行汇票的出票和付款，全国范围内仅限中国人民银行和商业银行中已参加“全国联行往来”的机构办理。跨系统银行签发的转账银行汇票，应通过同城票据交换将银行汇票和解讫通知提交给同城的有关银行审核支付后办理付款手续。代理付款人不得受理未在本行开立存款账户的持票人为单位直接提交的银行汇票。

（4）银行汇票的记载事项。签发银行汇票必须记载下列事项：表明“银行汇票”的字样；无条件支付的承诺；出票金额；付款人名称；收款人名称；出票日期；出票人签章等。欠缺记载上列事项之一的，银行汇票无效。

（5）银行汇票的提示付款期限。银行汇票的提示付款期限自出票日起1个月。持票人超过付款期限提示付款的，代理付款人不予受理。

这里所说的付款期限，是指从签发之日起到办理兑付之日止的时期。这里所说的1个月，是指从签发日开始，不论月大月小，统一到下月对应日期止的1个月。比如签发日为3月5日，则付款期到4月5日止。如果到期日遇例假日可以顺延。持票人向银行提示付款时，必须同时提交银行汇票和解讫通知，并在汇票背面签章。缺少任何一联，银行不予受理。

【特别提示】银行汇票持票人超过规定期限提示付款的，丧失对出票人以外的前手的追索权，持票人在做出说明后，仍可以向出票人请求付款。

（6）银行汇票的签发对象。申请人或收款人为单位的，银行不得为其签发现金银行汇票。申请人和收款人均为个人，需要使用银行汇票向代理付款人支取现金的，申请人须在银行汇票申请书上填明代理付款人名称，在汇票金额栏先填写“现金”字样，后填写汇票金额。

（7）银行汇票的背书转让。银行汇票一律记名，允许背书转让。银行汇票的背书转让以不超过出票金额的实际结算金额为准。未填写实际结算金额或实际结算金额超过出票金额的银行汇票不得背书转让。银行汇票的实际结算金额低于出票金额的，其多余金额由出票银行退交申请人。

（8）银行汇票的退款。持票人或申请人因银行汇票超过付款提示期限或其他原因要求退款时，应将银行汇票及解讫通知同时提交出票银行，并出具单位证明或本人身份证件，经审查无误方可办理。缺少解讫通知要求退款的，出票银行应于银行汇票提示付款期满一个月后办理。银行汇票丧失，失票人可以凭人民法院出具的其享有票据权利的证明，向出票银行请求付款或退款。

【知识链接】
银行汇票结算方式的特点

【特别提示】收款人受理申请人交付的银行汇票时，应在出票金额以内，根据实际需要的款项办理结算，并将实际结算金额和多余金额准确、清晰地填入银行汇票和解讫通知的有关栏内。未填明实际结算金额和多余金额或实际结算金额超过出票金额的，银行不予受理。

银行汇票的核算过程包括出票、付款和结清三个阶段。

（二）银行汇票业务的核算

1. 银行汇票出票的处理

（1）申请。申请人使用银行汇票，应向出票银行填写银行汇票申请书，填明收款人名称、汇票金额、申请人名称、申请日期等事项并签章，签章为其预留银行的签章。银行汇票申请书一式三联（见表 6-1），第一联存根，第二联借方凭证，第三联贷方凭证。

表 6-1 银行汇票申请书

银行汇票申请书（借方凭证） **2**

申请日期　　年　　月　　日　　　　第　　号

申请人		收款人	
账号或地址		账号或地址	
用途		代理付款行	
汇票金额	人民币（大写）		亿 千 百 十 万 千 百 十 元 角 分
上列款项请从我账户内支付。 申请人签章		科目（借）______ 对方科目（贷）______ 转账日期　年　月　日 复核　记账	

此联由申请人开户银行作借方凭证

银行汇票业务流程如图 6-1 所示。

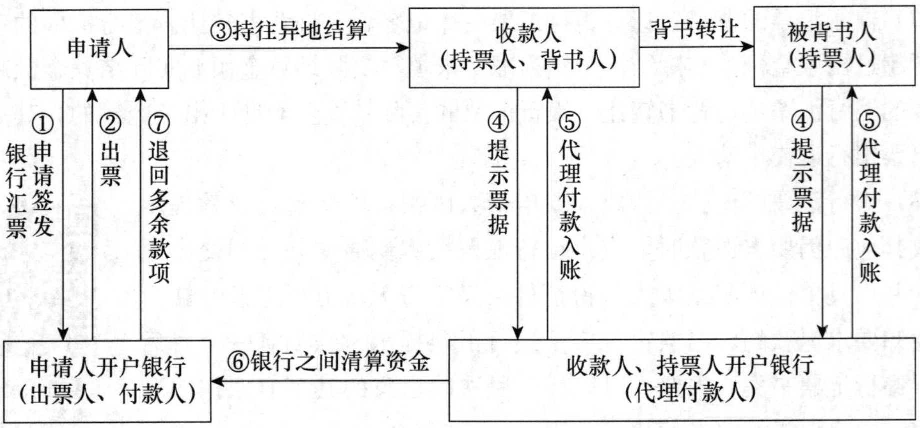

图 6-1 银行汇票业务流程

【特别提示】申请人和收款人均为个人，需要使用银行汇票向代理付款人支取现金的，申请人须在银行汇票申请书上填明代理付款人名称，在汇票金额栏先填写“现金”字样，后填写汇票金额。申请人或者收款人为单位的，不得在银行汇票申请书上填明“现金”字样。

银行受理申请人提交的第二、三联申请书时，应认真审查内容是否填写齐全、清晰，签章是否为预留银行的签章；申请书填明“现金”字样的，申请人和收款人是否均为个人，并交存现金。审查无误后，才能受理其签发银行汇票的申请。

(2) 收款。转账办理汇票的，银行以第二联申请书作借方凭证，第三联作贷方凭证办理收取票款的处理，其会计分录为：

借：单位活期存款——申请人户

　贷：汇出汇款

交现金办理汇票的，第三联申请书作贷方凭证，第二联作附件，其会计分录为：

借：现金

　贷：汇出汇款

(3) 出票。出票行收妥现金或转账后，签发银行汇票（见表6-2）。银行汇票一式四联：第一联卡片，第二联汇票，第三联解讫通知，第四联多余款收账通知。

表6-2　银行汇票

付款期限 壹个月

××银行

汇　票　2　地名　　　　汇票号码

<table>
<tr><td colspan="2">出票日期　　年　　月　　日
（大写）</td><td colspan="2">代理付款行：　　　　行号：</td><td rowspan="6">此联代理付款行收款后作联行往账借方凭证附件</td></tr>
<tr><td colspan="2">收款人：</td><td colspan="2">账号：</td></tr>
<tr><td colspan="4">出票金额 人民币
（大写）</td></tr>
<tr><td colspan="2">实际结算金额 人民币
（大写）</td><td colspan="2">千 | 百 | 十 | 万 | 千 | 百 | 十 | 元 | 角 | 分</td></tr>
<tr><td colspan="2">申请人：</td><td colspan="2">账号：</td></tr>
<tr><td>出票行：　　行号：
备注：
凭票付款
出票行签章</td><td colspan="2">密押：
多余金额
千 | 百 | 十 | 万 | 千 | 百 | 十 | 元 | 角 | 分</td><td>复核　　记账</td></tr>
</table>

规格：10×17.5cm（专用水印纸蓝油墨，出票金额栏加红水纹）

出票银行签发汇票时，出票日期和金额必须大写，现金汇票应在汇票各联“出票金额 人民币（大写）”之后紧接着填写“现金”字样，再填写大写金额，并在代理付款行名称栏填明确定的本系统代理付款行名称，申请书注明“不得转让”字样的应在汇票备注栏注明。

汇票签发后经复核无误，在汇票第二联上加盖汇票专用章并由授权的经办人签名或盖章，在汇票实际结算金额栏的小写金额上方用压数机压印出票金额后连同汇票第三联一并交申请人，第一联卡片加盖经办、复核名章，逐笔登记汇出汇款明细账后与第四联一并专夹保管。同时编制表外科目付出传票，登记表外科目明细账，并登记空白重要凭证登记簿。

付出：空白重要凭证——银行汇票

【特别提示】 银行汇票未填明实际结算金额或实际结算金额超过出票金额的，银行不予受理。

【特别提示】 签发转账银行汇票，不得填写代理付款人名称，但由人民银行代理兑付银行汇票的商业银行，向设有分支机构地区签发转账银行汇票的除外。

【例 6-1】 商业银行A行的开户单位乐华纺织厂提交银行汇票申请书（一式三联），申办银行汇票450 000元前往购货。银行审查无误，收妥款项并签发银行汇票，则会计分录为：

借：单位活期存款——乐华纺织厂户	450 000	
贷：汇出汇款		450 000
付出：空白重要凭证——银行汇票	1	

【点拨指导】“汇出汇款”是银行负债类科目，用于核算本行接受单位或个人的委托汇出款项的情况。签发银行汇票时，借记相关科目，贷记该科目；代理付款行付款后，银行汇票结清时，借记该科目，贷记相关科目。

2. 银行汇票付款的处理

代理付款行接到持票人直接交来的汇票、解讫通知和三联进账单，或收到通过票据交换提入的汇票和解讫通知，应认真审查有关内容：

（1）汇票和解讫通知是否齐全，汇票号码和记载的内容是否一致。

（2）汇票是不是统一规定印制的凭证，汇票是否真实，提示付款期限是否超过。

（3）汇票填明的持票人是否在本行开户，持票人名称是否为该持票人，与进账单上的名称是否相符。

（4）签章是否符合规定，加盖的汇票专用章是否与印模相符。

（5）使用密押的，密押是否正确；压数机压印的金额是否由统一制作的压数机压印，与大写的出票金额是否一致。

（6）汇票的实际结算金额大小写是否一致，是否在出票金额以内，与进账单所填金额是否一致，多余金额结计是否正确。如果全额进账，必须在汇票和解讫通知的实际结算金额栏内填入全部金额，多余金额栏填写“—0—”。

（7）汇票必须记载的事项是否齐全，出票金额、实际结算金额、出票日期、收款人名称是否更改，其他记载事项的更改是否由原记载人签章证明。

（8）持票人是否在汇票背面持票人向银行提示付款签章处签章，背书转让的汇票是否按规定的范围转让，其背书是否连续，签章是否符合规定，背书使用粘单的是否按规定在粘接处签章。

（9）持票人为个人的，必须查验身份证件，在汇票背面持票人向银行提示付款签章处是否有持票人的签章和注明身份证件名称、号码及发证机关，并要求提交持票人身份证件复印件留存备查。

【点拨指导】持票人向银行提示付款时，必须同时提交银行汇票和解讫通知，缺少任何一联，银行不予受理。

审核无误后，代理付款行分别情况办理付款。

（1）本系统银行汇票付款的会计核算。

1）持票人为在本行开户的单位。银行以汇票作汇划借方凭证附件，第二联进账单作贷方凭证，办理转账，其会计分录为：

借：待清算辖内往来　　　　实际结算金额

　贷：单位活期存款——持票人户　　　　实际结算金额

第一、三联进账单盖章分别作回单和收账通知交给持票人，解讫通知加盖转讫章随汇划借方报单寄给出票行。

【特别提示】在银行开立存款账户的持票人向开户银行提示付款时，应在汇票背面持票人向银行提示付款签章处签章，签章须与预留银行签章相同，并将银行汇票和解讫通知、进账单送交开户银行。银行审查无误后办理转账。

【例 6-2】商业银行A行的开户单位光明电器厂送交银行汇票、解讫通知和三联进账单，汇票金额480 000元，实际结算金额460 000元，A行审核无误办理转账。其会计分录如下：

借：待清算辖内往来　　　　460 000

　贷：单位活期存款——光明电器厂户　　　　460 000

2）持票人为未在本行开户的个人。银行以持票人姓名开立“应解汇款”账户，并填明汇票号码以备查考，第二联进账单作贷方凭证，办理转账，其会计分录为：

借：待清算辖内往来

　贷：应解汇款——持票人户

【特别提示】“应解汇款”是银行负债类科目，用于核算和反映其他行委托本行解付或应支付给未在本行开户的单位和个人的待解付款项的情况。收到款项时，借记相关科目，贷记本科目；解付或退回汇款时，借记本科目，贷记有关科目。以持票人姓名开立“应解汇款”账户，该账户只付不收，付完清户，不计利息。

原持票人需要一次或分次办理转账支付的，应由其填制支付凭证，并向银行交验本人的身份证件。其会计分录为：

借：应解汇款——持票人户

　贷：单位活期存款——持票人户

【知识链接】未在银行开立存款账户的个人持票人，可以向选择的任何一家银行机构提示付款。提示付款时，应在汇票背面持票人向银行提示付款签章处签章，并填明本人身份证件名称、号码及发证机关，由本人向银行提交身份证件及其复印件。银行审核无误后，将其身份证件复印件留存备查，并以持票人的姓名开立“应解汇款及临时存款”账户，该账户只付不收，付完清户，不计付利息。

【点拨指导】 未在银行开立存款账户的个人持票人要求银行转账支付的，以持票人的姓名开立“应解汇款及临时存款”账户的款项只能转入单位或个体工商户的存款账户，严禁转入储蓄和信用卡账户。

原持票人需要支取现金的，代理付款行审查汇票上填写的申请人和收款人确为个人并按规定填明“现金”字样，填写的代理付款行名称确为本行的，可办理现金支付手续；未填明“现金”字样，需要支取现金的，由代理付款行按照现金管理规定审查支付，另填制一联现金付出凭证。其会计分录为：

借：应解汇款——持票人户

　贷：现金

【知识链接】 持票人对填明“现金”字样的银行汇票，需要委托他人向银行提示付款的，应在银行汇票背面背书栏签章，记载“委托收款”字样、被委托人姓名和背书日期以及委托人身份证件名称、号码、发证机关。被委托人向银行提示付款时，也应在银行汇票背面持票人向银行提示付款签章处签章，记载证件名称、号码及发证机关，同时向银行交验委托人和被委托人的身份证件及其复印件。

【例 6-3】 收款人江平送交商业银行 A 行签发的现金银行汇票一份，金额 10 000 元，要求支取现金，经审核并验对身份证无误，立即办理相应手续。其会计分录如下：

借：待清算辖内往来	10 000	
贷：应解汇款——江平户		10 000
借：应解汇款——江平户	10 000	
贷：现金		10 000

(2) 跨系统银行汇票付款的会计核算。银行接到在本行开户的持票人交来的跨系统银行签发的汇票和解讫通知及三联进账单时，按前面所述的有关规定认真审核，无误后，通过同城票据交换将汇票和解讫通知提交给同城有关的代理付款行审核支付后办理付款手续。第一联进账单盖章作回单给持票人，第二、三联进账单专夹保管，填制有关凭证进行处理。其会计分录为：

借：同城票据清算

　贷：其他应付款——同城清算提出

在交换抵用时间内未被退票，以第二联进账单作贷方凭证，办理转账，第三联进账单盖章作收账通知交给持票人。其会计分录为：

借：其他应付款——同城清算提出

　贷：单位活期存款——持票人户

【特别提示】 持票人超过期限向代理付款行提示付款不获付款的，须在票据权利时效内向出票银行做出说明，并提供本人身份证件或单位证明，持银行汇票和解讫通知向出票银行请求付款。

3. 银行汇票结清的处理

出票行接到代理付款行寄来的第三联汇票解讫通知和联行借方报单时，抽出专夹保管的汇票卡片根，经核对确属本行签发，报单金额与实际结算金额相符，多余金额结计正确无误后，分别作如下处理：

（1）汇票全额付款。在汇票卡片的实际结算金额栏填入全部金额（或加盖全额解付戳记），在多余款收账通知的多余金额栏填写“—0—”，汇票卡片作借方凭证，解讫通知和多余款收账通知作借方凭证的附件，同时销记汇出汇款账。其会计分录为：

借：汇出汇款

　贷：待清算辖内往来或有关科目

【点拨指导】如果出票行和代理付款行是系统内银行，银行汇票结清时贷记“待清算辖内往来”；如果代理付款行是跨系统银行，银行汇票结清时贷记“同城票据清算”。

【例 6-4】商业银行 A 行收到系统内 B 行寄来的汇划借方报单及银行汇票解讫通知，汇票全额支付 450 000 元。经核对系 A 行签发的本行开户单位乐华纺织厂申请的银行汇票，立即办理银行汇票结清核算。其会计分录如下：

借：汇出汇款　　450 000

　贷：待清算辖内往来　　450 000

（2）汇票部分付款。

第一种情况，申请人在出票银行开户。若申请人在出票行开户，出票行应在汇票卡片的实际结算金额栏填写实际结算金额，将多余金额填写在多余款收账通知的多余金额栏内，汇票卡片作借方凭证，解讫通知作多余款转账贷方凭证办理转账。其会计分录为：

借：汇出汇款

　贷：待清算辖内往来或有关科目

　　单位活期存款——申请人户

同时销记汇出汇款账，将第四联多余款收账通知加盖转讫章作收账通知交申请人。

第二种情况，申请人未在出票银行开立账户。如果申请人未在出票银行开立账户，多余金额应先转入“其他应付款”科目，通知申请人持申请书存根及本人身份证件到银行办理取款手续。其会计分录为：

借：汇出汇款

　贷：待清算辖内往来

　　其他应付款——申请人户

同时销记汇出汇款账，并通知申请人持申请书存根及本人身份证件到银行办理领取手续。领取时，以多余款收账通知代“其他应付款”科目借方凭证，其会计分录为：

借：其他应付款——申请人户

　贷：现金

【点拨指导】银行汇票的出票金额高于实际结算金额的，多余金额由出票银行退交申请人。

【例 6-5】商业银行 A 行收到系统内 B 行寄来的汇划借方报单及银行汇票解讫通

知，汇票金额400 000元，实际结算金额380 000元。经核对系A行签发的本行开户单位乐华纺织厂申请的银行汇票，立即办理银行汇票结清核算。其会计分录如下：

借：汇出汇款 400 000
　贷：待清算辖内往来 380 000
　　单位活期存款——乐华纺织厂户 20 000

4. 银行汇票退款、超过付款期限付款及挂失的处理

（1）银行汇票退款的处理。申请人由于汇票超过付款期限或者其他原因要求退款时，应交回汇票和解讫通知，申请人为单位的，应出具该单位的证明；申请人为个人的，应出具本人的身份证件。出票行与原专夹保管的汇票卡片核对无误，即在汇票和解讫通知的实际结算金额大写栏填写“未用退回”字样，汇票卡片作借方凭证，汇票作附件，解讫通知作贷方凭证（如系退付现金，即作为借方凭证的附件）办理转账。其会计分录为：

借：汇出汇款
　贷：单位活期存款——申请人户
或贷：现金

【点拨指导】出票银行对于转账银行汇票的退款，只能转入原申请人账户；对于符合规定填明“现金”字样银行汇票的退款，才能退付现金。

同时销记汇出汇款账。多余款收账通知的多余金额栏填入原出票金额并加盖转讫章作收账通知，交给申请人。

【特别提示】对于代理付款银行查询的银行汇票，汇票提示付款期满后方能办理退款。申请人由于短缺解讫通知要求退款的，应当备函向出票行说明短缺原因，并交回持有的汇票，出票行于提示付款期限满一个月后比照退款手续办理退款。

【例6-6】持票人持商业银行A行签发的金额为500 000元的汇票、解讫通知和单位证明，因超过付款期限要求退款，出票行A行经核对系A行签发的本行开户单位康美食品加工厂申请的银行汇票，按规定办理银行汇票退款。其会计分录如下：

借：汇出汇款 500 000
　贷：单位活期存款——康美食品加工厂户 500 000

（2）超过付款期限付款的处理。持票人超过付款期限向代理付款行提示付款不获付款的，在票据权利时效内请求付款时，应向出票行说明原因，并提交汇票第二、三联。持票人为个人的，还应交验本人身份证件。出票行与原专夹保管的汇票卡片核对无误，多余金额结计正确后，即在汇票和解讫通知的备注栏填写“逾期付款”字样，并一律通过“应解汇款”科目核算。具体处理如下：

1）汇票全额付款。出票行应在汇票卡片的实际结算金额栏填入全部金额，在多余款收账通知的多余金额栏填写“—0—”，汇票卡片作借方凭证，解讫通知作贷方凭证，多余款收账通知作贷方凭证附件，办理转账。其会计分录为：

借：汇出汇款

贷：应解汇款——持票人户

同时销记汇出汇款账，并根据持票人填写的汇款凭证或汇票申请书，将款项划转持票人开户行或重新签发银行汇票。其会计分录为：

借：应解汇款——持票人户

贷：待清算辖内往来/汇出汇款

【点拨指导】出票行对于银行汇票逾期全额付款，如果将款项划转持票人开户行，贷记“待清算辖内往来”；如果重新签发银行汇票，则贷记“汇出汇款”。

2）汇票部分付款。出票行应在汇票卡片的实际结算金额栏填写实际结算金额，将多余金额填写在多余款收账通知的多余金额栏内，汇票卡片作借方凭证，解讫通知作多余款转账贷方凭证，另填制一联特种转账贷方传票办理转账。其会计分录为：

借：汇出汇款

贷：应解汇款——持票人户

单位活期存款——原申请人户

同时销记汇出汇款账，将第四联多余款收账通知加盖转讫章作收账通知交原申请人。向持票人付款的手续同前。

【例 6-7】持票人长华纺织厂超过付款期限向代理付款行B行提示付款不获付款，在票据权利时效内请求出票行A行付款，并提交了提交汇票、解讫通知和证明。出票行A行经核对系A行签发的本行开户单位美美服装厂申请的银行汇票，汇票金额350 000元，实际结算金额330 000元，按规定办理银行汇票逾期付款。其会计分录如下：

借：汇出汇款　350 000

贷：应解汇款——长华纺织厂户　330 000

单位活期存款——美美服装厂户　20 000

（3）挂失的处理。确系填明“现金”字样和代理付款行的汇票丧失，失票人到出票行或代理付款行挂失时，应提交三联挂失止付通知书。代理付款行先受理的，登记挂失登记簿后，立即通知出票行。出票行先受理或接到代理付款行通知后，应查对汇出汇款账和汇票卡片，经核对相符，确属本行签发并未注销的，方可受理。挂失止付通知书登记挂失登记簿后，与原汇票卡片及多余款收账通知一并专夹保管，据以控制付款。失票人委托出票行通知代理付款行挂失的，出票行应立即向代理付款行发出挂失通知。

【特别提示】银行汇票丧失，失票人可以凭人民法院出具的其享有票据权利的证明，向出票银行请求付款或退款。

三、商业汇票业务的核算

商业汇票是由出票人签发，委托付款人在指定日期无条件支付确定的金额给收款人或持票人的票据。

【知识链接】商业汇票分为商业承兑汇票和银行承兑汇票。商业承兑汇票由银行以外的付款人承兑，以商业信用为基础。银行承兑汇票由银行承兑，以银行信用为基础。商业汇票的付款人为承兑人。承兑是指汇票付款人承诺在汇票到期日支付汇票金额的票据行为。付款人承兑商业汇票，不得附有条件；承兑附有条件的，视为拒绝承兑。

（一）商业汇票的基本规定

（1）使用商业汇票的条件。在银行开立账户的法人以及其他组织之间，必须具有真实的交易关系和债权债务关系．才能使用商业汇票。

（2）商业汇票出票人的条件。商业承兑汇票的出票人，为在银行开立存款账户的法人以及其他组织，与付款人具有真实的委托付款关系，且有支付汇票金额的可靠资金来源。银行承兑汇票的出票人，为在承兑银行开立存款账户的法人以及其他组织，与承兑银行具有真实的委托付款关系，资信状况良好，具有支付汇票金额的可靠资金来源。

【特别提示】出票人不得签发无对价的商业汇票用以骗取银行或者其他票据当事人的资金。

（3）签发商业汇票必须记载的事项。签发商业汇票必须记载下列事项：表明“商业承兑汇票”或“银行承兑汇票”的字样；无条件支付的委托；确定的金额；付款人名称；收款人名称；出票日期；出票人签章等。欠缺记载上列事项之一的，商业汇票无效。

（4）商业汇票的承兑。商业承兑汇票可以由付款人签发并承兑，也可以由收款人签发交由付款人承兑。银行承兑汇票应由在承兑银行开立存款账户的存款人签发并交由承兑银行承兑。银行承兑汇票的承兑银行，应按票面金额向出票人收取万分之五的手续费。

【特别提示】定日付款或者出票后定期付款的商业汇票，持票人应当在汇票到期日前向付款人提示承兑。见票后定期付款的汇票，持票人应当自出票日起 1 个月内向付款人提示承兑。汇票未按照规定期限提示承兑的，持票人丧失对其前手的追索权。付款人应当在自收到提示承兑汇票之日起 3 日内承兑或者拒绝承兑。

（5）商业汇票的付款期限。商业汇票的付款期限，最长不得超过 6 个月。商业汇票的提示付款期限，自汇票到期日起 10 日。持票人超过提示付款期限提示付款的，持票人开户银行不予受理。

【特别提示】定日付款的汇票付款期限自出票日起计算，并在汇票上记载具体的到期日；出票后定期付款的汇票付款期限自出票日起按月计算，并在汇票上记载；见票后定期付款的汇票付款期限自承兑或拒绝承兑日起按月计算，并在汇票上记载。

【知识链接】
电子商业汇票

（6）承兑银行支付票款要求。银行承兑汇票的出票人应于汇票到期前将票款足额交存其开户银行，承兑银行应在汇票到期日或到期日后的见票当日支付票款。未能足额交存票款时，承兑银行除在汇票到期日或到期日后的见票当日支付票款外，对出票人尚未支付的汇票金额按照每天万分之五计收利息。

【特别提示】承兑银行存在合法抗辩事由拒绝支付的，应自接到商业汇票的次日起 3 日内，作成拒绝付款证明，连同商业银行承兑汇票邮寄持票人开户银行转交持票人。

（7）商业汇票允许背书转让。符合条件的商业汇票的持票人可持未到期的商业汇票连同贴现凭证向银行申请贴现。贴现银行可持未到期的商业汇票向其他银行转贴现，也可向中国人民银行申请再贴现。

【知识链接】
使用商业承兑汇票对社会经济发展的现实意义

（二）商业承兑汇票的核算

使用商业承兑汇票的交易双方按约定签发商业承兑汇票。商业承兑汇票一式三联（见表 6－3），第一联卡片，由承兑人留存；第二联汇票，由持票人持有；第三联存根，由出票人留存。承兑时，承兑人应在商业承兑汇票第二联上签署“承兑”字样，并加盖预留银行印鉴。

表 6－3　商业承兑汇票

商业承兑汇票　2　汇票号码

出票日期（大写）　　年　　月　　日

<table>
<tr><td rowspan="3">付款人</td><td>全称</td><td colspan="3"></td><td rowspan="3">收款人</td><td>全称</td><td colspan="11"></td></tr>
<tr><td>账号</td><td colspan="3"></td><td>账号</td><td colspan="11"></td></tr>
<tr><td>开户银行</td><td colspan="3"></td><td>开户银行</td><td colspan="11"></td></tr>
<tr><td rowspan="2">出票金额</td><td rowspan="2" colspan="6">人民币
（大写）</td><td>亿</td><td>千</td><td>百</td><td>十</td><td>万</td><td>千</td><td>百</td><td>十</td><td>元</td><td>角</td><td>分</td></tr>
<tr><td></td><td></td><td></td><td></td><td></td><td></td><td></td><td></td><td></td><td></td><td></td></tr>
<tr><td rowspan="2">汇票到期日
（大写）</td><td rowspan="2" colspan="3"></td><td rowspan="2" colspan="2">付款人
开户行</td><td>行号</td><td colspan="11"></td></tr>
<tr><td>地址</td><td colspan="11"></td></tr>
<tr><td>交易合同号码</td><td colspan="3"></td><td rowspan="2" colspan="14">本汇票请予以承兑于到期日付款。

出票人签章</td></tr>
<tr><td colspan="4">本汇票已经承兑，到期无条件支付票款。

承兑人签章
承兑日期　　年　　月　　日</td></tr>
</table>

此联持票人开户行随托收凭证寄付款人开户行作借方凭证附件

规格：10×17.5cm（专用水印纸蓝油墨，出票金额栏加红水纹）

商业承兑汇票业务流程如图 6－2 所示。

1. 持票人开户行受理汇票的处理

持票人委托银行收款时，应填制一式五联委托收款凭证，在委托收款凭证名称栏内注明“商业承兑”及其汇票号码，连同商业承兑汇票一并提交开户行。

【特别提示】 持票人开户行收到汇票和委托收款凭证，应认真审查以下内容：（1）汇票是不是统一规定印制的凭证，提示付款期限是否超过；（2）汇票上填明的持票人是否在本行开户；（3）出票人、承兑人的签章是否符合规定；（4）汇票必须记载的事项是否齐全，出票金额、出票日期、收款人名称是否更改，其他记载事项的更改是否由原记载

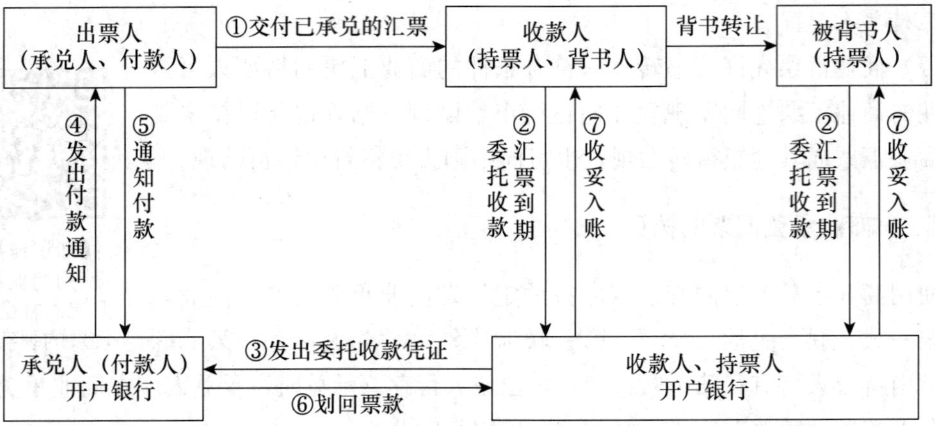

图 6-2 商业承兑汇票业务流程

人签章证明；(5) 是否作成委托收款背书，背书转让的汇票其背书是否连续，签章是否符合规定，背书使用粘单的是否按规定在粘接处签章；(6) 托收凭证的记载事项是否与汇票记载的事项相符。

银行审查无误后，在托收凭证各联上加盖商业承兑汇票戳记，其余手续参照发出委托收款凭证。即将第一联托收凭证加盖业务公章作回单给持票人；第二联凭证登记发出托收凭证登记簿后专夹保管；第三联凭证加盖结算专用章，连同第四、五联及商业承兑汇票，一并寄交付款人开户行。

2. 付款人开户行收到汇票的处理

付款人开户行接到持票人开户行寄来的委托收款凭证及汇票时，应按照有关规定认真审查，付款人确在本行开户，承兑人在汇票上的签章与预留银行的签章相符，即将汇票留存，并将第五联委托收款凭证交给付款人并签收。将第三、四联委托收款凭证登记收到委托收款结算凭证登记簿后专夹保管，以便考核汇票款的支付或退回情况。

付款人开户行接到付款人的付款通知或在付款人接到开户行的付款通知的次日起 3 日内仍未接到付款人的付款通知的，应按照支付结算办法规定的划款日期和以下情况处理：

(1) 付款人的银行账户有足够票款支付的处理。银行以第三联托收凭证作借方凭证，汇票加盖转讫章作附件，销记收到托收凭证登记簿，第四联托收凭证加盖业务公章随汇划报单寄持票人开户行。其会计分录为：

借：单位活期存款——付款人户

　　贷：待清算辖内往来或有关科目

【点拨指导】付款人的银行账户有足够票款支付时，如果持票人开户行和付款人开户行是同一系统内银行，则付款人开户行向持票人开户行发起划收（贷记）业务，贷记“待清算辖内往来”账户。如果持票人开户行和付款人开户行不是同一系统内银行，则通过同城票据交换划款，贷记“同城票据清算”账户。

【**例 6-8**】商业银行 A 行收到异省同系统 B 行寄来的 A 行开户单位榕发毛纺厂为承兑人的商业承兑汇票，金额为 300 000 元，汇票已到期，审查无误，且该单位账户有足够的资金支付票款，A 行予以划款。A 行付款的会计分录为：

借：单位活期存款——榕发毛纺厂户　　300 000
　贷：待清算辖内往来　　300 000

（2）付款人存款不足支付的处理。付款人银行账户不足支付的，银行应填制三联付款人未付票款通知书（用异地结算通知书代替），在委托收款凭证备注栏注明“付款人无款支付”字样。第一联通知书和第三联委托收款凭证留存备查，将第二联通知书连同第四、五联委托收款凭证及汇票寄持票人开户行转交持票人。

（3）付款人拒付的处理。银行在付款人接到通知的次日起 3 日内收到付款人的拒绝付款证明时，核对无误后，在委托收款凭证和收到委托收款凭证登记簿备注栏注明“拒绝付款”字样；将拒绝付款证明连同委托收款凭证及汇票一起寄至持票人开户行转交持票人，其余手续参照委托收款。

3. 持票人开户行收到划回票款或退回凭证的处理

（1）划回票款。持票人开户行接到付款人开户行寄来的划收报单和委托收款凭证或拍来的电贷报，应将留存的第二联委托收款凭证填注转账日期作贷方凭证办理转账。其会计分录为：

借：待清算辖内往来或有关科目
　贷：单位活期存款——持票人户

登记收到托收凭证登记簿，将第四联托收凭证加盖转讫章作收款通知交给持票人。

【**例 6-9**】承上例，若 B 行收到 A 行划来的商业承兑汇票款 300 000 元和第四联托收凭证，收款单位是在 B 行开户的鑫盛贸易公司，经审查无误，B 行立即办理转账手续，则会计分录为：

借：待清算辖内往来　　300 000
　贷：单位活期存款——鑫盛贸易公司户　　300 000

（2）退回凭证。持票人开户行接到付款人开户行发来的付款人未付票款通知书或付款人的拒绝付款证明和汇票以及托收凭证，抽出专夹保管的第二联托收凭证核对无误后，在凭证备注栏和发出委托收款凭证登记簿上作相应记载后，将托收凭证、未付票款通知书或拒绝付款证明及汇票退给持票人，由持票人签收。

（三）银行承兑汇票的核算

银行承兑汇票是在承兑银行开立存款账户的存款人签发，由银行审查同意承兑的票据。

【**特别提示**】银行承兑汇票业务是为满足用户基于真实、合法交易产生的支付需求，以约定的、可预见的销售收入和其他合法收入等作为兑付资金来源，对签发的银行承兑汇票进行承兑，最长期限不得超过 6 个月，没有金额限制。

银行承兑汇票业务流程如图 6－3 所示。

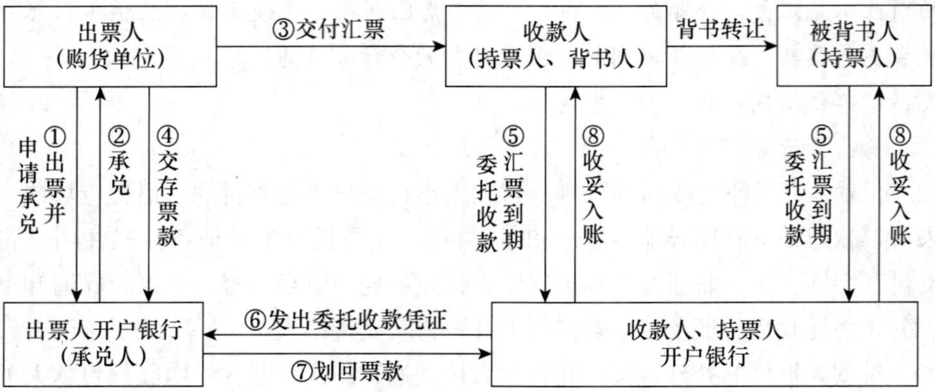

图 6－3　银行承兑汇票业务流程

银行承兑汇票一式三联（见表 6－4），第一联卡片，由承兑银行留存备查，到期支付票款时作借方凭证附件；第二联汇票，由持票人持有，到期时委托开户行办理收款；第三联存根，由出票人留存。

表 6－4　银行承兑汇票

银行承兑汇票　　**2**　汇票号码

出票日期（大写）　　年　　月　　日

出票人全称		收款人	全称	
出票人账号			账号	
付款行全称			开户银行	
出票金额	人民币（大写）			亿 千 百 十 万 千 百 十 元 角 分
汇票到期日（大写）		付款行	行号	
			地址	
承兑协议编号				
本汇票请你行承兑，到期无条件付款。 出票人签章	本汇票已经承兑，到期日由本行付款。 承兑行签章 承兑日期　年　月　日			
	备注：			复核　记账

此联收款人开户行随托收凭证寄付款行作借方凭证附件

规格：10×17.5cm（专用水印纸蓝油墨，出票金额栏加红水纹）

【**知识链接**】银行承兑汇票的出票人必须具备下列条件：第一，为在承兑银行开立存款账户的法人以及其他组织；第二，与承兑银行具有真实的委托付款关系；第三，资信状况良好，具有支付汇票金额的可靠资金来源。

1. 承兑银行办理汇票承兑的处理

出票人或持票人持银行承兑汇票向汇票上记载的付款银行申请或提示承兑时，承兑银行的信贷部门按照支付结算办法和相关规定审查同意后即可与出票人签署银行承兑协议（一式三联）。第一联回执留存；第二联和第三联副本与第一、二联汇票一并交本行会计部门。

【特别提示】银行为降低风险，应根据客户的信用等级和信贷管理规定，核定应缴业务保证金比例。承兑申请人也可以抵押担保、质押担保、保证担保的方式作为银行承兑汇票到期付款的保证。

根据承兑协议的约定，需要承兑申请人存入一定比例的保证金作为银行承兑汇票到期付款的保证。银行根据与承兑申请人约定的期限，为其开立保证金账户，办理保证金存入手续。其会计分录如下：

借：单位活期存款——承兑申请人户

　贷：短期保证金存款——承兑申请人户

【点拨指导】“短期保证金存款”用来核算银行开具保函、承兑银行承兑汇票等业务向客户收取短期保证金的情况，该科目是负债类科目，向客户收取保证金时记在贷方，客户支取保证金时记在借方，余额反映在贷方。

【特别提示】银行经办柜员受理承兑申请人签发的一式三联的银行承兑汇票，审核无误后进行银行承兑汇票承兑交易处理，系统则自动冻结对应的保证金账户。

会计部门接到汇票和承兑协议，应认真审查：(1) 汇票必须记载的事项是否齐全；(2) 出票人的签章是否符合规定；(3) 出票人是否在本行开立存款账户；(4) 汇票上记载的出票人名称、账号是否正确；(5) 汇票是不是统一规定印制的凭证。

审核无误后，在第一、二联汇票上注明承兑协议编号，并在第二联汇票承兑人签章处加盖汇票专用章并由授权的经办人签名或盖章。由出票人申请承兑的，将第二联汇票连同一联承兑协议交给出票人；由持票人提示承兑的，将第二联汇票交给持票人，一联承兑协议交给出票人。同时，按票面金额的0.05%～0.1%向承兑申请人收取承兑手续费。其会计分录为：

借：单位活期存款——承兑申请人户

　贷：中间业务收入

【点拨指导】“中间业务收入”科目用于核算和反映银行办理结算和代理业务等中间业务收取的手续费和佣金收入，包括人民币对公（私）结算业务收入、资产托管收入、代理基金业务收入、银行卡结算业务收入、对外担保业务收入、银行承兑汇票承兑收入、信用证业务收入、代销寿险业务收入等。

【知识链接】
中国银行银行承兑汇票手续费和商业汇票工本费

承兑银行根据第一联汇票卡片填制银行承兑汇票表外科目收入凭证，登记表外科目登记簿：

收入：银行承兑汇票——承兑申请人户

经办人员要经常将银行承兑汇票登记簿的余额与保存的第一联汇票卡片进行核对，以保证金额相符。

【例6-10】 商业银行A行的开户单位富华贸易公司签发一份金额为480 000元的商业汇票，到A行申请承兑。A行经审查同意承兑并签订承兑协议，按票面金额的0.05%向承兑申请人收取承兑手续费和50%保证金。

手续费=480 000×0.05%=240(元)

保证金=480 000×50%=240 000(元)

借：单位活期存款——富华贸易公司户	240	
贷：中间业务收入		240
借：单位活期存款——富华贸易公司户	240 000	
贷：短期保证金存款——富华贸易公司户		240 000
收入：银行承兑汇票——富华贸易公司户	480 000	

2. 持票人开户行受理银行承兑汇票的处理

持票人凭汇票委托开户银行向承兑银行收取票款时，应填制邮划或电划委托收款凭证，在委托收款凭证名称栏注明“银行承兑汇票”及其汇票号码，连同第二联汇票一并送交开户行。

【特别提示】 持票人凭汇票委托开户银行向承兑银行收取票款时，银行应审查以下内容：(1) 汇票是不是统一规定印制的凭证，提示付款期限是否超过；(2) 汇票上填明的持票人是否在本行开户；(3) 出票人、承兑人的签章是否符合规定；(4) 汇票必须记载的事项是否齐全，出票金额、出票日期、收款人名称是否更改，其他记载事项的更改是否由原记载人签章证明；(5) 是否作成委托收款背书，背书转让的汇票其背书是否连续，签章是否符合规定，背书使用粘单的是否按规定在粘接处签章；(6) 托收凭证的记载事项是否与汇票记载的事项相符。

持票人开户行审查有关凭证无误后，在委托收款凭证各联上加盖银行承兑汇票戳记。第二联银行承兑汇票连同有关委托收款凭证寄承兑银行。其余手续参照发出委托收款凭证。

3. 承兑银行到期收取票款的处理

承兑银行应每天查看汇票的到期情况，对到期汇票，应于到期日（法定休假日顺延）向出票人收取票款，专户存储。

【特别提示】 在银行承兑汇票到期日，承兑银行进行银行承兑汇票到期收款交易处理，系统按承兑申请人基本存款账户、保证金账户顺序扣款。

(1) 承兑申请人账户足额支付票款的处理。承兑申请人账户足额支付票款时，填制两联特种转账借方传票和一联特种转账贷方传票，并在转账原因栏注明“根据××号汇票划转票款”。其会计分录为：

借：单位活期存款——承兑申请人户

　贷：应解汇款——承兑申请人户

借：短期保证金存款——承兑申请人户

　贷：单位活期存款——承兑申请人户

一联特种转账借方传票加盖转讫章作支款通知交给申请人。

【点拨指导】保证金账户扣收后尚有多余存款的，应转入承兑申请人基本存款账户。

【例6-11】承上例，若富华贸易公司申请承兑的银行承兑汇票本日到期，且该单位的存款账户上有足够的资金，余额超过480 000元，A行向该公司收取票款，则会计分录为：

借：单位活期存款——富华贸易公司户	480 000
贷：应解汇款——富华贸易公司户	480 000
借：短期保证金存款——富华贸易公司户	240 000
贷：单位活期存款——富华贸易公司户	240 000

【点拨指导】在银行承兑汇票到期日，承兑申请人存款账户足额支付票款时，直接从承兑申请人基本存款账户扣款，承兑时收取的保证金全部转入承兑申请人的基本存款账户。

（2）出票人账户无款或不足支付的处理。承兑申请人账户无款或不足支付票款时，应转入该申请人的逾期贷款户，每日按万分之五计收利息。

账户无款支付的，银行应填制两联特种转账借方传票和一联特种转账贷方传票，在转账原因栏注明“××号汇票无款支付转入逾期贷款户”，一联特种转账借方传票加盖业务公章作逾期贷款回单交给申请人。其会计分录为：

借：逾期贷款——承兑申请人逾期贷款户

　贷：应解汇款——承兑申请人户

账户不足支付的，除按上述有关手续处理外，加填两联特种转账借方传票，在转账原因栏注明“××号汇票划转部分票款”，一联特种转账借方传票加盖转讫章作支付部分票款通知交给申请人。其会计分录为：

借：单位活期存款——申请人户

　　短期保证金存款——承兑申请人户

　　逾期贷款——申请人逾期贷款户

　贷：应解汇款——申请人户

【例6-12】承上例，若富华贸易公司申请承兑的银行承兑汇票本日到期，且该单位的存款账户只能支付100 000元，A行按协议规定向该公司收取票款，则会计分录为：

借：单位活期存款——富华贸易公司	100 000
短期保证金存款——富华贸易公司户	240 000
逾期贷款——富华贸易公司户	140 000

　　贷：应解汇款——富华贸易公司户　480 000

【点拨指导】 在银行承兑汇票到期日，承兑申请人基本存款账户和保证金存款账户不足支付的，承兑银行按上述顺序扣款后，再将不足支付的金额转入该承兑申请人的逾期贷款户。

4. 承兑银行支付汇票款项的处理

承兑银行接到持票人开户行寄来的委托收款凭证及汇票，抽出专夹保管的汇票卡片和承兑协议副本进行核对。

【特别提示】 承兑银行接到持票人开户行寄来的委托收款凭证及汇票，要认真审查以下内容：(1) 该汇票是否为本行承兑，与汇票卡片的号码和记载事项是否相符；(2) 是否作成委托收款背书，背书转让的汇票其背书是否连续，签章是否符合规定，背书使用粘单的是否按规定在粘接处签章；(3) 托收凭证的记载事项是否与汇票记载的事项相符。

经审查无误，应于汇票到期日或到期日之后的见票当日，按照委托收款付款的手续处理。其会计分录为：

借：应解汇款——申请人户

　　贷：待清算辖内往来或有关科目

另填制银行承兑汇票表外科目付出传票，销记表外科目登记簿。

付出：银行承兑汇票

【例 6-13】 商业银行A行收到异地系统内B行寄来的委托收款凭证和银行承兑汇票，金额480 000元，系开户单位富华贸易公司申请的银行承兑汇票，汇票已到期，银行审查无误后办理付款手续，会计分录为：

借：应解汇款——富华贸易公司户　480 000

　　贷：待清算辖内往来　480 000

付出：银行承兑汇票　480 000

【特别提示】 承兑银行存在合法抗辩事由拒绝支付的，应自接到商业汇票的次日起3日内，作成拒绝付款证明，连同银行承兑汇票邮寄持票人开户银行转交持票人。

5. 持票人开户行收到汇票款项的处理

持票人开户行接到承兑银行寄来的汇划报单和委托收款凭证或拍来的电报，按照委托收款的款项划回手续处理，抽卡核对无误后办理转账。其会计分录为：

借：待清算辖内往来或有关科目

　　贷：单位活期存款——持票人户

其余手续参照委托收款。

【例 6-14】 承上例，B行收到A行划来的银行承兑汇票款480 000元，经审查确为富华贸易公司支付给本行开户单位光明机电厂的货款，审核无误后办理转账手续。B行收款入账的会计分录为：

借：待清算辖内往来　　480 000

　贷：单位活期存款——光明机电厂户　　480 000

6. 银行承兑汇票丧失的处理

持票人丧失已承兑的银行承兑汇票，向承兑行申请挂失止付时，应当提交三联挂失止付通知书。承兑行接到挂失止付通知书，应从专夹中抽出第一联汇票卡片和承兑协议副本，核对相符确未付款的，方可受理。在第一联挂失止付通知书上加盖业务公章作为受理回单，第二、三联登记汇票挂失登记簿后，与第一联汇票一并另行保管，据以控制付款。商业承兑汇票丧失，由失票人向承兑人挂失。

已承兑的银行承兑汇票丧失，失票人凭人民法院出具的其享有票据权利的证明向承兑行请求付款。承兑行审查确未支付的，根据人民法院出具的证明抽出专夹保管的第一联汇票卡片，核对无误后，将款项支付给失票人。

四、银行本票业务的核算

银行本票是银行签发的，承诺自己在见票时无条件支付确定的金额给收款人或持票人的票据。

【特别提示】银行本票以银行信用为基础，见票即付，不存在委托收款过程。

（一）银行本票的基本规定

银行本票的基本规定如下：

（1）银行本票的使用范围。单位和个人在同一票据交换区域需要支付的各种款项，均可以使用银行本票。银行本票可以用于转账，注明“现金”字样的银行本票可以用于支取现金。但是申请人和收款人必须为个人，且仅限系统内银行兑付，并在银行本票上注明系统内代理付款人名称。

【特别提示】申请人或收款人为单位的，银行不得为其签发现金银行本票。

（2）银行本票的种类。银行本票分为定额本票和不定额本票两种，定额本票面额为1 000元、5 000元、1万元和5万元。根据中国人民银行的规定，自2005年1月1日起，将定额本票、不定额本票合并为本票（不定额）。

【特别提示】目前，银行本票为不定额本票，无金额起点限制。

（3）银行本票的出票人。银行本票的出票人，为经中国人民银行当地分支行批准办理银行本票业务的银行机构。银行本票的代理付款人是代理出票银行审核支付银行本票款项的银行。

（4）银行本票必须记载的事项。签发银行本票必须记载下列事项：表明“银行本票”的字样；无条件支付的承诺；确定的金额；收款人名称；出票日期、出票人签章等。欠缺记载上列事项之一的，银行本票无效。

【特别提示】 不定额银行本票在实务中要求用压数机压印出票金额。

（5）银行本票的提示付款期限。银行本票的提示付款期限自出票日起最长不得超过2个月。持票人超过付款期限提示付款的，代理付款人不予受理。但持票人可在票据权利时效内（自出票日起2年）向出票行请求付款。

【特别提示】 用于支取现金的银行本票仅限于向出票行提示付款。

（6）银行本票见票即付。跨系统银行本票兑付时，持票人开户银行可根据中国人民银行规定的金融机构同业往来利率，按实际垫付资金天数，向出票银行收取垫付资金利息。（小额本票业务除外。）

（7）银行本票的背书转让。现金银行本票不得背书转让，但可以挂失；转账银行本票允许背书转让，但不可以挂失。

【特别提示】 被背书人受理银行本票时，应特别注意审查背书是否连续，背书人的签章是否符合规定，背书使用粘单的是否按规定在粘接处签章。

（8）银行本票丧失，失票人可以凭人民法院出具的其享有票据权利的证明，向出票银行请求付款或退款。

（二）银行本票业务的核算

银行本票业务流程如图6－4所示。

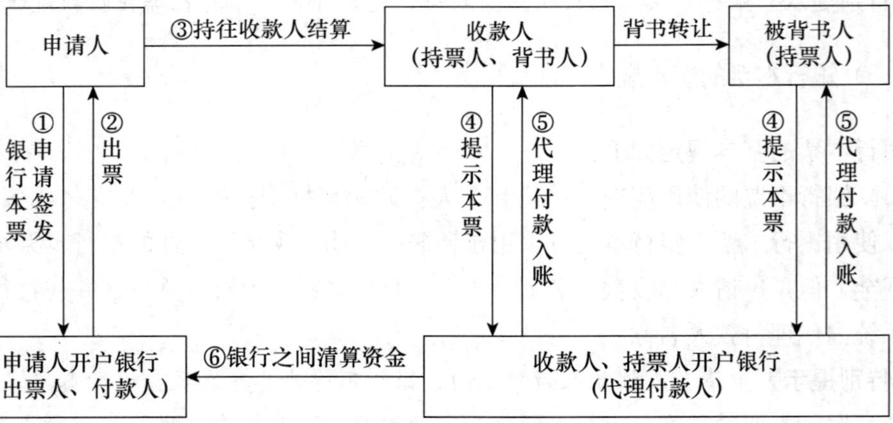

图6－4　银行本票业务流程

1. 银行本票出票的处理

（1）申请。申请人需要使用银行本票时，应填写一式三联银行本票申请书。申请书一式三联，第一联存根，第二联借方凭证，第三联贷方凭证。

【特别提示】 如果申请人和收款人均为个人，申请签发用于支取现金的银行本票，应在申请书的支付金额栏先填写“现金”字样，然后填写支付金额。申请人还须在申请书上填明系统内代理付款行名称。

（2）收款。银行受理申请人提交的第二、三联申请书时，应认真审查其填写的内容是否齐全、清晰；对申请书填明“现金”字样的，还应审查申请人和收款人是否为个人。审查无误后，才能受理其签发银行本票的申请。申请人或收款人为单位的，不得申请签发现金银行本票。

转账办理本票的，银行以第二联申请书作借方凭证，第三联作贷方凭证办理收取票款，其会计分录为：

借：单位活期存款——申请人户

　贷：本票

交现金办理本票的，第三联申请书作贷方凭证，第二联作附件，其会计分录为：

借：现金

　贷：本票

【点拨指导】出票银行受理银行本票申请书，必须先收妥款项，才能签发银行本票。

（3）出票。出票银行办理转账或收妥现金以后，签发银行本票。不定额银行本票一式两联（见表 6-5），第一联卡片，第二联本票。填写的银行本票复核无误后，在第二联上加盖本票专用章，授权的经办人员签名或盖章，并用总行统一制作的压数机在人民币（大写）栏右端压印小写金额后交给申请人。第一联卡片上加盖经办、复核名章后留存，专夹保管。同时编制表外科目付出传票，登记表外科目明细账，并登记空白重要凭证登记簿。

付出：空白重要凭证——本票

申请人在申请书的备注栏内注明“不得转让”的，出票行应在本票正面注明。

【特别提示】银行在填写银行本票时，出票日期和出票金额必须大写。本票用于转账的，在银行本票上划去“现金”字样；本票用于支取现金的，在银行本票上划去“转账”字样。本票上未划去“现金”或“转账”字样的，一律按转账来处理。

表 6-5 银行本票

付款期限
贰个月

××银行
本票　　**2**　地名　　本票号码

出票日期（大写）　年　月　日

收款人：		申请人：		此联出票银行结清本票时作借方凭证
凭票即付　人民币（大写）				
转账	现金			
备注：		出票行签章	出纳　复核　经办	

规格：8×17cm（专用水印纸蓝油墨）

【例 6-15】在商业银行 A 行开户的华联商场向 A 行提交银行本票申请书，申请签发转账银行本票，金额为 300 000 元。银行审查无误后，办理了签发银行本票手续。其会计分录为：

借：单位活期存款——华联商场户　　300 000

　贷：本票　　300 000

付出：空白重要凭证——本票　　1

申请人接到签妥的银行本票，在票据交换区域消费后，将本票交给收款人。在提示付款期内，收款人可以将本票背书转让。

【知识链接】
代理付款行重点审查的内容

2. 银行本票付款的处理

（1）转账支付的处理。代理付款行接到在本行开户的持票人直接交来的银行本票和三联进账单时，应认真审查，审查无误后办理付款手续。

如果出票行是系统内银行，代理付款行付款的会计分录如下：

借：待清算辖内往来

　贷：单位活期存款——持票人户

如果出票行是系统外银行，则应通过票据交换，待退票时间过后办理转账。其会计分录为：

借：同城票据清算

　贷：其他应付款

借：其他应付款

　贷：单位活期存款——持票人户

【例 6-16】商业银行 B 行收到在本行开户的持票人佳美服装公司直接交来的银行本票和进账单，该本票为系统内 A 行签发，金额为 300 000 元，银行审查无误后办理银行本票付款的手续。其会计分录为：

借：待清算辖内往来　　300 000

　贷：单位活期存款——佳美服装公司户　　300 000

（2）现金支付的处理。出票行接到收款人交来的注明“现金”字样的本票时，抽出专夹保管的本票卡片核对相符，确属本行签发，同时审查本票上填写的申请人和收款人是否均为个人，审查收款人的身份证件，确认收款人在本票背面持票人向银行提示付款签章处是否签章和注明身份证件名称、号码及发证机关，并要求提交收款人身份证件复印件留存备查。审核无误后，以第二联本票作借方凭证，本票卡片作附件，办理付款手续。其会计分录为：

借：本票

　贷：现金

【点拨指导】用于支取现金的银行本票，仅限于向出票行提示付款，所以代理付款行不能办理银行本票现金支付业务。出票行办理银行本票现金支付，同时也是出票行结清本票的处理。

【例 6－17】收款人黄刚向出票银行提交注明“现金”字样的银行本票，金额 30 000 元。银行审查并验对身份证无误，办理付款手续。其会计分录为：

借：本票　　30 000

　贷：现金　　30 000

3. 银行本票结清的处理

(1) 持票人、申请人不在同一行处开户的处理。出票行收到系统内银行寄来的本票或同城票据交换提入的本票时，抽出保管的本票卡片或存根，核对无误后办理转账。其会计分录为：

借：本票

　贷：待清算辖内往来或同城票据清算

【例 6－18】商业银行 A 行收到系统内代理付款行 B 行寄来的银行本票和划付报单，抽出保管的本票存根进行核对，系 A 行签发的华联商场为申请人的银行本票，金额为 600 000 元，银行审查无误后办理银行本票结清手续。其会计分录为：

借：本票　　600 000

　贷：待清算辖内往来　　600 000

【点拨指导】如果出票行和代理付款行是同系统的银行，银行本票结清时贷记“待清算辖内往来”；如果出票行和代理付款行是不同系统的银行，银行本票结清时贷记“同城票据清算”。

(2) 持票人、申请人在同一行处开户的处理。出票行受理本行签发的转账本票，不需要通过票据交换。持票人填制三联的进账单，本票作为借方凭证，本票卡片或存根作为附件。其会计分录为：

借：本票

　贷：单位活期存款——持票人户

【例 6－19】商业银行 A 行收到开户单位乐华棉纺厂提交的进账单及本行签发的银行本票，金额 200 000 元，审查无误后立即办理转账手续。其会计分录为：

借：本票　　200 000

　贷：单位活期存款——乐华棉纺厂户　　200 000

【点拨指导】如果持票人、申请人在同一出票行开户，出票行受理本行签发的转账本票和现金本票，在银行本票付款的同时就可以结清银行本票。

4. 银行本票退款、超过提示付款期限付款的处理

(1) 退款的处理。申请人因本票超过提示付款期限或者其他原因要求出票行退款时，应填制一式三联进账单连同本票交给出票行，并按照支付结算办法的规定提交证明或身份证件。出票行经与原专夹保管的本票卡片核对无误，即在本票上注明“未用退回”字样，以第二联进账单作贷方凭证（如系退付现金，本联作借方凭证附件），本票作借方凭证，本票卡片作附件办理退款。其会计分录为：

借：本票

　　贷：单位活期存款——申请人户/现金

进账单第一、三联分别盖章作受理回单和收账通知一并交给申请人。

（2）超过提示付款期限付款的处理。持票人超过提示付款期限不获付款的，在票据权利时效内向出票银行做出说明，并提供本人身份证件或单位证明，可持银行本票向出票银行请求付款。出票行经与原专夹保管的本票卡片核对无误，即在本票上注明“逾期付款”字样，办理付款手续。

持票人在本行开户的，应填制三联进账单。第一、三联进账单分别盖章作受理回单和收账通知一并交给持票人，第二联进账单作贷方凭证，本票作借方凭证，本票卡片作借方凭证附件。其会计分录为：

借：本票

　　贷：单位活期存款——持票人户

持票人未在本行开户的，应填制三联进账单。第一联进账单盖章作受理回单交给持票人，第二、三联进账单按票据交换规定提出交换。本票作借方凭证，本票卡片作借方凭证附件。其会计分录为：

借：本票

　　贷：待清算辖内往来或同城票据清算

持票人开户行收到票据交换提入的进账单时，将进账单第三联盖章作收账通知交给持票人，第二联进账单作贷方凭证，其会计分录为：

借：待清算辖内往来或同城票据清算

　　贷：单位活期存款——持票人户

持票人提交注明“现金”字样本票的，本票作借方凭证，本票卡片作附件。其会计分录为：

借：本票

　　贷：现金

【特别提示】申请人因银行本票超过提示付款期限或其他原因要求退款时，应将银行本票提交到出票银行，申请人为单位的，应出具该单位的证明；申请人为个人的，应出具本人的身份证件。出票银行对于在本行开立存款账户的申请人，只能将款项转入原申请人账户；对于现金银行本票和未在本行开立存款账户的申请人，才能退付现金。

五、支票业务的核算

支票是出票人签发的，委托办理支票存款业务的银行在见票时无条件支付确定的金额给收款人或者持票人的票据。支票是传统支付工具中使用最广泛和便利的非现金支付工具，支票的使用量占同城结算总笔数的70%左右。

（一）支票的基本规定

（1）支票的种类和用途。支票分为现金支票、转账支票和普通支票。现金支票只能用于支取现金；转账支票只能用于转账；普通支票可以用于支取现金，也可以用于转账。在普通支票左上角划两条平行线称为划线支票，它只能用于转账，不能支取现金。

【知识链接】支票上印有“现金”字样的为现金支票，支票上印有“转账”字样的为转账支票，支票上未印有“现金”或“转账”字样的为普通支票。

（2）支票的使用范围。中国人民银行于2007年6月25日建成全国支票影像交换系统，实现了支票在全国范围的互通使用。此前，支票仅限于单位和个人在同一票据交换区域内使用。

【特别提示】根据中国人民银行的规定：异地使用的支票，在指定位置均应记载全国统一标准的12位银行机构代码，否则将无法正常使用；为防范支付风险，异地使用支票的单笔金额上限为50万元。

【知识链接】
全国支票影像交换系统

（3）支票的出票人。支票的出票人为在经中国人民银行当地分支行批准办理支票业务的银行机构开立可以使用支票的存款账户的单位和个人。

【特别提示】支票的付款人为支票上记载的出票人开户银行。

（4）支票的记载事项。支票必须记载下列事项：表明“支票”的字样；无条件支付的委托；确定的金额；付款人名称；出票日期；出票人签章等。欠缺记载上列事项之一的，支票无效。

支票的金额、收款人名称可以由出票人授权补记，补记前不得背书转让和提示付款。

【特别提示】签发支票应使用碳素墨水或墨汁填写，支票的金额、日期、收款人不得更改，其他内容更改，须由出票人加盖预留银行印鉴证明。

（5）支票的提示付款期限。支票的提示付款期限为自出票日起10日，到期日遇例假日顺延。

【特别提示】超过提示付款期限提示付款的，持票人开户银行不予受理，付款人不予付款。但是出票人在票据权利时效内（自出票日起6个月）仍应对持票人承担票据责任。

（6）支票的签发要求。支票的出票人签发支票的金额不得超过付款时在付款人处实有的存款金额。出票人签发的空头支票、签章与预留银行签章不符的支票、使用支付密码地区支付密码错误的支票，银行应予以退票，并按票面金额处以5%但不低于1 000元的罚款；持票人有权要求出票人支付支票金额2%的赔偿金。对屡次签发的，银行应停止其签发支票。

【知识链接】出票人签发支票的金额超过其付款时在付款银行处实有存款余额的，为空头支票。对出票人签发空头支票，根据《中国人民银行关于对签发空头支票行为实施行政处罚有关问题的通知》，除了退票和罚款外，为了加大对空头支票监管的力度，人民银行分支行建立签发空头支票黑名单制度，并将有关违规信息定期向同一票据交换区域内的银行进行通报。

(7) 支票的提示付款。转账支票持票人可以委托开户银行收款或直接向付款人提示付款。用于支取现金的支票仅限于收款人向付款人提示付款。

【特别提示】持票人委托开户银行收款时，应作委托收款背书，在支票背面背书人签章处签章，记载“委托收款”字样、背书日期，在被背书人栏记载开户银行名称，并将支票和填制的进账单送交开户银行。收款人持用于支取现金的支票向付款人提示付款时，应在支票背面收款人签章处签章，持票人为个人的，还需交验本人身份证件，并在支票背面注明证件名称、号码及发证机关。

(8) 支票的转让、挂失。支票可以背书转让，但用于支取现金的支票不能背书转让。支票丧失，失票人可以向付款人申请挂失，并向法院申请公示催告或提起诉讼。

(二) 支票业务的核算

1. 持票人、出票人在同一银行机构开户的处理

(1) 银行受理持票人送交支票的处理。对持票人送交的转账支票（见表 6－6）和三联进账单（见表 6－7），银行应当认真审查。审查无误后，支票作转账借方传票，进账单第二联作转账贷方传票，办理转账。其会计分录为：

借：单位活期存款——出票人户

　贷：单位活期存款——持票人户

进账单第一联作回单加盖转讫章交持票人，第三联作收账通知交持票人。

【特别提示】银行接到持票人送交的支票，应重点审查以下方面：(1) 支票是不是统一规定印制的凭证，支票是否真实，是否超过提示付款期限；(2) 支票上记载的收款人名称与进账单上的名称是否一致；(3) 出票人账户是否有足够支付的款项；(4) 出票人的签章是否符合规定，与预留银行的签章是否相符，使用支付密码的，其密码是否正

表 6－6　转账支票

××银行 转账支票存根		××银行转账支票（省别简称）　支票号码
支票号码 附加信息 ______ ______	本支票付款期限十天	出票日期（大写）　年　月　日　付款行名称： 收款人：　出票人账号：
出票日期　年　月　日		人民币（大写）　亿 千 百 十 万 千 百 十 元 角 分
收款人： 金　额： 用　途：		用途______ 上列款项请从 我账户内支付
单位主管　会计		出票人签章　复核　记账

规格：8×22.5cm 正联共 17cm（底纹按行别分色，大写金额栏加红水纹）

表 6-7　进账单

××银行进账单（贷方凭证）　**2**

年　月　日

<table>
<tr><td rowspan="3">出票人</td><td>全称</td><td colspan="2"></td><td rowspan="3">收款人</td><td>全称</td><td colspan="11"></td></tr>
<tr><td>账号</td><td colspan="2"></td><td>账号</td><td colspan="11"></td></tr>
<tr><td>开户银行</td><td colspan="2"></td><td>开户银行</td><td colspan="11"></td></tr>
<tr><td rowspan="2">金额</td><td colspan="5" rowspan="2">人民币
（大写）</td><td>亿</td><td>千</td><td>百</td><td>十</td><td>万</td><td>千</td><td>百</td><td>十</td><td>元</td><td>角</td><td>分</td></tr>
<tr><td></td><td></td><td></td><td></td><td></td><td></td><td></td><td></td><td></td><td></td><td></td></tr>
<tr><td colspan="2">票据种类</td><td></td><td>票据张数</td><td></td><td colspan="12" rowspan="3">

复核　记账</td></tr>
<tr><td colspan="2">票据号码</td><td colspan="3"></td></tr>
<tr><td colspan="5">备注：</td></tr>
</table>

此联由收款人开户银行作贷方凭证

规格：8.5×17.5cm（白纸红油墨）

确；(5) 支票的大小写金额是否一致，与进账单的金额是否相符；(6) 支票必须记载的事项是否齐全，出票金额、日期、收款人名称是否更改；(7) 持票人是否在支票的背面做委托收款背书。

【例 6-20】 商业银行 A 行收到开户单位市第一棉纺厂提交的转账支票和三联进账单，金额为 300 000 元。支票系同在 A 行开户的雅美服装厂签发，用于给市第一棉纺厂支付货款。审查无误办理转账。会计分录为：

借：单位活期存款——雅美服装厂户　　300 000

　贷：单位活期存款——市第一棉纺厂户　　300 000

【点拨指导】 持票人市第一棉纺厂、出票人雅美服装厂都在 A 行开户，银行审核转账支票无误后，把款项从雅美服装厂账户转给市第一棉纺厂账户即可，市第一棉纺厂账户存款增加，雅美服装厂账户存款减少。

(2) 银行受理出票人送交支票的处理。银行接到出票人送交的转账支票和三联进账单，按前述要求认真审查无误后，支票作转账借方传票，进账单第二联作转账贷方传票，办理转账。会计分录同上，进账单第一联加盖转讫章作回单交出票人，进账单第三联加盖转讫章作收账通知交收款人。

2. 持票人、出票人在系统内不同行处开户的处理

(1) 持票人开户行受理持票人送交支票的处理。

1) 持票人开户行接到持票人送交的转账支票和两联进账单，按前述要求认真审查无误后，直接通过系统转账通兑，进行单位活期存款转账存入交易处理，录入支票相关信息，交易成功后打印记账凭证，支票、进账单第二联作为记账凭证的附件，进账单第一联交持票人。会计分录为：

借：待清算辖内往来

贷：单位活期存款——持票人户

2）持票人开户行受理持票人送交的转账支票和进账单付款后，系统联动出票行对出票人账户进行扣款转账，会计分录为：

借：单位活期存款——出票人户

贷：待清算辖内往来

【例 6-21】如果上例改为：商业银行 A 行收到开户单位市第一棉纺厂提交的转账支票和三联进账单，金额为 300 000 元。支票系在系统内 B 行开户的雅美服装厂签发，用于给市第一棉纺厂支付货款。审查无误后通过系统转账通兑办理存入交易转账。

A 行的会计分录为：

借：待清算辖内往来　300 000

贷：单位活期存款——市第一棉纺厂户　300 000

B 行的会计分录为：

借：单位活期存款——雅美服装厂户　300 000

贷：待清算辖内往来　300 000

（2）出票人开户行受理出票人送交支票的处理。

1）银行接到出票人送交的转账支票和三联进账单，按前述要求认真审查无误后，直接通过系统转账通兑，进行单位活期存款转账扣款交易处理，录入支票相关信息，交易成功后打印记账凭证，支票及进账单第二、三联作为记账凭证的附件，进账单第一联交持票人。会计分录为：

借：单位活期存款——出票人户

贷：待清算辖内往来

2）出票人开户行受理出票人送交的转账支票和进账单付款后，系统联动持票人（即收款人）开户行对持票人账户进行收款转账，会计分录为：

借：待清算辖内往来

贷：单位活期存款——持票人户

【例 6-22】商业银行 B 行受理在本行开户的雅美服装厂签发的转账支票和进账单，金额为 300 000 元，用于给在系统内 A 行开户的市第一棉纺厂支付货款。审查无误后通过系统转账通兑办理扣款交易转账。

B 行的会计分录为：

借：单位活期存款——雅美服装厂户　300 000

贷：待清算辖内往来　300 000

A 行的会计分录为：

借：待清算辖内往来　300 000

贷：单位活期存款——市第一棉纺厂户　300 000

3. 持票人、出票人在跨系统行处开户的处理

【知识链接】同城票据交换是指在同城市或同一票据交换区域范围内，各商业银行之间，按规定的时间，集中到指定的地点（票据交换所），相互交换代收、代付的票据，然后轧计差额，并清算资金存欠的方法。

商业银行提出借方凭证交换，对于即时抵用的票据，如银行本票、银行汇票，应及时将资金划入客户账内。会计分录为：

借：同城票据清算

　贷：单位活期存款——收款人户

对于收妥抵用的票据，如转账支票，先将应收票款记入“其他应付款”账户，会计分录如下：

借：同城票据清算

　贷：其他应付款——同城清算提出

若超过规定的退票时间，未发生退票，再把资金划入收款人账户，会计分录如下：

借：其他应付款——同城清算提出

　贷：单位活期存款——收款人户

而商业银行提入借方凭证时，会计分录为：

借：单位活期存款——付款人户

　贷：同城票据清算

商业银行提出和提入贷方凭证，会计分录和上面相反。具体的核算方法详见第七章。

(1) 持票人开户行受理持票人送交支票的处理。

1) 持票人开户行接到持票人送交的转账支票和三联进账单时，按照有关规定审查无误后，将第一联进账单加盖转讫章交持票人，第二、三联进账单上按票据交换场次加盖收妥后入账的戳记留存，转账支票按照票据交换的规定及时提出交换。根据转账结算必须先付后收的原则，编制转账贷方传票将票据交换取得的款项暂时记入“其他应付款”账户，其会计分录为：

借：同城票据清算

　贷：其他应付款——持票人户

2) 出票人开户行收到交换提入的支票，按规定审查无误后不予退票的，转账支票作借方凭证办理付款，其会计分录为：

借：单位活期存款——出票人户

　贷：同城票据清算

交换提入的支票发生退票的，银行应填制退票理由书，通过“其他应收款”账户先挂账处理，其会计分录为：

借：其他应收款——出票人户

　贷：同城票据清算

实际退票时，作相反的会计分录销账，将支票及退票理由书退给持票人开户行。其会计分录为：

借：同城票据清算

　　贷：其他应收款——出票人户

如遇空头支票、印鉴不符或支付密码错误的支票，除退票外，出票人开户行应按规定对出票人处以罚款，另编制特种转账借方、贷方传票办理转账。其会计分录为：

借：单位活期存款——出票人户

　　贷：营业外收入——结算罚款收入

3）超过退票时间，持票人开户行没有收到退票，编制一张转账借方传票作借方凭证，第二联进账单作贷方凭证为持票人入账，第三联进账单加盖转讫章作收账通知交持票人。其会计分录为：

借：其他应付款——持票人户

　　贷：单位活期存款——持票人户

如在退票时间内收到退票，编制转账借方传票办理销账，退票理由书连同支票及进账单一并退给持票人。其会计分录为：

借：其他应付款——持票人户

　　贷：同城票据清算

借记支票业务流程如图 6－5 所示。

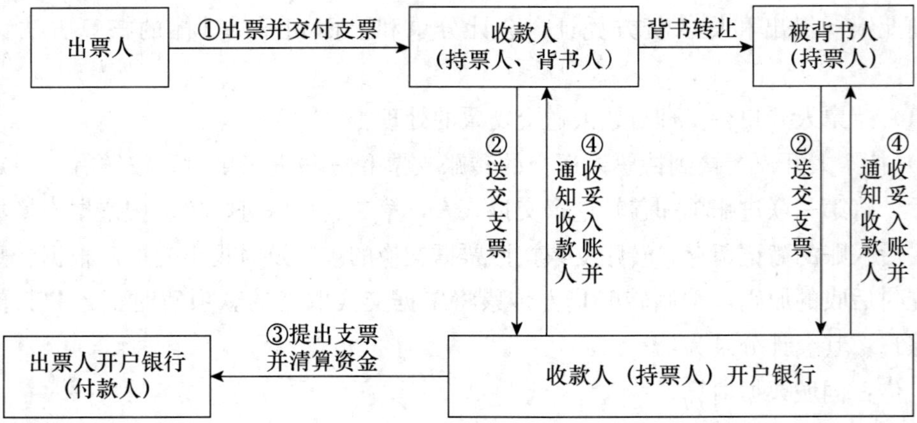

图 6－5　借记支票业务流程

【例 6－23】商业银行乙行收到开户单位昌泰纺织厂提交的两张转账支票和三联进账单，一张支票系在本市跨系统甲行开户的东方商城签发，金额为 200 000 元；另一张支票同样系在本市跨系统甲行开户的雅美窗帘厂签发，金额为 100 000 元。经审查无误，乙行将上述支票提出交换。提入行提入票据后，第一张支票审查无误办理转账，第二张支票发现存款账户余额不足，立即办理退票，并按票面金额处以 5%的罚款。

提出行乙行的处理：

（1）提出：

借：同城票据清算　　300 000

　　贷：其他应付款——昌泰纺织厂户　　300 000

（2）入账：

借：其他应付款——昌泰纺织厂户　　300 000

　　贷：单位活期存款——昌泰纺织厂户　　200 000

　　　　同城票据清算　　100 000

提入行甲行的处理：

（1）提入：

借：单位活期存款——东方商城户　　200 000

　　其他应收款——雅美窗帘厂户　　100 000

　　贷：同城票据清算　　300 000

（2）退票：

借：同城票据清算　　100 000

　　贷：其他应收款——雅美窗帘厂户　　100 000

（3）罚款：

罚金＝100 000×5%＝5 000(元)

借：单位活期存款——雅美窗帘厂户　　5 000

　　贷：营业外收入——结算罚款收入　　5 000

【点拨指导】出票人签发空头支票，银行应予以退票，并按票面金额处以5%但不低于1 000元的罚款。

（2）出票人开户行受理出票人送交支票的处理。

1）出票人开户行接到出票人送交的支票和三联进账单时，按规定审查无误后，第一联进账单盖章作回单交出票人，支票作借方凭证办理付款，第二联进账单加盖业务公章连同第三联进账单按票据交换的规定及时提出交换。其会计分录为：

借：单位活期存款——出票人户

　　贷：同城票据清算

2）收款人开户行收到交换提入的第二、三联进账单，审查无误后，在进账单上加盖转讫章，第二联作贷方凭证，第三联作收账通知交收款人。其会计分录为：

借：同城票据清算

　　贷：单位活期存款——收款人户

贷记支票业务流程如图6-6所示。

【例6-24】商业银行A行受理了开户单位甲公司提交的转账支票和三联进账单，金额为80 000元，转账支票为甲公司签发，系支付给在同城跨系统B行开户的乙公司的货款。银行审查无误后，通过票据交换收付款项。两家银行的账务处理分别为：

A行：

借：单位活期存款——甲公司户　　80 000

　　贷：同城票据清算　　80 000

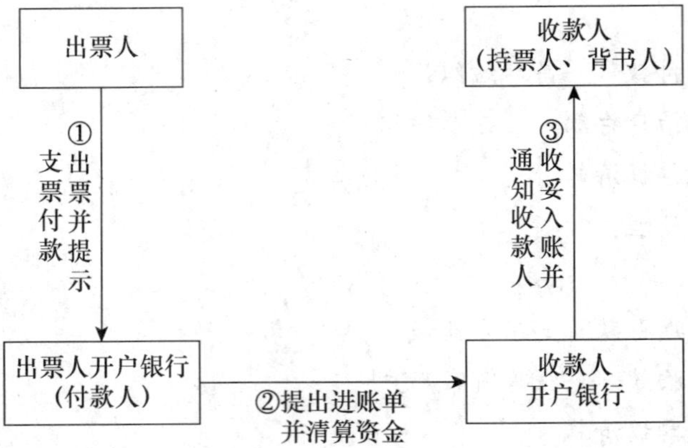

图 6-6　贷记支票业务流程

B 行：

借：同城票据清算　　80 000

　贷：单位活期存款——乙公司户　　80 000

4. 支票的挂失处理

支票丧失，失票人到付款行挂失时，应提交两联挂失止付通知书。付款行按规定审核无误且确未付款的，方可受理。第一联挂失止付通知书加盖业务公章作为受理回单交失票人，第二联挂失止付通知书登记支票挂失登记簿后专夹保管，并在出票人账户账首明显处用红笔注明“×年×月×日第×号支票挂失止付”字样，据以控制付款。

第三节　非票据类结算业务的核算

一、汇兑业务的核算

汇兑是汇款人委托银行将其款项支付给收款人的结算方式。汇兑分为信汇、电汇两种，由汇款人选择使用。

【知识链接】信汇是汇款人委托汇出银行以邮寄结算凭证方式，通知汇入行将款项付给指定收款人的一种汇兑结算方式；电汇是汇款人以发送电子汇划信息的方式，通知汇入行解付汇款的一种汇兑结算方式。

（一）汇兑的基本规定

（1）汇兑的使用范围。单位和个人的各种款项的结算，均可使用汇兑结算方式。

【特别提示】汇兑无金额起点限制，同城和异地均可使用。

（2）汇兑凭证必须记载的事项。签发汇兑凭证必须记载下列事项：表明“信汇”或“电汇”的字样；无条件支付的委托；确定的金额；收款人名称；汇款人名称；汇入地点、汇入行名称；汇出地点、汇出行名称；委托日期；汇款人签章等。汇兑凭证上欠缺上列记载事项之一的，银行不予受理。

【特别提示】汇兑凭证记载的汇款人、收款人在银行开立存款账户的，必须记载其账号。欠缺记载的，银行不予受理。委托日期是指汇款人向汇出银行提交汇兑凭证的当日。

（3）汇兑凭证上记载收款人为个人的，收款人需要到汇入银行领取汇款，汇款人应在汇兑凭证上注明“留行待取”字样；留行待取的汇款，需要指定单位的收款人领取汇款的，应注明收款人的单位名称。

（4）汇款人和收款人均为个人，需要在汇入银行支取现金的，应在信汇、电汇凭证的汇款金额大写栏先填写“现金”字样，后填写汇款金额。

（5）未在银行开立存款账户的收款人，凭信汇、电汇的取款通知向汇入银行支取款项，必须交验本人的身份证件；信汇凭签章支取的，收款人的签章必须与预留的签章相符。银行审查无误后，以收款人的姓名开立“应解汇款”账户，该账户只付不收，付完清户，不计付利息。

（6）收款人在汇入行需要转汇的，应重新办理汇款手续，其收款人与汇款用途必须是原汇款的收款人和用途；汇款人确定不得转汇的，应在汇兑凭证备注栏注明“不得转汇”字样。

【特别提示】转汇银行不得受理汇款人或汇出银行对汇款的撤销或退汇。

（7）汇款人对汇出银行尚未汇出的款项可以申请撤销，对汇出银行已经汇出的款项可以申请退汇。

【特别提示】汇入银行对于收款人拒绝接受的汇款，应即办理退汇。汇入银行对于向收款人发出取款通知，经过2个月无法交付的汇款，应主动办理退汇。

（二）汇兑业务的核算

汇兑业务处理流程如图6－7所示。

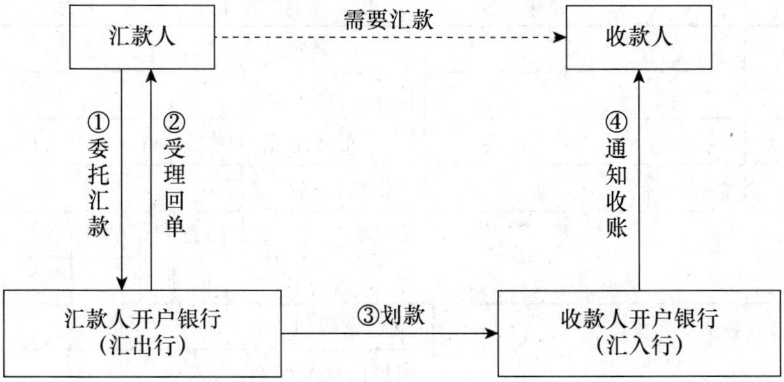

图6－7　汇兑业务处理流程

从汇兑业务流程图中可见，一般的汇兑业务处理包括汇出行的处理和汇入行的处理。

1. 汇出行的处理

（1）接受委托。汇款人委托银行办理汇兑业务时，应填写一式三联电汇凭证（见表6－8）或一式四联信汇凭证（见表6－9）。电汇凭证第一联回单，第二联借方传票，第三联发电依据。信汇凭证第一联回单，第二联借方传票，第三联贷方传票，第四联收账通知或代取款收据。

表6－8 电汇凭证

××银行电汇凭证（借方凭证） **2**

□普通 □加急 委托日期 年 月 日

<table>
<tr><td rowspan="3">汇款人</td><td>全称</td><td></td><td rowspan="3">收款人</td><td>全称</td><td></td></tr>
<tr><td>账号</td><td></td><td>账号</td><td></td></tr>
<tr><td>汇出地点</td><td>省 市/县</td><td>汇入地点</td><td>省 市/县</td></tr>
<tr><td colspan="2">汇出行名称</td><td></td><td colspan="2">汇入行名称</td><td></td></tr>
<tr><td>金额</td><td colspan="3">人民币
（大写）</td><td colspan="2">亿 千 百 十 万 千 百 十 元 角 分</td></tr>
<tr><td colspan="3" rowspan="2">此汇款支付给收款人。

汇款人签章</td><td colspan="2">支付密码</td><td></td></tr>
<tr><td colspan="3">附加信息及用途：

复核 记账</td></tr>
</table>

此联汇出行作借方凭证

表6－9 信汇凭证

××银行信汇凭证（借方凭证） **2**

委托日期 年 月 日

<table>
<tr><td rowspan="3">汇款人</td><td>全称</td><td></td><td rowspan="3">收款人</td><td>全称</td><td></td></tr>
<tr><td>账号</td><td></td><td>账号</td><td></td></tr>
<tr><td>汇出地点</td><td>省 市/县</td><td>汇入地点</td><td>省 市/县</td></tr>
<tr><td colspan="2">汇出行名称</td><td></td><td colspan="2">汇入行名称</td><td></td></tr>
<tr><td>金额</td><td colspan="3">人民币
（大写）</td><td colspan="2">亿 千 百 十 万 千 百 十 元 角 分</td></tr>
<tr><td colspan="3" rowspan="2">此汇款支付给收款人。

汇款人签章</td><td colspan="2">支付密码</td><td></td></tr>
<tr><td colspan="3">附加信息及用途：

复核 记账</td></tr>
</table>

此联汇出行作借方凭证

（2）审查汇兑凭证。汇出行受理客户提交的电汇或信汇凭证时，应认真审查下列内容：1）凭证必须记载的各项内容是否齐全、正确；2）汇款人账户内是否有足够支付的余额；3）大小写金额是否相符，金额、委托日期和收款人名称是否更改；4）汇款人的签章是否与预留银行的签章相符。

【特别提示】对填明“现金”字样的凭证，应审查汇款人和收款人是否均为个人。

（3）转账处理。审查无误后，汇出行在系统中进行汇兑汇出交易处理，根据情况选择行内汇划、大额支付或小额支付等渠道办理资金汇划。第一联凭证加盖转讫章退给汇款人。转账交付的，银行以第二联汇兑凭证作借方传票记账，其会计分录为：

借：单位活期存款——汇款人户

　贷：待清算辖内往来

现金交付的，柜员收妥现金后填制第一联现金收入传票，第二联汇兑凭证作借方传票记账。其会计分录为：

借：现金

　贷：应解汇款——汇款人户

借：应解汇款——汇款人户

　贷：待清算辖内往来

转账后，第三联信汇凭证加盖结算专用章，连同第四联及有关凭证寄汇入行。若为电汇业务，汇出行用第三联电汇凭证作发报依据，向汇入行传递有关信息后作第二联记账凭证的附件。对跨系统银行汇款的，按照有关跨行汇划款项的办法办理。跨行汇划款项结算的具体核算方法将在第七章详细介绍。

【特别提示】汇出银行受理汇款人签发的汇兑凭证，审查无误后应及时向汇入银行办理汇款，并向汇款人签发汇款回单。汇款回单只能作为汇出银行受理汇款的依据，不能作为该笔汇款已转入收款人账户的证明。

【例6-25】商业银行A行的开户单位东方商厦提交电汇凭证一份，金额265 000元，要求汇给异地系统内在某行开户的光明电器公司以购货，经审查无误予以办理，A行按规定收取手续费15元。会计分录如下：

借：单位活期存款——东方商厦户	265 000	
贷：待清算辖内往来		265 000
借：单位活期存款——东方商厦户	15	
贷：中间业务收入		15

【例6-26】个人吴琴向商业银行A行提交信汇凭证一份及现金2 000元，要求汇给异地的母亲作为生活费，汇入行是异地同系统内B行。A行审核无误立即办理。会计分录如下：

借：现金	2 000	
贷：应解汇款——吴琴户		2 000
借：应解汇款——吴琴户	2 000	

贷：待清算辖内往来　　2 000

2. 汇入行的处理

【知识链接】银行汇款手续费标准举例

汇入行收到汇出行寄来的第三、四联信汇凭证及划收报单，或收到汇款电报信息而根据电报编制打印出两联资金汇划补充报单，按规定审查无误后按下列手续处理。

【特别提示】汇入行收到汇出行寄来的第三、四联信汇凭证及划收报单，应审查信汇凭证第二联上的联行专用章是否与划收报单的印章一致；如果收到的是电汇凭证，要交核押员核押。

（1）直接收账的处理。收款人在汇入行开户的，汇入行可直接将汇款记入其账户。收账时以第三联信汇凭证或一联资金汇划补充凭证作贷方传票记账，其会计分录为：

借：待清算辖内往来或有关科目

　　贷：单位活期存款——收款人户

第四联信汇凭证或另一联资金汇划补充凭证加盖转讫章作收账通知交给收款人。

（2）不直接收账的处理。收款人未在汇入行开立账户或要求留行待取的，收账时汇入行以第三联信汇凭证或一联资金汇划补充凭证作贷方传票记账，其会计分录为：

借：待清算辖内往来或有关科目

　　贷：应解汇款——收款人户

登记应解汇款登记簿，在信汇凭证上编列应解汇款顺序号，第四联信汇凭证或另一联资金汇划补充凭证留存保管，并通知收款人到银行办理取款手续。

【特别提示】收款人未在汇入行开立账户或要求留行待取的，汇入行应以收款人姓名开立应解汇款账户，该账户只收不付，付完清户，不计利息。

收款人到银行办理取款，汇入行应认真审查收款人的身份证件，审查凭证上是否注明其证件名称、号码、发证机关以及收款人是否在收款人签章处签章。审查无误后按不同要求办理付款手续。

1）需要支取现金的，应一次办理现金支付手续。另填制一联现金付出传票记账，第四联信汇凭证或另一联资金汇划补充凭证作附件，并销记应解汇款登记簿。其会计分录为：

借：应解汇款——收款人户

　　贷：现金

2）需要转账支取的，应由收款人填制取款凭证作借方传票记账，第四联信汇凭证或另一联资金汇划补充凭证作附件，并销记应解汇款登记簿。其会计分录为：

借：应解汇款——收款人户

　　贷：单位活期存款——收款人户

3）需要分次支取的，应凭第四联信汇凭证或另一联资金汇划补充凭证注销应解汇款登记簿中的该笔汇款，转入应解汇款分户账内（不通过分录，以丁种账页代替），办理分次支取手续。最后结清时，第四联信汇凭证或另一联资金汇划补充凭证作借方传票附件。

4）需要转汇的，应重新办理汇款手续，其收款人与汇款用途必须是原汇款的收款人和用途，并在记账凭证上加盖转汇戳记。转汇会计分录为：

借：应解汇款——收款人户

　贷：待清算辖内往来或有关科目

【特别提示】原汇兑凭证上注明“不得转汇”的，银行不予办理转汇。

【例6-27】商业银行A行收到异地系统内B行发来的汇兑信息，收款人周彤，金额20 000元，并注明“现金”字样。经通知周彤当日来A行支取现金，A行审查无误办理相关手续。会计分录为：

借：待清算辖内往来　　20 000

　贷：应解汇款——周彤户　　20 000

借：应解汇款——周彤户　　20 000

　贷：现金　　20 000

【特别提示】汇入行收到通过行内系统、大小额支付系统发来的支付信息，经审核如果来账账号和户名与本行开户客户的账户和户名不符，则系统自动转入“其他应付款”挂账，查询确认后，进行手工入账或退汇处理。

3. 退汇的处理

【知识链接】退汇是将汇款退还汇款人。退汇的主要原因有：第一，汇款人因故退汇。由汇出银行通知汇入银行，经汇入银行核实汇款确未支付，并将款项汇回汇出银行，方可办理退汇。第二，收款人拒收汇款。汇入银行对于收款人拒绝接受的汇款，应即办理退汇。第三，汇入银行超过规定的期限无法支付的汇款。银行对于向收款人发出取款通知，经过2个月无法交付的汇款，应主动办理退汇。

（1）汇款人申请退汇的处理。

1）汇出行承办退汇的处理。汇款人要求退汇时，对收款人在汇入行开立账户的，由汇款人与收款人自行联系退汇；对收款人未在汇入行开立账户的，应由汇款人备函或将本人身份证件连同原信、电汇回单交汇出行办理退汇。

【特别提示】汇款人要求退汇的，只限于收款人未在汇入行开立账户的情况，对收款人在汇入行开立账户的，由汇款人与收款人自行联系退汇。

汇出行接到退汇函件和原回单，经与原汇款凭证核对无误后，填制一式四联退汇通知书（用支付结算通知书代），在第一联上批注“×年×月×日申请退汇，俟款项退回后再办理退款手续”字样，加盖业务公章退交汇款人，第二、三联加盖结算专用章寄汇入行，第四联与申请退汇函件一同保管。

用电报通知退款时只需填制两联退汇通知书，并拍发电报通知汇入行，其余手续比照邮寄通知退汇处理。

2）汇入行的处理。汇入行接到汇出行寄来的第二、三联退汇通知书或通知退汇的电报时，如果该笔汇款已转入“应解汇款”科目，尚未解付的，应与收款人联系，索回取款通知，并以第二联退汇通知书作借方凭证，原第四联信汇凭证作附件办理转账。其会计分录为：

借：应解汇款——收款人户

贷：待清算辖内往来/同城票据清算

第三联退汇通知书随同联行贷方报单寄原汇出行。如系电报通知退汇，应另填一联特种转账借方传票，并编制电划贷方报单，据以拍发电报。

如果该笔汇款已经解付，应在退汇通知书上注明解付情况和日期，将第二联（或电报）留存，以第三联退汇通知书（或拍发电报）通知汇出行。

3）汇出行收到退汇的处理。汇出行接到汇入行寄来的联行贷方报单及第三联退汇通知书，经与原保管的第四联退汇通知书核对无误后，即以第三联退汇通知书作贷方传票办理转账。其会计分录为：

借：待清算辖内往来/同城票据清算

贷：单位活期存款——原汇款人户

同时，在原第二联信（电）汇凭证上注明“此款已于×月×日退回”字样，以备查考。在留存的第四联退汇通知书上注明“汇款退回，已代进账”字样，加盖转讫章后交汇款人。

如汇款人未在银行开立账户，应另填制一联现金付出凭证支付现金。其会计分录为：

借：待清算辖内往来/同城票据清算

贷：其他应付款——原汇款人户

借：其他应付款——原汇款人户

贷：现金

如果汇出行接到注明汇款已经解付的第三联退汇通知书或电报，应将第三联退汇通知书（或电报）存查，在留存的第四联退汇通知书上批注解付情况后交原汇款人。

（2）汇入行主动退汇的处理。

1）汇入行的处理。汇入行对于收款人拒绝接受的汇款，在注明拒收理由并签章后，应即办理退汇；对于向收款人发出取款通知，但由于收款人住址迁移或其他原因，该笔汇款超过两个月无人受领的，汇入行可以主动办理退汇。

退汇时汇入行应填制一联特种转账借方凭证和两联特种转账贷方凭证，并在凭证上注明“退汇”字样，第四联信汇凭证作借方凭证附件办理转账。其会计分录为：

借：应解汇款——原收款人户

贷：待清算辖内往来/同城票据清算

一联特种转账贷方凭证加盖联行专用章连同另一联特种转账贷方凭证随同汇划贷方报单寄原汇出行。

【例 6－28】商业银行 A 行收到异地系统内 B 行发来的汇兑信息，收款人李平，金额 10 000 元，并注明“现金”字样。A 行随即向李平发出取款通知，但因李平住址迁移，该笔汇款超过两个月无人受领，A 行主动办理退汇。会计分录如下：

借：应解汇款——李平户　　　　10 000

　贷：待清算辖内往来　　　　10 000

2）原汇出行的处理。原汇出行接到原汇入行寄来的汇划贷方报单及所附第二联特种转账贷方凭证，以加盖原汇入行联行专用章的一联特种转账贷方凭证代贷方凭证办理转账。其会计分录为：

借：待清算辖内往来或有关科目

　贷：单位活期存款——原汇款人户

另一联特种转账贷方凭证加盖转讫章代收账通知交原汇款人。

【特别提示】如汇款人未在银行开立账户，原汇出行应通过"其他应付款"科目进行过渡，再通知原汇款人来行办理取款手续，具体处理比照汇款人要求退汇时汇出行收到退汇的处理。

二、委托收款业务的核算

委托收款是收款人委托银行向付款人收取款项的结算方式。委托收款结算款项的划回方式分邮寄和电报两种，由收款人选用。

（一）委托收款的基本规定

（1）委托收款的使用范围。单位和个人凭已承兑的商业汇票、债券、存单等付款人债务证明办理款项的结算，均可以使用委托收款结算方式。

【特别提示】委托收款结算方式在同城、异地均可以使用。委托收款没有金额起点，也没有最高限额。

（2）签发委托收款凭证必须记载事项。签发委托收款凭证必须记载下列事项：表明"委托收款"的字样；确定的金额；付款人名称；收款人名称；委托收款凭证名称及附寄单证张数；委托日期和收款人签章。欠缺记载上列事项之一的，银行不予受理。

【特别提示】委托收款以银行以外的单位为付款人的，委托收款凭证必须记载付款人开户银行名称；以银行以外的单位或在银行开立存款账户的个人为收款人的，委托收款凭证必须记载收款人开户银行名称；未在银行开立存款账户的个人为收款人的，委托收款凭证必须记载被委托银行名称。欠缺记载的，银行不予受理。

（3）委托收款的依据。收款人办理委托收款应向银行提交委托收款凭证和有关的付款人债务证明，如已承兑的商业汇票、债券、存单。

（4）委托收款的付款。银行接到寄来的委托收款凭证及债务证明，审查无误办理付款。银行在办理划款时，付款人存款账户不足支付的，应通过被委托银行向收款人发出未付款项通知书。

【特别提示】以银行为付款人的，银行应在当日将款项主动支付给收款人；以单位为付款人的，银行应及时通知付款人，按照有关办法规定，需要将有关债务证明交给付款人的应交给付款人，并签收。付款人应于接到通知的当日书面通知银行付款。按照有关办法规定，付款人未在接到通知日的次日起 3 日内通知银行付款的，视同付款人同意付款，银行应于付款人接到通知日的次日起第 4 日上午开始营业时，将款项划给收款人。付款人提前收到由其付款的债务证明，应通知银行于债务证明的到期日付款。

(5) 委托收款的拒绝付款。付款人审查有关债务证明后，对收款人委托收取的款项需要拒绝付款的，可以办理拒绝付款。

【特别提示】 以银行为付款人的，应自收到委托收款及债务证明的次日起 3 日内出具拒绝证明，连同有关债务证明、凭证寄给被委托银行，转交收款人；以单位为付款人的，应在付款人接到通知日的次日起 3 日内出具拒绝证明，持有债务证明的，应将其送交开户银行。银行将拒绝证明、债务证明和有关凭证一并寄给被委托银行，转交收款人。

(6) 同城特约委托收款。在同城范围内，收款人收取公用事业费或根据国务院的规定，可以使用同城特约委托收款。收取公用事业费，必须具有收付双方事先签订的经济合同，由付款人向开户银行授权，并经开户银行同意，报经中国人民银行当地分支机构批准。

(二) 委托收款业务的核算

委托收款业务处理流程如图 6-8 所示。

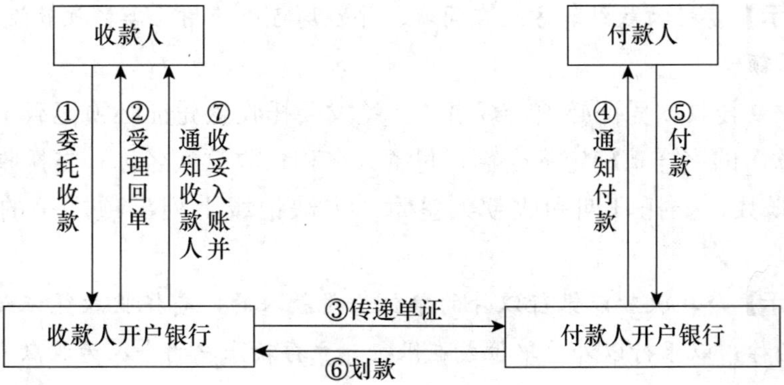

图 6-8 委托收款业务处理流程

1. 收款人开户行受理委托收款的处理

(1) 收款人办理委托收款时，应填制托收凭证（见表 6-10）。托收凭证一式五联，第一联回单，第二联贷方传票，第三联借方传票，第四联收账通知（电划的为发电依据），第五联付款通知。收款人在第二联托收凭证上签章后，将有关托收凭证和债务证明提交开户行。

表 6-10 托收凭证

托收凭证（贷方凭证） **2**

委托日期 年 月 日

<table>
<tr><td>业务类型</td><td colspan="8">委托收款（□邮划、□电划） 托收承付（□邮划、□电划）</td></tr>
<tr><td rowspan="3">付款人</td><td>全称</td><td colspan="2"></td><td rowspan="3">收款人</td><td>全称</td><td colspan="3"></td></tr>
<tr><td>账号</td><td colspan="2"></td><td>账号</td><td colspan="3"></td></tr>
<tr><td>地址</td><td>省 市（县）</td><td>开户行</td><td>地址</td><td>省 市（县）</td><td>开户行</td><td></td></tr>
<tr><td>金额</td><td colspan="6">人民币
（大写）</td><td colspan="2">亿 千 百 十 万 千 百 十 元 角 分</td></tr>
<tr><td>款项内容</td><td></td><td>托收凭据名称</td><td colspan="2"></td><td>附寄单证张数</td><td colspan="3"></td></tr>
<tr><td>商品发运情况</td><td colspan="3"></td><td>合同名称号码</td><td colspan="4"></td></tr>
<tr><td colspan="3">备注：
收款人开户银行收到日期
年 月 日</td><td colspan="3">上列款项随附有关债务证明，请予办理。
收款人签章</td><td colspan="3">复核 记账</td></tr>
</table>

此联收款人开户行作贷方凭证

（2）收款人开户行收到上述凭证后，应按照有关规定和填写凭证的要求进行认真审查，无误后，将第一联托收凭证加盖业务公章退给收款人；凭第二联凭证登记发出托收凭证登记簿后专夹保管；第三联凭证加盖结算专用章，连同第四、五联及有关债务凭证，一并寄交付款人开户行。

【特别提示】收款人开户行受理委托收款，在 BANCS 系统（核心银行系统）录入受理委托收款交易，系统自动生成托收编号，收取邮电费和手续费。

借：单位活期存款——收款人户

　　贷：中间业务收入——托收手续费

2. 付款人开户行的处理

付款人开户行接到收款人开户行寄来的第三、四、五联托收凭证及有关债务证明时，应审查是否属于本行的凭证。审查无误后，在各联凭证上填注收到日期，根据托收凭证第三、四联将有关内容输入资金汇划系统，逐笔登记收到委托收款凭证登记簿。然后将第三、四联托收凭证专夹保管，并分别情况作如下处理：

（1）银行作为付款人付款的处理。以银行为付款人的，对托收凭据已到期并在付款期限内的，应在收到寄来托收凭证和有关债务证明的当日将款项支付给收款人，对托收凭据未到期的，俟到期日将款项主动支付给收款人。其会计分录为：

借：应解汇款——××户

　　贷：待清算辖内往来或有关科目

第四联托收凭证填注支付日期后，作贷方凭证的附件，并销记收到托收凭证登记簿。

【点拨指导】以银行为付款人的，主要为银行承兑汇票。承兑银行每天查看汇票的到期情况，对到期汇票，应于到期日（法定休假日顺延）向出票人收取票款，专户存储。收取票款后贷记“应解汇款”，银行到期付款时，再借记“应解汇款”。

【特别提示】以银行为付款人的，银行应在当日将款项主动支付给收款人。

（2）付款人为单位付款的处理。以单位为付款人的，付款人开户行接到托收凭证和有关债务证明时，按照有关办法规定需要将有关债务证明留存或交给付款人的，应将第五联托收凭证加盖业务公章及时交给付款人。付款人应于接到付款通知的当日书面通知银行付款。

付款人未在接到付款通知的次日起 3 日内通知银行付款的，视同付款人同意付款，银行应于付款人签收日的次日起第四天上午开始营业时，将款项划给收款人。具体按以下两种手续处理：

第一，付款人账户足够支付全部款项。银行接到付款人的付款通知书时，或银行未接到付款人付款通知书，在付款人签收日的次日起第 4 天上午开始营业时，付款人账户足够支付全部款项的，以第三联托收凭证作借方凭证，如留存债务证明的，其债务证明和付款通知书作借方凭证的附件，办理转账。其会计分录为：

借：单位活期存款——付款人户

　　贷：待清算辖内往来或有关科目

转账后，银行在收到托收凭证登记簿上填明转账日期。属于邮划款的，将第四联托收凭证填注支付日期后，随邮划贷方报单寄交收款人开户行。属于电划款的，应根据第四联托收凭证填制电划贷方报单，凭以向收款人开户行拍发电报。

【例 6-29】商业银行 A 行收到系统内 B 行寄来的有关委托收款托收凭证和商业承兑汇票，经审核无误，系在 A 行开户的甲企业应付货款 200 000 元。A 行当天通知甲企业，甲企业在接到付款通知的当日书面通知银行付款，A 行将款项划给收款人。会计分录为：

借：单位活期存款——甲企业户　　200 000

　　贷：待清算辖内往来　　200 000

第二，付款人账户不足支付全部款项。银行在托收凭证和收到托收凭证登记簿上注明退回日期和“无款支付”字样，并填制三联付款人未付款项通知书，将第一联通知书和第三联托收凭证留存备查，第二、三联通知书连同第四联托收凭证寄给收款人开户行。留存债务证明的，一并寄出。

【特别提示】银行在办理划款时，付款人账户不足支付全部款项的，即按无款支付处理。

（3）付款人拒绝付款的核算。

1）付款人为单位的，银行在付款人签收日的次日起 3 天内，收到付款人填制的四联拒绝付款理由书（见表 6-11）以及付款人持有的债务证明和第五联托收凭证，经核对无误后，在托收凭证和收到托收凭证登记簿备注栏注明“拒绝付款”字样。然后将第一联拒绝付款理由书加盖业务公章作为回单退还付款人，将第二联拒绝付款理由书连同第三联托收凭证一并留存备查，将第三、四联拒绝付款理由书连同债务证明和第四、五联托收凭证一并寄收款人开户行。

2）付款人为银行提出的拒绝付款，比照付款人为单位的拒付处理。

表 6－11　拒绝付款理由书

拒绝付款理由书（借方凭证）　　2

拒付日期　　年　　月　　日　　原托收号码：

<table>
<tr><td rowspan="3">付款人</td><td>全称</td><td colspan="3"></td><td rowspan="3">收款人</td><td>全称</td><td colspan="11"></td></tr>
<tr><td>账号</td><td colspan="3"></td><td>账号</td><td colspan="11"></td></tr>
<tr><td>开户银行</td><td colspan="3"></td><td>开户银行</td><td colspan="11"></td></tr>
<tr><td rowspan="2">托收金额</td><td rowspan="2"></td><td rowspan="2">拒付金额</td><td rowspan="2" colspan="2"></td><td rowspan="2" colspan="2">部分付款金额</td><td>亿</td><td>千</td><td>百</td><td>十</td><td>万</td><td>千</td><td>百</td><td>十</td><td>元</td><td>角</td><td>分</td></tr>
<tr><td></td><td></td><td></td><td></td><td></td><td></td><td></td><td></td><td></td><td></td><td></td></tr>
<tr><td>附寄单证</td><td>张</td><td colspan="3">部分付款金额（大写）</td><td colspan="13"></td></tr>
<tr><td colspan="5">拒付理由：

付款人签章</td><td colspan="13">复核　　记账</td></tr>
</table>

此联银行作借方凭证或存查

3. 收款人开户行收到划回款项的处理

（1）付款人有款项支付的处理。收款人开户行接到付款人开户行寄来的邮划贷方报单以及所附的第四联托收凭证，应将留存的第二联凭证与第四联进行核对。审查无误后，在第二联托收凭证上填注转账日期，并作贷方凭证办理转账。其会计分录为：

借：待清算辖内往来或有关科目

　　贷：单位活期存款——收款人户

转账后，将第四联托收凭证加盖转讫章作收账通知交给收款人，并销记发出托收凭证登记簿。

（2）付款人无款支付的处理。收款人开户行接到付款人开户行寄来的第四联托收凭证和第二、三联付款人未付款项通知书及债务证明，抽出留存的第二联托收凭证，在凭证备注栏注明“无款支付”字样，销记发出托收凭证登记簿。然后将第四联托收凭证及一联未付款项通知书以及收到的债务证明退还收款人。收款人签收后，收款人开户行将一联未付款项通知书连同第二联托收凭证一并保管备查。

（3）付款人拒绝付款的处理。收款人开户行接到第四、五联托收凭证及有关债务证明和第三、四联拒绝付款理由书，核对无误后，抽出留存的第二联托收凭证并在备注栏注明“拒绝付款”字样，销记发出托收凭证登记簿。然后将第四、五联托收凭证及有关债务证明和第四联拒绝付款理由书一并退给收款人。收款人签收后，收款人开户行将第三联拒绝付款理由书连同第二联托收凭证一并保管备查。

【例 6-30】 商业银行 A 行收到系统内 B 行的款项汇划信息，金额 450 000 元，系开户单位光明机电厂的电划委托收款款项划回，审核无误予以收款入账。其会计分录为：

借：待清算辖内往来　　450 000

　贷：单位活期存款——光明机电厂户　　450 000

三、托收承付业务的核算

托收承付是收款人根据购销合同发货后，委托银行向异地付款人收取款项，付款人验单或验货后，向银行承认付款的结算方式。托收承付按款项划回方式的不同，分为邮划和电划；按承付货款的方式不同，分为验单付款和验货付款，由收付款双方协商选用。

（一）托收承付的基本规定

（1）使用托收承付结算的对象。使用托收承付结算方式的收付款单位，必须是国有企业、供销合作社，以及经营管理较好并经开户银行审查同意的城乡集体所有制工业企业。

（2）办理托收承付结算的款项。办理托收承付结算的款项，必须是商品交易，以及因商品交易而产生的劳务供应的款项。

【特别提示】 代销、寄销、赊销商品的款项，不得办理托收承付结算。

（3）使用托收承付结算的前提。收付双方使用托收承付结算必须签有符合合同法的购销合同，并在合同上订明使用托收承付结算方式。

【特别提示】 收款人办理托收，必须具有商品确已发运的证件，包括铁路、航运、公路等运输部门签发的运单、运单副本和邮局包裹回执。

（4）托收承付结算的金额起点。托收承付结算每笔金额起点为1万元。新华书店系统每笔金额起点为 1 000 元。

【特别提示】 托收承付结算金额没有最高限额控制。

（5）托收承付凭证必须记载事项。签发托收承付凭证必须记载下列事项：表明“托收承付”的字样；确定的金额；付款人名称及账号；收款人名称及账号；付款人开户银行名称；收款人开户银行名称；托收附寄单证张数或册数；合同名称、号码；委托日期和收款人签章等。托收承付凭证欠缺记载上列事项之一的，银行不予受理。

（6）办理托收承付结算，必须重合同、守信用。

【特别提示】 收付双方办理托收承付结算，收款人对同一付款人发货托收累计 3 次收不回货款的，收款人开户银行应暂停收款人向该付款人办理托收；付款人累计 3 次提出无理拒付的，付款人开户银行应暂停其向外办理托收。

（二）托收承付业务的核算

托收承付业务处理流程如图 6-9 所示。

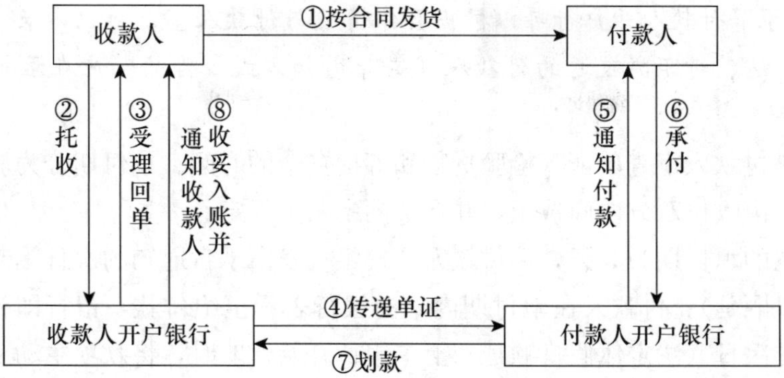

图 6-9 托收承付业务处理流程

1. 收款人开户行受理托收承付的处理

收款人办理托收，应填制一式五联邮划或电划托收凭证，第一联回单，第二联贷方凭证，第三联借方凭证，第四联收账通知（电划第四联为发电依据），第五联承付通知（凭证同委托收款业务结算凭证）。收款人在第二联托收凭证上加盖单位印章后，将托收凭证和有关单证提交开户银行。

收款人开户行收到上述凭证后，应认真进行审查：托收款项是否符合托收承付结算方式规定的范围、条件、金额起点，以及其他有关规定；有无商品确已发运的证件；托收凭证必须记载的各项内容是否齐全并符合填写凭证的要求；托收凭证与所附单证的张数是否相符；第二联托收凭证上是否有收款人签章，其签章是否符合规定。必要时，还应查验收付款人签订的购销合同。

【特别提示】凡不符合要求或违反购销合同发货的，均不能办理托收承付。

托收凭证应及时审查，审查无误后，第一联托收凭证加盖业务公章后退给收款人。对收款人需要将发运证件带回保管或自寄的，应在各联凭证和发运证件上加盖“已验发运证件”戳记，然后将发运证件退给收款人。第二联托收凭证登记发出托收结算凭证登记簿后专夹保管。第三联托收凭证上加盖结算专用章，连同第四、五联及交易单证一并寄交付款人开户行。

【特别提示】收款人开户行收到托收凭证应及时审查，审查时间不得超过次日。

收款人开户行受理托收凭证，在 BANCS 系统录入受理委托承付交易，系统自动生成托收承付编号，并办理托收手续，按银行的规定收取手续费。

借：单位活期存款——收款人户

　贷：中间业务收入——托收手续费

2. 付款人开户行通知付款及划款的处理

（1）通知付款的处理。付款人开户行接到收款人开户行寄来的第三、第四、第五联托收凭证及交易单证时，严格审查无误后，在凭证上填注收到日期和承付期。根据第三、第四联托收凭证登记定期代收结算凭证登记簿后专夹保管，第五联托收凭证加盖业务公章后，连同交易单证一并及时送交付款人。

【特别提示】 付款人开户行可以根据具体情况与付款人签订协议，采取付款人来行自取、派人送达、对距离较远的付款人邮寄等通知方式。付款人应在承付期内审查核对，安排资金。

承付期是付款人审查单证、检验货物和筹措资金的时间。承付期分为验单付款和验货付款两种，由收付双方协商选用，并在合同中明确规定。

验单付款的承付期为3天，从付款人开户银行发出承付通知的次日算起（承付期内遇法定休假日顺延）。付款人在承付期内未向银行表示拒绝付款，银行即视作承付，并在承付期满的次日（法定休假日顺延）上午银行开始营业时，将款项主动从付款人的账户内付出，按照收款人指定的划款方式划给收款人。

【点拨指导】 收付双方约定采用验单付款。如付款人开户银行6月20日（周一）向付款人发出承付通知，承付期从6月21日（周二）算起，承付期满日为6月23日（周四），银行付款日为6月25日（周五）。

【特别提示】 不论是验单付款还是验货付款，付款人都可以在承付期内提前向银行表示承付，并通知银行提前付款，银行应立即办理划款。

验货付款的承付期为10天，从运输部门向付款人发出提货通知的次日算起。采用验货付款的，收款人必须在托收凭证上加盖明显的验货付款戳记。付款人收到提货通知后，应立即向银行交验提货通知。付款人在银行发出承付通知的次日起10天内，未收到提货通知的，应在第10天将货物尚未到达的情况通知银行。在第10天付款人没有通知银行的，银行即视作已经验货，于10天期满的次日上午银行开始营业时，将款项划给收款人。在第10天付款人通知银行货物未到，以后收到提货通知也没有及时送交银行的，银行仍按10天期满的次日作为划款日期，并按超过的天数计扣逾期付款赔偿金。

【特别提示】 在承付期内，付款人应认真审查凭证或检验货物，并积极筹措资金，如有异议或其他要求，应在承付期内通知银行，否则银行视为同意付款。

（2）承付划款的处理。

1）全额付款的处理。付款人在承付期内没有任何异议，并且在承付期满日营业终了前银行存款账户上有足够金额，银行便视作同意全额付款，开户行于承付期满日次日（遇例假日顺延）上午开始营业时，主动将款项从付款人账户内划出，按收款人指定的划款方式划给收款人，以第三联托收凭证作借方传票办理转账。其会计分录为：

借：单位活期存款——付款人户

　　贷：待清算辖内往来或有关科目

转账后，在定期代收结算凭证登记簿上填注转账日期，在第四联托收凭证上填注支付日期后，随同汇划贷方报单寄交收款人开户行。若采用电划，则凭第四联托收凭证向收款人开户行发送划款信息。

【例6-31】 承付期满日，商业银行A行的开户单位东风汽配厂足额支付异地系统内B行开户单位邯郸钢铁厂托收承付结算货款，金额408 000元，A行审查无误后第二天上午办理划款手续。其会计分录为：

借：单位活期存款——东风汽配厂户　408 000

　贷：待清算辖内往来　408 000

2）提前承付的处理。不论是验单付款还是验货付款，付款人都可以在承付期内提前向银行表示承付，并通知银行提前付款，银行应立即办理划款，其手续同全额付款，但应在托收凭证和登记簿备注栏分别注明“提前承付”字样。

【例6-32】商业银行A行收到异地系统内B行寄来的托收承付结算凭证，其开户单位永华机电厂委托收取货款一笔，金额305 000元，付款单位为A行开户单位富达贸易公司。承付期内，富达贸易公司来行提出提前承付的要求，经审查无误，立即办理转账手续。其会计分录为：

借：单位活期存款——富达贸易公司户　305 000

　贷：待清算辖内往来　305 000

3）多承付的处理。付款人如由于商品的价格、数量或金额变动等原因，要求将一笔托收多承付款项一并划回时，付款人应在承付期内填制四联多承付理由书（以托收承付拒绝付款理由书改用）提交开户行。开户行审查后，在托收凭证和登记簿备注栏注明多承付的金额，以第二联多承付理由书代借方凭证，第三联托收凭证作附件办理划款。其会计分录同全额付款。

借：单位活期存款——付款人户

　贷：待清算辖内往来或有关科目

转账后，将第一联多承付理由书加盖转讫章作支款通知交给付款人，第三、四联多承付理由书和第四联托收凭证随同汇划贷方报单一并寄交收款人开户行。

【特别提示】付款人不得在承付货款中扣抵其他款项或以前托收的货款。

【例6-33】付款期内，商业银行A行的开户单位华东机械制造厂提交多承付理由书，要求对异地系统内B行开户单位联胜轴承厂托收的货款办理转账手续。托收金额304 000元，多承付2 000元，经审查无误，立即办理转账手续。其会计分录为：

借：单位活期存款——华东机械制造厂户　306 000

　贷：待清算辖内往来　306 000

4）逾期付款的处理。

【特别提示】付款人在承付期满日银行营业终了时，如无足够资金支付货款，其不足部分即为逾期付款。付款人开户银行应当根据逾期付款金额和逾期天数，每天按万分之五计算逾期付款赔偿金。

付款人在承付期满日营业终了前，账户无款支付的，付款人开户行应在托收凭证和登记簿备注栏分别注明“逾期付款”字样，并填制三联托收承付结算到期未收通知书，将第一、第二联通知书寄收款人开户行，第三联通知书与第三、第四联托收凭证一并保管。等到付款人账户有款可以一次或分次扣款时，比照下面部分付款的有关手续办理，将逾期付款的款项和赔偿金一并划给收款人。赔偿金的计算公式为：

赔偿金金额=逾期支付金额×逾期天数×赔偿金率

【特别提示】 逾期天数从承付期满日算起。承付期满日银行营业终了时，付款人如无足够资金支付，其不足部分，应当算作逾期一天；在承付期满的次日（如遇例假日顺延，但以后遇例假日照算逾期天数）银行营业终了时，仍无足够资金支付，其不足部分，应当算作逾期两天，依此类推。

托收款项逾期如遇跨月，应在月末单独计算赔偿金，于次月 3 日内划给收款人。在月内有部分付款的，其赔偿金从当月 1 日起计算并随同部分支付的款项划给收款人，对尚未支付的款项，月末再计算赔偿金，于次月 3 日内划给收款人。

【特别提示】 赔偿金的扣付列为企业销货收入扣款顺序的首位。付款人账户余额不足全额支付时，应排列在工资之前，并对该账户采取"只收不付"的控制办法，待一次足额扣付赔偿金后，才准予办理其他款项的支付。因此产生的经济后果由付款人自行负责。

【例 6-34】 商业银行 A 行 12 月 14 日收到异地系统内 B 行寄来的托收承付结算凭证及有关单证，金额 186 000 元，付款人为开户单位东风钢铁厂，A 行当日发出承付通知。12 月 17 日承付期满日营业终了，东风钢铁厂存款账户只能支付 106 000 元，A 行在 12 月 18 日上午进行划款。其余款项于 12 月 24 日上午全部付清。（假设赔偿金率为 0.5‰。）

A 行 12 月 18 日划款时：

借：单位活期存款——东风钢铁厂户	106 000
贷：待清算辖内往来	106 000

12 月 24 日划款时：

赔偿金=80 000×6×0.5‰ =240(元)

借：单位活期存款——东风钢铁厂户	80 240
贷：待清算辖内往来	80 240

【点拨指导】 逾期金额为 80 000 元(186 000—106 000)，付款人东风钢铁厂 12 月 24 日上午全部付清，要先在 12 月 23 日营业终了前账户有足够资金支付，所以逾期天数从 12 月 17 日算至 12 月 22 日为止，共计 6 天。12 月 24 日上午 A 行将赔偿金 240 元随同部分支付的款项 80 000 元一并划给收款人。

每月单独扣付赔偿金时，付款人开户行应填制两联特种转账借方传票、一联特种转账贷方传票，并注明原托收号码及金额，在转账原因栏注明第×月逾期付款的金额及相应扣付赔偿金的金额，以一联特种转账借方传票作借方凭证，一联特种转账贷方传票作发报依据，办理划款，会计分录同全额付款的处理。转账后，另一联特种转账借方传票加盖转讫章作付款通知交给付款人，并在登记簿备注栏注明第×月扣付赔偿金的金额。会计分录为：

借：单位活期存款——付款人户

贷：待清算辖内往来或有关科目

付款人开户行对逾期未付的托收凭证，负责进行扣款的期限为 3 个月（从承付期满日算起）。期满时，付款人仍无足够资金支付欠款的，银行应于次日通知付款人将第五联托收凭证及有关交易单证在 2 日内退回银行。银行将有关结算凭证连同交易单证退回收款人开户行转交收款人，并将应付的赔偿金划给收款人。

对付款人逾期不退回单证的，开户银行应自发出通知的第 3 天起，按照该笔尚未付清欠款的金额，每天处以万分之五但不低于 50 元的罚款，并暂停付款人向外办理结算业务，直到退回单证时止。

【特别提示】对付款人逾期不退回单证的，开户银行按规定实施的罚款作为银行营业外收入处理。

5）部分付款的处理。付款人在承付期满日开户行营业终了前，账户只能部分支付的，付款人开户行应在托收凭证上注明当天可以扣收的金额；同时，填制两联特种转账借方凭证，并注明原托收号码及金额，以一联特种转账借方凭证作借方传票。其会计分录为：

借：单位活期存款——付款人户　　部分支付金额

　贷：待清算辖内往来或有关科目　　部分支付金额

转账后，另一联特种转账借方凭证加盖转讫章作支款通知交给付款人，在登记簿备注栏分别注明已承付和未承付金额，并批注“部分付款”字样。第三、第四联托收凭证按付款人及先后日期单独保管。

银行要随时掌握付款人账户余额，以便将未支付部分款项及时划转收款人开户行，同时应逐次扣收逾期付款赔偿金。最后一次款项结清时，在第三、四联托收凭证上注明“扣清”字样及日期，作特种转账借方传票的附件，并销记登记簿。

6）拒绝付款的处理。付款人在承付期内提出全部或部分拒付的，应填制四联全部或部分拒绝付款理由书并签章，连同有关的拒付证明、第五联托收凭证及所附单证送交开户行。

开户银行必须认真审查拒绝付款理由并查验合同。对于付款人提出拒绝付款的手续不全、依据不足、理由不符合规定和不属于上述拒绝付款情况的，以及超过承付期拒付或将部分拒付提为全部拒付的，银行均不得受理，应实行强制扣款。对无理拒付而增加银行审查时间的，应从承付期满日起，为收款人计扣逾期付款赔偿金。

【知识链接】
提出全部或部分拒绝付款的合法事项

【特别提示】对于军品的拒绝付款，银行不审查拒绝付款理由。

对符合规定同意拒付的，银行主管部门审批后，在托收凭证和登记簿备注栏注明“全部拒付”字样，然后将第一联拒绝付款理由书加盖业务公章退给付款人，将第二联拒绝付款理由书连同第三联托收凭证留存备查，其余所有单证一并寄给收款人开户行。

付款人在承付期内提出部分拒绝付款，银行审查同意办理的，依照全部拒付审查手续办理，并在托收凭证和登记簿备注栏注明“部分拒付”字样及部分拒付的金额，对同意承付部分，以第二联拒绝付款理由书代借方凭证（第三联托收凭证作附件）。其会计分录为：

借：单位活期存款——付款人户　　　　同意承付金额

　贷：待清算辖内往来或有关科目　　　　同意承付金额

然后将第一联拒绝付款理由书加盖转讫章交付款人，其余单证，如第三、第四联部分拒绝付款理由书连同拒付部分的商品清单和有关证明邮寄收款人开户行。

【例 6-35】承付期内，商业银行A行的开户单位东风汽配厂提交一式四联部分拒绝付款理由书，拒付异地系统内B行开户单位福榕玻璃厂货款 350 000 元，同时只承付 250 000 元。经审查无误，立即办理转账手续。其会计分录为：

借：单位活期存款——东风汽配厂户　　　　250 000

　贷：待清算辖内往来　　　　250 000

3. 收款人开户行收到划回托收款的处理

（1）全额划回的处理。收款人开户行收到付款人开户行寄来的汇划贷方报单以及所附的第四联托收凭证时，应抽出留存的第二联托收凭证与第四联进行核对。审查无误后，在第二联凭证上填注转账日期并作贷方凭证办理转账。若采用电划，则根据收到的划款信息打印两联汇划贷方补充报单，以一联代贷方凭证，第二联托收凭证作附件办理转账。其会计分录为：

借：待清算辖内往来或有关科目

　贷：单位活期存款——收款人户

转账后，在第四联托收凭证（或另一联汇划贷方补充报单）上加盖转讫章作收款通知交给收款人，并销记登记簿。

【例 6-36】承例 6-31，商业银行B行收到系统内A行寄来的汇划贷方报单以及所附的第四联托收凭证，经审查系A行的开户单位东风汽配厂足额支付在B行开户的邯郸钢铁厂托收承付结算货款，金额 408 000 元，审查无误后及时为收款人邯郸钢铁厂办理入账手续。B行收到划回托收款的会计分录为：

借：待清算辖内往来　　　　408 000

　贷：单位活期存款——邯郸钢铁厂户　　　　408 000

（2）多承付款划回的处理。收款人开户行收到付款人开户行划来多承付款项及第三、四联多承付理由书后，在第二联托收凭证和登记簿备注栏注明多承付金额，为收款人及时人账，并将一联多承付理由书交收款人，其余手续与全额划回相同。

（3）部分款项划回的处理。收款人开户行收到对方行部分划款信息，打印两联汇划贷方补充报单，在留存的第二联托收凭证和登记簿上注明部分划回的金额，以一联汇划贷方补充报单代贷方凭证为收款人入账，另一联汇划贷方补充报单加盖转讫章作收款通知交给收款人。俟最后清偿完毕，在第二联托收凭证上注明结算终了日期，将其作贷方凭证的附件，并销记登记簿。其余手续与全额划回相同。

（4）逾期划回、单独划回赔偿金及无款支付退回凭证的处理。收款人开户行接到第

一、二联托收承付结算到期未收通知书后，应在第二联托收凭证上加注“逾期付款”字样及日期，然后将第二联通知书交给收款人，第一联附于第二联托收凭证后一并保管，待有款划回或单独划回赔偿金时，比照部分划回的有关手续处理。

收款人开户行在逾期付款期满后接到第四、五联托收凭证（部分无款支付系第四联托收凭证）及二联无款支付通知书和有关单证，核对无误后，在留存的第二联托收凭证上注明“无款支付”字样，销记登记簿。然后将一联无款支付通知书及第四、五联托收凭证和有关单证退给收款人。收款人在另一联无款支付通知书上签收，银行连同第二联托收凭证一并保管备查。

（5）全部或部分拒付。收款人开户行接到第三、四联拒绝付款理由书和第四、五联托收凭证及有关的拒付证明、单证，抽出留存的第二联托收凭证核对无误后，在凭证上注明“全部拒付”或“部分拒付”字样、日期，销记登记簿。然后将第四联拒绝付款理由书和第四、五联托收凭证及有关的拒付证明、单证退给收款人。收款人在第三联拒绝付款理由书上签收，银行连同第二联托收凭证一并保管备查。

对于部分拒付划回款项，则以第三联拒绝付款理由书代贷方凭证，第二联托收凭证作附件办理入账，会计分录与全额划回相同。

【特别提示】收款人开户行对逾期尚未划回，又未收到付款人开户行寄来的逾期付款通知或拒绝付款理由书的托收款项，应当及时查询。付款人开户行要积极查明，及时答复。

第四节　信用卡业务的核算

一、信用卡的概念和基本规定

（一）信用卡的概念

信用卡是指商业银行向个人和单位发行的，凭以向特约单位购物、消费和向银行存取现金，且具有消费信用的特制载体卡片。

信用卡按使用对象分为单位卡和个人卡；按信誉等级分为金卡和普通卡。

【特别提示】商业银行（包括外资银行、合资银行）和非银行金融机构未经中国人民银行批准不得发行信用卡；非金融机构、境外金融机构的驻华代表机构不得发行信用卡和代理收单结算业务。

（二）信用卡的基本规定

（1）单位申领信用卡。凡在中国境内金融机构开立基本存款账户的单位可申领单位卡。单位卡可申领若干张，持卡人资格由申领单位法定代表人或其委托的代理人书面指定和注销。

【特别提示】单位卡账户的资金一律从其基本存款账户转账存入，不得交存现金，不得将销货收入的款项存入其账户。

(2) 单位卡的用途。单位卡可以办理商品交易或劳务供应款项的结算，但是不得用于10万元以上的商品交易、劳务供应款项的结算。

【特别提示】单位卡一律不得支取现金。

(3) 个人申领信用卡。凡具有完全民事行为能力的公民可申领个人卡。个人卡的主卡持卡人可为其配偶及年满18周岁的亲属申领附属卡，申领的附属卡最多不得超过两张，主卡持卡人有权要求注销其附属卡。

(4) 个人卡的存入。个人卡账户的资金以其持有的现金存入，或以其工资性款项及属于个人的劳务报酬收入转账存入。

【特别提示】严禁将单位的款项存入个人卡账户。

(5) 信用卡的合理使用。信用卡仅限于合法持卡人本人使用，持卡人不得出租或转借信用卡。

(6) 信用卡的透支额的限定。信用卡透支额，金卡最高不得超过1万元，普通卡最高不得超过5 000元。信用卡透支期限最长为60天。持卡人使用信用卡不得恶意透支。

【知识链接】恶意透支是指持卡人超过规定限额或规定期限，并且经发卡银行催收无效的透支行为。

(7) 信用卡的销户。持卡人不需要继续使用信用卡的，应持信用卡主动到发卡银行办理销户。发卡银行办理销户，应当收回信用卡。有效信用卡无法收回的，应当将其止付。

【特别提示】销户时，单位卡账户余额转入其基本存款账户，不得提取现金；个人卡账户可以转账结清，也可以提取现金。

(8) 信用卡透支计息。贷记卡透支按月记收复利，准贷记卡透支按月计收单利，透支利率为日利率万分之五，并根据中国人民银行的此项利率调整而调整。

【知识链接】信用卡按是否向发卡银行交存备用金分为贷记卡、准贷记卡两类。贷记卡是指发卡银行给予持卡人一定的信用额度，持卡人可在信用额度内先消费、后还款的信用卡。准贷记卡是指持卡人须先按发卡银行要求交存一定金额的备用金，当备用金账户余额不足支付时，可在发卡银行规定的信用额度内透支的信用卡。

【特别提示】信用卡备用金存款利息，按照中国人民银行规定的活期存款利率及计息办法计算。

(9) 贷记卡持卡人非现金交易享受的优惠条件。贷记卡持卡人非现金交易享受如下优惠条件：第一，免息还款期待遇。银行记账日至发卡银行规定的到期还款日之间为免息还款期。免息还款期最长为60天。持卡人在到期还款日前偿还所使用全部银行款项即可享受免息还款期待遇，无须支付非现金交易的利息。第二，最低还款额待遇。持卡人在到期还款日前偿还所使用全部银行款项有困难的，可按照发卡银行规定的最低还款额还款。

【特别提示】发卡银行对贷记卡持卡人未偿还最低还款额和超信用额度用卡的行为，应当分别按最低还款额未还部分、超过信用额度部分的5%收取滞纳金和超限费。

（10）信用卡的挂失。信用卡丧失，持卡人应立即持本人身份证件或其他有效证明，并按规定提供有关情况，向发卡银行或代办银行申请挂失。发卡银行或代办银行审核后办理挂失手续。

【特别提示】信用卡丧失，持卡人办理电话挂失后，应及时补办书面挂失手续。办妥书面挂失手续后，持卡人方可补领新卡。

二、信用卡业务的核算

（一）信用卡发卡的核算

个人和单位申领信用卡，应按发卡机构要求正确、完整、真实地填写申请表和提交发卡机构要求的相关申请资料，经银行审查符合条件，并按银行要求交存一定金额的备用金后，银行为申领人开立信用卡存款账户，与发卡机构签订领用合约。

收到卡片后，可通过营业网点柜面、电话银行、网上银行、手机银行办理卡片启用。卡片启用后应立即在卡片背面签名栏签名，并在用卡时按规定使用此签名，否则应自行承担后果和损失。

【知识链接】凡具有法人资格的企业、国家机关、事业单位、部队、社会团体或其他组织，可凭中国人民银行核发的开户许可证和相关资料向发卡机构申领单位（商务）卡。单位可申请若干张单位（商务）卡卡片，所有卡片共用一个账户。单位（商务）卡持卡人的资格由单位指定或撤销。

1. 单位卡发卡的处理

（1）申请人在发卡银行开户的处理。转账办理的，由申请人向银行填制支票及进账单，经发卡银行审查无误后按照支票结算的有关手续处理，另填制一联特种转账贷方凭证，作收取手续费贷方凭证。其会计分录为：

借：单位活期存款——基本存款账户

　　贷：单位活期存款——单位信用卡户

按规定收取年费的，打印结算凭证业务收费凭证，回单交申请人。会计分录为：

借：单位活期存款——单位信用卡户

　　贷：中间业务收入——信用卡手续费

（2）申请人不在发卡银行开户的处理。申请人不在发卡银行开户的，须向银行填交支票及进账单，经发卡银行审查无误，选择相应汇划渠道办理转账，按照支票结算的有关手续处理，另填制一联收取手续费的特种转账贷方凭证。其会计分录为：

借：待清算辖内往来或有关科目

贷：单位活期存款——单位信用卡户

收取手续费的会计处理与上面相同。

【例 6-37】商业银行 A 行收到开户单位甲公司的转账支票、进账单和申请表，按规定交存备用金 10 000 元。A 行审查无误后，开立信用卡存款账户，并发给信用卡。会计分录如下：

借：单位活期存款——甲公司基本存款账户　　10 000

贷：单位活期存款——甲公司信用卡户　　10 000

【点拨指导】单位卡账户的资金一律从其基本存款账户转账存入，不得交存现金。

2. 个人卡发卡的处理

个人申领信用卡，需向发卡银行交验身份证件，申领手续同单位卡。申请人交存现金的，银行收妥现金后发信用卡，也可由发卡机构邮寄给申请人。其会计分录为：

借：现金

贷：活期储蓄存款——个人信用卡户

收取年费的会计分录与单位相同。

申请个人转账存入的，手续比照单位卡。

发卡银行在办理信用卡发卡手续时，应登记信用卡账户开销户登记簿和发卡清单，并在发卡单上记载领卡人身份证号码，由领卡人签收。

（二）信用卡付款的核算

1. 特约单位开户行的处理

特约单位办理信用卡进账时，应根据签购单汇总填制汇计单和进账单，并提交签购单。

特约单位开户行收到特约单位送来的进账单和汇计单及签购单时，应按有关规定认真审查，无误后，根据签购单上压印的全国联行行号或填注的分辖行号和同城票据交换号分别不同情况处理。

【特别提示】特约单位开户行收到特约单位送来的进账单和汇计单及签购单时，应认真审查：（1）签购单及其压印的内容是否为本行可受理的信用卡业务范围；（2）签购单上有无持卡人签名、身份证件号码、特约单位名称和编号；（3）签购单的小写金额是否与大写金额相符；（4）是否在签购单上压印的信用卡有效期限内；（5）超过规定交易限额的，有无授权号码；（6）汇计单和签购单的内容是否一致，汇计单、签购单和进账单的结计金额是否正确；（7）手续费计算是否正确。审核无误后，分别不同情况处理。

（1）特约单位与持卡人在同一行处开户的，直接办理转账。银行将第一、三联进账单和第一联汇计单盖章退交特约单位，以第二联签购单作借方凭证，以第二联进账单作贷方凭证，第三联签购单作其附件，另外填制一联特种转账贷方传票作收取手续费的贷方凭证，第二联汇计单作附件，直接办理转账。第三联汇计单、第四联签购单留存。其会计分录为：

借：单位活期存款——单位信用卡户/活期储蓄存款——个人信用卡户

　贷：单位活期存款——特约单位户

　　　中间业务收入——信用卡手续费

【例 6-38】 商业银行 A 行收到在本行开户的特约单位东方商厦送来的进账单和汇计单及签购单，经查看，系本行开户的持卡单位雅美公司在东方商厦的信用卡消费，金额为 20 000 元。A 行审核无误后，收取手续费 10 元并办理转账手续。会计分录如下：

借：单位活期存款——雅美公司信用卡户	20 010
贷：单位活期存款——东方商厦户	20 000
中间业务收入——信用卡手续费	10

（2）特约单位与持卡人在同一城市不同行处开户和异地跨系统银行发行的信用卡，需待款项收妥后办理转账。银行将第一、三联进账单和第一联汇计单盖章退给特约单位，以第二联进账单作贷方凭证，第三联签购单作其附件，另外填制一联特种转账贷方传票作收取手续费的贷方凭证，第二联汇计单作附件，第四联签购单留存。将第二联签购单加盖业务公章，连同第三联汇计单向持卡人开户行或特约单位所在地的跨系统发卡银行通汇行提出票据交换，对跨系统银行发行的信用卡需待款项收妥后办理转账。其会计分录为：

借：待清算辖内往来或有关科目

　贷：单位活期存款——特约单位户

　　　中间业务收入——信用卡手续费

（3）特约单位与持卡人在不同城市的系统内行处开户。银行将第一、三联进账单和第一联汇计单盖章退给特约单位，以第二联进账单作贷方凭证，第三联签购单作其附件，另填制一联特种转账贷方传票作收取手续费的贷方凭证，第二联汇计单作附件，第四联签购单留存。将第二联签购单加盖转讫章连同第三联汇计单随资金汇划借方报单寄持卡人开户行。其会计分录为：

借：待清算辖内往来

　贷：单位活期存款——特约单位户

　　　中间业务收入——信用卡手续费

【例 6-39】 商业银行 A 行收到在本行开户的特约单位华联商场送来的进账单和汇计单及签购单，经查看，系异地系统内 B 行开户的持卡单位融盛公司在华联商场的信用卡消费，金额为 30 000 元。A 行审核无误后，收取手续费 15 元并办理汇划手续。会计分录如下：

借：待清算辖内往来	30 015
贷：单位活期存款——华联商场户	30 000
中间业务收入——信用卡手续费	15

2. 持卡人开户行的处理

持卡人开户行收到同城交换或资金汇划寄来的第二联签购单和第三联汇计单时，应认真审查：(1) 签购单上压印、填注的是否为本行行号或本行交换号；(2) 签购单和汇计单上的内容是否清晰、完整；(3) 签购单上是否加盖业务公章或转讫章；(4) 小写金额是否与大写金额相符；(5) 超过规定交易限额的，有无授权号码。

审查无误后，第二联签购单作借方凭证，第三联汇计单留存。其会计分录为：

借：单位活期存款——单位信用卡户/活期储蓄存款——个人信用卡户

贷：待清算辖内往来或有关科目

持卡人开户行收到签购单，发现持卡人信用卡账户不足支付的，其不足支付部分纳入“其他短期贷款”科目核算。起息日自签单日或银行记账日起，本金或利息未还清又透支的，透支日期连续计算。透支利息按最后期限或最高透支额的最高利率档次计算。

【例 6-40】 承上例，B 行收到异地系统内 A 行的资金汇划报单、签购单和汇计单，经查看是在本行开户的融盛公司在华联商场的信用卡消费，金额为 30 000 元。审核无误后办理转账手续。会计分录如下：

借：单位活期存款——融盛公司信用卡户　　30 000

贷：待清算辖内往来　　30 000

(三) 信用卡支取现金的核算

1. 发卡行的会计处理

银行接到持卡人交来的信用卡和身份证后，应重点审查信用卡的真伪、有效期限，是否为单位卡，持卡人是否为身份证上的本人，审核无误后，办理信用卡支取现金手续。其会计分录为：

借：活期储蓄存款——个人信用卡户

贷：现金

【例 6-41】 林华持商业银行 A 行发行的信用卡要求支取现金 5 000 元，A 行审查无误后办理支取现金手续。会计分录如下：

借：活期储蓄存款——林华信用卡户　　5 000

贷：现金　　5 000

2. 代理行受理信用卡取现的会计处理

参加同城票据交换和系统内联行往来的代理行，对持卡人持信用卡支取现金，应要求其提交身份证件，并审查以下内容：信用卡的真伪及有效期；持卡人身份证件的照片或卡片上的照片是否与本人相符；该信用卡是否被列入止付名单等。在取现单上填写持卡人取现的金额、身份证件号码、代理行名称和代号等内容，交由持卡人签名，然后核对其签名与信用卡上的签名是否一致，是否与身份证件的姓名相同。持卡人取现金额超过限额的，应办理索权手续，并将发卡行给的授权号填入取现单有关栏目内。

代理行向系统内的发卡银行办理资金划付，向持卡人开户行或代理行所在地的跨系统发卡行通汇行提出票据交换。其会计分录为：

借：待清算辖内往来或有关科目

　贷：应解汇款——持卡人户

支付现金时，另填制一联现金付出传票。其会计分录为：

借：应解汇款——持卡人户

　贷：现金

【例6－42】 李明持异地系统内B行发行的信用卡到A行，要求支取现金10 000元，A行审查无误后，向B行办理资金划付以及支取现金手续。会计分录如下：

借：待清算辖内往来　10 000

　贷：应解汇款——李明户　10 000

借：应解汇款——李明户　10 000

　贷：现金　10 000

（四）信用卡销卡的核算

持卡人不需要继续使用信用卡的，在还清透支本息后，应持信用卡主动到发卡银行办理销户。发卡银行确认持卡人具备销户条件时，也可以通知持卡人来行办理销户手续。

【特别提示】 个人卡销户，可以转账结清，也可以提取现金；单位卡销户，信用卡账户余额必须转入其基本存款账户，不得提取现金。

1. 单位卡销户

持卡人应向发卡银行提交授权单位的销户证明和基本存款账户开户许可证及单位卡，银行审查无误后，编制转账凭证，按规定计付利息，持卡人签名后结清账户。其会计分录为：

借：单位活期存款——申请人信用卡户

　　利息支出

　贷：单位活期存款——申请人基本存款户

【特别提示】 信用卡备用金存款利息，按照中国人民银行规定的活期存款利率及计息办法计算。

2. 个人卡销户

个人持卡人应向发卡银行提交个人身份证件及信用卡，银行审查无误后，编制转账单，按规定计付利息，持卡人签名后结清账户。其会计分录为：

借：活期储蓄存款——申请人信用卡户

　　利息支出

　贷：现金/活期储蓄存款——申请人户

【点拨指导】 个人卡销户，如果选择转账结清，则贷记“活期储蓄存款——申请人户”账户；如果选择提取现金，则贷记“现金”账户。

本章小结

1. 支付结算是指单位、个人在社会经济活动中使用票据、银行卡或通过汇兑、托收承付、委托收款等结算方式进行货币给付及资金清算的行为。支付结算按支付方式的不同又分为现金结算和转账结算两种形式。现金结算是指收付款双方直接使用现金进行清算；转账结算是指通过银行将款项从付款人账户划转到收款人账户的货币收付行为，表现为各存款账户之间的资金转移。在现代社会经济中，转账结算已成为货币收付的主要形式。

2. 我国《支付结算办法》规定，单位、个人和银行在办理支付结算业务时，必须遵守的结算原则是：恪守信用，履约付款；谁的钱进谁的账，由谁支配；银行不垫款。银行是办理结算的主体，是维护结算秩序的重要环节，银行必须严格按照结算制度办理结算。

3. 按照《支付结算办法》的规定，支付结算业务按使用的支付结算工具不同分为票据结算业务、结算方式业务和信用卡业务三种。票据结算业务包括银行汇票业务、商业汇票业务、银行本票业务和支票业务；结算方式业务包括汇兑业务、托收承付业务和委托收款业务；信用卡是指商业银行向个人和单位发行的，凭以向特约单位购物、消费和向银行存取现金，且具有消费信用的特制载体卡片。商业银行要按照规定对每一种结算方式进行正确的核算。

4. 单位和个人的各种款项结算，均可以使用支票、银行本票、银行汇票、银行卡以及汇兑、委托收款结算方式，而商业汇票和托收承付结算方式只适用于单位之间的款项结算，银行本票只适用于同城结算，托收承付只适用于异地结算。除此之外，其他支付结算种类在同城、异地均可使用。

本章练习

一、单项选择题

1. 由出票银行签发的，由其在见票时按实际结算金额无条件支付给收款人或持票人的票据是（　　）。

A. 支票　　B. 银行本票　　C. 银行汇票　　D. 商业汇票

2. 银行汇票的提示付款期限自（　　）。持票人超过付款期限提示付款的，代理付款人不予受理。

A. 出票日起 10 天　　B. 出票日起 1 个月

C. 出票日起 2 个月　　D. 到期日起 1 个月

3. 转账办理银行汇票的出票时，应（　　）。

A. 借记“汇出汇款”　　B. 贷记“汇出汇款”

C. 借记“应解汇款”　　D. 贷记“现金”

4. 签发现金银行汇票，申请人和收款人（　　）。

A. 必须均为单位　　B. 必须均为个人

C. 前者为单位，后者为个人　　D. 前者为个人，后者为单位

5. 银行汇票的实际结算金额低于出票金额的，其多余金额由出票银行退交（　　）。

A. 申请人　　B. 收款人　　C. 付款人　　D. 背书人

6. 商业汇票的提示付款期限（　　）。

A. 最长不超过 6 个月　　B. 自出票日起 10 日

C. 自汇票到期日起 10 日　　D. 自出票日起 1 个月

7. 因出票人账户不足支付而将不足支付的款项转入出票人逾期贷款的票据是（　　）。

A. 银行本票　　B. 银行汇票　　C. 商业承兑汇票　　D. 银行承兑汇票

8. 既可以用于支取现金，又可以用于转账的支票是（　　）。

A. 现金支票　　B. 转账支票　　C. 普通支票　　D. 划线支票

9. 为防范支付风险，异地使用支票的单笔金额上限为（　　）。

A. 10 万元　　B. 20 万元　　C. 30 万元　　D. 50 万元

10. 支票的付款人为（　　）。

A. 出票人　　B. 背书人

C. 支票上记载的出票人开户银行　　D. 持票人

11. 支票的提示付款期限自出票日起（　　），到期日遇例假日顺延。

A. 5 日　　B. 10 日　　C. 15 日　　D. 1 个月

12. 开户单位市医药公司 1 月 15 日（星期五）签发一张转账支票，则该支票提示付款的到期日为（　　）。

A. 1 月 24 日　　B. 1 月 25 日　　C. 1 月 26 日　　D. 1 月 27 日

13. 在汇兑结算方式中，汇入行对留行待取的款项，应先转入（　　）。

A. 其他应付款　　B. 其他应收款　　C. 汇出汇款　　D. 应解汇款

14. 委托收款结算银行在办理划款时，付款人账户不足支付全部款项，正确的处理方式是（　　）。

A. 按逾期支付处理　　B. 按无款支付处理　　C. 不作处理　　D. 按拒绝支付处理

15. 托收承付结算方式下，验单付款的承付期为（　　）。

A. 3 天　　B. 5 天　　C. 10 天　　D. 接到通知的当天

16. 付款人开户银行 6 月 20 日（周一）向付款人发出承付通知，验单付款，银行

付款日为（　　）。

A. 6月20日　　B. 6月21日　　C. 6月23日　　D. 6月25日

17. 托收承付的赔偿金定期扣收，每月计算一次，于次月（　　）单独划给收款人。

A. 随逾期付款金额　　B. 3日内

C. 月初　　D. 5日内

18. 商业银行A行12月14日收到异地系统内B行寄来的托收承付结算凭证及有关单证，金额186 000元，付款人为开户单位东风钢铁厂，A行当日发出承付通知。12月17日承付期满日营业终了，东风钢铁厂存款账户无款支付，12月24日上午全部付清。逾期天数为（　　）。

A. 5天　　B. 6天　　C. 7天　　D. 8天

19. 某客户签发12 000元的转账支票，但其账户余额不足支付，银行应退票并处以（　　）元的罚款。

A. 100　　B. 300　　C. 600　　D. 1 000

20. 下列不能在同城结算中使用的是（　　）。

A. 支票　　B. 银行本票　　C. 委托收款　　D. 托收承付

二、多项选择题

1. 单位、个人和银行应遵守的结算原则有（　　）。

A. 恪守信用，履约付款　　B. 谁的钱进谁的账，由谁支配

C. 银行垫款　　D. 银行不垫款

2. 同城异地均可使用的结算业务有（　　）。

A. 银行汇票业务　　B. 银行本票业务　　C. 商业汇票业务　　D. 委托收款业务

3. 票据中（　　）不得更改，更改的票据无效。

A. 票据金额　　B. 日期　　C. 付款人名称　　D. 收款人名称

4. 商业承兑汇票可以由（　　）签发。

A. 承兑银行　　B. 收款人　　C. 收款人开户行　　D. 付款人

5. 银行承兑汇票的出票人必须具备的条件包括（　　）。

A. 在承兑银行开立存款账户的法人以及其他组织

B. 与承兑银行具有真实的委托付款关系

C. 资信状况良好，具有支付汇票金额的可靠资金来源

D. 在承兑银行有贷款记录

6. 关于银行本票，正确的表述有（　　）。

A. 银行本票是付款人签发的，承诺自己在见票时无条件支付确定的金额给收款人或持票人的票据

B. 申请人或收款人为单位的，银行不得为其签发现金银行本票

C. 目前，银行本票为不定额本票，无金额起点限制

D. 现金银行本票不得背书转让，但可以挂失；转账银行本票允许背书转让，但不可以挂失

7. 支票结算中银行应予以退票，并对出票人按票面金额处以5%但不低于1 000元罚款的情况有（　　）。

A. 出票人签发空头支票

B. 收款人拒收

C. 签章与预留银行签章不符的支票

D. 使用支付密码地区支付密码错误的支票

8. 汇入行主动办理退汇的原因有（　　）。

A. 经过两个月无法交付的汇款　　B. 收款人为不在本行开户的个人

C. 汇款人申请退汇　　D. 收款人拒收汇款

9. 收款人未在汇入行开立账户或要求留行待取的，汇入行应以收款人姓名开立应解汇款账户，该账户（　　）。

A. 只收不付　　B. 可收可付，计付利息

C. 付完清户　　D. 不计利息

10. 委托收款结算方式中，付款人付款可能出现的情况是（　　）。

A. 部分付款　　B. 足额付款

C. 无款支付　　D. 拒绝付款

11. 办理托收承付的款项必须是（　　）。

A. 商品交易的款项

B. 因该笔商品交易而产生的劳务供应的款项

C. 代销商品的款项

D. 寄销、赊销商品的款项

12. 下述单位中，（　　）有资格申请采取托收承付的结算方式办理收款手续。

A. 国有企业　　B. 合资企业　　C. 供销合作社　　D. 民营企业

13. 办理托收承付，付款人在承付期内可以向银行提出全部或部分拒绝付款的合法事项包括（　　）。

A. 没有签订购销合同或购销合同未订明托收承付结算方式的款项

B. 未按合同规定的到货地址发货的款项

C. 验单付款，发现所列货物的品种、规格、数量、价格与合同规定不符

D. 付款人账户无足够资金支付货款

14. 同城、异地都可以使用的支付结算种类有（　　）。

A. 支票　　B. 银行本票　　C. 汇票　　D. 委托收款

15. 关于信用卡，正确的说法有（　　）。

A. 凡在中国境内金融机构开立基本存款账户的单位可申领单位卡

B. 单位卡账户的资金一律从其基本存款账户转账存入，也可交存现金

C. 单位卡可以办理商品交易或劳务供应款项的结算，但是不得用于10万元以上的商品交易或劳务供应款项的结算

D. 销户时，单位卡账户余额转入其基本存款账户，不得提取现金

三、判断题

1. 票据金额以中文大写和阿拉伯数字小写同时记载，二者必须一致，二者不一致的，以大写为准。（　）

2. 票据可以背书转让，但填明“现金”字样的银行汇票、银行本票和用于支取现金的支票不得背书转让。（　）

3. 银行汇票的背书转让以不超过出票金额的实际结算金额为准。（　）

4. 持票人向银行提示付款时，必须同时提交银行汇票和解讫通知，并在汇票背面签章。缺少任何一联，银行不予受理。（　）

5. 申请人或收款人为单位的，银行可以为其签发现金银行汇票。（　）

6. 银行汇票未填明实际结算金额或实际结算金额超过出票金额的，银行可以受理。（　）

7. 银行汇票按承兑人的不同，可分为商业承兑汇票和银行承兑汇票。（　）

8. 商业承兑汇票由银行以外的付款人承兑，银行承兑汇票由银行承兑，商业汇票的付款人为承兑人。（　）

9. 商业汇票承兑不得附有条件，承兑附有条件的，视为拒绝承兑。（　）

10. 在银行开立账户的法人以及其他组织之间没有真实的交易关系和债权债务关系，也能使用商业汇票。（　）

11. 银行承兑汇票到期日，承兑申请人账户无款或不足支付票款时，应转入该申请人的逾期贷款户，每日按万分之五计收利息。（　）

12. 银行本票以银行信用为基础，见票即付，不存在委托收款过程。（　）

13. 用于支取现金的银行本票，持票人可以向出票行或代理付款行提示付款。（　）

14. 在普通支票左上角划两条平行线称为划线支票，它可以用于支取现金，也可以用于转账。（　）

15. 转账支票和现金支票的持票人可以委托开户银行收款或直接向付款人提示付款。（　）

16. 支票可以背书转让，但用于支取现金的支票不能背书转让。（　）

17. 汇兑结算只适用于在银行开立账户的汇款人汇划各种款项。（　）

18. 收款人在汇入行需要转汇的应重新办理汇款手续，收款人与汇款用途必须是原汇款的收款人和用途。（　）

19. 转汇银行可以受理汇款人或汇出银行对汇款的撤销或退汇。（　）

20. 委托收款结算方式在同城、异地均可以使用。委托收款没有金额起点，也没有最高限额控制。（　）

21. 委托收款是根据购销合同由收款人发货后，委托银行向付款人收取款项，由付款人向银行承认付款的结算方式。（　）

22. 托收承付结算每笔金额起点为 1 万元。新华书店系统每笔金额起点为 1 000 元。（　）

23. 不论是验单付款还是验货付款，付款人都可以在承付期内提前向银行表示承付，并通知银行提前付款，银行应立即办理划款。（　）

24. 托收承付结算中，付款人在承付期满日银行营业终了时，如无足够资金支付货款，其不足部分视为拒付。（　）

25. 单位信用卡不得用于 10 万元以上的商品交易、劳务供应款项的结算。（　）

26. 信用卡中单位卡和个人卡均可以支取现金。（　）

27. 信用卡备用金存款利息，按照中国人民银行规定的活期存款利率及计息办法计算。（　）

28. 贷记卡持卡人非现金交易可享受免息还款期待遇，免息还款期最长为 30 天。（　）

29. 信用卡仅限于合法持卡人本人使用，持卡人不得出租或转借信用卡。（　）

30. 信用卡销户时单位卡和个人卡账户都可以转账结清，也可以提取现金。（　）

四、业务题

以下为商业银行 A 行发生的经济业务，要求根据下列业务资料编制相应的会计分录，有计算的需列出计算过程。

1. 银行汇票业务的核算

(1) 本行的开户单位光明电器厂提交银行汇票申请书一式三联，申办银行汇票 300 000 元用于购货。银行审查无误，收妥款项并签发银行汇票。

(2) 个体户许华提交银行汇票申请书一份，同时附上现金 10 000 元，申请签发现金银行汇票，收款人为林榕，兑付行为系统内 B 行，审核无误后，银行签发了现金银行汇票。

(3) 本行的开户单位捷达汽配厂送交银行汇票、解讫通知和三联进账单，汇票金额 380 000 元，实际结算金额 350 000 元，A 行审核无误后办理转账。

(4) 收款人吴玲送交本行签发的现金银行汇票一份，金额 20 000 元，要求支取现金，审核并验对身份证无误，A 行立即办理相应手续。

(5) 本行收到系统内 B 行寄来的汇划借方报单及银行汇票解讫通知，汇票金额 400 000元，实际结算金额 380 000 元。经核对系本行签发的本行开户单位华东机械制造厂申请的银行汇票，A 行立即办理银行汇票结清核算。

2. 商业汇票业务的核算

(1) 本行收到异省同系统 B 行寄来的本行开户单位美华纺织厂为承兑人的商业承兑汇票，金额为 350 000 元，汇票已到期，审查无误，且该单位账户有足够的资金支付票款，A 行予以划款。

(2) 本行收到系统内B行划来的商业承兑汇票款300 000元和第四联托收凭证，收款单位是在本行开户的南华贸易公司，经审查无误，A行立即办理转账手续。

(3) 本行的开户单位东南汽车厂签发一份金额为300 000元的商业汇票，来行申请承兑。经审查同意承兑并签订承兑协议，按票面金额的0.05%向承兑申请人收取承兑手续费和50%保证金。

(4) 承上题，若东南汽车厂申请承兑的银行承兑汇票本日到期，且该单位的存款账户上有足够的资金，余额超过300 000元，本行向该公司收取票款。

(5) 本行收到系统内B行寄来的委托收款凭证和银行承兑汇票，金额300 000元，系开户单位东南汽车厂申请的银行承兑汇票，汇票已到期，银行审查无误后办理付款手续。

(6) 本行开户单位东方集团公司申请承兑的银行承兑汇票本日到期，金额为450 000元，按协议规定，从公司账户中收取票款，但是该公司存款账户只能支付250 000元。

(7) 本行收到系统内B行划来的银行承兑汇票款200 000元，经审查确为在B行开户的唐迪服装公司支付给本行开户单位乐达纺织公司的货款，审核无误后办理转账手续。

3. 银行本票业务的核算

(1) 在本行开户的鑫达电子公司提交银行本票申请书，向本行申请签发转账银行本票，金额为400 000元，审查无误后，签发了银行本票。

(2) 本行收到在本行开户的福达开关厂直接交来的银行本票和进账单，该本票为系统内B行签发，金额为300 000元，银行审查无误后，办理了银行本票付款的手续。

(3) 收款人李敏向本行提交注明“现金”字样的银行本票，金额20 000元，该本票为本行签发，审查并验对身份证无误，银行办理付款手续。

(4) 经系统内票据交换提入本行签发的银行本票一张，金额为460 000元。审核无误后，立即办理本票结清手续。

(5) 收到本行开户单位佳华木材厂提交的进账单及本行签发的银行本票，金额460 000元，审查无误后立即办理转账手续。

4. 支票业务的核算

(1) 本行收到开户单位保罗服装公司提交的转账支票和三联进账单，金额为280 000元。支票系在本行开户的大洋百货签发，用于支付给保罗服装公司货款，审查无误后办理转账。

(2) 本行收到开户单位绿佳日化厂提交的转账支票和三联进账单，金额为360 000元。支票系在系统内B行开户的润发超市签发，用于支付给绿佳日化厂货款。审查无误后通过系统转账通兑办理存入交易转账。

(3) 收到在本行开户的华辉毛巾厂签发的转账支票和进账单，金额为180 000元，用于支付给在系统内B行开户的泰亚棉纺厂货款。审查无误后通过系统转账通兑办理扣款交易转账。

（4）本行受理了开户单位爱佳家具厂签发的转账支票和三联进账单，金额300 000元，转账支票系支付给在同城跨系统B行开户的南明木板厂货款，银行审查无误后，通过票据交换收付款项。

（5）本行通过系统内票据交换提入转账支票一张，该支票系本行开户的乐华贸易公司签发，票面金额250 000元，但是该公司存款余额只有220 000元，A行立即办理退票并对乐华贸易公司按票面金额5%计收罚金。列出提入、退票和计收罚金的会计分录。

5. 汇兑业务的核算

（1）本行的开户单位河宁电器商城提交电汇凭证一张，金额430 000元，要求汇往在异地系统内某行开户的美的空调厂用于购货，经审查无误予以办理，A行按规定收取手续费15元。

（2）个人刘军向本行提交信汇凭证一张及现金10 000元，要求汇给异地的张华，汇入行是异地系统内B行，A行审核无误后立即办理相应手续。

（3）本行收到系统内B行寄来的第三、四联信汇凭证及划收报单，金额180 000元，收款人为在本行开户的绿佳日化厂。审核无误后立即办理转账手续。

（4）本行收到异地系统内B行发来的汇兑信息，收款人黄晨，金额16 000元，并注明“现金”字样。经通知黄晨当日来行支取现金，A行审查无误后办理相关手续。

（5）通过查看应解汇款登记簿，发现一笔汇入款项5 000元，并注明“现金”字样，系两个月前由系统内B行汇入的款项，收款人是李刚，至今无法解付。经核实，A行办理了退汇手续。

6. 委托收款和托收承付业务的核算

（1）本行收到系统内B行寄来的有关委托收款托收凭证和商业承兑汇票，系在本行开户的大洋百货付给在B行开户的榕美服装公司的货款150 000元。审核无误后向大洋百货发出付款通知，大洋百货收到通知后书面通知银行付款，A行予以划款。

（2）本行收到异地系统内B行的划收报单和第四联托收凭证，金额480 000元，系3天前本行开户单位爱佳家具厂委托本行收取的商业承兑汇票款的电划款项划回，A行审核无误后予以收款入账。

（3）承付期满日，本行的开户单位乐达纺织公司足额支付在异地系统内B行开户的华美棉纺厂托收承付结算货款，金额460 000元，A行审查无误后第二天上午办理划款手续。

（4）付款期内，本行的开户单位南鑫机电厂提交多承付理由书，要求对异地系统内B行开户单位亮胜开关厂托收的货款办理转账手续。托收金额304 000元，多承付1 000元，A行审查无误后立即办理转账手续。

（5）承付期内，本行开户单位爱佳家具厂提交一式四联部分拒绝付款理由书，拒付异地系统内B行开户单位佳华木材厂货款350 000元，只承付300 000元。A行审查无误后立即办理转账手续。

（6）本行8月6日收到异地系统内B行寄来的托收承付结算凭证及有关单证，金额

563 000 元，付款人为本行开户单位光明电器厂，本行当日发出承付通知。8 月 9 日承付期满日营业终了，光明电器厂存款账户只能支付 463 000 元，本行在 8 月 10 日上午进行划款。其余款项于 8 月 19 日上午全部付清。要求列出银行两次划款的会计分录。（假设赔偿金率为 0.5‰。）

7. 信用卡业务的核算

（1）本行收到开户单位保罗服装公司的转账支票、进账单和申请表，按照规定交存备用金 5 000 元。A 行审查无误后开立信用卡存款账户，并发给信用卡。

（2）本行收到开户特约单位大洋百货送来的进账单和汇计单及签购单，经查看系在本行开户的持卡单位乐华贸易公司在大洋百货的信用卡消费，金额 30 000 元。A 行审核无误后，收取手续费 15 元并办理转账手续。

（3）本行收到开户特约单位大洋百货送来的进账单和汇计单及签购单，经查看系在异地系统内 B 行开户的持卡单位富利公司在大洋百货的信用卡消费，金额 20 000 元。A 行审核无误后，收取手续费 10 元并办理汇划手续。

（4）周玲持本行发行的信用卡要求支取现金 10 000 元，本行审查无误后办理了支取现金手续。

（5）本行收到异地系统内 B 行的资金汇划报单、签购单和汇计单，经查看系在本行开户的乐达纺织公司在异地银泰商场的信用卡消费，金额 50 000 元。A 行审核无误后办理转账手续。

第七章

银行往来及资金清算的核算

学习目的

1. 了解银行往来及资金清算的含义，我国银行往来及资金清算的模式，我国银行往来及资金清算的核算要求。

2. 掌握资金汇划清算系统的基本做法、基本程序和汇划款项及资金清算的核算。

3. 掌握通过人民银行存取现金的处理，掌握缴存存款的核算、向中央银行再贷款的核算和向中央银行再贴现的核算。

4. 了解同城票据交换和现代化支付系统的会计处理。

第一节　银行往来及资金清算概述

一、银行往来及资金清算的概念和意义

（一）银行往来及资金清算的概念

国民经济各部分之间因商品交易、劳务供应而产生的资金划拨和清算必须通过银行才能完成。因为银行是国民经济资金活动的枢纽，承担着为社会各部门、各单位之间商品交易、劳务供应进行货币结算，以及对财政预算资金上缴、下拨进行划拨清算的责任。办理这些业务时，如果收付款人在同一行处开户，那么资金从付款人账户划转到收款人账户，在一个行处内即可以完成；如果收付款人在不同的行处开户（在同一银行系统的不同行处开户或在不同银行系统的营业机构开户），则需要在两个行处之间进行资金划拨，银行对由此而形成的相互之间资金的代收代付进行清偿。这些资金划拨和清算需要在不同商业银行之间进行。

中国人民银行作为我国的中央银行，除担负着为商业银行上下级行间及跨系统的资金划拨提供清算服务的任务，还要对商业银行进行宏观调控，调剂各行资金。商业银行吸收的一般性存款，要按规定的比率缴存中央银行，吸收的财政性存款必须全额划缴中

央银行，商业银行营运资金不足时，可按规定向中央银行申请再贷款、再贴现或向同业办理拆借。这样，各商业银行向中央银行存取款项、再贴现和贷款，形成了商业银行与中央银行之间的往来。

综上所述，银行往来及资金清算是指商业银行（包括系统内和跨系统）相互之间以及与中央银行之间，办理支付结算、资金调拨、相互融通资金和中央银行行使金融监管职能等引起的资金账务往来及清算。

（二）支付结算与资金清算的关系

企业及个人之间通过银行进行的资金往来称为支付结算，商业银行为开户的企业和个人办理资金的转移，是支付结算业务的主要内容；银行之间对支付业务往来所产生的资金进行结清核算称为资金清算，支付结算引发的银行间资金账务往来和债权债务关系，则是银行间往来和清算的主要对象。资金清算是由支付结算引起的，支付结算是资金清算的原因，资金清算是实现支付结算的工具，是清偿行与行之间资金存欠的手段，所以支付结算与资金清算两者是紧密联系、相辅相成的。

【特别提示】银行间支付清算业务的起因主要是银行客户间的资金转移业务。从客户角度出发，客户间的资金往来是通过银行划转的，称为支付结算；从银行角度出发，客户资金转移引起的银行间资金存欠关系的结清称为资金清算。

（三）银行往来及资金清算的意义

随着经济的不断发展，银行之间资金划拨的规模迅速增加，客观上对资金划拨和清算的要求不断提高，使得银行往来与资金清算在经济发展的过程中变得越来越重要。因此，做好银行往来及资金清算的核算工作，科学地组织凭证传递和账务处理，对于加速国民经济资金周转、提高资金使用效益，具有十分重要的意义。

二、我国银行往来及资金清算的模式

我国已初步建成以中国人民银行支付系统为核心，以商业银行行内系统为基础，以票据交换系统、银行卡支付系统等为组成部分的支付清算网络。

1. 联行往来系统

各商业银行系统内的联行往来系统，主要适用于各商业银行系统内各银行之间异地资金的汇划。随着计算机技术的普及，各商业银行相继开通了电子清算系统，使各联行机构的款项汇划实现了电子汇划、无纸传递，大大提高了异地汇划的速度和资金清算的效率。

2. 人民银行的电子联行系统

人民银行的电子联行系统，主要适用于各商业银行系统间的贷记资金汇划业务，通过人民银行进行转汇。

3. 票据交换系统

各大中城市的票据交换系统或票据清分系统，主要适用于同一城市或票据交换区域各银行之间的票据往来业务。

4. 现代化支付系统

现代化支付系统包括大额支付系统和小额支付系统等应用系统。大额支付系统逐笔实时处理支付口令，全额清算资金，目标是为银行和社会企事业单位以及金融市场提供快速、安全、可靠的支付清算服务。小额支付系统批量发送支付口令，轧差净额清算资金，目标是为社会提供低成本、大业务量的支付清算服务，支撑各种支付业务，满足社会各种经济活动的需要。

5. 银行卡支付系统

银行卡支付系统是由银行卡跨行支付系统以及发卡行内银行卡支付系统组成的专门处理银行卡跨行信息转接和交易清算业务的信息系统，由中国银联建设和运营，具有借记卡和信用卡、密码方式和签名方式共享等特点。2004 年银行卡跨行支付系统成功接入中国人民银行大额支付系统，实现了银行卡跨行支付的实时清算。

6. 全国支票影像交换系统

全国支票影像交换系统是指运用影像技术将实物支票转换为支票影像信息，通过计算机及网络将影像信息传递至出票人开户银行提示付款的业务处理系统。影像交换系统定位于处理银行机构跨行和行内的支票影像信息交换，其资金清算通过中国人民银行覆盖全国的小额支付系统处理。中国人民银行于 2007 年 6 月 25 日建成全国支票影像交换系统，该金融基础设施的建设标志着我国已经打破支票仅在同城使用的限制，实现了支票在全国范围的互通使用。

三、我国银行往来及资金清算的核算要求

银行往来的核算涉及中央银行和各商业银行的核算，在核算过程中应满足以下要求：

（1）及时、准确办理银行往来的核算，保持汇路畅通。各商业银行应及时、准确、快捷地办理银行往来的核算，及时清算各商业银行之间的资金占用，快速传递有关结算凭证，及时办理转账手续，保持汇路畅通，加速企业资金周转。

【特别提示】商业银行跨系统汇划款项和商业银行系统内 50 万元（含）以上的大额汇划款项，一律通过中国人民银行办理转汇和清算资金。

（2）遵守商业银行与人民银行往来的核算规定。商业银行到中国人民银行取款不得透支；计划内借款不得超过中国人民银行核定的贷款额度；同业拆借应通过双方在中国人民银行的存款户办理转账，不得支取现金。

中国人民银行应严格掌握各商业银行在中国人民银行开立的往来账户，不能透支，并要求留足备付金。如果备付金不足，商业银行应及时调度资金补足。

第二节　商业银行资金汇划清算系统的核算

一、资金汇划清算系统概述

资金汇划清算系统是商业银行办理结算资金和内部资金汇划与清算的工具，是一套集汇划业务、清算业务、结算业务等于一体的综合性应用系统。该核算系统利用先进的计算机网络系统，将发、收报行之间横向的资金往来转换成纵向的资金汇划，资金划拨快捷，资金清算及时，大大减少了在途资金，防止了行与行之间的资金存欠。资金汇划清算系统是商业银行办理内部资金汇划的渠道，也是我国支付清算体系的重要基础。

【特别提示】目前各商业银行都有各自的行内支付系统和制度，并普遍采用电子汇划系统。行内支付系统是内部资金往来与资金清算的渠道，在整个支付系统中居于基础地位。

（一）资金汇划清算系统的基本内容

1. 系统的组成

该系统由汇划业务经办行（以下简称经办行）、清算行、省区分行和总行清算中心通过计算机网络组成。

经办行是具体办理结算资金和内部资金汇划业务的行处，它是对外营业的分支机构。汇划业务的发生行是发报经办行；汇划业务的接收行是收报经办行。

清算行在总行清算中心开立备付金存款账户，办理其辖属行处汇划业务的报文转发、账务核算管理、资金清算，解决清算行之间的业务问题以及对下属机构进行业务指导。清算行包括直辖市分行、总行直属分行及二级分行（含省分行营业部）。

省区分行在总行开立备付金户，只办理系统内资金调拨和内部资金利息汇划。

总行清算中心是办理系统内各经办行之间的资金汇划，各清算行之间的资金清算及资金拆借、账户对账等账务核算和管理的部门。

2. 资金汇划业务的处理范围

汇划业务主要包括汇兑、异地托收承付、委托收款（含商业汇票、国内信用证、储蓄委托收款等）、银行汇票、银行卡、储蓄旅行支票、内部资金划拨、其他经总行批准的款项汇划及其资金清算，对公、储蓄、银行卡异地通存通兑业务的资金清算，以及有关的查询查复业务。

3. 资金汇划清算系统的基本做法

尽管银行业金融机构都有各自独立的行内电子汇划系统，但是商业银行行内电子汇划与资金清算通常采取“实存资金、同步清算、头寸控制、集中监督”的方式。

（1）实存资金。实存资金是指以清算行为单位，在总行清算中心开立备付金存款账户，用于汇划款项时的资金清算。

（2）同步清算。同步清算是指发报经办行通过其清算行经总行清算中心将款项汇划至收报经办行，同时，总行清算中心办理清算行之间的资金清算。

（3）头寸控制。头寸控制是指各清算行在总行清算中心开立的备付金存款账户，保证足额存款，总行清算中心对各行汇划资金实行集中清算。清算行备付金存款不足，二级分行可向管辖省区分行借款，省区分行和直辖市分行、直属分行头寸不足，可向总行借款。

【特别提示】各清算行在总行清算中心开立的备付金存款账户应保留足额存款，不得透支。

（4）集中监督。集中监督是指总行清算中心对汇划往来数据发送、资金清算、备付金存款账户资信情况和行际查询查复情况进行管理和监督。

（二）资金汇划清算系统的基本规定

1. 行内汇划清算系统的基本程序

资金汇划清算系统的运作程序：发报行将汇划信息用计算机加密处理后，形成加密数据，通过信息专用线路传输到发报清算行、总行清算中心；总行清算中心将整理后的加密数据通过通用线路传输到收报清算中心，转给收报行。

资金汇划清算系统采取“汇划数据实时发送，各清算行控制进出，总行中心即时处理，汇划资金按时到达”的办法。

汇划数据实时发送是指发报经办行录入汇划数据后，全部实时发送至发报清算行。

各清算行控制进出是指清算行辖属所有经办行的资金汇划、查询查复全部通过清算行进出，清算行控制辖属经办行的资金清算。

总行中心即时处理是指总行清算中心将发报清算行传来的汇划数据即时传输至收报清算行。实时业务由收报清算行即时传输到收报经办行，批量业务由收报清算行次日传输到收报经办行。总行清算中心当日更新各清算行备付金存款。

汇划资金按时到达是指汇划资金能够做到实时业务即时到达经办行，批量业务次日到达经办行。在每日营业终了前的规定对账时间内，从上到下，由总行清算中心和各清算行、经办行核对当日往来账的笔数、金额无误后，结出当日行内汇划往来账务余额。

2. 会计科目的设置与使用

各银行业金融机构行内支付系统各自独立设计，虽然基本做法类似，但使用的会计科目不尽相同。这里主要介绍常见的五个会计科目。

(1)“上存系统内款项”科目。本科目用于核算和反映各省区分行、直辖市分行、总行直属分行及二级分行存放在上级管辖行的清算（调拨）备付金、定期存款和特种存款等。它属于资产类科目，期末余额反映在借方，表示本行在上级行的实有存款。该科目按对方银行设户进行明细核算。省区分行、直辖市分行、总行直属分行应在科目下设上存总行备付金户，用于直辖市分行和总行直属分行清算辖属行处汇划款项和资金调拨及省区分行的资金调拨。

省分行营业部、二级分行应在本科目下设两个专户：1）上存总行备付金户，用于清算辖属行处汇划款项。2）上存省区分行调拨资金户，用于省区分行集中调拨全辖资金的核算。

(2)“系统内款项存放”科目。本科目用于反映总行及各省区分行核算下级行存放的清算（调拨）备付金存款、定期存款和特种存款等。它属于负债类科目，期末余额在贷方，表示下级行在本行实际结存的备付金。该科目按对方银行设户进行明细核算。

总行按清算行和省区分行设境内分行存放备付金户，用于反映各清算行和省区分行在总行备付金存款的增减变动情况。省区分行按二级分行设调拨资金存款户，用于反映省分行营业部和辖属二级分行在省区分行的调拨资金存款的增减变动情况。

(3)“辖内款项存放”科目。本科目用于核算和反映各分（支）行由下级行或网点上存的备付金存款。该科目是负债类科目，期末余额在贷方。

(4)“辖内上存款项”科目。本科目用于核算和反映各支行或网点存放在上级行的备付金存款。该科目是资产类科目，期末余额在借方。

(5)“待清算辖内往来”科目。本科目用于核算和反映各经办行与清算行往来款项及清算情况。它属于资产负债共同类科目，余额轧差反映。当日汇差资金结清后，该科目的余额为零。

【特别提示】“待清算辖内往来”科目可根据银行的业务性质决定记账方向：办理划付款业务时，记借方；办理划收款业务时，记贷方。

3. 会计凭证的设置与使用

资金汇划借方报单和资金汇划贷方报单被电子汇划业务的发报行使用。汇划的借贷方报单的方向由发报行的业务性质或由发报行的“待清算辖内往来”科目记账方向决定。如发报行为付款业务（“待清算辖内往来”科目记账方向为贷方）使用资金汇划贷方报单。

资金汇划补充凭证是收报经办行接收来账数据后打印的凭证，是账务记载的依据和款项已入账的通知。它分为以下两种：

(1) 资金汇划（借方）补充凭证。一式两联，一联作有关科目借方传票，另一联作有关科目的传票或附件。具体见表 7-1。

表 7-1　资金汇划（借方）补充凭证

中国××银行资金汇划（借方）补充凭证	记账凭证
行名：	收报日期：
业务种类：	处理方向：
收款人账号：	付款人账号：
收款人户名：	
付款人户名：	
大写金额：	
小写金额：	
发报流水号：	收报流水号：
发报行行号：	收报行行号：
发报行行名：	
发报日期：	打印次数：
补制副本标志：	
汇票号码：	出票日期：
出票金额（小写）：	汇票余款金额（小写）：
用途：	
银行附言：部分解付余款入账	
客户附言：	
收电：　　记账：	复核：

（2）资金汇划（贷方）补充凭证。格式同资金汇划（借方）补充凭证。一式两联，一联作有关科目的贷方传票，另一联作收账通知。

二、汇划款项及资金清算的核算

收付款人之间的资金往来通过汇划清算系统，要经过发报经办行、发报清算行、总行清算中心、收报清算行、收报经办行五个处理环节。实际业务操作中，要根据资金的流向，按照“先收款，后记账”和“先记账，后付款”的要求办理账务核算。

（一）发报经办行的核算

发报经办行是资金汇划业务的起始行，业务发生后，要经过录入、复核和授权三个环节，发报员应做到快速、及时、不积压和不延误。发报经办行根据汇划业务种类，由经办人员依据汇划凭证录入有关内容。如汇兑、异地托收承付等贷报业务，其会计分录为：

借：××科目

　　贷：待清算辖内往来

如为银行汇票等借报业务，则会计分录相反。

借：待清算辖内往来

　　贷：××科目

对第四联邮划异地托收承付、第四联委托收款凭证、第二联银行汇票、第三联银行承兑汇票作“待清算辖内往来”科目凭证的附件；对作信汇付款指令处理的信汇业务，在信汇凭证第三联上加盖用于全国结算业务的结算专用章后连同第四联邮寄收报经办行。

业务数据经过复核，按规定权限授权后，产生有效汇划数据，发送至发报清算行。

每日营业终了，发报经办行应打印辖内往来汇总记账凭证（见表 7－2）和资金汇划业务清单（见表 7－3），作辖内往来汇总记账凭证的附件。手工核对当天原始汇划凭证的笔数、金额合计与资金汇划业务清单发送借贷报笔数、合计数及待清算辖内往来发报汇总借贷方凭证笔数和发生额。

表 7－2　辖内往来汇总记账凭证

中国××银行辖内往来汇总记账凭证（借方）

行名（分签行）：　　　　　　　　　　日期：

户名：待清算辖内往来——汇划户	账号：
金额：（大写）	
金额：（小写）	
摘要：［汇划发报］汇总记账笔数：	附件张数：
会计分录：借：待清算辖内往来 贷：有关科目	银行盖章：

事后监督　　　　主管　　　　会计　　　　打印

表 7－3　资金汇划业务清单

中国××银行资金汇划业务清单

行名（分签行）：　　　　　　　　　　　　报表日期：

序号	流水号	应用类型 传输类型	收报行号 业务种类	发报日期	借方账号 户名	贷方账号 户名	用途 金额	汇兑业务 延付指令	经办柜员 补输柜员	复核柜员 授权柜员
合计	笔数：				金额：					

会计分录：借：待清算辖内往来 贷：有关科目　事后监督　　　主管　　　会计　　　打印

（二）发报清算行的核算

发报清算行收到发报经办行传输来的跨清算行汇划业务后，计算机自动记载“上存系统内款项”科目和“待清算辖内往来”科目。如收到发报经办行发来的贷方汇划业务，其会计分录为：

借：待清算辖内往来

　贷：上存系统内款项——上存总行备付金户

如为借方汇划业务，则会计分录相反。

借：上存系统内款项——上存总行备付金户

　贷：待清算辖内往来

按规定权限授权、编押及账务处理后，汇划业务数据由计算机自动传输至总行。

【特别提示】如遇清算行在总行清算中心备付金存款不足，清算行要迅速筹措资金补充备付金头寸。

发报清算行于当日日终将日间登记的资金汇划数据信息汇总后上传总行，资金汇划发报业务全部由系统自动完成，发报清算行严格按时结束当日本行汇划往来业务，在当日切换时间以后发生的行内汇划往来业务，作为下一个工作日的业务来处理。

（三）总行清算中心的核算

总行清算中心收到各发报清算行汇划款项，由计算机自动登记后，将款项传送至收报清算行。每日营业终了更新各清算行在总行开立的备付金存款账户。

如贷方汇划款项，其会计分录为：

借：系统内款项存放——发报清算行存放备付金户

　贷：系统内款项存放——收报清算行存放备付金户

如为借方汇划业务，则会计分录相反。

借：系统内款项存放——收报清算行存放备付金户

　贷：系统内款项存放——发报清算行存放备付金户

日终处理结束后，计算机生成总行清算中心的资金汇划往来汇总报单、资金汇划日记表和相关的对账信息，下发收报清算行及收报经办行对账。

（四）收报清算行的核算

收报清算行收到总行清算中心传来的汇划业务数据，计算机自动检测收报经办行是否为辖属行处，核押无误后自动进行账务处理。实时业务即时处理并传送至收报经办行，批量业务处理后次日传送至收报经办行。具体处理方式分为集中式和分散式两种。

1. 集中式

集中式是指收报清算行作为业务处理中心，负责全辖汇划收报的集中处理及汇出汇款、应解汇款等账务的集中管理。

(1) 收到总行清算中心传来的实时汇划数据后，即时代辖属收报经办行记账。如贷方汇划业务，其会计分录为：

借：上存系统内款项——上存总行备付金户

贷：待清算辖内往来

借：待清算辖内往来

贷：××科目

如为借方汇划业务，则会计分录相反。

(2) 收到总行清算中心传来的批量汇划数据后，日终进行挂账处理。如贷方汇划业务，其会计分录为：

借：上存系统内款项——上存总行备付金户

贷：其他应付款——待处理汇划款项户

如为借方汇划业务，其会计分录为：

借：其他应收款——待处理汇划款项户

贷：上存系统内款项——上存总行备付金户

次日收报清算行代收报经办行确认后记账。如贷方汇划业务，其会计分录为：

借：其他应付款——待处理汇划款项户

贷：待清算辖内往来

借：待清算辖内往来

贷：××科目

如为借方汇划业务，其会计分录为：

借：待清算辖内往来

贷：其他应收款——待处理汇划款项户

借：××科目

贷：待清算辖内往来

2. 分散式

分散式是指收报清算行收到总行清算中心传来的汇划数据后均传至收报经办行处理。

(1) 收到总行清算中心传来的实时汇划数据后，即时传至收报经办行记账。如贷方汇划业务，其会计分录为：

借：上存系统内款项——上存总行备付金户

贷：待清算辖内往来

如为借方汇划业务，则会计分录相反。

借：待清算辖内往来

贷：上存系统内款项——上存总行备付金户

(2) 收到总行清算中心传来的批量汇划数据后，进行挂账处理。会计分录与集中式批量处理收到挂账的会计分录相同，先转入“其他应付款”或“其他应收款”科目，待次日收报经办行确认后，冲减“其他应付款”或“其他应收款”科目，并通过“待清算辖内往来”科目传至收报经办行记账。

（五）收报经办行的核算

收报经办行收到收报清算行传来的批量、实时汇划业务，检查无误后，打印资金汇划（借方）补充凭证或资金汇划（贷方）补充凭证一式两份，并自动进行账务处理。如贷方汇划业务，其会计分录为：

借：待清算辖内往来

贷：××科目

如为借方汇划业务，则会计分录相反。

如收到信汇付款指令业务，先进行账务处理，其会计分录为：

借：待清算辖内往来

贷：其他应付款——待处理汇划款项户

待收到发报经办行邮寄的第三、四联信汇凭证核对相符后，再从“其他应付款”科目转入客户账户。其会计分录为：

借：其他应付款——待处理汇划款项户

贷：××科目

如先收到发报经办行寄来的第三、四联信汇凭证，应专夹保管，俟汇划业务数据到达后再作账务处理。

收报经办行的日终处理与发报经办行的日终处理相同。

【例7-1】中国工商银行福州仓山支行收到开户单位榕盛仓储公司提交的电汇凭证，向中国工商银行杭州萧山支行开户单位顺阳家电公司汇出货款200 000元。中国工商银行福州仓山支行审核无误后，通过资金汇划清算系统办理款项汇划（批量），中国工商银行杭州萧山支行收到汇划信息，确认无误后，将货款收入开户单位顺阳家电公司账户。中国工商银行杭州分行采取分散式管理模式。

（1）中国工商银行福州仓山支行根据电汇凭证录入数据，经复核、授权后批量发送至中国工商银行福州分行。会计分录为：

借：单位活期存款——榕盛仓储公司户　　200 000

贷：待清算辖内往来——福州分行户　　200 000

（2）中国工商银行福州分行收到仓山支行传输来的跨清算行汇划业务报文，系统自动进行账务处理，并将汇划数据加押后传输至总行清算中心。会计分录为：

借：待清算辖内往来——仓山支行户　　200 000

贷：上存系统内款项——上存总行备付金户　　200 000

（3）中国工商银行总行清算中心收到福州分行的汇划业务报文，系统自动登记后，传输至中国工商银行杭州分行。日终，系统自动更新福州分行和杭州分行在总行的备付金账户。会计分录为：

借：系统内款项存放——福州分行存放备付金户 200 000

贷：系统内款项存放——杭州分行存放备付金户 200 000

(4) 中国工商银行杭州分行收到总行清算中心的汇划业务报文，系统自动更新在总行清算中心的备付金账户，并进行挂账处理。会计分录为：

借：上存系统内款项——上存总行备付金户 200 000

贷：其他应付款——待处理汇划款项户 200 000

次日，经萧山支行逐笔确认后冲销挂账，并下划至萧山支行记账。会计分录为：

借：其他应付款——待处理汇划款项户 200 000

贷：待清算辖内往来——萧山支行户 200 000

(5) 中国工商银行杭州萧山支行收到杭州分行的汇划报文，确认无误后系统自动记账。会计分录为：

借：待清算辖内往来——杭州分行户 200 000

贷：单位活期存款——顺阳家电公司户 200 000

【点拨指导】例 7-1 中，工商银行福州仓山支行是发报经办行，工商银行福州分行是发报清算行，工商银行杭州分行是收报清算行，工商银行杭州萧山支行是收报经办行，这笔款项的汇划清算路线为：工商银行福州仓山支行-工商银行福州分行-总行清算中心-工商银行杭州分行-工商银行杭州萧山支行。

三、系统内资金调拨及利息计算

(一) 备付金存款账户的开立和补足

清算行和省区分行在总行清算中心开立备付金存款账户时，可通过人民银行将款项直接存入总行清算中心。上存时填制特种转账传票进行账务处理，其会计分录为：

借：其他应收款——待处理汇划款项户

贷：存放中央银行准备金

【点拨指导】清算行和省区分行在总行清算中心开立备付金存款账户时，可通过人民银行将款项直接存入总行清算中心，造成存放中央银行准备金的减少，“存放中央银行准备金”科目是资产类科目，减少记入该科目的贷方。

待接到总行清算中心借记信息，进行账务处理。

借：上存系统内款项——上存总行备付金户

贷：其他应收款——待处理汇划款项户

总行清算中心收到各清算行和省区分行上存的备付金后，当日通知有关清算行进行账务处理。其会计分录为：

借：存放中央银行准备金

贷：系统内款项存放——××分行存放备付金户

各清算行或省区分行通过人民银行补足备付金存款、二级分行通过人民银行向管辖的省区分行上存用于调拨的资金时，处理与上述相同。

【例 7-2】中国工商银行福建省分行通过人民银行将款项直接存入总行清算中心，补足备付金存款 2 000 000 元。后接到总行清算中心借记信息，进行账务处理。

借：其他应收款——待处理汇划款项户　　2 000 000
　贷：存放中央银行准备金　　2 000 000
借：上存系统内款项——上存总行备付金户　　2 000 000
　贷：其他应收款——待处理汇划款项户　　2 000 000

【点拨指导】接到总行清算中心借记信息，说明上存总行备付金增加，“上存系统内款项”是资产类科目，增加记入该科目的借方。

（二）拆借资金的核算

清算行如不能通过人民银行补足在总行清算中心的备付金存款，经有权人批准，向管辖行申请借入资金。

系统内借款是指下级行向上级行资金营运部门借入资金。在资金集中管理后，省行与营业部仍保留系统内借款，省行与辖内分行之间的系统内借款只保留强拆借款，分行与辖内银行之间不再发生系统内借款。

省区分行接到二级分行资金借款申请书后，经有权人批准，向总行清算中心办理资金借出手续。其会计分录为：

借：系统内借出——境内分行一般借出户
　贷：上存系统内款项——上存总行备付金户

总行清算中心收到省区分行借出资金款项后，当日自动进行账务处理。其会计分录为：

借：系统内款项存放——××省区分行存放备付金户
　贷：系统内款项存放——××清算行存放备付金户

清算行收到借款信息后，自动进行账务处理。其会计分录为：

借：上存系统内款项——上存总行备付金户
　贷：系统内借入——一般借入户

【例 7-3】中国工商银行甲省某市二级分行当日不能通过人民银行补足在总行清算中心的备付金存款，经批准，向甲省分行申请借入资金 8 000 000 元。甲省分行经批准向总行清算中心办理资金借出手续。

甲省分行的会计分录如下：

借：系统内借出——境内分行一般借出户　　8 000 000
　贷：上存系统内款项——上存总行备付金户　　8 000 000

【点拨指导】甲省分行接到二级分行资金借款申请书后，向总行清算中心办理资金借出手续，所以上存总行备付金减少，“上存系统内款项”是资产类科目，减少记入该科目的贷方。

总行清算中心的会计分录如下：

借：系统内款项存放——甲省分行存放备付金户　8 000 000

　贷：系统内款项存放——甲省某市二级分行存放备付金户　8 000 000

【点拨指导】“系统内款项存放”是负债类科目。总行清算中心收到省区分行借出资金款项后，将甲省分行存放的备付金转入二级分行存放的备付金，甲省分行存放的备付金减少，负债减少记入借方。二级分行存放的备付金增加，负债增加记入贷方。

甲省某市二级分行的会计分录如下：

借：上存系统内款项——上存总行备付金户　8 000 000

　贷：系统内借入——一般借入户　8 000 000

【点拨指导】二级分行借入资金后，上存总行备付金增加，“上存系统内款项”是资产类科目，增加记入该科目的借方。

如二级分行在总行备付金不足，日终又不能立即借入资金补足，总行清算中心有权主动代省区分行强行借出资金，弥补二级分行备付金存款，同时通知二级分行和省区分行。

强行借款的处理，需将“系统内借出”或“系统内借入”科目的“一般借出户”或“一般借入户”改为“强行借出户”或“强行借入户”。

如省区分行在总行备付金存款余额不足向二级分行借出资金，总行清算中心先向其强行借出资金，再弥补二级分行备付金头寸。其会计分录为：

借：系统内借出——强行借出户

　贷：系统内款项存放——××省区分行存放备付金户

借：系统内款项存放——××省区分行存放备付金户

　贷：系统内款项存放——××清算行存放备付金户

省区分行收到总行清算中心代本行强行拆借给辖属二级分行的强行借款通知后，进行账务处理。其会计分录为：

借：上存系统内款项——上存总行备付金户

　贷：系统内借入——强行借入户

借：系统内借出——强行借出户

　贷：上存系统内款项——上存总行备付金户

二级分行收到总行清算中心通知后进行账务处理。其会计分录为：

借：上存系统内款项——上存总行备付金户

　贷：系统内借入——强行借入户

（三）归还借款的核算

二级分行在总行清算中心备付金存款足以归还向省区分行的借款时，经有权人批准，向总行清算中心发出还款通知。填制特种转账凭证，进行账务处理。其会计分录为：

借：系统内借入——一般借入户或强行借入户

　贷：上存系统内款项—— 上存总行备付金户

同时系统自动更新总行清算中心和省区分行有关账户。总行清算中心的会计分录为：

借：系统内款项存放——××清算行存放备付金户

　贷：系统内款项存放——××省分行存放备付金户

省区分行的会计分录为：

借：上存系统内款项——上存总行备付金户

　贷：系统内借出——境内分行一般借出户或强行借出户

二级分行或省区分行借款到期不能归还，到期日营业终了，自动转入各该科目逾期贷款户，并自转入日按规定的逾期贷款利率计息。

【例 7-4】承上例，甲省某市二级分行用总行清算中心备付金存款归还向甲省分行的借款 8 000 000 元，按规定向总行清算中心发出还款通知。

甲省某市二级分行的会计分录：

借：系统内借入——一般借入户　　8 000 000

　贷：上存系统内款项—— 上存总行备付金户　　8 000 000

【点拨指导】二级分行用总行清算中心备付金存款归还借款，“系统内借入”负债减少，记入借方；“上存系统内款项”资产减少，记入贷方。

总行清算中心的会计分录为：

借：系统内款项存放——甲省某市二级分行存放备付金户　　8 000 000

　贷：系统内款项存放——甲省分行存放备付金户　　8 000 000

【点拨指导】二级分行用总行清算中心备付金存款归还借款，二级分行存放备付金减少，“系统内款项存放”负债减少，记入借方；甲省分行存放备付金增加，“系统内款项存放”负债增加，记入贷方。

甲省分行的会计分录：

借：上存系统内款项——上存总行备付金户　　8 000 000

　贷：系统内借出——境内分行一般借出户　　8 000 000

【点拨指导】甲省分行收到二级分行归还的借款，上存总行备付金增加，“上存系统内款项”资产增加，记入借方；“系统内借出”资产减少，记入贷方。

(四) 利息清算的核算

总行清算中心按季计算各清算行及省区分行存入总行的备付金存款和借款利息，并下划各行。

(1) 总行清算中心下划存款利息时，其会计分录为：

借：金融企业往来支出——系统内往来支出户

贷：系统内款项存放——××分行存放备付金户

【点拨指导】总行清算中心下划存款利息，采用的是把利息转入各清算行及省区分行的备付金存款的方式。

清算行和省区分行收到后，进行账务处理。其会计分录为：

借：上存系统内款项——上存总行备付金户

贷：金融企业往来收入——系统内往来收入户

（2）总行清算中心下划借款利息时，其会计分录为：

借：系统内款项存放——××分行存放备付金户

贷：金融企业往来收入——系统内往来收入户

清算行和省区分行收到后，进行账务处理，其会计分录为：

借：金融企业往来支出——系统内往来支出户

贷：上存系统内款项——上存总行备付金户

省区分行按季向辖属清算行计收借款利息及计付调拨资金存款利息的核算与上述处理相同。

【特别提示】总行清算中心按季计算各清算行及省区分行存入总行的备付金存款和借款利息，由此产生的利息收入或利息支出不能记入“利息收入”或“利息支出”，应该记入“金融企业往来收入”或“金融企业往来支出”。

四、资金汇划清算系统的对账

各清算行每日营业终了自动将汇划及资金清算明细数据逐级上传进行明细对账；省区分行收到上传的明细数据后与辖属各清算行汇划业务明细数据及清算信息配对对账；总行收到传来的明细数据后，与各行在总行的“系统内款项存放”科目有关账户汇划业务明细数据及清算信息配对对账，并将对账结果逐级下传，发现疑问要发出对账差错信息，同时登记对账差错登记簿；各清算行每日将“系统内借入”科目各借款账户清单传至总行和省区分行进行核对；各行每日接收总行发出的对账差错信息，打印差错清单，在五个工作日内必须查清原因，并按规定处理完毕。

第三节　商业银行与人民银行往来的核算

【知识链接】商业银行与人民银行往来是指商业银行与人民银行之间由领缴现金、缴存存款、融通资金、汇划款项以及通过人民银行存款账户进行资金清算等业务引起的资金账务往来。主要包括：向人民银行存取现金、向人民银行缴存存款、向人民银行借款、向人民银行再贴现以及通过人民银行办理汇划款项等。

一、商业银行准备金存款账户的开立

商业银行的准备金是商业银行现金资产的重要组成部分。准备金包括两个部分：一是按照人民银行规定的比例上缴的法定存款准备金，法定存款准备金是根据商业银行存款余额，按照法定的比例向人民银行缴存的准备金；二是准备金账户中超过法定存款准备金的超额准备金。超额准备金也称支付准备金或者备付金，是保证日常资金支付的备用金。

商业银行各级机构为满足通过人民银行存取现金、办理各种存贷款业务、资金清算以及考核法定存款准备金的需要，都在人民银行开立了准备金存款账户。

商业银行各分支机构在人民银行开立的准备金存款账户，属于备付金存款账户，用于核算向人民银行存取现金、资金调拨、资金清算和其他日常支付的款项，该账户按照“先存后用，不得透支”的原则进行管理。如果账户资金不足，可以通过向上级行调入资金或向同业拆借等及时加以补充。它不用于考核法定存款准备金。

商业银行各总行在人民银行开立的准备金存款账户，属于备付金和法定存款准备金合一的账户，除用以考核法定存款准备金以外，还用于核算向人民银行存取现金、资金调拨、资金清算以及其他日常支付的款项。该账户余额应大于或最低应等于规定的法定存款准备金。

【特别提示】人民银行对商业银行开立的准备金存款账户，用“××银行准备金存款”科目核算，它属于负债类科目。商业银行对在人民银行开立的准备金存款账户，用“存放中央银行准备金”科目核算，它属于资产类科目。

二、商业银行向人民银行存取款项的核算

（一）向人民银行存取现金的核算

根据货币发行制度的规定，商业银行需核定各行处业务库必须保留的现金限额，并报开户人民银行发行库备案。当现金超过规定的库存现金限额时，需缴存人民银行发行库，形成现金回笼；商业银行业务库存现金不足限额时，需签发现金支票到开户人民银行发行库提取，引起货币发行。

1. 向人民银行提取现金的处理

商业银行向人民银行提取现金，应填写现金支票，取回现金后，填制现金收入传票，原现金支票存根作附件。其会计分录为：

借：现金

　贷：存放中央银行准备金

人民银行会计部门审查现金支票无误，同时商业银行准备金存款账户有足够的资金

支付，凭以填制“发行基金往来”科目现金收入传票，一并交发行部门。其会计分录为：

借：××银行准备金存款

　贷：发行基金往来

发行库填制出库凭证，凭以出库并登记发行基金库存簿。发行库记账为：

付出：发行基金——本身库户

每日营业终了通过计算机联机处理，将货币发行情况报管辖行。

【例 7-5】 8月5日，商业银行A行持现金支票向开户的人民银行提取现金800 000元，中国人民银行审核无误后，从其存款账户中支付。其会计分录为：

借：现金　800 000

　贷：存放中央银行准备金　800 000

【点拨指导】 商业银行向人民银行提取现金，引起在人民银行的准备金存款减少。“存放中央银行准备金”是资产类科目，资产减少记入该科目的贷方。

2. 向人民银行存入现金的处理

商业银行向人民银行存入现金，应填制现金缴款单，连同现金一并交发行库。发行库将款项收妥后，将缴款单回单联退回缴款的商业银行，同时填制发行基金入库凭证，办理入库手续。

商业银行填制现金付出传票，办理转账，其会计分录为：

借：存放中央银行准备金

　贷：现金

人民银行处理时，其会计分录为：

借：发行基金往来

　贷：××银行准备金存款

发行库记账为：

收入：发行基金——本身库户

每日营业终了通过计算机联机处理，将货币回笼情况报管辖行。

【例 7-6】 商业银行A行填制现金缴款单，连同现金300 000元向开户的人民银行存入现金，人民银行审核无误后办理款项收妥手续。

借：存放中央银行准备金　300 000

　贷：现金　300 000

【点拨指导】 商业银行向人民银行存入现金，引起在人民银行的准备金存款增加。“存放中央银行准备金”是资产类科目，资产增加记入该科目的贷方。

（二）向人民银行转账存取款项的核算

【知识链接】 商业银行需要通过人民银行转账存取款项的业务主要有：异地跨系统结算资金清算、同城票据交换差额清算、商业银行系统内资金调拨、再贷款与再贴现、同业拆借、缴存财政性款项等。

1. 向人民银行存入款项的处理

商业银行办理有关业务，将资金存入准备金存款账户，应根据有关业务凭证办理转账。其会计分录为：

借：存放中央银行准备金

　贷：××科目

人民银行处理时，其会计分录为：

借：××科目

　贷：××银行准备金存款

2. 从人民银行支取款项的处理

商业银行办理有关业务，从准备金存款账户支付款项，应根据有关凭证办理转账。人民银行与商业银行的会计分录与上述会计分录相反。

三、商业银行缴存存款业务的核算

【特别提示】现行制度规定，商业银行吸收的非经费性财政性存款应全部划缴中国人民银行，吸收的一般性存款应按中国人民银行规定的比例缴存。

（一）商业银行缴存存款的有关规定

1. 缴存存款的范围

财政性存款指的是商业银行的各级机构代办的中央预算收入、地方金库款和代理发行国债（抵减代理兑付国债）等吸收的存款。

一般性存款指的是金融企业纳入法定存款准备金范围考核的存款，主要包括吸收的机关团体存款、财政预算外存款、单位存款、个人储蓄存款、委托存款轧减委托贷款、委托投资后的贷方余额以及其他一般性存款。

2. 缴存存款的比例

商业银行的各级机构吸收的财政性存款，应全额即100%缴存当地人民银行。

2020年1月6日我国调整法定存款准备金率，大型金融机构为12.5%，中小金融机构为10.5%。2020年5月末，金融机构平均法定存款准备金率为9.4%。

【知识链接】
法定存款准备金率

【特别提示】财政性存款是商业银行代人民银行吸收的存款，属于人民银行的信贷资金来源，所以商业银行各级机构吸收的财政性存款要100%缴存当地人民银行。一般性存款属于商业银行的信贷资金来源，人民银行为了控制贷款规模和限制派生存款，扩大商业银行的提存准备，规定商业银行应将吸收的一般性存款按规定的比例即法定存款准备金率向人民银行缴存法定存款准备金。

3. 缴存存款单位

商业银行缴存存款以独立核算的支行为缴存单位，下属处、所由上级行代缴。

（二）法定存款准备金的核算

法定存款准备金由人民银行按各商业银行的法人统一每日进行考核。

各商业银行在每日营业终了，应自下而上编制一般性存款科目余额表，由法人统一汇总后报送法定存款准备金账户开户的人民银行。同时，每月末，各商业银行应将汇总的全系统月末日计表报送开户的人民银行。

【特别提示】人民银行于每日营业终了按一般性存款余额的一定比例考核法定存款准备金。日间，人民银行要控制法定存款准备金账户不能发生透支；日终，该账户余额必须达到法定存款准备金的最低限额。

每日终了，人民银行对法定准备金进行考核时，如果商业银行法人统一存入人民银行的准备金存款低于规定的一般性存款余额的一定比例，人民银行应对其不足的部分处以罚息；商业银行不按时报送旬末一般性存款科目余额表和不按月报送月末日计表的，人民银行应责令其报送，逾期不报送的，人民银行将对其处以一万元以上十万元以下罚款。

【例 7-7】表 7-4 为 A 工商银行 2020 年 4 月 18 日一般性存款科目余额表，要求计算该行当日的法定存款准备金，并列出缴存的会计分录。

表 7-4 一般性存款科目余额表

一般性存款科目余额表

2020 年 04 月 18 日

科目代号	余额		科目代号	余额	
2010	6 600 000	00	2198	830 000	00
2020	650 000	00			
2030	356 000	00			
2060	734 000	00			
2196	626 000	00	合计	9 796 000	00

法定存款准备金＝一般性存款科目余额表合计余额×缴存比例

＝9 796 000×12.5%＝1 224 500(元)

按表 7-4 所示一般性存款余额情况，当日营业终了，该商业银行法人在人民银行开立的存款准备金账户的余额不得低于 1 224 500 元。

A 工商银行的会计分录：

借：缴存中央银行一般性存款　　1 224 500

　　贷：存放中央银行准备金　　1 224 500

人民银行的会计分录：

借：A 工商银行准备金存款　　1 224 500

贷：A工商银行缴来一般性存款　　1 224 500

（三）缴存财政性存款的核算

商业银行的各级机构代办的中央预算收入、地方金库款和代理发行国债（抵减代理兑付国债）等吸收的财政性存款，应全额即100%就地缴存人民银行。商业银行各分支行每旬调整一次，于旬后5日内办理，县支行及其以下处所每月调整一次，于月后8日内办理。期限内遇例假日不顺延，期满日为例假日可顺延。

商业银行应按规定的时间，根据财政性存款的增减变化情况办理调整增加或减少的手续。划缴或调整存款时，应将本旬末各科目余额总数与上期同类各科目旬末余额总数对比，按实际增加或减少数进行调整，计算应缴存金额。缴存（调整）金额以千元为单位，千元以下四舍五入。

1. 调整缴存财政性存款的处理

（1）商业银行的核算。商业银行向人民银行办理调整缴存财政性存款时，应根据有关存款科目余额，填制缴存财政性存款各科目余额表（与一般性存款科目余额表格式相同）一式二份。计算出应缴存金额和调整增加或调整减少的金额，分别填制缴存（或调整）财政性存款划拨凭证一式四联（见表7－5）。商业银行以划拨凭证第一、二联作转账传票进行账务处理。转账后，商业银行将划拨凭证第三、四联连同缴存存款各科目余额表一份送交人民银行，另一份余额表留存。

表7－5　缴存（或调整）财政性存款划拨凭证

缴存（或调整）财政性存款划拨凭证（借方凭证）

总字第	号
字第	号

2020年09月25日

收受银行	名称	中国人民银行××支行	缴存银行	名称	工商银行××市支行
	账号			账号	

存款类别	2020年9月20日余额		缴存比例	应缴存款金额	
财政性存款	8 806 000	00	100%	8 806 000	00

1. 合计	8 806 000	00
2. 已缴存金额	7 826 000	00
3. 本次应补缴金额（1—2）	980 000	00
4. 本次应退回金额（2—1）		

上列已缴存金额或应补缴和应退回金额，已按规定办理划转。	备注：	会计分录 科目（借）1050 对方科目（贷）1040 会计　复核　记账

【特别提示】 商业银行应根据吸收的财政性存款余额的增减变动，对缴存人民银行的财政性存款按旬调整，即每旬末根据缴存的科目余额，按100%比例计算应缴金额，与缴存财政性存款科目余额进行比较。如果缴存财政性存款科目余额小于应缴金额，则应按差额调增补缴，否则按差额调减退回。

【例7-8】 中国工商银行A行9月20日财政性存款科目余额为8 806 000元。经查，该行9月20日在人民银行的缴存财政性存款科目余额为7 826 000元。

本旬应补缴(调增)金额=8 806000－7 826 000=980 000(元)

会计分录为：

借：缴存中央银行财政性存款 980 000

贷：存放中央银行准备金 980 000

【点拨指导】 如果本次财政性存款应缴金额大于已缴款，则为调增；如果本次应缴金额小于已缴数，则为调减。调减的会计分录与调增的会计分录相反。

【例7-9】 中国工商银行A行6月20日财政性存款科目余额为6 508 000元。经查，该行6月20日在人民银行的缴存财政性存款科目余额为7 435 000元。

本旬应退缴(调减)金额=7 435 000－6 508 000=927 000(元)

会计分录为：

借：存放中央银行准备金 927 000

贷：缴存中央银行财政性存款 927 000

(2) 人民银行的核算。人民银行收到商业银行送来的划拨凭证和缴存财政性存款科目余额表，审查无误，如为调增补缴（如例7-8所示业务），其会计分录为：

借：工商银行准备金存款 980 000

贷：工商银行划来财政性存款 980 000

如为调减退回，会计分录相反。

转账后，人民银行对商业银行送来的缴存财政性存款科目余额表应妥善保存备查。

2. 欠缴存款的处理

商业银行在调整缴存存款时，如果在人民银行的准备金存款余额不足支付，必须在规定的时间内及时筹集资金，并办理调整缴存手续，如果在期限内未能调入资金，其不足支付的部分即构成欠缴存款。对欠缴存款应按照有关规定进行处理：对本次能实缴的金额和欠缴的金额要分开填制凭证；对欠缴金额待商业银行调入资金时一次全额收回，人民银行不分次扣收；对欠缴金额每日按规定比例扣收罚款，人民银行随同扣缴存款一并收取。

(1) 发生欠缴的核算。

1) 商业银行的核算。调整过程中，如在人民银行存款账户余额不足，造成部分欠缴款项，应在规定时间内设法调入资金，办理缴存手续，如在期限内未能调入资金，亦应填制各科目余额表，并按本期实缴金额和欠缴金额分别填制缴存（或调整）财政性存款划拨凭证和财政性存款欠缴凭证各一式四联。对实缴金额和欠缴金额分别进行账务处理。实缴部分的会计分录与调增补缴相同。

【例 7-10】 工商银行××市支行 2020 年 3 月中旬财政性存款欠缴 560 000 元，账务处理如下。

对欠缴的存款，商业银行应编制财政性存款欠缴凭证（见表 7-6）一式四联和表外科目收入传票，逐笔记入待清算凭证登记簿。其分录为：

收入：待清算凭证——人民银行户　　560 000

然后将各科目余额表，第三、四联划拨凭证与第三、四联欠缴凭证一并送交人民银行。第一、二联欠缴凭证专夹保管。

表 7-6　财政性存款欠缴凭证

财政性存款欠缴凭证（第三联）

总字第	号
字第	号

2020 年 03 月 25 日

<table>
<tr><td rowspan="2">收受银行</td><td>名称</td><td>中国人民银行××支行</td><td rowspan="2">缴存银行</td><td>名称</td><td colspan="2">工商银行××市支行</td></tr>
<tr><td>账号</td><td></td><td>账号</td><td colspan="2">××××</td></tr>
<tr><td colspan="4">欠缴存款类别</td><td colspan="3">欠缴存款金额</td></tr>
<tr><td colspan="4">本（上）次（3月中旬止）财政性存款欠缴</td><td colspan="2">560 000</td><td>00</td></tr>
<tr><td colspan="4"></td><td colspan="2"></td><td></td></tr>
<tr><td colspan="4"></td><td colspan="2"></td><td></td></tr>
<tr><td colspan="3">上列欠缴金额，请从本行存款账户办理划转。
缴存银行盖章</td><td colspan="2">备注：</td><td colspan="2">会计分录
科目（贷）
对方科目（借）
会计　复核　记账</td></tr>
</table>

2）人民银行的核算。人民银行收到商业银行送来的本次实缴存款的划拨凭证及各科目余额表时，根据第三、四联办理转账，其会计分录与调增补缴相同。

承例 7-10 所示业务，收到的欠缴凭证第三、四联应妥善保管，并通过“待清算凭证”表外科目核算，记入登记簿。其分录为：

收入：待清算凭证——工商银行户　　560 000

（2）扣收欠缴款项的核算。

1）人民银行的核算。人民银行对商业银行的欠缴存款，待商业银行调入资金时，抽出原保管的欠缴凭证第三、四联代转账借方、贷方传票办理转账，将欠缴金额全额收回。承例 7-10 所示业务，其会计分录为：

借：工商银行准备金存款　　560 000

　贷：工商银行划来财政性存款　　560 000

转账后，填制“待清算凭证”表外科目付出传票，销记表外科目和登记簿。其分录为：

付出：待清算凭证——××银行户 560 000

同时，人民银行对商业银行超过期限的欠缴存款，应按规定计收罚款。填制特种转账借方、贷方传票各两联，以其中特种转账借方、贷方传票各一联进行账务处理。

假设该工商银行于3月30日调入资金，则欠缴天数为5天，应收罚金为：

560 000×5×0.6‰=1 680(元)

其会计分录为：

借：工商银行准备金存款 1 680

贷：业务收入——罚款净收入户 1 680

将另外两联特种转账借方、贷方传票盖章后转交商业银行。

2）商业银行的核算。商业银行收到人民银行转来的特种转账借方、贷方传票后，与原保存的欠缴凭证第一、二联一起办理转账。其会计分录为：

借：缴存中央银行财政性存款 560 000

贷：存放中央银行准备金 560 000

借：营业外支出——罚款支出户 1 680

贷：存放中央银行准备金 1 680

同时，填制"待清算凭证"表外科目付出传票，销记表外科目和登记簿。其分录为：

付出：待清算凭证——人民银行户 560 000

四、商业银行向人民银行再贷款的核算

【知识链接】商业银行在经营过程中资金不足时，可以向人民银行借款。人民银行对商业银行的贷款称为再贷款。再贷款是人民银行重要的货币政策工具之一，通过对商业银行再贷款，既可以支持商业银行的业务发展，又可以达到实施金融宏观调控的目的。

（一）再贷款账户的开立

人民银行对商业银行办理再贷款时，应按贷款种类开立再贷款账户。人民银行对商业银行的再贷款账户，使用"××银行贷款"科目核算。商业银行为反映向人民银行取得和归还贷款情况，在"中央银行借款"科目下设立各种再贷款账户。现行的再贷款按照贷款期限的不同主要设置以下几个账户。

（1）年度性贷款户。各商业银行因经济合理增长引起年度信贷资金不足而从人民银行取得的借款，通过此账户核算。此种贷款期限一般为1年，最长不超过2年。

（2）季节性贷款户。各商业银行因信贷资金先支后收或存款季节性下降、贷款季节性上升等引起资金暂时不足而从人民银行取得的借款，通过此账户核算。此种贷款期限

一般为 2 个月，最长不超过 4 个月。

（3）日拆性贷款户。各商业银行由于汇划款项未达等发生临时性资金短缺而从人民银行取得的借款，通过此账户核算。此种借款期限一般为 7～10 天，最长不超过 20 天。

【特别提示】商业银行应设置“向中央银行借款”科目来核算商业银行向人民银行借入的款项，该科目是负债类科目，向人民银行借入款项时，贷记该科目；归还借款时，借记该科目，余额反映在贷方，表示商业银行尚未归还人民银行借款的金额。

（二）再贷款业务的核算

1. 再贷款申请的处理

商业银行向人民银行申请借款时，应向人民银行提交人民银行贷款申请书，人民银行计划部门审查同意后，填写一式五联的借款凭证，并在第一联上加盖预留人民银行存款户的印鉴，送交人民银行办理借款手续。

（1）人民银行的处理。人民银行收到商业银行提交的一式五联借款凭证，审查无误后，以第一联借款凭证代转账借方传票，以第二联借款凭证代转账贷方传票，凭以办理转账。其会计分录为：

借：××银行贷款——××贷款户

　　贷：××银行准备金存款——××行户

转账后，将借款凭证第五联留存，作再贷款卡片账，第四联作贷款通知送人民银行货币信贷部门，第三联作收账通知交给借款的商业银行。

（2）商业银行的处理。收到人民银行退交的第三联借款凭证（收账通知联）后，凭以编制转账借方、贷方传票，办理转账。其会计分录为：

借：存放中央银行准备金

　　贷：向中央银行借款——××借款户

2. 再贷款归还的处理

（1）商业银行的处理。商业银行向人民银行归还借款时，应填写转账支票和一式四联的还款凭证，并在第二联上加盖预留人民银行存款账户的印鉴，送交开户的人民银行办理还款手续。

收到人民银行退回的第四联还款凭证（支款通知）和借据后，以还款凭证代转账传票，借据和支票存根作附件，办理转账。其会计分录为：

借：向中央银行借款——××借款户

　　金融企业往来支出——中央银行往来支出户

　　贷：存放中央银行准备金

（2）人民银行的处理。人民银行收到借款的商业银行提交的还款凭证，审查无误后，以第一、二联还款凭证办理转账。其会计分录为：

借：××银行准备金存款——××行户

贷：××银行贷款——××贷款户

利息收入——金融机构利息收入户

人民银行从商业银行收回贷款时，如遇商业银行账户余额不足，应按照逾期贷款的规定处理。

【例 7-11】 中国工商银行A行因季节性信贷资金不足，于7月8日向人民银行申请贷款2 000 000元，期限2个月，年利率为3.78%，人民银行审查后办理发放贷款手续。9月8日，A行到期归还借款本息。要求列出A行取得和归还再贷款的会计分录。

取得人民银行再贷款的会计分录如下：

借：存放中央银行准备金　　2 000 000

贷：向中央银行借款——季节性借款户　　2 000 000

【点拨指导】 商业银行从人民银行借入款项，实际上是取得的再贷款转为在人民银行的存款，存放人民银行的款项增加，资产增加，记入“存放中央银行准备金”的借方；同时，向人民银行的借款增加，负债增加，记入“向中央银行借款——季节性借款户”的贷方。

归还人民银行再贷款的会计分录如下：

利息＝2 000 000×3.78%÷12×2＝12 600(元)

借：向中央银行借款——季节性借款户　　2 000 000

金融企业往来支出——中央银行往来支出户　　12 600

贷：存放中央银行准备金　　2 012 600

【点拨指导】 商业银行用在人民银行的备付金存款偿还借款，造成向人民银行借款的减少，负债减少，记入“向中央银行借款——季节性借款户”的借方，同时引起存放人民银行的款项减少，资产减少，记入“存放中央银行准备金”的贷方。此外，计算利息时，注意3.78%的年利率要换算成月利率，贷款利率期限必须保持一致性。

五、商业银行向人民银行再贴现的核算

【知识链接】 再贴现指商业银行或其他金融机构将已贴现所获得的未到期商业汇票，向人民银行作票据转让。再贴现是人民银行向商业银行提供资金的一种方式，它是人民银行的货币政策工具之一，它不仅可以影响商业银行筹资成本，限制商业银行的信用扩张，控制货币供应总量，而且可以按国家产业政策的要求，有选择地对不同种类的票据进行融资，促进结构调整。

根据《商业汇票承兑、贴现与再贴现管理暂行办法》，在我国，票据承兑、贴现、转贴现的期限，最长不超过六个月；再贴现的期限，最长不超过4个月。再贴现的利率由中国人民银行制定、发布和调整。

（一）再贴现的处理

（1）商业银行的处理。商业银行向人民银行申请再贴现，应填制一式五联再贴现凭

证，连同已贴现的商业汇票一并提交给人民银行计划部门审查。待收到人民银行退还的第四联再贴现凭证（收账通知），编制特种转账借方、贷方传票，办理转账。其会计分录为：

借：存放中央银行准备金

　　金融企业往来支出——中央银行往来支出户

　贷：再贴现——××汇票户

【特别提示】 商业银行设置“再贴现”科目来核算商业银行办理商业票据再贴现业务融入资金的情况。它属于负债类科目，向人民银行再贴现时，按贴现票据的票面金额贷记该科目；贴现票据到期，按贴现票据的票面金额借记该科目。

（2）人民银行的处理。人民银行计划部门审核同意再贴现后，将再贴现凭证与商业汇票送会计部门。会计部门根据票面金额、贴现天数、再贴现率计算再贴现利息和实付再贴现金额（计算方法同商业银行贴现利息的计算），填入再贴现凭证，以第一、二、三联再贴现凭证作传票办理转账，其会计分录为：

借：再贴现——××银行再贴现户

　贷：××银行准备金存款

　　利息收入——再贴现利息收入户

第四联再贴现凭证退还商业银行，第五联与加盖“再贴现”字样的商业汇票专夹保管。

【特别提示】 人民银行收到再贴现申请书审核后，按规定的再贴现率计算出再贴现利息和实付再贴现金额，计算方法与商业银行贴现利息的计算相同。

再贴现利息＝再贴现汇票票面金额×年再贴现率÷360×再贴现天数

实付再贴现金额＝再贴现汇票票面金额－再贴现利息

（二）再贴现到期收回的核算

（1）人民银行的处理。再贴现票款到期时，人民银行会计部门直接从再贴现申请人商业银行账户收取。根据第五联再贴现凭证，编制两联特种转账借方传票、一联特种转账贷方传票，再贴现凭证作附件办理转账，其会计分录为：

借：××银行准备金存款

　贷：再贴现——××银行再贴现户

转账后，将另一联借方传票盖章后送交商业银行。

（2）商业银行的处理。商业银行收到人民银行的特种转账借方传票，另编制特种转账贷方传票办理转账。其会计分录为：

借：再贴现——××汇票户

　贷：存放中央银行准备金

【例 7－12】 2020 年 7 月 5 日，商业银行 A 行持已贴现尚未到期的银行承兑汇票向人民银行申请办理再贴现，汇票金额为 3 600 000 元，到期日为 7 月 28 日，再贴现率为

2%，承兑银行在异地。人民银行审核无误后，办理了再贴现手续。7月28日，再贴现票款到期，人民银行会计部门直接从再贴现申请人A行账户收取。要求列出A行办理再贴现和再贴现票款到期的会计分录。

再贴现利息=3 600 000×2%÷360×26=5 200(元)

实付再贴现金额=3 600 000−5 200=3 594 800(元)

办理再贴现时的会计分录如下：

借：存放中央银行准备金	3 594 800	
金融企业往来支出——中央银行往来支出户	5 200	
贷：再贴现——银行承兑汇票户		3 600 000

再贴现票款到期的会计分录如下：

借：再贴现——银行承兑汇票户	3 600 000	
贷：存放中央银行准备金		3 600 000

【点拨指导】再贴现天数从2020年7月5日算至7月27日，由于承兑银行在异地，再另加3天的划款期，共26天。

第四节　商业银行往来的核算

商业银行往来，也称同业往来，是指各商业银行之间由办理跨系统转账结算、相互融通资金等业务引起的资金账务往来。它是社会资金周转不可缺少的重要组成部分，反映了各商业银行相互之间的合作关系。

商业银行之间的往来主要包括异地结算转汇、同城票据交换和同业拆借等。

【特别提示】商业银行之间的往来既与结算等业务有密切的联系，又关系着跨系统资金的清偿，而跨系统资金清偿最终通过各自在中国人民银行开立的准备金存款账户来办理。

一、异地结算转汇的核算

对于自成联行系统或建立了资金汇划清算系统的商业银行，其系统内的异地结算，可以通过系统内联行往来或资金汇划清算系统划拨款项。对于未建立联行系统或资金汇划清算系统的商业银行，其系统内的异地结算，以及商业银行跨系统的异地结算，均需要通过人民银行转汇或由建立联行系统的商业银行代理结算。

（一）通过人民银行转汇的核算

商业银行需要通过人民银行办理转汇的，该商业银行称为汇出行，汇出行开户的人民银行经办机构称为发报行，异地收到汇划资金的人民银行称为收报行，收到划来款项的商业银行称为汇入行。

通过人民银行转汇时，汇出行应将款项划交当地人民银行，汇出行开户的人民银行一方面从汇出行准备金存款账户付出款项，一方面通过联行往来或大额支付系统将款项划往汇入地人民银行。汇入地人民银行收到划来款项后，一方面将款项转入汇入行准备金存款账户，另一方面将有关凭证交汇入行，汇入行凭以办理转账。处理的路线如下：

汇出行⟶发报行（汇出行开户的人民银行）⟶收报行（汇入行开户的人民银行）⟶汇入行（收到划来款项的商业银行）

（1）汇出行的处理。汇出行汇出款项时，根据结算凭证逐份填制转汇清单并汇总填制划款凭证，将有关凭证送交开户的人民银行办理转汇并清算资金。其会计分录为：

借：××科目——××户

　贷：存放中央银行准备金

（2）发报行的处理。汇出行开户的人民银行收到汇出行交来的凭证，应认真审查各种凭证的内容并着重审查汇出行准备金存款账户是否有足够的资金支付，如汇出行准备金存款账户足以支付或及时补足资金，即将款项从汇出行账户付出并通过联行往来划收汇入行开户的人民银行。其会计分录为：

借：××银行准备金存款

　贷：联行往账

【特别提示】如汇出行准备金存款账户不足以支付，应要求汇出行及时补足，在规定时间内不能补足的，即将凭证退回。

（3）收报行的处理。汇入行开户的人民银行收到划来款项，转入汇入行账户，并将凭证送交汇入行。其会计分录为：

借：联行来账

　贷：××银行准备金存款

（4）汇入行的处理。汇入行根据人民银行交来的有关凭证办理转账。其会计分录为：

借：存放中央银行准备金

　贷：××科目——××户

【特别提示】如果通过现代支付系统汇划资金，则发报行不处理账务，由国家清算中心进行处理。

【例 7-13】中国工商银行福州市A支行受理开户单位市第二化工有限公司承付的托收款项865 000元，收款人为在中国农业银行苏州市B支行开户的安佳化工原料厂，A支行通过当地人民银行进行转汇。要求列出相关会计分录。

汇出行（中国工商银行福州市A支行）会计分录如下：

借：单位活期存款——市第二化工有限公司户　　865 000

　贷：存放中央银行准备金　　865 000

发报行（中国人民银行福州中心支行）会计分录如下：

借：A工商银行准备金存款　　865 000

　贷：联行往账　　865 000

收报行（中国人民银行苏州中心支行）会计分录如下：

借：联行来账　　865 000

　贷：B农业银行准备金存款　　865 000

汇入行（中国农业银行苏州市B支行）会计分录如下：

借：存放中央银行准备金　　865 000

　贷：单位活期存款——安佳化工原料厂户　　865 000

【点拨指导】发报行将款项从汇出行A支行账户付出并通过联行往来划收汇入行B支行开户的人民银行，引起A支行准备金存款的减少，记入“A工商银行准备金存款”的借方，造成B支行准备金存款的增加，记入“B农业银行准备金存款”的贷方。

（二）通过建立联行系统的商业银行代理结算的核算

未建立联行系统的商业银行，向异地系统内行处或向异地跨系统行处汇划资金，可以通过当地建立联行系统的商业银行代理结算。以下以跨系统转汇划收款为例，介绍转汇的核算手续。

(1) 汇出行的处理。汇出行根据客户提交的汇款凭证，分别不同系统的汇入行逐笔填制“转汇清单”，直接或通过同城票据交换交同城跨系统转汇行办理转汇。其会计分录为：

借：××存款——××单位户

　贷：存放中央银行准备金

(2) 跨系统发报行的处理。跨系统发报行收到汇出行划转来的凭证和转汇清单，通过本系统联行将款项划往异地收报行。其会计分录为：

借：存放中央银行准备金

　贷：××联行往账

(3) 跨系统收报行的处理。跨系统收报行收到划来款项，通过当地票据交换通知汇入行。其会计分录为：

借：××联行来账

　贷：存放中央银行准备金

(4) 汇入行的处理。汇入行收到跨系统收报行划来款项，为收款人收账。其会计分录为：

借：存放中央银行准备金

　贷：××存款——××单位户

【特别提示】汇出行通过建立联行系统的商业银行代理结算，通常通过同城票据交换交同城跨系统转汇行办理转汇。其会计核算和通过人民银行转汇的核算基本相同。

二、同城票据交换的核算

同城票据交换是指在同一城市或同一票据交换区域内，各商业银行之间，按规定的时间，集中到指定的地点（票据交换所），相互交换代收、代付的票据，轧计差额并清算资金存欠的方法。目前，同城票据交换一般由当地人民银行分支机构负责清算和集中监督。

【知识链接】目前，同城票据交换与清算所使用的同城票据自动清分清算系统是利用清分机、影像设备、计算机网络等现代科学技术，实现多方信息共享的票据清分和资金清算自动化处理系统。

【特别提示】同城票据交换的基本做法可概括为：定时定点、集中交换、当场轧平、划转差额。

（一）同城票据交换的有关规定

（1）同城票据交换的时间和场所。同城票据交换一般由当地人民银行设立票据交换所，统一组织各商业银行集中进行票据交换，一般每日设置两场交换，上午和下午各一场，并规定具体的交换时间。

（2）参加票据交换的条件。参加票据交换的各行处需向当地人民银行申请，经批准并获得同城票据交换行号后方能参加票据交换。

（3）票据交换的行处。票据交换核算分提出行和提入行两个系统。向他行提出票据的行处为提出行；在票据交换所从他行提回票据的行处为提入行。

【特别提示】一般参加交换的行处既是提出行，又是提入行，但对提出和提入的票据应分别进行核算。

（4）提出交换的票据种类。提出交换的票据分为代收（贷方）票据和代付（借方）票据。

代收票据也称贷方凭证，是指以本行开户单位为付款人，向他行开户单位付款的各种结算凭证。如持票人将以本行开户单位为出票人的支票提示付款时提交给本行的进账单，以本行开户单位为付款人的代发工资凭证等。

代付票据也称借方凭证，是指以本行开户单位为收款人，向他行开户单位收款的各种结算凭证。如以本行开户单位为收款人的支票、银行本票、银行汇票等。

（5）提出行和提入行轧算差额。提出行提出代收票据和提入行提入代付票据表示为本行应付款项，提出行提出代付票据和提入行提入代收票据表示本行应收款项。由于参加票据交换的行处既是提出行也是提入行，所以各行处在每次交换中当场加计应收和应付款项并轧算出票据交换的应收或应付差额。应收金额合计＞应付金额合计，其差额为应收差额；应付金额合计＞应收金额合计，其差额为应付差额。由票据交换所汇总轧平各行处的应收、应付差额，并转交当地人民银行分支机构办理转账，清算差额。

【特别提示】每场票据交换中，各行的应收或应付金额合计分别为：

应收金额合计＝提出的代付(借方)票据金额＋提入的代收(贷方)票据金额

应付金额合计＝提出的代收(贷方)票据金额＋提入的代付(借方)票据金额

(二) 同城票据交换的核算

1. 提出票据的处理

参加票据交换的行处按规定的交换场次和时间参加票据交换前，对于准备提出的代收、代付票据，提出行应首先审核内容是否齐全、正确，然后提出交换的票据，按代收票据和代付票据分别登记代收票据交换登记簿和代付票据交换登记簿，并结出金额合计数。按照代收票据和代付票据所属行处的交换号（即对方提入行处的交换代号），加以整理和汇总，加计票据张数、金额，然后将这些业务数据通过互联网传给清算中心，由计算机按提入行行号分别打印出提出借方票据清单（汇总代付票据）和提出贷方票据清单（汇总代收票据）一式两联，一联留存备查，另一联随待交换的票据由交换员带至交换所进行交换。最后，将所有的借方票据清单和贷方票据清单分别汇总，编制提出票据汇总计数单，代记账凭证办理转账。

(1) 提出贷方凭证的会计分录。

借：单位活期存款——付款人户

　　贷：同城票据清算

(2) 提出借方凭证的会计分录。提出借方凭证，根据收妥入账的原则，分别不同情况进行处理。

1) 对于即时抵用的票据，如银行本票、银行汇票，应及时将资金划入客户账户。会计分录为：

借：同城票据清算

　　贷：单位活期存款——收款人户

2) 对于收妥抵用的票据，如转账支票，先将应收票款记入“其他应付款”账户，会计分录如下：

借：同城票据清算

　　贷：其他应付款——同城清算提出

若超过规定的退票时间未发生退票，再把资金划入收款人账户，会计分录如下：

借：其他应付款——同城清算提出

　　贷：单位活期存款——收款人户

【例 7-14】商业银行 A 行收到本行开户单位乐华纺织有限公司交来的同城跨系统银行 B 行签发的汇票、解讫通知及三联进账单，实际结算金额 360 000 元，审核无误后，通过同城票据交换将汇票和解讫通知提交给 B 行。在交换抵用时间内未被退票，按规定办理转账手续。

提出票据交换时的会计分录如下：

借：同城票据清算 360 000

贷：其他应付款——同城清算提出 360 000

若超过规定的退票时间未发生退票，办理转账。会计分录如下：

借：其他应付款——同城清算提出 360 000

贷：单位活期存款——乐华纺织有限公司户 360 000

2. 交换票据时的处理

各个参加票据交换的行处持应该提出的票据与汇总表，在规定的时间内到票据交换所进行交换。

交换所收齐各行输（交）来的数据，通过计算机进行分类汇总，轧计出交换行本场票据交换中应收金额、应付金额及应收或应付差额，然后将有关数据打印出来交给各交换行的交换员进行复核。

本行交换员将已汇总的应收金额、应付金额及应收或应付差额与人民银行清算员打印的相应数据核对一致后，填写同城票据清算划收（划付）专用转账凭证一式四联，其中两联交票据交换所划拨转账清算差额，另两联带回本行进行账务处理。

人民银行清算员收齐各提出行交来的同城票据清算划收（划付）专用转账凭证后进行审查平衡。审查平衡无误后将转账凭证中的一联加盖转账专用章后退给提出行作转账回单，一联留存，一联转交人民银行会计部门据以进行资金清算。其会计分录为：

借：××银行准备金存款——备付金存款户（应付差额行户）

贷：××银行准备金存款——备付金存款户（应收差额行户）

【例 7-15】 某日票据交换完毕后，各行交换差额为：工行应收差额 12 万元，农行应付差额 16 万元，中行应收差额 18 万元，建行应付差额 14 万元。各行分别填交支票或进账单，人民银行据以转账清算。人民银行清算资金的会计分录为：

借：农业银行准备金存款——备付金存款户 160 000

建设银行准备金存款——备付金存款户 140 000

贷：工商银行准备金存款——备付金存款户 120 000

中国银行准备金存款——备付金存款户 180 000

3. 提入票据的处理

提入行票据交换员提回交换包，将提入的借、贷方票据，提入借（贷）票据汇总计数单报告以及清单等移交柜员，柜员审核无误后，分别按照代收、代付汇总加计票据笔数和金额，核对无误后，分别登记在清算总结表的收回代收款和收回代付款栏内，最后结出收入和付出的合计数，办理转账。

（1）提入贷方凭证时的会计分录。

借：同城票据清算

贷：单位活期存款——收款人户

(2) 提入借方凭证时的会计分录。

借：单位活期存款——付款人户

贷：同城票据清算

【例 7-16】 商业银行A行受理了开户单位盛华电器有限公司提交的转账支票和三联进账单，金额为200 000元，转账支票为盛华电器有限公司签发，系支付给在同城跨系统B行开户的福达开关厂的货款，银行审查无误后，通过票据交换收付款项。两家银行的账务处理分别为：

A行提出贷方凭证的会计分录为：

借：单位活期存款——盛华电器有限公司户 200 000

贷：同城票据清算 200 000

B行提入贷方凭证的会计分录为：

借：同城票据清算 200 000

贷：单位活期存款——福达开关厂户 200 000

【点拨指导】 商业银行提出凭证的方向和“同城票据清算”的记账方向相同，提入凭证的方向和“同城票据清算”的记账方向相反。

4. 票据清算差额的处理

参加票据交换的行处根据本行的清算总结表的收入和付出合计数，轧算出应收或应付差额，若收入金额大于付出金额则为应收差额，若收入金额小于付出金额则为应付差额。提回票据的银行以提回的同城票据清算划收（划付）转账凭证代借方或贷方记账凭证办理转账，结清过渡性科目“同城票据清算”的余额。

如果本次交换后本行为应收差额，其会计分录为：

借：存放中央银行准备金

贷：同城票据清算

如果本次交换后本行为应付差额，其会计分录为：

借：同城票据清算

贷：存放中央银行准备金

【特别提示】 商业银行票据交换轧差资金清算，实际上就是将提出和提入的票据头寸进行轧差，与当地人民银行清算差额，即反方向结平“同城票据清算”账户，使该账户余额为零。

【例 7-17】 福州市票据交换所8月5日两行提出和提入票据资料如下：

单位：元

行别	提出进账单	提出转账支票	提入进账单	提入银行本票
A工商银行	646 000	833 000	460 000	1 111 000
B农业银行	253 000	562 000	743 000	654 000

轧算A、B两行票据交换差额，假设在规定时间内未发生退票且有足够资金清算票

据交换差额，列出各交换行与人民银行票据交换清算差额的会计分录。

【点拨指导】在票据交换实务中，商业银行提出的转账支票、银行本票、银行汇票以及提入的进账单为代付票据（借方凭证）；商业银行提出的进账单以及提入的银行本票、转账支票、银行汇票为代收票据（贷方凭证）。

应收金额合计＝提出的代付票据金额＋提入的代收票据金额

应付金额合计＝提出的代收票据金额＋提入的代付票据金额

A 工商银行：

应收金额合计＝833 000＋460 000＝1 293 000(元)

应付金额合计＝646 000＋1 111 000＝1 757 000(元)

应付差额＝1 757 000－1 293 000＝464 000(元)

票据交换清算差额的会计分录如下：

借：同城票据清算 464 000

贷：存放中央银行准备金 464 000

B 农业银行：

应收金额合计＝562 000＋743 000＝1 305 000(元)

应付金额合计＝253 000＋654 000＝907 000(元)

应收差额＝1 305 000－907 000＝398 000(元)

票据交换清算差额的会计分录如下：

借：存放中央银行准备金 398 000

贷：同城票据清算 398 000

【点拨指导】A 工商银行票据交换后为应付差额，表现为“同城票据清算”账户为贷方余额，那么与人民银行票据交换清算差额要借记“同城票据清算”账户，使该账户余额为零。B 农业银行票据交换后为应收差额，表现为“同城票据清算”账户为借方余额，那么与人民银行票据交换清算差额要贷记“同城票据清算”账户，使该账户余额为零。

三、同业拆借的核算

【知识链接】商业银行在业务经营过程中，由转汇、汇差清算、票据交换等引起资金临时不足，可向其他商业银行拆借资金。同业拆借是指经人民银行批准进入全国银行间同业拆借市场的金融机构之间，通过全国统一的同业拆借网络进行的无担保资金融通行为。其特点是拆借时间短，定期归还，同业拆借到期后不得展期。拆借时由拆出行与拆入资金的商业银行双方商定拆借条件，签订协议，共同履行，并通过人民银行划拨资金。

【特别提示】同业拆借的资金清算涉及不同银行的，应直接或委托开户银行通过中国人民银行大额支付系统办理。同业拆借的资金清算可以在同一银行完成的，应以转账方式进行。任何同业拆借清算均不得使用现金支付。

（一）通过大额支付系统拆借的核算

同业拆借市场的资金清算采取由拆借双方全额直接清算的方式，即由拆出方或归还方在规定的时间主动发送单笔汇划业务支付指令，通过大额支付系统办理资金汇划和清算。支付系统赋予同业拆借业务特定报文和标识，每日营业终了从同业拆借中心下载拆借和归还资金信息。

1. 拆借的处理

（1）拆出行的处理。拆出行与拆入行签订合同，拆出行主动发送银行间同业拆借支付报文，通过大额支付系统办理资金汇划。拆出行拆出资金的会计分录为：

借：拆出资金——××行户

　贷：存放中央银行准备金

【点拨指导】“拆出资金”科目属于资产类科目，核算银行拆借给其他商业银行款项的情况。银行拆出资金时，借记该科目；收回拆出资金时，贷记该科目。该科目期末借方余额反映银行拆出资金给其他银行尚未收回的金额。

（2）人民银行的处理。大额支付系统国家处理中心收到同业拆借支付报文，逐笔确认无误后，提交支付系统的清算账户管理系统，由清算账户管理系统代理人民银行进行账务处理。

清算账户管理系统代理拆出行开户的人民银行进行账务处理的会计分录为：

借：××银行准备金存款——××拆出行户

　贷：大额支付往来——××拆出行开户的人民银行

清算账户管理系统代理拆入行开户的人民银行进行账务处理的会计分录为：

借：大额支付往来——××拆入行开户的人民银行

　贷：××银行准备金存款——××拆入行户

【点拨指导】人民银行的账务处理实际上就是把拆出行的准备金存款转入拆入行的准备金存款，“××银行准备金存款”是负债类科目，拆出行的准备金存款减少，记入借方；拆入行的准备金存款增加，记入贷方。

（3）拆入行的处理。拆入行收到清算成功同业拆借支付报文后，办理转账。其会计分录为：

借：存放中央银行准备金

　贷：拆入资金——××行户

【点拨指导】“拆入资金”属于负债类科目，核算银行从其他商业银行拆入款项的情况。银行拆入资金时，贷记该科目；归还拆入资金时，借记该科目。该科目期末贷方余额反映银行拆入资金尚未归还的金额。

【例 7-18】2020 年 7 月 28 日，中国工商银行福州分行与中国建设银行厦门分行签订同业拆借合同，因临时性资金周转的需要，通过大额支付系统从中国建设银行厦门分行拆入资金 30 000 000 元，双方约定的拆借期限为 1 个月，拆借利率为 3.035 2%。要求列出中国建设银行厦门分行、中国工商银行福州分行拆借资金时的会计分录。

中国建设银行厦门分行拆出资金的会计分录如下：

借：拆出资金——中国工商银行福州分行户　　30 000 000

　贷：存放中央银行准备金　　30 000 000

中国工商银行福州分行拆入资金的会计分录如下：

借：存放中央银行准备金　　30 000 000

　贷：拆入资金——中国建设银行厦门分行户　　30 000 000

2. 拆借资金归还的处理

（1）拆入行的处理。拆借资金到期，拆入行主动发送银行间同业拆借支付报文，通过大额支付系统办理拆借资金的本息汇划。会计分录为：

借：拆入资金——××行户

　　金融企业往来支出——同业往来支出户

　贷：存放中央银行准备金

【点拨指导】拆入行用存放中央银行款项归还拆借的本息，造成存放中央银行准备金的减少，“存放中央银行准备金”属于资产类科目，资产减少记入该科目的贷方。

（2）人民银行的处理。大额支付系统国家处理中心收到同业拆借支付报文，逐笔确认无误后，提交支付系统的清算账户管理系统，由清算账户管理系统代理人民银行账务处理。

清算账户管理系统代理拆入行开户的人民银行进行账务处理的会计分录为：

借：××银行准备金存款——××拆入行户

　贷：大额支付往来——××拆入行开户的人民银行

清算账户管理系统代理拆出行开户的人民银行进行账务处理的会计分录为：

借：大额支付往来——××拆出行开户的人民银行

　贷：××银行准备金存款——××拆出行户

（3）拆出行的处理。拆出行收到清算成功同业拆借支付报文后，办理转账，会计分录为：

借：存放中央银行准备金

　贷：拆出资金——××行户

　　　金融企业往来收入——同业往来利息收入户

【点拨指导】拆出行收到拆入行归还的拆借资金，造成存放中央银行准备金的增加，“存放中央银行准备金”属于资产类科目，资产增加记入该科目的借方。

【例 7-19】承上例，2020 年 7 月 28 日，拆借资金到期，中国工商银行福州分行到期归还拆借资金本息。要求列出拆借资金到期归还时中国工商银行福州分行、中国建设银行厦门分行的会计分录。

利息＝30 000 000×3.035 2%÷12×1＝75 880(元)

中国工商银行福州分行归还拆借资金本息的会计分录如下：

借：拆入资金——中国建设银行厦门分行户　　30 000 000

　　金融企业往来支出——同业往来支出户　　75 880

　贷：存放中央银行准备金　　30 075 880

中国建设银行厦门分行收到归还拆借资金本息的会计分录如下：

借：存放中央银行准备金　　30 075 880

　贷：拆出资金——中国工商银行福州分行户　　30 000 000

　　　金融企业往来收入——同业往来利息收入户　　75 880

【点拨指导】拆出行拆出资金的应计利息应记入“金融企业往来收入”科目，不记入“利息收入”科目；拆入行拆入资金的应计利息应记入“金融企业往来支出”科目，不记入“利息支出”科目。

（二）通过转账方式拆借的核算

通过转账方式拆借的核算适用于同城同业拆借。若同业拆借的资金清算可以在同一人民银行完成，以转账方式进行拆借，由拆出行直接向人民银行提交其备付金存款账户的转账支票，办理资金划转。拆借资金到期，由拆入行主动向人民银行提交备付金存款账户的转账支票，归还拆借资金的本息。

拆出行和拆入行拆借资金和归还拆借资金的会计处理与通过大额支付系统核算相同。但是人民银行的账务处理不同。

人民银行收到拆出行提交的转账支票，审核无误后办理划款的会计分录如下：

借：××银行准备金存款——××拆出行户

　贷：××银行准备金存款——××拆入行户

拆借资金到期，人民银行收到拆入行提交的转账支票，审核无误后办理划款的会计分录如下：

借：××银行准备金存款——××拆入行户

　贷：××银行准备金存款——××拆出行户

【例 7－20】2020 年 7 月 28 日，中国工商银行甲支行同当地中国银行乙支行达成协议，拆入资金 500 万元，拆借期限为 1 个月，拆借利率为 3.035 2%，通过当地人民银行办理资金拆借手续。要求列出甲支行、乙支行和人民银行拆借资金时的会计分录。

中国银行乙支行拆出资金的会计分录如下：

借：拆出资金——中国工商银行甲支行户　　5 000 000

　贷：存放中央银行准备金　　5 000 000

中国工商银行甲支行拆入资金的会计分录如下：

借：存放中央银行准备金　　5 000 000

　贷：拆入资金——中国银行乙支行户　　5 000 000

当地人民银行的会计分录如下：

借：中国银行准备金存款——乙支行户　　5 000 000

　贷：中国工商银行准备金存款——甲支行户　　5 000 000

第五节　现代化支付系统的核算

现代化支付系统是中国人民银行按照我国支付清算需要，利用计算机网络和电子通信技术开发建设，为银行业金融机构和金融市场提供资金清算服务的公共平台。该系统能够高效、安全处理银行业金融机构办理各种支付业务及其资金清算和金融市场的交易资金清算业务，是中国人民银行发挥金融服务职能的核心支持系统。

现代化支付系统是我国支付体系的中枢，我国已经建成了以现代化支付系统为核心，商业银行行内系统为基础，各地同城票据交换所、银行卡支付系统等并存，支撑多种支付工具的应用和满足社会各种经济活动支付需要的中国支付清算体系。

一、中国现代化支付系统概述

（一）中国现代化支付系统的应用系统

中国现代化支付系统的应用系统以清算账户管理系统（SAPS）为核心，以大额支付系统、小额支付系统、网上支付跨行清算系统、支票影像交换系统为业务应用子系统，以公共控制系统、支付管理信息系统为辅助支持系统（见图 7－1）。本章重点介绍大额支付系统和小额支付系统。

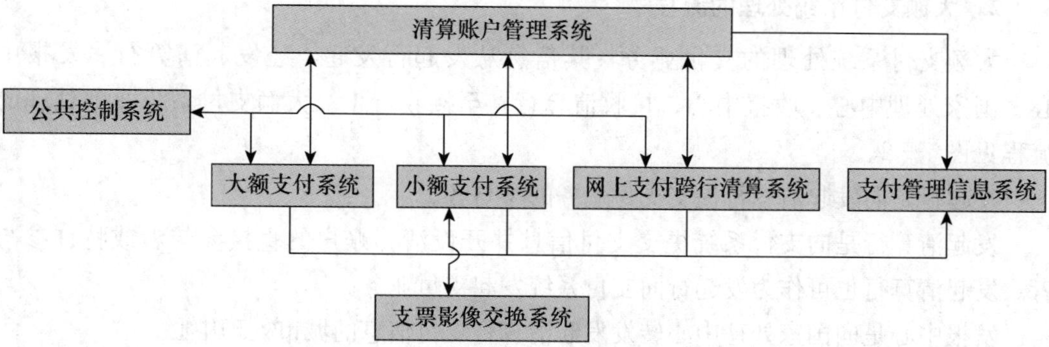

图 7－1　中国现代化支付系统应用系统框架图

（二）大额支付系统概述

1. 大额支付系统处理的业务范围

大额支付系统（HVPS）的大额是指规定金额起点以上的业务。大额支付系统以电子方式实时处理同城和异地的每笔金额在规定起点以上的大额贷记支付（普通贷记）业务、即时转账业务和信息类业务，支付指令实时发送，逐笔全额清算资金。

（1）普通贷记业务。普通贷记业务是指付款行向收款行主动发起的付款业务。包括汇兑、委托收款的划回、托收承付划回、银行间同业拆借、人民银行会计部门和国库部门办理的贷记汇划、外汇交易人民币清算等一般贷记业务和城市商业银行汇票业务等。

（2）即时转账业务。即时转账业务由特许参与者（第三方），如中国银联股份有限公司、中央国债登记结算有限责任公司、电子商业汇票运营机构等发起，主要有银联卡跨行清算、债券交易资金清算、电子商业汇票资金清算等。

（3）信息类业务。信息类业务是指大额支付系统参与者间相互发起和接收的，不需要进行资金清算的信息数据，包括查询查复、退回申请及应答、业务撤销、业务状态查询。

【特别提示】因为在同一个城市，同一商业银行分支只能开立一个清算账户，所以同一清算账户行辖属机构之间的支付业务不得使用支付系统进行处理。由于大额支付系统需要收费，一般商业银行还规定非资金调拨的系统内往来业务不得使用支付系统进行处理。

大额支付系统在物理结构上设立了两级处理中心，即国家处理中心（NPC）和在全国省会城市的城市处理中心（CCPC），国家处理中心分别与各城市处理中心连接。国家处理中心是大额支付系统的中枢节点，负责接收、转发各参与者提交的大额支付业务，并将大额支付业务逐笔实时提交清算；城市处理中心是大额支付系的城市节点，连接国家处理中心和各直接参与者，负责国家处理中心和直接参与者之间接收、转发大额支付业务。

2. 大额支付系统处理的流程

大额支付系统处理的支付业务，其信息从发起行发起，经发起清算行、发报中心、国家处理中心、收报中心、接收清算行，至接收行止。大额支付系统业务处理的流程见图 7－2。

发起行是向发起清算行提交支付业务的参与者。

发起清算行是向支付系统提交支付信息并开设清算账户的直接参与者或特许参与者。发起清算行也可作为发起行向支付系统发起支付业务。

发报中心是向国家处理中心转发发起清算行支付信息的城市处理中心。

国家处理中心是接收、转发支付信息，并进行资金清算处理的机构。

收报中心是向接收清算行转发国家处理中心支付信息的城市处理中心。

接收清算行是向接收行转发支付信息并开设清算账户的直接参与者。

接收行是从接收清算行接收支付信息的参与者。接收清算行也可作为接收行接收支付信息。

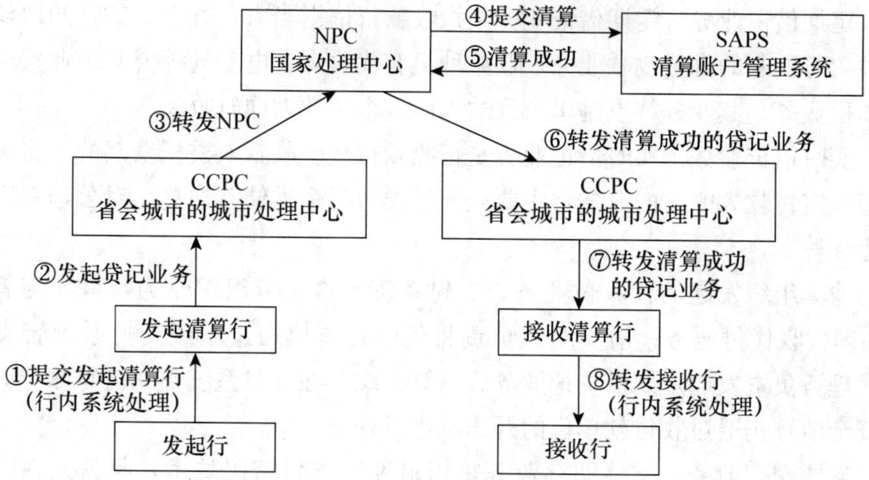

图 7-2　大额支付系统业务处理流程

3. 大额支付系统的运行时间

支付系统按照国家法定工作日运行。支付系统根据公历时间确定其工作日，允许调整，并须提前 3 日公布。支付系统支持 24 小时连续运行。

大额支付系统将每一工作日分为日间业务处理时间、清算窗口时间、日终业务处理时间以及营业准备时间等几个时间段。8:30 至 17:00 为日间业务处理时间，17:00 至 17:30 为清算窗口时间，17:30 进行日终业务处理，日终业务处理完成后进入营业准备业务处理。各时间段时间允许调整，但须提前公布。

（三）小额支付系统概述

1. 小额支付系统处理的业务范围

小额支付系统是以电子方式批量处理同城和异地纸凭证截留的商业银行跨行之间的定期借记支付业务，人民银行会计和国库部门办理的借记支付业务，以及每笔金额在规定起点以下的小额贷记支付业务的应用系统。批量发送支付指令，轧差净额清算资金。

(1) 普通贷记业务。普通贷记业务是指付款行向收款行主动发起的付款业务，包括规定金额起点以下（目前是 5 万元及以下）的汇兑、委托收款（划回）、托收承付（划回）、行间转账、国库贷记汇划业务、网银贷记支付业务等。

(2) 定期贷记业务。定期贷记业务是指付款行依据当事各方事先签订的协议，定期向指定收款行发起的批量付款业务，包括代付工资、保险金、养老金业务等。其业务特点是单个付款人同时付款给多个收款人。

(3) 实时贷记业务。实时贷记业务是指付款行接受付款人委托发起的，将款项实时贷记指定收款人账户的业务，包括跨行通存业务、柜台实时缴税等。

(4) 普通借记业务。普通借记业务是指收款行向付款行主动发起的收款业务，主要业务种类包括中国人民银行机构间的借记、国库借记汇划业务等。

（5）定期借记业务。定期借记业务是指收款行依据当事各方事先签订的协议，定期向指定付款行发起的批量收款业务，业务种类有代收煤、电、气等公共事业费业务，国库批量扣税业务。其业务特点是单个收款人向多个付款人同时收款。

（6）实时借记业务。实时借记业务是指收款行接受收款人委托发起的，将确定款项实时借记指定付款人账户的业务，主要业务种类包括个人储蓄通兑、对公通兑、国库实时扣税业务等。

（7）清算组织发起的代收付业务。支付系统允许清算组织作为特许参与者，接入CCPC办理代收代付业务。清算组织负责将代收付清单通过小额支付系统转发至代理行，由代理行负责发起定期借贷记业务。清算组织不在支付系统开立清算账户，代收付业务的资金清算仍通过收付款单位的开户行进行处理。

（8）支票圈存业务。支票圈存业务是指借助于支付密码技术，收款人在收受支票时，通过POS机（销售点终端机具）、网络、电话等受理终端，经由小额支付系统向出票人开户行发出圈存指令，预先从出票人账户圈存支票金额，以保证支票及时足额支付。

（9）信息服务业务。信息服务业务指支付系统接收发起参与者发起的不需要支付系统提供清算服务的信息数据，经由所在的城市处理中心或国家处理中心实时接收转发参与者的业务。主要包括处理支票圈存信息、接收转发清算组织提交给商业银行的代收代付信息等非支付类信息。

2. 小额支付系统处理的流程

【特别提示】小额支付系统和大额支付系统在运作原理上基本相同，二者共享清算账户内的清算资金。

小额支付系统处理的同城贷记支付业务，其信息从付款行发起，经付款清算行、城市处理中心、收款清算行，至收款行止。

小额支付系统处理的异地贷记支付业务，其信息从付款行发起，经付款清算行、付款行城市处理中心、国家处理中心、收款行城市处理中心、收款清算行，至收款行止。

小额支付系统处理的同城借记支付业务，其信息从收款行发起，经收款清算行、城市处理中心、付款清算行、付款行后，付款行按规定时限发出回执信息，该回执信息原路径返回至收款行。

小额支付系统处理的异地借记支付业务，其信息从收款行发起，经收款清算行、收款行城市处理中心、国家处理中心、付款行城市处理中心、付款清算行、付数行后，付款行按规定时限发出回执信息，该回执信息原路径返回至收款行。

付款清算行是指向小额支付系统提交贷记支付业务信息或发起借记支付业务回执信息的直接参与者。

收款清算行是指向小额支付系统提交借记支付业务信息并接收借记支付业务回执信息或贷记支付业务信息的直接参与者。

付款行城市处理中心是指付款行所属的城市处理中心。

收款行城市处理中心是指收款行所属的城市处理中心。

3. 小额支付系统的运行时间

小额支付系统的基本业务处理流程是“24 小时连续运行，逐笔发起，组包发送，实时传输，双边轧差，定时清算”。小额支付系统 7×24 小时连续运行，系统每一工作日运行时间为前一自然日 16:00 至本自然日 16:00，每日 16:00 进行当日日切处理，日切时间可以调整。国家处理中心可以根据总行决定，设置小额支付系统在国家处理中心或城市处理中心的停运和启运状态，但必须提前三个工作日通知城市处理中心和 MBFE（银行前置系统）。发起行逐笔发起小额业务，组包后经城市处理中心或国家处理中心实时传输至接收行。同城业务在城市处理中心、异地业务在国家处理中心逐包按收款清算行和付款清算行双边轧差，并在规定时点提交清算账户管理系统（SAPS）清算。城市处理中心、国家处理中心在每日 16:00 小额系统日切后进行当日最后一场轧差清算，日切后的业务则纳入次日第一场轧差清算。小额支付系统轧差净额的清算日为国家法定工作日，清算时间为 8:30—17:00，如遇节假日，小额支付系统仍可继续轧差和转发业务，但所有轧差净额暂不进行资金清算，统一在节假日后的第一个法定工作日进行清算。

（四）大额支付系统和小额支付系统的主要区别

（1）大额支付系统对系统稳定性、风险管理、资金转移的时效性等因素的要求比小额支付系统严格得多。

（2）小额支付系统处理的交易数量要远远超过大额支付系统，而且系统网络往往要扩展到商店甚至个人家庭，因而小额支付系统管理者对安全性、系统数据吞吐量等指标要求较高。

（3）大额支付系统主要用于资本市场、货币市场交易和大额贸易的资金结算，而小额支付系统一般为小额贸易支付和个人消费服务。

（4）大额支付系统收费标准相对小额支付系统收费标准而言比较高。

二、现代化支付系统的核算

（一）会计科目的设置

（1）“大额支付往来”“小额支付往来”科目。本科目核算支付系统发起清算行和接收清算行通过大（小）额支付系统办理的支付结算往来款项，余额轧差反映。年终，本科目余额全额转入“支付清算资金往来”科目，余额为零。

（2）“支付清算资金往来”科目。本科目核算支付系统发起清算行和接收清算行通过大（小）额支付系统办理的支付结算汇差款项。年终，“大额支付往来”或“小额支付往来”科目余额核对准确后，结转至本科目，余额轧差反映。

（3）“汇总平衡科目”科目。本科目用于平衡国家处理中心代理人民银行分支行（库）账务处理，不纳入人民银行（库）的核算，是国家处理中心专用科目。

【特别提示】大额支付系统和小额支付系统共享清算账户清算资金。清算账户是指直接参与者在中国人民银行开立的用于资金清算的存款账户。

（二）大额支付系统业务的核算

大额支付系统逐笔实时处理支付业务，全额清算资金。发起行与清算行之间以及清算行与接收行之间的支付信息传送后的财务处理按各行系统内往来的规定进行。以下仅介绍发起行、发起清算行、发报中心、国家处理中心、收报中心、接收清算行、接收行的基本处理方法。本章以最常见的普通贷记业务为例介绍大额支付系统业务的处理。

1. 发起大额支付业务的处理

（1）发起清算行的处理。发起行可以为商业银行，也可以为人民银行。发起行业务发生后将支付信息传输给发起清算行；发起清算行将发起行传输来的支付信息与本身发生的支付信息合并后，由操作员录入、复核，自动逐笔加编密押后发送发报中心。

1）发起行为商业银行的处理。发起行（付款行）受理客户提交的普通贷记业务，审核无误进行账务处理后，将支付信息通过行内系统发送给付款清算行，其账务处理按各银行系统内往来的规定进行。发起行会计分录为：

借：单位活期存款——付款人户

　贷：待清算辖内往来

发起清算行收到后，审核无误，按系统内往来的规定进行账务处理。发起清算行会计分录为：

借：待清算辖内往来

　贷：存放中央银行准备金

若发起清算行本身就是发起行，则其对自身发起的一般普通贷记业务进行账务处理的会计分录为：

借：单位活期存款——付款人户

　贷：存放中央银行准备金

2）发起行为人民银行的处理。发起行为人民银行的，其会计分录为：

借：××科目

　贷：大额支付往来——人民银行××行户

（2）发报中心的处理。发报中心收到发起清算行发来的支付信息，确认无误后，逐笔加编全国密押，实时发送至国家处理中心。

（3）国家处理中心收到发报中心发来的支付报文，逐笔确认无误后，提交 SAPS 进行资金清算。SAPS 分不同情况进行账务处理。

1）发起清算行、接收行均为商业银行的，其会计分录为：

借：××银行准备金存款

贷：大额支付往来——人民银行××行户

借：大额支付往来——人民银行××行户

贷：××银行准备金存款

2）发起清算行为商业银行，接收清算行为人民银行的，其会计分录为，

借：××银行准备金存款

贷：大额支付往来——人民银行××行户

借：大额支付往来——人民银行××行户

贷：汇总平衡科目——人民银行××行户

3）发起清算行为人民银行，接收清算行为商业银行的，其会计分录为：

借：汇总平衡科目——人民银行××行户

贷：大额支付往来——人民银行××行户

借：大额支付往来——人民银行××行户

贷：××银行准备金存款

4）发起清算行、接收清算行均为人民银行的，其会计分录为：

借：汇总平衡科目——人民银行××行户

贷：大额支付往来——人民银行××行户

借：大额支付往来——人民银行××行户

贷：汇总平衡科目——人民银行××行户

【特别提示】发起清算行为银行业金融机构的，其清算账户头寸不足时，SAPS对该笔支付业务进行排队处理。SAPS账务处理完成后，将支付信息转发国家处理中心。国家处理中心收到后转发收报中心。

2. 接收支付信息的处理

（1）收报中心的处理。收报中心接收国家处理中心发来的支付信息，确认无误后，逐笔加编密押，实时发送至接收清算行。

（2）接收清算行的处理。接收行可以为商业银行，也可以为人民银行。接收清算行接到支付信息后，传输给接收行或对本行业务进行处理。其会计分录为：

借：存放中央银行准备金

贷：待清算辖内往来

（3）接收行的处理。其会计分录为：

借：待清算辖内往来

贷：单位活期存款——收款人户

【例7-21】8月6日，中国工商银行福州仓山支行开户单位美美服装厂要求将750 000元购货款电汇给在中国建设银行杭州西湖支行开户的南华丝绸厂，工行仓山支行通过大额支付系统进行业务处理。工行仓山支行审核无误后，将支付信息经行内系统发往所属的工行福州分行，工行福州分行收到后通过大额支付系统汇出资金。中国建设银行杭州西湖支行收到其管辖行建行杭州分行发来的支付信息，确认无误后，将货款收

入开户单位南华丝绸厂账户。

(1) 发起行工商银行福州仓山支行的处理。

借：单位活期存款——美美服装厂户　　750 000

　贷：待清算辖内往来　　750 000

(2) 发起清算行工商银行福州分行的处理。

借：待清算辖内往来　　750 000

　贷：存放中央银行准备金　　750 000

(3) 发报中心的处理。发报中心收到发起清算行发来的支付信息，确认无误后，逐笔加编全国密押，实时发送至国家处理中心。

(4) 国家处理中心收到发报中心发来的支付报文，逐笔确认无误后，提交SAPS进行资金清算。SAPS的处理如下：

借：工商银行准备金存款——福州分行户

　贷：大额支付往来——人民银行福州中心支行户

借：大额支付往来——人民银行杭州中心支行户

　贷：建设银行准备金存款——杭州分行户

(5) 收报中心的处理。收报中心接收国家处理中心发来的支付信息，确认无误后，逐笔加编密押，实时发送至接收清算行（中国建设银行杭州分行）。

(6) 接收清算行的处理。

借：存放中央银行准备金　　750 000

　贷：待清算辖内往来　　750 000

(7) 接收行（中国建设银行杭州西湖支行）的处理。

借：待清算辖内往来　　750 000

　贷：单位活期存款——南华丝绸厂户　　750 000

【点拨指导】“大额支付往来”属于资产负债共同类科目，中国人民银行分支行用于核算支付系统发起清算行和接收清算行通过大额支付系统办理的支付结算往来款项。发报中心收到发起清算行发来的支付信息，确认无误后，逐笔加编全国密押，实时发送至国家处理中心。国家处理中心收到发报中心发来的支付报文，贷记“大额支付往来”发报中心户；同时借记“大额支付往来”收报中心户。年终，该科目余额全部由SAPS自动转入“支付资金清算往来”科目。

(三) 小额支付系统业务的核算

小额支付系统批量处理支付业务，轧差净额清算资金。本章以最常见的普通贷记业务为例介绍小额支付系统业务的处理。

普通贷记支付业务是指付款行向收款行主动发起的付款业务，包括下列业务种类：汇兑；委托收款（划回）；托收承付（划回）；国库贷记汇划业务；网银贷记支付业务；中国人民银行规定的其他普通贷记支付业务。

1. 付款（清算）行的处理

（1）银行业金融机构发起业务的处理。

1）付款行的处理。付款行受理客户提交的普通贷记业务，审核无误进行账务处理后，将支付信息通过行内系统发送付款清算行，付款行按各银行系统内往来的规定进行账务处理。会计分录为：

借：单位活期存款——付款人户

贷：待清算辖内往来

2）付款清算行的处理。付款清算行收到付款行的支付信息，审核无误后，按银行系统内往来的规定进行账务处理。会计分录为：

借：待清算辖内往来

贷：待清算支付款项

若付款清算行本身就是发起行，则其对自身的普通贷记业务进行账务处理的会计分录如下：

借：单位活期存款——付款人户

贷：待清算支付款项

完成账务处理后，付款（清算）行根据行内业务处理系统与前置机直连或间连的不同情况，逐包或组包并加编地方押后发送至城市处理中心。

【特别提示】小额支付系统采取“实时双边轧差，定时清算”的资金清算模式，其业务是转发在前、资金清算在后。因此，清算行需设置“待清算支付款项”科目，用于核算通过小额支付系统办理支付业务尚未提交SAPS进行清算的资金。收到已清算的通知，要注意核销“待清算支付款项”科目。

待付款清算行收到已清算的通知，进行相应的账务处理，会计分录为：

借：待清算支付款项

贷：存放中央银行准备金

（2）人民银行（库）发起业务的处理。人民银行会计营业部门和国库部门进行账务处理后，分别在中央银行会计集中核算系统和国家金库会计核算系统按收款清算行组包，加编地方押发送至城市处理中心。

2. 城市处理中心和国家处理中心的处理

（1）付款清算行城市处理中心的处理。城市处理中心收到付款清算行发来的业务包后，进行格式、业务权限等合法性检查并核验地方押。城市处理中心收到中央银行会计集中核算系统和国家金库会计核算系统提交的业务包后，除按上述规定检查外，还要按组包规则进行检查，并对业务包的笔数和金额进行总分核对。

城市处理中心对检查、核押无误的同城业务进行净借记限额检查。检查通过的纳入轧差处理并对业务包标记“已轧差”状态，转发收款清算行，同时向付款清算行返回已轧差信息；检查未通过的，对业务包作排队处理并向付款清算行返回已排队信息。

城市处理中心对检查、核押无误的异地业务加编全国押后转发国家处理中心。

(2) 国家处理中心的处理。国家处理中心收到城市处理中心发来的业务包，进行合法性检查并核验全国押。国家处理中心对检查、核押无误的业务包进行净借记限额检查与城市处理中心基本相同。

(3) 收款清算行城市处理中心的处理。城市处理中心收到国家处理中心发来的业务包，核验全国押无误后，加编地方押转发收款清算行。

3. 收款（清算）行的处理

(1) 银行业金融机构接收业务的处理。

1) 收款清算行的处理。银行根据行内业务处理系统与前置机直连或间连的不同情况，对收到城市处理中心发来的业务包，逐包确认并核地方押无误后，发送至行内系统拆包，立即进行账务处理；抑或先拆包，将业务明细转存磁介质，或使用人民银行规定格式的来账清单或统一印制的来账凭证打印支付信息，送行内系统进行账务处理。其会计分录为：

借：待清算支付款项

　贷：待清算辖内往来

如果收款清算行本身就是收款行，则会计分录为：

借：待清算支付款项

　贷：单位活期存款——收款人户

待收款清算行收到已清算通知，进行相应的账务处理，会计分录为：

借：存放中央银行准备金

　贷：待清算支付款项

2) 收款行的处理。收款行收到收款清算行通过行内系统发来的支付利息，确认无误后，按各银行系统内往来的规定进行账务处理并通知收款人，会计分录为：

借：待清算辖内往来

　贷：单位活期存款——收款人户

(2) 人民银行（库）接收业务的处理。中央银行会计集中核算系统和国家金库会计核算系统收到城市处理中心发来的业务包，逐包确认并核地方押无误后，作相应账务处理。

【例 7-22】11 月 16 日，中国工商银行厦门分行（直接参与者）收到开户单位永盛汽车配件厂提交的电汇凭证，要求向中国银行深圳分行（直接参与者）开户单位永固轮胎厂汇出货款 20 000 元。工商银行厦门分行审核无误办理转账后，行内系统按收款清算行组包，通过小额支付系统汇出资金。中国银行深圳分行收到业务包，确认无误，由行内系统拆包，将货款收入开户单位永固轮胎厂账户。工商银行厦门分行和中国银行深圳分行均收到了小额支付系统发来的已清算通知。要求列出工商银行厦门分行和中国银行深圳分行处理该业务的相关会计分录。

(1) 工商银行厦门分行的会计分录。

1) 发起业务时：

借：单位活期存款——永盛汽车配件厂户　　20 000

　贷：待清算支付款项　　20 000

2) 收到已清算通知时：

借：待清算支付款项　　20 000

　贷：存放中央银行准备金　　20 000

(2) 中国银行深圳分行的会计分录。

1) 接收业务时：

借：待清算支付款项　　20 000

　贷：单位活期存款——永固轮胎厂户　　20 000

2) 收到已清算通知时：

借：存放中央银行准备金　　20 000

　贷：待清算支付款项　　20 000

【点拨指导】 在该业务中，付款清算行本身就是发起行，收款清算行本身就是收款行，所以不需要通过“待清算辖内往来”科目进行核算。

本章小结

1. 银行往来及资金清算是指商业银行（包括系统内和跨系统）相互之间以及与中央银行之间，办理支付结算、资金调拨、相互融通资金和中央银行行使金融监管职能等引起的资金账务往来及清算。

2. 我国已初步建成以中国人民银行支付系统为核心，以商业银行行内系统为基础，以票据交换系统、银行卡支付系统等为组成部分的支付清算网络。银行往来的核算涉及中央银行和各商业银行的核算。应及时、准确办理银行往来的核算，保持汇路畅通，遵守商业银行与人民银行往来的核算规定。

3. 资金汇划清算系统是商业银行办理结算资金和内部资金汇划与清算的工具，是一套集汇划业务、清算业务、结算业务等于一体的综合性应用系统。该系统由汇划业务经办行、清算行、省区分行和总行清算中心通过计算机网络组成。其基本做法是：实存资金，同步清算，头寸控制，集中监督。其处理程序是：汇划数据实时发送，各清算行控制进出，总行中心即时处理，汇划资金按时到达。

4. 商业银行与中央银行往来是指商业银行与中央银行之间由领缴现金、缴存存款、融通资金、汇划款项以及通过中央银行存款账户进行资金清算等业务引起的资金账务往来。主要包括：向中央银行存取现金、向中央银行缴存存款、向中央银行借款、向中央银行再贴现以及通过中央银行办理汇划款项等。商业银行各级机构为满足通过人民银行存取现金、办理各种存贷款业务、资金清算以及考核法定存款准备金的需要，都在人民银行开立了准备金存款账户。商业银行吸收的非经费性财政性存款应全部划缴中国人民银行，吸收的一般性存款应按中国人民银行规定的比例缴存。

5. 商业银行往来，也称同业往来，是指各商业银行之间由办理跨系统转账结算、相互融通资金等业务引起的资金账务往来。商业银行之间的往来，主要包括异地结算转汇、同城票据交换和同业拆借等。同城票据交换是指在同一城市或同一票据交换区域内，各商业银行之间，按规定的时间，集中到指定的地点（票据交换所），相互交换代收、代付的票据，轧计差额并清算资金存欠的方法。

6. 现代化支付系统是中国人民银行按照我国支付清算需要，利用计算机网络和电子通信技术开发建设，为银行业金融机构和金融市场提供资金清算服务的公共平台。该系统能够高效、安全处理银行业金融机构办理各种支付业务及其资金清算和金融市场的交易资金清算业务，是中国人民银行发挥金融服务职能的核心支持系统。现代化支付系统是我国支付体系的中枢，我国已经建成了以现代化支付系统为核心，商业银行行内系统为基础，各地同城票据交换所、银行卡支付系统等并存，支撑多种支付工具的应用和满足社会各种经济活动支付需要的中国支付清算体系。中国现代化支付系统的应用系统以清算账户管理系统为核心，以大额支付系统、小额支付系统、网上支付跨行清算系统、支票影像交换系统为业务应用子系统，以公共控制系统、支付管理信息系统为辅助支持系统。

本章练习

一、单项选择题

1. （　　）是内部资金往来与资金清算的渠道，在整个支付系统中居于基础地位。

A. 资金汇划清算系统　　B. 票据交换系统

C. 现代化支付系统　　D. 银行卡支付系统

2. 商业银行跨系统汇划款项和商业银行系统内（　　）万元（含）以上的大额汇划款项，一律通过中国人民银行办理转汇并清算资金。

A. 20　　B. 30　　C. 50　　D. 100

3. “上存系统内款项”和“系统内款项存放”两个科目的性质分别是（　　）。

A. 资产类、资产类　B. 资产类、负债类　C. 负债类、资产类　D. 负债类、负债类

4. 商业银行吸收的财政性存款的缴存比例为（　　）。

A. 15%　　B. 25 %　　C. 50%　　D. 100%

5. 下列属于一般性存款缴存范围的是（　　）。

A. 中央预算收入　　B. 地方金库款

C. 财政预算外存款　　D. 代理发行国债款

6. 商业银行A行9月20日缴存存款时，财政性存款科目余额为2 569万元，经查，该行9月20日在中央银行的缴存财政性存款账户余额为2 560万元，则本次应（　　）。

A. 调增9万元　　B. 调增5万元

C. 不予调整　　D. 调减9万元

7. 各商业银行由于汇划款项未达等发生临时性资金短缺而从人民银行取得的日拆性贷款，最长不超过（　　）。

A. 7天　　B. 10天　　C. 15天　　D. 20天

8. 下列关于同城票据交换业务的说法错误的是（　　）。

A. 有规定的时间和场次

B. 不能当场轧计出差额

C. 参与者是同一交换区域的商业银行和当地人民银行

D. 有集中的交换场所

9. 商业银行A行当天“同城票据清算”账户为贷方余额，表示该行票据交换时是（　　）。

A. 应付差额　　B. 应收差额　　C. 借方差额　　D. 无差额

10. 同业拆借的资金清算涉及不同银行的，应直接或委托开户银行通过（　　）办理。

A. 票据交换系统　　B. 大额支付系统

C. 小额支付系统　　D. 银行卡支付系统

11. “拆出资金”和“拆入资金”两个科目的性质分别是（　　）。

A. 资产类、资产类　　B. 资产类、负债类

C. 负债类、资产类　　D. 负债类、负债类

12. 在同业拆借核算中拆出行拆出资金的应计利息应记入（　　）科目。

A. “利息收入”　　B. “利息支出”

C. “金融企业往来收入”　　D. “金融企业往来支出”

13. 在同业拆借核算中拆入行拆入资金的应计利息应记入（　　）科目。

A. “利息收入”　　B. “利息支出”

C. “金融企业往来收入”　　D. “金融企业往来支出”

14. 目前（　　）是我国支付体系的中枢，也是我国银行支付清算的核心。

A. 资金汇划清算系统　　B. 票据交换系统

C. 现代化支付系统　　D. 银行卡支付系统

15. 当前，小额支付系统处理的普通贷记业务包括（　　）汇兑、委托收款（划回）、托收承付（划回）等业务。

A. 2万元及以下　　B. 5万元及以下

C. 8万元及以下　　D. 10万元及以下

二、多项选择题

1. 商业银行与中国人民银行往来的核算规定有（　　）。

A. 商业银行到中国人民银行取款不得透支

B. 计划内借款不得超过中国人民银行核定的贷款额度

C. 同业拆借双方从中国人民银行的存款户支取现金

D. 同业拆借应通过双方在中国人民银行的存款户办理转账

2. 可以通过资金汇划清算系统处理的业务有（　　）。

A. 汇兑　　B. 异地托收承付和委托收款

C. 银行汇票　　D. 银行卡异地通存通兑

3. 资金汇划清算的基本做法是（　　）。

A. 实存资金　　B. 同步清算　　C. 头寸控制　　D. 集中监督

4. 关于商业银行各分支机构在人民银行开立的准备金存款账户，下列说法正确的是（　　）。

A. 用于核算向人民银行存取现金、资金调拨、资金清算和其他日常支付的款项

B. 先存后用，不得透支

C. 属于备付金存款账户，不用于考核法定存款准备金

D. 属于备付金和法定存款准备金合一的账户

5. 商业银行向人民银行缴存一般性存款的范围包括（　　）。

A. 个人储蓄存款　B. 单位存款　　C. 机关团体存款　D. 财政预算存款

6. 商业银行吸收的财政性存款应全部划缴中国人民银行，财政性存款包括（　　）。

A. 中央预算收入　　B. 地方金库款

C. 财政预算外存款　　D. 代理发行国债款

7. 商业银行向人民银行借款包括（　　）。

A. 年度性贷款　　B. 季节性贷款

C. 日拆性贷款　　D. 中长期贷款

8. 商业银行交换的下列票据属于应收款的票据有（　　）。

A. 提出的代付（借方）票据　　B. 提出的代收（贷方）票据

C. 提入的代收（贷方）票据　　D. 提入的代付（借方）票据

9. 商业银行交换的下列票据属于应付款的票据有（　　）。

A. 提出的代付（借方）票据　　B. 提出的代收（贷方）票据

C. 提入的代收（贷方）票据　　D. 提入的代付（借方）票据

10. 在票据交换实务中，商业银行（　　）为代收票据（贷方凭证）。

A. 提出的进账单　　B. 提入的进账单

C. 提入的银行本票　　D. 提入的转账支票

11. 大额支付系统处理的支付类业务包括（　　）。

A，普通贷记业务　　B. 普通借记业务

C. 即时转账业务　　　　　　　　　　D. 信息类业务

12. 我国银行往来与资金清算的模式包括（　　）。

A. 人民银行的电子联行系统　　　　　B. 票据交换系统

C. 现代化支付系统　　　　　　　　　D. 银行卡支付系统

E. 全国支票影像交换系统

13. 大额支付系统处理的同城和异地的大额贷记支付（普通贷记）业务包括（　　）。

A. 汇兑、委托收款的划回　　　　　　B. 托收承付划回

C. 银行间同业拆借　　　　　　　　　D. 城市商业银行汇票

14. 小额支付系统处理的业务包括（　　）。

A. 普通贷记和实时贷记业务　　　　　B. 普通借记和实时借记业务

C. 清算组织发起的代收付业务　　　　D. 支票圈存业务

15. 关于大额支付系统和小额支付系统，正确的表述有（　　）。

A. 大额支付系统对系统稳定性、风险管理、资金转移的时效性等因素的要求比小额支付系统严格得多

B. 小额支付系统管理者对安全性、系统数据吞吐量等指标要求较高

C. 大额支付系统主要用于资本市场、货币市场交易和大额贸易的资金结算，而小额支付系统一般为小额贸易支付和个人消费服务

D. 大额支付系统收费标准相对小额支付系统收费标准而言比较低

三、判断题

1. 资金清算是由支付结算引起的，支付结算是资金清算的原因，资金清算是实现支付结算的工具，是清偿行与行之间资金债权债务关系的手段。　（　　）

2. 资金汇划清算系统中各清算行在总行清算中心开立的备付金存款账户应保留足额存款，备付金存款不足可以透支。　（　　）

3. 商业银行对在人民银行开立的准备金存款账户用“存放中央银行准备金”科目核算，它属于负债类科目。　（　　）

4. 现行制度规定，商业银行吸收的非经费性一般性存款应全部划缴中国人民银行，吸收的财政性存款应按中国人民银行规定的比例缴存。　（　　）

5. 年度性贷款是商业银行因经济合理增长引起年度信贷资金不足而从人民银行取得的借款。此种贷款期限一般为半年，最长不超过1年。　（　　）

6. 商业银行之间的往来既与结算等业务有密切的联系，又关系着跨系统资金的清偿，而跨系统资金清偿最终通过各自在中国人民银行开立的准备金存款账户来办理。　（　　）

7. 参加票据交换的各行处需向当地人民银行申请，经批准并获得同城票据交换行号后方能参加票据交换。　（　　）

8. 商业银行提出凭证的方向和“同城票据清算”的记账方向相反，提入凭证的方

向和“同城票据清算”的记账方向相同。（　）

9. 在票据交换实务中，商业银行提出的转账支票、银行本票、银行汇票以及提入的进账单为代收票据（贷方凭证）。（　）

10. 商业银行同业拆借的时间短，要定期归还，同业拆借到期后不能按时归还可以申请展期。（　）

11. 同业拆借的资金清算可以在同一银行完成的，应以转账方式进行，也可以使用现金支付。（　）

12. 因为在同一个城市，同一商业银行分支只能开立一个清算账户，所以同一清算账户行辖属机构之间的支付业务不得使用支付系统进行处理。（　）

13. 小额支付系统和大额支付系统共享清算账户内的清算资金。（　）

14. 小额支付系统是逐笔实时处理支付业务，全额清算资金；大额支付系统是批量处理支付业务，轧差净额清算资金。（　）

15. 小额支付系统采取“实时双边轧差，定时清算”的资金清算模式，其业务是转发在前、资金清算在后。因此，清算行需设置“待清算支付款项”科目，用于核算通过小额支付系统办理支付业务尚未提交SAPS进行清算的资金。（　）

四、业务题

1. 中国工商银行福州鼓楼支行收到开户单位欧力服装有限公司提交的电汇凭证，向中国工商银行杭州西湖支行开户单位佳美丝绸有限公司汇出货款360 000元。中国工商银行福州鼓楼支行审核无误后，通过资金汇划清算系统办理款项汇划（批量），中国工商银行杭州西湖支行收到汇划信息，确认无误后，将货款收入开户单位佳美丝绸有限公司账户。中国工商银行杭州分行采取分散式管理模式。请列出中国工商银行福州鼓楼支行、中国工商银行福州分行、中国工商银行总行清算中心、中国工商银行杭州分行、中国工商银行杭州西湖支行的会计分录。

2. 中国工商银行福建省泉州市分行当日不能通过人民银行补足在总行清算中心的备付金存款，经批准，向福建省分行申请借入资金6 000 000元。福建省分行经批准向总行清算中心办理资金借出手续。请列出中国工商银行福建省分行、中国工商银行福建省泉州市分行的会计分录。

3. 11月12日，中国工商银行A行持现金支票向开户的人民银行提取现金500 000元，人民银行审核无误后，从其存款账户中支付。请列出A行的会计分录。

4. 12月15日，中国工商银行A行填制现金缴款单，连同现金350 000元向开户的人民银行存入现金，人民银行审核无误后办理了款项收妥手续。请列出A行的会计分录。

5. 中国工商银行A行6月20日财政性存款科目余额为9 705 000元。经查，该行6月20日在中央银行的缴存财政性存款账户余额为8 935 000元。请列出A行缴存财政性存款的会计分录。

6. 商业银行M行（法人）3月16日营业终了报送给开户人民银行的一般性存款科

目余额表的存款余额合计 862 350 000 元，法定存款准备率是 12.5%。请计算 M 行上缴法定存款准备金的数额并列出相关会计分录。

7. 中国工商银行 A 行因季节性信贷资金不足，于 10 月 5 日向人民银行申请贷款 6 000 000元，期限 2 个月，年利率为 3.78%，人民银行审查后办理发放贷款手续。12 月 5 日，A 行到期归还借款本息。要求列出 A 行取得和归还再贷款的会计分录。

8. 2020 年 8 月 8 日，中国工商银行 A 行持已贴现尚未到期的银行承兑汇票向人民银行申请办理再贴现，汇票金额 720 000 元，到期日为 8 月 30 日，再贴现率为 2%，承兑银行在异地。人民银行审核无误后，办理了再贴现手续。8 月 30 日，再贴现票款到期，人民银行会计部门直接从再贴现申请人 A 行账户中收取。要求列出 A 行办理再贴现和再贴现票款到期的会计分录。

9. 中国工商银行 A 行受理开户单位安昌家具有限公司承付的托收款项 560 000 元，收款人为在中国建设银行吉林市 B 行开户的北祥木材厂，A 行通过当地人民银行进行转汇。请列出 A 行和 B 行的会计分录。

10. 中国工商银行 A 行收到本行开户单位永盛电器有限公司交来的同城跨系统银行 B 行签发的汇票、解讫通知及三联进账单，实际结算金额 450 000 元，审核无误后，通过同城票据交换将汇票和解讫通知提交给 B 行。在交换抵用时间内未被退票，按规定办理转账手续。请列出 A 行相关的会计分录。

11. 中国工商银行 A 行受理了开户单位唐美服装有限公司提交的转账支票和三联进账单，金额 360 000 元，转账支票为唐美服装有限公司签发，系支付给在同城跨系统 B 行开户的乐华纺织有限公司的货款，银行审查无误后，通过票据交换收付款项。请列出 A 行和 B 行的会计分录。

12. 福州市票据交换所 10 月 15 日两家银行提出和提入票据资料如下：

行别	提出进账单	提出转账支票	提入进账单	提入银行本票
A 工商银行	490 000	480 000	390 000	470 000
B 中国银行	235 000	550 000	380 000	365 000

轧算 A、B 两行票据交换差额，假设在规定时间内未发生退票且有足够资金清算票据交换差额，写出各交换行与人民银行票据交换清算差额的会计分录。

13. 2020 年 8 月 15 日，中国工商银行苏州分行与中国银行南京分行签订同业拆借合同，因临时性资金周转的需要，通过大额支付系统从中国银行南京分行拆入资金 60 000 000 元，双方约定的拆借期限为 1 个月，拆借利率为 3.035 2%。2020 年 9 月 15 日，拆借资金到期，中国工商银行苏州分行到期归还拆借资金本息。要求列出中国银行南京分行、中国工商银行苏州分行拆借资金和归还拆借资金时的会计分录。

14. 10 月 18 日，中国工商银行福州晋安支行开户单位丝路服装有限公司要求将 860 000 元购货款电汇给在中国农业银行杭州余杭支行开户的顺美丝绸有限公司，工行晋安支行通过大额支付系统进行业务处理。工行晋安支行审核无误后，将支付信息经行内系统发往所属的工行福州分行，工行福州分行收到后通过大额支付系统汇出资金。农业银行杭州余杭支行收到其管辖行杭州分行发来的支付信息，确认无误后，将货款收入开户单位顺美丝绸有限公司账户。请列出发起行（工商银行福州晋安支行）、发起清算行（工商银行福州分行）、接收清算行（农业银行杭州分行）、接收行（农业银行杭州余杭支行）的会计分录。

15. 9月26日，中国工商银行福州分行（直接参与者）收到开户单位长新通讯信息有限公司提交的电汇凭证，要求向中国建设银行上海分行（直接参与者）开户单位迅捷电子有限公司汇出货款35 000元。工商银行福州分行审核无误办理转账后，行内系统按收款清算行组包，通过小额支付系统汇出资金。建设银行上海分行收到业务包，确认无误，由行内系统拆包，将货款收入开户单位迅捷电子有限公司账户。工商银行福州分行和建设银行上海分行均收到了小额支付系统发来的已清算通知。请列出工商银行福州分行和建设银行上海分行处理该业务的相关会计分录。

第八章

外汇业务的核算

学习目的

1. 了解外汇业务的主要内容，理解并掌握外汇业务核算的特点。

2. 掌握银行买入外汇、卖出外汇和套汇的核算。

3. 了解外汇存款的种类，掌握单位外汇存款和个人外汇存款存入支取的规定和核算。

4. 掌握短期外汇贷款的发放、利息计算和收回的核算。

5. 掌握信用证结算方式下出口和进口各环节的核算。

6. 掌握汇出汇款和汇入汇款的核算。

第一节　外汇业务概述

一、外汇与汇率

（一）外汇

1. 外汇的定义

从动态角度来看，外汇指国际汇兑的行为，即通过银行等金融机构将一个国家的货币兑换成另一个国家的货币，借以清偿国际债权债务关系的行为。

从静态角度来看，广义的外汇指一切以外国货币表示的国外资产；狭义的外汇指以外币表示的可用于国际结算的支付手段。

【知识链接】我国于2008年8月5日实施的新修订的《中华人民共和国外汇管理条例》规定，外汇是指以外币表示的可以用作国际清偿的支付手段和资产，主要包括：(1) 外币现钞，包括纸币、铸币；(2) 外币支付凭证或者支付工具，包括票据、银行存款凭证、银行卡等；(3) 外币有价证券，包括债券、股票等；(4) 特别提款权；(5) 其他外汇资产。

【特别提示】对于一国或地区而言，其货币要成为外汇，除了货币发行国的经济实力雄厚、币值相对稳定外，还应具备完全可自由兑换、普遍接受性和可偿性特征。由此可见，虽然外汇以外国货币表示，但并不是所有的外国货币或外币资产都是外汇。目前，能作为外汇的外币种类主要有：美元（USD）、日元（JPY）、英镑（GBP）、欧元（EUR）、瑞士法郎（CHF）等。

2. 外汇的种类

（1）根据来源的不同，外汇分为贸易外汇和非贸易外汇。

贸易外汇是指一个国家或地区通过出口贸易所收入的外汇和进口贸易所支出的外汇，以及进出口贸易从属费用外汇，如运输费、保险费、佣金、样品费、宣传广告费和商标注册费等。

非贸易外汇是指经常项目中除进出口贸易以外收支的各种外汇，包括旅游等服务业、劳务合作、侨汇、投资所得利润等非贸易项目收支的外汇。

（2）根据持有者的不同，外汇分为官方外汇和私人外汇。

官方外汇指财政部、中央银行或其他政府机构以及国际组织所持有的外汇。各国政府持有的外汇主要用来稳定本国货币汇率、平衡国际收支、偿付到期债务，是一国国际储备的主要部分。国际组织所持有的外汇主要用于对会员国的贷款。

私人外汇指自然人地位的居民和非居民所持有的外汇。在不实行外汇管制的国家中，私人对外汇有自行支配的权利。

（3）根据形态的不同，外汇分为现钞和现汇。

现钞是指各种外币钞票、铸币等。

现汇又称转账外汇，是指用于国际汇兑和国际非现金结算，以及清偿国际债权债务的外汇。

【特别提示】我国外汇银行公布的外汇牌价中，现钞和现汇的牌价不同。现钞买入价低于现汇买入价，它是银行公布的最低的对外牌价，而现钞卖出价则高于（或等于）现汇卖出价。

（4）根据外汇交易的交割期限，外汇可分为即期外汇和远期外汇。

即期外汇又称现汇，是指外汇买卖双方成交后 2 个营业日内交割的外汇。

远期外汇又称期汇，是指外汇买卖双方成交后，双方约定一定日期后（1 个月、2 个月、3 个月、6 个月，最长一般不超过一年）按照事先约定的汇率进行交割的外汇。

（二）汇率

1. 汇率的定义

外汇汇率又称外汇汇价，是一国货币折算成另一国货币的比率，或者是用一国货币所表示的另一国货币的相对价格。

【特别提示】汇率即两国货币的对比关系不是固定不变的，同一时点在不同国家金融市场上相同两种货币的折算比例会有不同；不同时点同一市场相同两种货币的折算比例也会发生变化。

2. 汇率的标价方法

确定汇率的标价方法，首先要区分基准货币和标价货币两个概念。按国际惯例，凡在汇率标价中，数量固定不变的货币称为基准货币，数量会发生变动的货币称为标价货币或报价货币。在外汇交易中，这两种货币经常要进行换算，换算公式如下：

报价货币数＝基准货币数×汇率

基准货币数＝报价货币数÷汇率

【知识链接】按照外汇市场的惯例，汇率的标价通常由五位有效数字组成，从右边到左边第一位称为“某个点”，它构成汇率变动的最小单位；第二位称为“某十个点”，依次类推。如 USD 1＝JPY 115.16 变为 USD 1＝JPY 115.06，则称美元对日元下跌了 10 个点，EUR 1＝USD 1.258 1 变为 EUR 1＝USD 1.258 6，则称欧元对美元上升了 5 个点。

目前，国际上常用的标价方法有：直接标价法、间接标价法以及美元标价法和非美元标价法。

（1）直接标价法。又称应付标价法（giving quotation），是以一定单位（如 1，100，1 000，10 000 等）的外币为标准，折算成若干单位本币的一种汇率表示方法。我国采用的是直接标价法。在人民币与各种外币的比价中，英镑、港币、美元、日元和欧元均为基准货币，单位为 100，人民币为标价货币。人民币外汇牌价见表 8-1。

表 8-1　2020 年 8 月 10 日中国银行人民币外汇牌价

货币名称	现汇买入价	现钞买入价	现汇卖出价	现钞卖出价
英镑（GBP）	907.86	879.65	914.55	918.59
港币（HKD）	89.74	89.03	90.10	90.10
美元（USD）	695.59	689.93	698.54	698.54
日元（JPY）	6.555 4	6.351 7	6.603 6	6.613 8
欧元（EUR）	817.42	792.02	823.45	826.10

资料来源：中国银行官网，2020-08-10.

（2）间接标价法。又称应收标价法，是以一定单位的本币为标准，折算成若干单位外币的一种汇率表示方法。目前只有英国、美国、欧元区等少数国家和地区的外汇市场采用该标价法。

（3）美元标价法和非美元标价法。美元标价法是指以一定单位的美元为标准来计算应兑换多少其他货币的汇率表示方法。非美元标价法是指以一定单位的其他货币为标准来计算应兑换多少美元的汇率表示方法。在国际上进行外汇业务交易时，银行之间的报价通常采用美元标价法和非美元标价法。

【知识链接】在国际外汇市场上，除英镑、澳大利亚元、欧元、新西兰元、南非兰特等货币采用非美元标价法，其余大多数货币均采用美元标价法。目前各大国际金融中心普遍使用美元标价法和非美元标价法。在统一外汇市场惯例标价法下，市场参与者不必区分直接标价法还是间接标价法，按市场惯例进行报价和交易。

3. 汇率的种类

从银行买卖外汇的角度划分，汇率可分为买入汇率、卖出汇率、中间汇率和现钞汇率。

（1）买入汇率与卖出汇率。买入汇率（buying rate）也称买入价，指银行向同业或客户买入外汇时所使用的汇率。卖出汇率（selling rate）又称卖出价，指银行向同业或客户卖出外汇时所使用的汇率。

（2）中间汇率。中间汇率（middle rate）也叫中间价，是银行外汇买入价与卖出价的算术平均值。各种新闻媒体报道的外汇行情通常使用中间价。

（3）现钞汇率。现钞汇率，又称现钞买卖价，是指银行买入或卖出外币现钞时所使用的汇率。从理论上讲，现钞买卖价与外币支付凭证、外币信用凭证等外汇形式买卖价应该相同。但现实中，现钞买入价一般低于现汇买入价2%～3%，而现钞卖出价大于或等于现汇卖出价。

【点拨指导】正确掌握汇率的使用是银行外汇业务核算的基础，外汇买卖行为决定使用哪种外汇牌价，比如银行办理结汇业务是银行买入现汇的行为，所以会使用现汇买入价；银行办理售汇业务是银行卖出现汇的行为，所以会使用现汇卖出价。

【知识链接】外汇银行采用双向报价，即同时报出一种货币的买价和卖价，买价和卖价都是从银行买卖外汇角度而言的。买价和卖价的差额为银行的毛收益，包括手续费、保险费、利息和利润。买卖差价因交易货币的种类、供求关系及银行自身经营策略而定，一般为0.1%～0.5%。我国银行外汇买卖差价约为0.5%，发达国家和大银行规定的外汇买卖差价往往比较小。买卖差价越小，外汇交易成本就越低，越能吸引客户。

二、银行外汇业务的范围

当前，我国银行办理的外汇业务主要有：外币兑换、外汇存款、外汇贷款、外汇汇款、贸易和非贸易结算、外汇借款、外汇同业拆借、外币票据的承兑和贴现、自营及代客外汇买卖、外汇信用卡的发行和代理国外信用卡的发行及付款，以及国家外汇管理局批准的其他外汇业务。

【特别提示】银行分支行及以下机构可经营以下全部或部分外汇业务：外汇存款；外汇贷款；外汇汇款；外币兑换；国际结算；结汇、售汇；通过上级行办理代客外汇买卖；代理国外信用卡付款。其中，储蓄所可经营外币储蓄存款、外币兑换两项业务，外币兑换点可经营外币兑换单项业务。

三、外汇业务会计核算的特点

1. 记账方法采用借贷复式记账法

借贷复式记账法就是以借、贷为记账符号，以有借必有贷，借贷必相等为记账规则，在两个或两个以上相互联系的账户中进行金额相等、方向相反记录的一种记账方法。借方登记资产增加，负债减少，所有者权益减少，损失增加，收益结转。贷方登记资产减少，负债增加，所有者权益增加，收益增加，损失结转。

【特别提示】外汇银行的表内业务采用借贷复式记账法，表外业务采用收付单式记账法。

2. 记账方式采用外汇分账制

外汇银行经营的货币种类较多，为了完整反映各类外汇资金的增减变化情况，保护各类外汇资金的安全，外汇银行采用外汇分账制记账。外汇分账制又叫原币记账法，是按业务发生时的货币记账，不折成本位币入账的一种记账方式。其主要内容是：

（1）人民币与外币分账。对有外汇牌价的各类外汇收支要求以原币记账，不折成本位币入账。以原币填制凭证，登记账簿，编制报表，每一种货币各自成立一套完整的账务系统。

（2）专门设置“外汇买卖”科目，起桥梁和平衡作用。“外汇买卖”科目是外汇分账制的一个特定科目，在不同的外汇业务之间，起到桥梁的平衡和联系作用。如出口结汇、进口售汇、套汇业务核算，外汇银行均通过该科目核算。

（3）年度决算时，编制汇总的人民币报表。各种外币除编制各自的报表外，美元以外的其他外币要按年度决算牌价折成美元报表，合并的美元报表按年度决算牌价折成人民币报表，同原人民币报表按会计科目归口合并，编制一张汇总的人民币报表。

3. 记账基础采用权责发生制

权责发生制又称应收应付制，债权债务一经产生，不管有无实际的资金收付行为，都应记账。在外汇会计核算中，它是以应收应付为计算标准来确定本期收益和费用的一种制度。凡是应属于本期的收入和支出，不论款项是否在本期收付，都应当作为本期的收入和支出；凡是不属于本期的收入和支出，即使款项已在本期收付，也不应作为本期的收入和支出。

商业银行对外汇业务的会计处理采用权责发生制，它决定了外汇会计在债权债务产生时要记账，债权债务解除时要核销账务。

例如，即期信用证项下出口结算会计核算中，出口商交来全套单据，议付行审单、寄单索汇后，就对国外开证行有了索取出口款项的债权，同时对国内出口商有代收出口款项的义务，虽然在这个结算环节没有发生实际的款项支付，但是债权债务已经产生，外汇会计就要记账，会计分录为：

借：应收即期信用证出口款项　　外币

　　贷：代收即期信用证出口款项　　外币

议付行收到出口款项，向出口商办理出口结汇后，议付行的债权债务就解除了，除了出口结汇要记账，也要对前面的账务进行销账，其会计分录为：

借：代收即期信用证出口款项　　外币

　　贷：应收即期信用证出口款项　　外币

第二节　外汇买卖业务的核算

一、"外汇买卖"科目的使用

当一项银行业务涉及两种或两种以上的货币时，必须通过"外汇买卖"科目核算。

【特别提示】"外汇买卖"科目是共同类会计科目，买入外币时，外币金额应贷记此科目，同时，人民币金额应按中间价借记此科目。卖出外币时，外币金额应借记此科目，同时，人民币金额应按中间价贷记此科目。

二、外汇买卖业务的核算

（一）买入外汇的会计核算

买入外汇包括结汇和外币兑本币业务。结汇是指境内企事业单位、机关和社会团体按国家的外汇政策规定，将各类外汇收入按银行挂牌汇率卖给外汇指定银行，即银行买进这部分外汇，同时付给对方相应的人民币。利息找零业务比照结汇处理，即商业银行在支付储户本息时，元以下辅币不能支付外币零头，可以按牌价以人民币折付。买入外汇的基本会计分录为：

借：有关科目　　外币××

　　贷：外汇买卖（买入价）　　外币××

借：外汇买卖（中间价）　　人民币××

　　贷：有关科目　　人民币××

　　　　外汇买卖价差　　人民币××

【例 8-1】当天，外汇银行 A 行从国内居民张明手中买入 3 000 美元现钞，结付人民币现金。当日美元的钞买价是 689.93%，中间价是 697.07%。其会计分录为：

借：现金　　USD 3 000

　　贷：外汇买卖（钞买价 689.93%）　　USD 3 000

借：外汇买卖（中间价 697.07%） CNY 20 912.10（USD 3 000×697.07%）
 贷：现金 CNY 20 697.90（USD 3 000×689.93%）
  外汇买卖价差 CNY 214.20

【点拨指导】该业务是银行买入美元现钞的业务，所以使用当天的美元钞买价。人民币“外汇买卖”账户以中间价折算确认，而支付给客户的人民币资金则按钞买价折算，差额部分为银行柜台部门的收益。这种处理是商业银行外币兑换收益逐笔确认的模式。

【例 8-2】当天，外汇银行 A 行收到纽约某联行（与 A 行有美元账户关系）汇入的 60 000 美元销货款，收款方为盛发进出口公司，转入公司单位人民币存款账户。当日美元兑人民币的汇买价为 695.59%，中间价为 697.07%。其会计分录为：

借：汇入汇款 USD 60 000
 贷：外汇买卖（汇买价 695.59%） USD 60 000
借：外汇买卖（中间价 697.07%） CNY 418 242（USD 60 000×697.07%）
 贷：单位活期存款——盛发进出口公司户 CNY 417 354
 （USD 60 000×695.59%）
  外汇买卖价差 CNY 888

【点拨指导】该业务是银行买入美元现汇的业务，所以使用当天的美元汇买价。人民币“外汇买卖”账户以中间价折算确认，而支付给盛发进出口公司的人民币资金则按汇买价折算，差额部分为银行柜台部门的收益。这种处理也是外币兑换收益逐笔确认的模式。

（二）卖出外汇的会计核算

卖出外汇包括本币兑外币业务和售汇。售汇是指境内企事业单位、机关和社会团体的经常项目下的正常付汇，持有关有效凭证，用人民币到商业银行办理兑换，商业银行收进人民币，支付等值外汇。卖出外汇的基本会计分录为：

借：外汇买卖（卖出价） 外币××
 贷：有关科目 外币××
借：有关科目 人民币××
 贷：外汇买卖（中间价） 人民币××
  外汇买卖价差 人民币××

【例 8-3】当天，外汇银行 A 行按客户张平的要求按规定卖出 2 000 美元现钞，收入人民币现金。当日美元兑人民币的钞卖价为 698.54%，中间价为 697.07%。其会计分录为：

借：外汇买卖（钞卖价 698.54%） USD 2 000.00
 贷：现金 USD 2 000.00
借：现金 CNY 13 970.80（USD 2 000×698.54%）

贷：外汇买卖（中间价 697.07%）　CNY 13 941.40（USD 2 000×697.07%）

　　外汇买卖价差　CNY 29.40

【点拨指导】该业务是银行卖出美元现钞的业务，所以使用当天的美元钞卖价。人民币“外汇买卖”账户以中间价折算确认，而卖出 2 000 美元现钞收入的人民币现金则应按钞卖价折算，差额部分为银行柜台部门的收益。

【例 8-4】当天，乐昌机电进出口公司持有关有效凭证向外汇银行 A 行购入 80 000 英镑汇往英国。当日英镑兑人民币的汇卖价为 914.55%，中间价为 911.21%。其会计分录为：

借：外汇买卖（汇卖价 914.55%）　GBP 80 000

　贷：汇出汇款　GBP 80 000

借：单位活期存款——乐昌机电进出口公司户　CNY 731 640

（GBP 80 000×914.55%）

　贷：外汇买卖（中间价 911.21%）　CNY 728 968（GBP 80 000×911.21%）

　　外汇买卖价差　CNY 2 672

【点拨指导】该业务是银行卖出英镑现汇的业务，所以使用当天的英镑汇卖价。人民币“外汇买卖”账户以中间价折算确认，而乐昌机电进出口公司支付的人民币存款则应按汇卖价折算，差额部分为银行柜台部门的收益。

（三）套汇业务的会计核算

套汇业务主要有两类：一是同种货币之间的套汇，主要指钞买汇卖和汇买钞卖。钞买汇卖是银行从客户手里买进外币现钞，卖给对方外币现汇。汇买钞卖是银行从客户手中买进外币现汇，卖给对方外币现钞。二是两种外币之间的套汇，是银行按买入价买进一种外汇，按卖出价卖出另一种外汇。套汇业务的基本会计分录为：

借：有关科目　A 种外币××

　贷：外汇买卖（买入价）　A 种外币××

借：外汇买卖（中间价）　人民币××

　贷：外汇买卖（中间价）　人民币××

　　外汇买卖价差　人民币××

借：外汇买卖（卖出价）　B 种外币××

　贷：有关科目　B 种外币××

【例 8-5】当天，鹿华合资企业从其美元现汇账户中兑取 50 000 欧元汇往国外。外汇银行 A 行审查同意并办理此业务。当日美元汇买价为 695.59%，中间价为 697.07%，欧元汇卖价为 823.45%，中间价为 820.44%。其会计分录为：

EUR 50 000×823.45%÷695.59%＝USD 59 190.76

借：单位活期存款——鹿华合资企业户　USD 59 190.76

贷：外汇买卖（汇买价 695.59%）　　USD 59 190.76

借：外汇买卖（中间价 697.07%）　　CNY 412 601.03

（USD 59 190.76×697.07%）

贷：外汇买卖（中间价 820.44%）　　CNY 410 220（EUR 50 000×820.44%）

外汇买卖价差　　CNY 2 381.03

借：外汇买卖（汇卖价 823.45%）　　EUR 50 000

贷：汇出汇款　　EUR 50 000

【点拨指导】该业务是银行买入美元现汇卖出欧元现汇的不同货币之间套汇业务，所以使用当天的美元汇买价和欧元汇卖价。这笔套汇业务要先写买入美元现汇的会计分录，再写卖出欧元现汇的会计分录。

【例 8-6】当天，杜昆外资企业持 3 000 美元现钞要求存入其美元现汇账户。外汇银行 A 行审查同意并办理此业务。当日美元钞买价为 689.93%，汇卖价为 698.54%，中间价为 697.07%。其会计分录为：

USD 3 000×689.93%÷698.54%＝USD 2 963.02

借：现金　　USD 3 000

贷：外汇买卖（钞买价 689.93%）　　USD 3 000

借：外汇买卖（中间价 697.07%）　　CNY 20 912.10（USD 3 000×697.07%）

贷：外汇买卖（中间价 697.07%）　　CNY 20 654.32

（USD 2 963.02×697.07%）

外汇买卖价差　　CNY 257.78

借：外汇买卖（汇卖价 698.54%）　　USD 2 963.02

贷：单位活期存款——杜昆外资企业户　　USD 2 963.02

【点拨指导】该业务是银行买入美元现钞卖出美元现汇的同种货币之间套汇业务，所以使用当天的美元钞买价和汇卖价。这笔套汇业务要先写买入美元现钞的会计分录，再写卖出美元现汇的会计分录。

三、外汇买卖凭证及分户账

（一）外汇买卖业务的传票

“外汇买卖”科目凭证分为外汇买卖借方传票（见表 8-2）和外汇买卖贷方传票（见表 8-3）两种，每种均由两联套写传票构成（一般加一联外汇兑换水单和一联外汇买卖统计卡），其中一联为外币外汇买卖传票，另一联为人民币外汇买卖传票。

银行买入外汇（结汇和兑入外币）时，使用外汇买卖贷方传票（一式三联）；银行卖出外汇（售汇和兑出外币）时，使用外汇买卖借方传票（一式三联）。外汇买卖传票的外币金额、人民币金额和牌价必须同时填列，以反映一笔外汇买卖业务的全貌。必须同时与对方关联科目转账，不得只转一方。外汇买卖的外币一联传票应与对应的外币传票自行平衡；外汇买卖的人民币一联传票应与对应的人民币传票自行平衡。

（二）套汇业务的传票

银行在办理外汇买卖的套汇业务时，使用外汇买卖套汇传票（见表 8－4）。由于套汇包括买入和卖出两种行为，所以套汇传票为一式六联，其中四联分别用于登记不同外币的“外汇买卖”科目，两联用于登记人民币的“外汇买卖”科目。套汇业务的传票的牌价栏应填明套汇时使用的两个外汇牌价，一般规定左方填写买入价，右方填写卖出价。

表 8－2 外汇买卖借方传票样式

中国××银行

外汇买卖借方传票

总字第	号
字第	号

（借）外汇买卖　　　　年　　月　　日

外币金额			牌价	人民币金额
（百亿位）				（百亿位）
货币		摘要		

会计　　复核　　记账　　制票

表 8－3 外汇买卖贷方传票样式

①　**外汇买卖贷方传票（外币）**

传票	
编号	

年　　月　　日

结汇单位	全称		（贷）外汇买卖
	账号或地址		对方科目：

外汇金额	牌价	人民币金额
		¥

摘要		会计 复核 记账 制票

表 8－4　外汇买卖套汇传票样式

①

外汇买卖套汇贷方传票（外币）

传票
编号

日期＿＿＿＿＿

（贷）外汇买卖
对方科目：

外汇金额（买入）	牌价	人民币金额	外汇金额（卖出）	牌价	人民币金额

会计　　　　复核　　　　记账　　　　制票

（三）外汇买卖分户账

“外汇买卖”科目分户账（见表 8－5），以各分账货币立账，人民币不设外汇买卖分户账。它的格式比较特殊（把本、外币分户账结合在一起）。

外汇银行结汇时，外币反映在贷方，人民币反映在借方，两者都应记入买入栏；外汇银行售汇时，外币反映在借方，人民币反映在贷方，两者都应记入卖出栏。对于套汇业务，如果是不同种货币套汇，则应分别在各自货币外汇买卖分户账上登记；如果是同一种货币套汇，则在同一货币账户里平行登记。

表 8－5　“外汇买卖”科目分户账

中国××银行（　　）
外汇买卖科目账

货币：　　　　　　　　　　账户：

年		摘要	买入			卖出			结余			
			外币（贷）	牌价	人民币（借）	外币（借）	牌价	人民币（贷）	借或贷	外币	借或贷	人民币
月	日		（十亿位）		（十亿位）	（十亿位）		（十亿位）		（十亿位）		（十亿位）

会计　　　　　　　　记账

外汇买卖分户账的结余数额以外币和人民币分别结计，同时反映，方向正好相反。当外币金额反映在贷方时，表明买入外币多于卖出外币，称为多头；当结余中的外币金额反映在借方时，表明卖出外币多于买入外币，称为空头。可见，外汇买卖分户账的这种区别于一般账簿的特种格式，既便于记账，又便于了解两种货币资金的增减情况和外币头寸的多头、空头情况。

将前文中外汇银行A行6笔业务登入外汇买卖分户账，外汇买卖美元账户出现了贷方余额USD 120 227.74，外汇买卖人民币账户出现了借方余额CNY 838 071.51，说明当天A行买入的美元数多于卖出的美元数，为多头。

登记“外汇买卖”科目分户账，只根据“外汇买卖”科目传票外币联登记外汇买卖发生额，人民币外汇买卖传票不记账，只用来编制科目日结单。

“外汇买卖”科目总账按各种货币分别设置，其格式及登记方法与一般科目总账相同。

四、经办行与上级行平仓

（1）经办行某种外币结汇大于售汇的平仓。经办行应向上级行卖出此种外币。会计分录如下：

借：内部平仓往来　　人民币××

　贷：外汇买卖　　人民币××

借：外汇买卖　　外币××

　贷：内部平仓往来　　外币××

会计凭证包括交易单、交易证实书。上级行做相反的会计分录。

（2）经办行某种外币结汇小于售汇的平仓。经办行应向上级行买入此种外币。会计分录如下：

借：内部平仓往来　　外币××

　贷：外汇买卖　　外币××

借：外汇买卖　　人民币××

　贷：内部平仓往来　　人民币××

会计凭证包括交易单、交易证实书。上级行做相反的会计分录。

【例8-7】当天，外汇银行A行对美元多头120 227.74进行平仓，其会计分录为：

借：内部平仓往来　　CNY 838 071.51

　贷：外汇买卖　　CNY 838 071.51

借：外汇买卖　　USD 120 227.74

　贷：内部平仓往来　　USD 120 227.74

【点拨指导】经办行与上级行平仓实际上就是反向结平“外汇买卖”账户余额，使平仓后“外汇买卖”账户余额为零。当天，A行美元“外汇买卖”账户是贷方余额USD 120 227.74，所以平仓的会计分录是借记“外汇买卖”账户，平仓后美元“外汇买卖”账户的余额为零。

第三节　外汇存款业务的核算

一、外汇存款的种类

外汇存款是商业银行以信用方式吸收的国内外单位和个人在经济活动中暂时闲置或结余的能自由兑换或在国际上获得偿付，并可随时或在约定期限支取的外币资金。

【特别提示】外汇存款是商业银行的主要负债之一，外汇存款业务是商业银行的主要外汇业务。外汇存款是发放外汇贷款的重要资金来源和从事国际结算业务的前提。

（1）外汇存款按存款管理的特点不同分为甲种外币存款、乙种外币存款和丙种外币存款。

（2）外汇存款按存款对象可分为单位外汇存款和个人外汇存款。单位外汇存款是存款者以单位或经济组织的名义存入银行的外汇。个人外汇存款是存款者以个人名义存入银行的外汇。

【特别提示】甲种外币存款主要是单位外汇存款。乙种外币存款和丙种外币存款主要是个人外汇存款。乙种外币存款的对象为除国内一般居民以外的个人，如港澳台同胞、华侨、外籍华人、外国人等。丙种外币存款的对象为国内一般居民。

（3）外汇存款按期限可分为活期外汇存款和定期外汇存款。

（4）外汇存款按存入资金形态的不同分为现汇户存款和现钞户存款。

【特别提示】单位外汇存款一般属于现汇户存款，现汇户存款可直接汇至国外，但须通过汇买钞卖处理后才能支取现钞，单位存入外币现钞，要通过钞买汇卖处理。个人外汇存款有现汇户存款和现钞户存款的区别，现钞户存款可直接支取现钞，但须通过钞买汇卖处理后才能汇出。

（5）外汇存款按存款对象所处地点不同，可分为国内同业外汇存款与国外同业外汇存款。

国内同业外汇存款是指国内各金融机构在同业里的各项外汇存款。国外同业外汇存款是指国外银行（含在国外及港澳地区的华资银行）在我国外汇指定银行存放的外汇人民币或其他可兑换货币的存款。

二、个人外汇存款的核算

个人外汇存款可开立现汇账户也可开立现钞账户。按存取方式分为活期和定期两种。个人外汇定期存款的起存金额不低于人民币 500 元等值外汇，个人外汇活期存款的起存金额不低于人民币 100 元等值外汇。

凡从境外汇入、携入和境内居民持有的可自由兑换的外汇，均可存入现汇账户或现钞账户，存入现钞账户需按汇转钞有关规定收取手续费，不能立即付款的外币票据，需经银行办理托收，受托后方可存入；凡从境外携入或个人持有的可自由兑换的外币现钞，均可存入外币现钞账户或现汇账户，存入现汇账户需按钞转汇有关规定收取手续费。

【知识链接】个人外汇账户按主体类别分为境内个人外汇账户和境外个人外汇账户。境内个人是指持有中华人民共和国居民身份证、军人身份证件、武装警察身份证件的中国公民。境外个人是指持护照、港澳居民来往内地通行证、台湾居民来往大陆通行证的外国公民（包括无国籍人）以及港澳台同胞。个人外汇存款管理遵循实名制管理相关规定。存款银行对境内个人和境外个人的外汇存款负责保密，法律、法规和监管规定另有要求除外。

（一）开户及存入的核算

1. 个人活期外汇存款开户及存入的处理

开户时，凭本人有效身份证件由银行开立存折、存单或借记卡。存款人填写外币存款申请书，写明户名、地址、存款种类、金额等，连同外汇或现钞交存银行。银行审核无误后办理存折户或支票户的开户手续。通过“活期外汇存款”科目核算，登记存折和开销户登记簿，出售支票。以外币现金或汇入汇款存入时，其会计分录为：

借：现金或汇入汇款　　外币××

　贷：活期外汇存款　　外币××

【特别提示】如果外币现金存入个人外汇存款现汇户，则要通过钞买汇卖会计处理；如果汇入汇款存入个人外汇存款现钞户，则要通过汇买钞卖会计处理。

【例 8-8】国内居民周彤持 3 000 美元现钞要求开立美元现钞活期存款账户，外汇银行 A 行审核无误后为其办理了开户存款业务。其会计分录为：

借：现金　　USD 3 000

　贷：活期外汇存款——周彤户　　USD 3 000

【点拨指导】周彤是国内一般居民，只能开立丙种现钞户。“活期外汇存款”科目属于负债类科目，用于核算个人活期外汇存款的情况。客户存入时记入该科目的贷方，支取时记入该科目的借方，余额反映在贷方。

2. 个人活期外汇存款续存的处理

存款人须填写存款凭条，连同存折、外币票据交银行，银行审核认可后办理续存，会计分录与开户相同。

3. 个人定期外汇存款开户及存入的处理

个人定期外汇存款分为 1 个月、3 个月、6 个月、1 年、2 年等种类，是存款人以个人名义将外汇资金存入银行，并约定期限，到期一次性支取本息的一种外币存款，分外币现汇户和现钞户两种。通过“定期外汇存款”科目核算。

开户时，存款人应填制外币存款申请书，写明户名、地址、存款种类、期限及金额等，连同外币现钞或票据交银行，银行根据存款人的要求，开立定期存折或外汇定期存款单（一式三联）。复核后，第二联存单交存款人，第三联代分户账（存折或卡片账），登记开销户登记簿后专夹保管，第一联代该科目的贷方传票凭以记账。其会计分录为：

借：现金或汇入汇款　　外币××

　贷：定期外汇存款　　外币××

【例 8-9】 2020 年 3 月 15 日国内居民黄程收到一笔美国某联行的汇入汇款 2 000 美元，要求办理外汇银行 A 行定期 3 个月的现汇存款，利率为 0.1%。银行审核无误后为其办理了定期存款开户业务。其会计分录为：

借：汇入汇款　　USD 2 000

　贷：定期外汇存款——黄程户　　USD 2 000

【点拨指导】“定期外汇存款”属于负债类科目，用于核算个人定期外汇存款的情况。客户存入时记入该科目的贷方，支取时记入该科目的借方，余额反映在贷方。

【知识链接】个人向外汇储蓄账户存入外币现钞，当日累计等值 5 000 美元（含）以下的，可以在银行直接办理；超过上述金额的，凭本人有效身份证件、经海关签章的中华人民共和国海关进境旅客行李物品申报单或本人原存款银行外币现钞提取单据在银行办理。银行应在相关单据上标注存款银行名称、存款金额及存款日期。

（二）支取的核算

1. 个人活期外汇存款支取的处理

支取活期外汇存款时，支票存款人须填写支票，存折户存款人须填写取款凭条，连同存折交银行。从现汇户支取现汇或从现钞户支取现钞的会计分录为：

借：活期外汇存款　　外币××

　贷：现金或汇出汇款　　外币××

存款人从现汇户支取款项汇往国外时，还需填制汇款凭证，并计收手续费、汇费和邮费。乙种存款人从现汇户提取现钞或从现钞户提取现汇时，一律按当日牌价套汇处理。国内居民办理此业务，按中间价计收人民币手续费，不需套汇。

【例 8-10】 客户周彤要求从其美元现钞活期存款账户中支取 1 500 美元现钞，外汇银行 A 行审核无误后办理支取业务手续。其会计分录为：

借：活期外汇存款——周彤户　　USD 1 500

　贷：现金　　USD 1 500

2. 个人定期外汇存款支取的处理

支取定期外汇存款时，存款人须凭存单或存折及取款凭条办理。银行审核无误后，取款人输入密码或查验身份证件办理支取业务手续，定期存单加盖“结清”字样。其会计分录为：

借：定期外汇存款　　外币××
　　应付利息　　外币××
　贷：现金或活期外汇存款　　外币××

【例 8-11】 2020 年 6 月 15 日国内居民黄程存在外汇银行 A 行定期 3 个月、利率为 0.1%的 2 000 美元现汇存款到期，要求支取现金本息。外汇银行 A 行审核无误后办理支取业务手续。其会计分录为：

应付利息＝USD 2 000×0.1%÷12×3＝USD 0.50

借：定期外汇存款——黄程户　　USD 2 000.00
　　应付利息　　USD 0.50
　贷：现金　　USD 2 000.50

【知识链接】 从外汇储蓄账户中提取现钞，当日累计等值 1 万美元（含）以下的，可以在银行直接办理；超过上述金额的，凭本人有效身份证件、提钞用途证明等材料向银行所在地外汇局事前报备。银行凭本人有效身份证件和经外汇局签章的提取外币现钞备案表为个人办理提取外币现钞手续。

根据国家外汇管理局《个人外汇管理办法实施细则》的规定，对个人结汇和境内个人购汇实行年度总额管理，年度总额分别为每人每年等值 5 万美元。也就是说个人每年最多可以兑换 5 万美元。境内居民个人携带等值 2 000 美元以下的外币现钞出境不需申报；携带等值 2 000 美元以上的，需要向银行申领外汇携带证，海关凭携带证查验放行。

（三）利息的计算

个人外汇储蓄存款利息按外汇银行公布的个人外币存款利率计付。存款遇利率调整，活期存款按支取日或结息日活期存款利率计息，定期存款按存入日定期存款利率计息。定期存款到期续存，按续存日的定期存款利率计息；到期未支取又不办理续存手续，过期部分按支取日的活期存款利率计息。定期存款提前支取，按支取日活期存款利率计息。具体的利息计算方法与人民币储蓄存款相同。

三、单位外汇存款的核算

单位外汇存款根据存款期限的不同，分为单位活期存款和单位定期存款。

单位活期存款是指不受存款期限限制，可以随时办理存取的一种外币存款，分为存折户和支票户两种。支票户存款凭送款单存入，凭支票支取；存折户存取凭存折和填制的存取款凭条，不得透支。单位活期外汇存款的起存金额为人民币 1 000 元的等值外汇。

单位定期存款是指境内单位、驻华机构在银行机构办理的约定期限、整笔存入、到期一次性支取本息的一种外汇存款。单位外汇定期存款一律记名，存款银行一般设起存金额，多存不限。外币定期存款按照存款金额的大小分为外币小额存款和外币大额存款。目前，外币小额存款是指存款金额在等值300万美元以下的外币定期存款，外币大额存款是指存款金额在等值300万美元（含）以上的外币定期存款。

（一）开户及存入的核算

各单位在银行办理存款时，必须开立外汇存款账户。由单位填写申请书，并凭盖有公章、财务专用章及主管人员名章的印鉴卡及外汇账户使用证、外债登记证、外汇（转）贷款登记证等开立外汇存款账户，按规定的收支范围办理外汇收支。

目前，单位外汇存款主要有：美元、日元、港币、英镑、欧元等多种货币，其他自由外币可以按存入日的外汇牌价折算成上述币种之一开立存款账户。商业银行对单位外汇存款通过“单位活期存款”“外侨合资企业存款”“外事企业存款”“驻华机构活期存款”“外债专户存款”“单位定期存款”等科目核算。

【知识链接】单位外汇存款账户是指境内单位和驻华机构以可自由兑换货币在银行开立的账户，包括经常项目外汇账户和资本项目外汇账户。经常项目外汇账户是指用于经常项目外汇收支或经外汇管理局批准的资本项目外汇支出的账户，包括外汇结算账户、开证保证金账户等。境内机构原则上只能开立一个经常项目外汇账户。境内机构经常项目外汇账户的限额统一采用美元核定。资本项目外汇账户是指用于资本项目外汇收支的账户，包括贷款（外债及转贷款）专户、还贷专户、发行外币股票专户、外汇资本金账户、投资款临时专户、资本变现专户、B股交易专户等。境内单位、驻华机构一般不允许开立外币现钞账户。

1. 单位活期外汇存款开户及存入的处理

（1）以结算专用凭证转账存入外币时，其会计分录为：

借：汇入汇款或有关科目　　　　外币××

　贷：单位活期存款　　　　外币××

（2）以外币现钞存入，或以不同于开户货币的币种存入时，需要通过套汇处理，其会计分录为：

借：现金　　　　外币××

　贷：外汇买卖（钞买价）　　　　外币××

借：外汇买卖（中间价）　　　　人民币××

　贷：外汇买卖（中间价）　　　　人民币××

　　外汇买卖价差　　　　人民币××

借：外汇买卖（汇卖价）　　　　外币××

　贷：单位活期存款　　　　外币××

【例8-12】榕盛合资有限公司持经常项目外汇账户开立核准件等有关资料到银行办理开户手续，并存入2 000美元现金。银行审核无误后办理了开户和存入的手续。当日，美元钞买价为689.93%，汇卖价为698.54%，中间价为697.07%。其会计分录为：

USD 2 000×689.93%÷698.54%=USD 1 975.35

借：现金 USD 2 000

　贷：外汇买卖（钞买价 689.93%） USD 2 000

借：外汇买卖（中间价 697.07%） CNY 13 941.40（USD 2 000×697.07%）

　贷：外汇买卖（中间价 697.07%） CNY 13 769.57

（USD 1 975.35×697.07%）

　　外汇买卖价差 CNY 171.83

借：外汇买卖（汇卖价 698.54%） USD 1 975.35

　贷：单位活期存款——榕盛合资有限公司户 USD 1 975.35

【点拨指导】 因为单位活期存款账户是现汇户，存入 2 000 美元现金，现汇存款并不会增加 2 000 美元，通过钞买汇卖套汇处理后，现汇存款增加 1 975.35 美元。

2. 单位定期外汇存款开户及存入的处理

存款单位在银行开有外汇活期存款账户或未在银行开有外汇活期账户，但符合外汇管理规定（或书面批准），均可办理定期外汇存款。

中资企业外汇定期存款可分为 1 个月、3 个月、6 个月、1 年、2 年五档；外商投资企业、国内外金融机构外汇定期存款，分为 7 天通知、1 个月、3 个月、6 个月、1 年、2 年六档。7 天通知存款的起存金额不低于 50 万美元。

（1）活期存款转定期存款的核算。客户办理活期存款转定期时，须填制外汇支付凭证（一式两联）交经办行，经办行审核无误后，一联记账，一联作为客户回单，并填制外汇定期存单（一式三联），第一联为定期存款存单，盖章后交给单位，第二联为卡片账，专夹保管，第三联为贷方凭证。其会计分录为：

借：单位活期存款 外币××

　贷：单位定期存款 外币××

【特别提示】 符合国家外汇管理局规定开立外币经常项目或资本项目账户条件的境内机构、驻华机构均可开立账户，办理外币单位定期存款，起存金额为人民币 1 万元的等值外币，需一次性存入。

（2）直接存入定期存款的核算。收到境外汇入汇款或国内转汇款项，办理定期存款时，填制外汇定期存单（一式三联），第一联为定期存款存单，盖章后交给单位，第二联为卡片账，专夹保管。第三联为贷方凭证，另填制一联转账借方凭证。其会计分录为：

借：汇入汇款或有关科目 外币××

　贷：单位定期存款 外币××

（二）支取的核算

支取存款时，存折户填写取款凭条，支票户填写支票，并加盖预留印鉴，银行审查后办理取款手续。

（1）支取原币汇出时，其会计分录为：

借：单位活期存款　　外币××

　贷：汇出汇款　　外币××

（2）支取外币现钞或支取不同于开户货币的外币时，单位外汇存款最多只能支取1万美元，1万美元以上现金支取必须经外汇管理局批准，其会计分录为：

借；单位活期存款　　外币××

　贷：外汇买卖（汇买价）　　外币××

借：外汇买卖（中间价）　　人民币××

　贷：外汇买卖（中间价）　　人民币××

　　外汇买卖价差　　人民币××

借：外汇买卖（钞卖价）　　外币××

　贷：现金　　外币××

【例8-13】榕盛合资有限公司要求从其活期存款账户中支取1 000美元现钞，银行审查无误后办理了支取手续。当日，美元汇买价为695.59%，钞卖价为698.54%，中间价为697.07%。其会计分录为：

USD 1 000×698.54%÷695.59%＝USD 1 004.24

借：单位活期存款——榕盛合资有限公司户　　USD 1 004.24

　贷：外汇买卖（汇买价695.59%）　　USD 1 004.24

借：外汇买卖（中间价697.07%）　CNY 7 000.26（USD 1 004.24×697.07%）

　贷：外汇买卖（中间价697.07%）　CNY 6 970.70（USD 1 000×697.07%）

　　外汇买卖价差　　CNY 29.56

借：外汇买卖（钞卖价698.54%）　　USD 1 000

　贷：现金　　USD 1 000

【点拨指导】单位活期存款是现汇户，不能直接支取现钞。银行要通过汇买钞卖业务处理方能让客户支取现金。客户要支付1 004.24美元的现汇才能支取1 000美元的现钞。

（三）利息的计算

除国库款项和属于财政预算拨款性质的经费预算单位存款不计息外，其他性质的单位存款均计付利息。单位活期外汇存款按季结息，结息日为每季末月的20日；单位定期外汇存款利随本清，到期日前遇利率调整不分段计息。单位外汇存款计息方法与人民币相同，按不同币种活期存款利息，采用积数计息法或余额表计息法计算利息。

第四节　外汇贷款业务的核算

一、外汇贷款的概念与特点

（一）外汇贷款的概念

外汇贷款是我国银行利用筹集的外汇资金对企业发放的贷款，是商业银行的一项重要资产业务。它不同于人民币贷款业务，外汇银行发放外汇贷款要承受外汇汇率的风险，为了减少汇率风险对银行的影响，商业银行主要发放短期外汇贷款，而长期外汇贷款目前主要由政策性银行如中国进出口银行办理。本节主要介绍短期外汇贷款。

短期外汇贷款是外汇银行办理的以外币为计量单位的1年以内（含1年）的外汇贷款。外汇银行目前发放的是短期外汇浮动利率贷款，贷款对象是能够创造外汇收入，有偿还能力并具备贷款条件的企业。

（二）外汇贷款的特点

（1）贷外汇还外汇，贷什么货币，还什么货币。外汇银行目前发放的外汇贷款货币主要有美元、港币、日元、英镑、欧元五种。贷什么货币，还什么货币，计收原币利息。贷款使用的货币由借款人选择，汇率风险由借款人承担。

【知识链接】外汇贷款相关知识补充

（2）实行浮动利率，收取承担费。利率按伦敦银行同业拆借利率（LIBOR）加银行管理费计算得出，不定期公布。浮动利率随国际资金市场的供求关系变化而浮动，按1个月、3个月或6个月浮动。

（3）借款单位必须具有外汇收入或其他外汇来源。

（4）一般不产生派生性存款。外汇贷款批准后，具体的发放使用参照国际惯例。贷款发放是从贷款账户直接对外支付，不存在贷款转作存款后对外支付，因而不会形成借款单位的派生性存款。

二、短期外汇贷款业务核算

短期外汇贷款是指商业银行发放的期限在1年以内（含1年），实行浮动利率计息的现汇贷款。利率实行浮动制。短期外汇贷款通过“短期外汇贷款”科目核算，核算程序主要包括贷款发放、计收利息和收回贷款三个环节。

【特别提示】“短期外汇贷款”科目属于资产类科目，发放短期外汇贷款时借记该科目，借款人偿还短期外汇贷款时贷记该科目，余额为零。如有借方余额，表示银行发放的短期外汇贷款尚未收回的金额。

(一) 贷款发放的核算

发放贷款时，借款单位填写短期外汇贷款借款凭证（一式五联），第一联代借款申请书，第二联代借款凭证，第三联代借款凭证副本，第四联代支款通知，第五联代备查卡。经银行信贷部门批准，第一、五联由信贷部门保管，将第二、三、四联转交银行会计部门。会计部门审查无误后对外付款，其会计分录为：

(1) 以贷款货币对外支付款项。

借：短期外汇贷款——短期外汇浮动利率贷款　　外币××

　　贷：港澳及国外联行往来或存放国外同业或汇出汇款　　外币××

即期信用证项下进口付汇核销，其会计分录为：

借：应付开出信用证款项　　外币××

　　贷：应收开出信用证款项　　外币××

远期信用证项下进口付汇核销，其会计分录为：

借：承兑汇票　　外币××

　　贷：应收承兑汇票款　　外币××

进口代收方式下付汇核销，其会计分录为：

借：进口代收款项　　外币××

　　贷：应收进口代收款项　　外币××

(2) 以贷款货币以外的其他外币对外支付款项。

借：短期外汇贷款——短期外汇浮动利率贷款　　贷款货币××

　　贷：外汇买卖（贷款货币汇买价）　　贷款货币××

借：外汇买卖（贷款货币中间价）　　人民币××

　　贷：外汇买卖（支付外币中间价）　　人民币××

　　　　外汇买卖价差　　人民币××

借：外汇买卖（支付外币汇卖价）　　支付外币××

　　贷：港澳及国外联行往来等　　支付外币××

付汇核销的会计分录同上。

(二) 计收利息的核算

1. 外汇贷款利息计算的基本规定

(1) 计息公式。

利息＝贷款本金×利率×期限

(2) 实行按季结息，每季末 20 日营业终了为结息日。贷款期限按实际天数计算，有一天算一天，算头不算尾，即贷款日计息，还款日不计息。

(3) 贷款本金按实际发放的金额计算，合同金额不等于实际发放的金额。贷款本金和利息的支付方式有关，如果采用息转本，则下一次计息的贷款本金要加上上一次的利息，以此类推；如果采用按期支付利息，则每次计息的贷款本金相同。

（4）采用浮动利率。浮动利率分1个月、3个月、6个月浮动三个档次，1个月、3个月、6个月浮动，是指企业在使用银行贷款那天确定的利率在1个月、3个月或6个月内固定不变，过了1个月、3个月或6个月，按浮动利率计收利息。

2. 计收利息的核算

收息时填制一式三联贷款结息凭证，第一联代××科目借方传票，第二联代利息收入贷方传票，第三联代结息通知单，交借款人。

（1）按约定将利息转入贷款本金，其会计分录为：

借：短期外汇贷款——××户　　外币××

　贷：利息收入——外汇贷款利息收入　　外币××

（2）借款人按期偿付利息，其会计分录为：

借：单位活期存款——××户　　外币××

　贷：利息收入——外汇贷款利息收入　　外币××

当存款货币和贷款货币不同时，要通过“外汇买卖”科目核算。

（三）收回贷款的核算

贷款期满，借款企业归还贷款时，填写一式两联的进账单和转账支票，也可填制还款凭证，办理还款手续，其会计分录为：

（1）息转本。

借：单位活期存款——××户　　××（原始本金＋每次的利息）

　贷：利息收入　　××（最后一次结息日至还款日的贷款利息）

　　短期外汇贷款——××户　××（原始本金＋除最后一次的前几次利息和）

（2）按期支付利息。

借：单位活期存款——××户　　××（原始本金＋最后一次利息）

　贷：利息收入　　××（最后一次利息）

　　短期外汇贷款——××户　　××（原始本金）

【例8-14】瑞华合资企业与外汇银行A行订立短期浮动利率贷款合同，贷款80万美元，向美国某公司进口汽车配件，期限半年，按3个月浮动，利息转入贷款本金。贷款行A行4月6日发放贷款，全额支付美国某联行的出口托收款，4月6日美元3个月浮动利率为5.15%，5月8日为5.16%，6月10日为5.165%，7月12日为5.17%，8月16日为5.175%，9月17日为5.19%，10月19日为5.205%，10月6日借款人从其美元存款户偿还贷款全部本息。

要求：列出A行该笔外汇贷款利息的计算过程以及全套会计分录。

4月6日发放贷款，对外支付。

借：短期外汇贷款——瑞华合资企业户　　USD 800 000

贷：港澳及国外联行往来——美国某联行　　USD 800 000

借：进口代收款项　　USD 800 000

贷：应收进口代收款项　　USD 800 000

6月20日第一次计息。

4月6日至7月5日，利率为5.15%；7月6日至10月6日，利率为5.165%。4月6日至6月20日，利率为5.15%，计息天数为76天。

USD 800 000×5.15%÷360×76＝USD 8 697.78

借：短期外汇贷款——瑞华合资企业户　　USD 8 697.78

贷：利息收入——外汇贷款利息收入　　USD 8 697.78

9月20日第二次计息。

6月21日至7月5日，利率为5.15%，计息天数为15天；7月6日至9月20日，利率为5.165%，计息天数为77天。

(USD 800 000＋8 697.78)×(5.15%÷360×15＋5.165%÷360×77)

＝USD 10 669.31

借：短期外汇贷款——瑞华合资企业户　　USD 10 669.31

贷：利息收入——外汇贷款利息收入　　USD 10 669.31

9月21日至10月6日，利率为5.165%，计息天数为15天。

(USD 800 000＋8 697.78＋10 669.31)×5.165%÷360×15

＝USD 1 763.35

借：单位活期存款——瑞华合资企业户　　USD 821 130.44

贷：短期外汇贷款——瑞华合资企业户　　USD 819 367.09

(USD 800 000＋8 697.78＋10 669.31)

利息收入　　USD 1 763.35

【点拨指导】短期外汇贷款如果利息转入贷款本金，则下一次计息的贷款本金要加上上一次的利息。计算利息时，银行贷款当天确定的利率在档期内固定不变。如4月6日至7月5日的利率确认为5.15%，虽然利率在5月8日和6月10日有变动，但是因为在档期内，所以4月6日至7月5日的利息都按5.15%来计算，不分段计息。

(四) 逾期贷款的核算

对于借款单位到期未偿还或申请展期未被批准的短期外汇贷款，会计部门应于贷款到期日的次日，主动将到期外汇贷款转入“逾期贷款”科目核算，到期应收利息一并转入“逾期贷款”科目，并予催收。其会计分录为：

借：逾期贷款　　外币××

贷：利息收入　　　　　　　　　　　　　　　　　　　　外币××
　　短期外汇贷款　　　　　　　　　　　　　　　　　　外币××

【特别提示】对不能收回的逾期贷款，采取差别利率或其他经济措施，督促借款单位履行契约，尽早归还。同时，一年后仍然未能收回的逾期贷款，应转入“呆滞贷款”账户，三年不能收回的逾期贷款，则转入“呆账贷款”账户。

第五节　国际贸易结算业务的核算

一、出口信用证结算业务的核算

（一）信用证概述

1. 信用证的含义及特点

在国际贸易活动中，买卖双方可能互不信任，买方担心预付款后，卖方不按合同要求发货；卖方担心在发货或提交货运单据后买方不付款。因此需要两家银行作为买卖双方的保证人，代为收款交单，以银行信用代替商业信用。银行在这一活动中所使用的工具就是信用证。

信用证（letter of credit，L/C），是由银行（开证行）依照（申请人的）要求和指示，在符合信用证条款的条件下，凭规定单据向第三者（受益人）或其指定方进行付款的书面文件。即信用证是一种银行开立的有条件的承诺付款的书面文件。

信用证有三个特点：

（1）信用证是一种自足文件。信用证不依附于买卖合同，银行在审单时强调的是信用证与基础贸易合同相分离的书面认证。

（2）信用证是纯单据业务。信用证是凭单付款，不以货物为准，只要单证相符、单单相符，开证行就应无条件付款。

（3）开证银行负首要付款责任。信用证是一种银行信用，它是银行的一种担保文件，开证银行有首要付款的责任。

【特别提示】银行对任何单据的形式、完整性、准确性、真实性，单据中规定的或附加的一般及/或特殊条件，不承担任何责任或义务；对任何单据代表的货物之描述、数量、重量、质量、状况、包装、交付、价值或其他任何人的诚信、行为及/或疏忽、清偿能力、执行能力或资信状况，不承担任何义务或责任。

2. 信用证结算方式的主要程序

信用证结算方式的主要程序见图8-1。

可见，信用证是银行有条件保证付款的证书，是国际贸易活动中常见的结算方式。按照这种结算方式的一般规定，买方先将保证金交存银行，由银行开立信用证，通知异

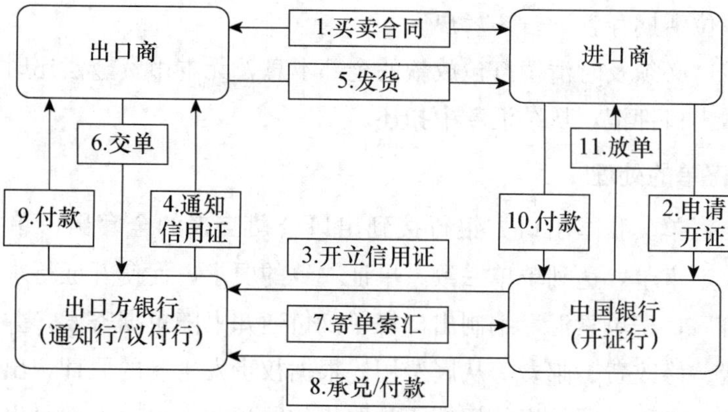

图 8－1　信用证结算方式的主要程序

资料来源：中国银行网站．https：//www.boc.cn/．

地卖方开户银行转告卖方，卖方按合同和信用证规定的条款发货，银行代买方付款。作为出口方的通知行和议付行，主要涉及受证与通知、议付与寄单，收妥出口款项三个主要环节；作为进口方的开证行和付款行，主要涉及开立信用证，审单付汇两个主要环节。

（二）出口信用证结算业务的核算

1．受证与通知的处理

（1）受理信用证。在出口业务中，我国银行充当受证行、通知行的角色。收到国外进口方银行开来的信用证时，首先应严格审核信用证内容、开证行经营作风、资信状况及货币金额、支付方式等，审核无误后编流水号，输入电脑打印通知书，及时通知受益人（出口商），缮打国外来证记录卡，匡算待收外汇资金数。同时记入表外科目，其分录为：

收入：国外开来保证凭信　　　　外币××

【特别提示】当国外银行开来委托本行代为通知各出口单位办理信用证等保证凭信时，用表外科目“国外开来保证凭信”核算。它反映了一定时期我国信用证项下出口业务情况，是匡算待收外汇资金的基础，也是监督出口单位备货出运的依据。

如果因修改信用证或转让、退证、注销等而使信用证金额增减，需登记表外科目。

当信用证金额减少时，其会计分录为：

收入：国外开来保证凭信　　　　外币××（红字）

当信用证金额增加时，其会计分录为：

收入：国外开来保证凭信　　　　外币××

（2）发放出口打包贷款。出口商接到信用证后，按信用证要求备货出运时，若资金有困难，可申请人民币出口打包放款。发放出口打包贷款时，其会计分录为：

借：出口打包贷款　　　　人民币××

贷：单位活期存款——××户　　人民币××

备货出运后，必须及时清偿打包放款的全部本息，无本币资金偿还时，在单证相符的条件下，转做出口押汇，从结汇款中扣还。

2. 议付与寄单的处理

(1) 审单、寄单。我国出口方银行接到出口公司交来的全套出口单据后进行议付时，应严格按规定审单，达到单单一致、单证一致的要求，促使开证行承担第一性付款责任。审单相符后，寄单索汇，编制出口寄单议付通知书随单据寄发，并向开证行计收通知费、议付费、修改费、邮费等从属费用。根据权责发生制的原理，出口方银行在寄出议付单据后，一方面对国外银行拥有了收取货款的权益，另一方面对出口商承担了代收的责任。其会计分录为：

借：应收即期信用证出口款项　　外币××(货款+从属费用)

贷：代收即期信用证出口款项　　外币××(货款+从属费用)

付出：国外开来保证凭信　　外币××

【特别提示】议付行向开证行寄单索汇的金额除了货款以外，还有通知费、议付费、修改费、邮费等从属费用，在议付环节要注意表外核销“国外开来保证凭信”科目。

(2) 出口押汇的核算。若出口商提出押汇申请，应填写出口押汇申请书（一式四联），银行审核符合规定后，办理出口押汇手续。出口押汇是出口商发运商品后，以提货单据为抵押，向银行融通资金的一种业务。其会计分录为：

借：出口押汇　　××（押汇金额）

贷：利息收入——押汇利息收入　　××（押息＝押汇金额×押汇天数×利率）

外汇买卖（汇买价）　　××（实付外币金额＝押汇金额－押汇利息）

借：外汇买卖（中间价）　　人民币××（实付外币金额×中间价）

贷：单位活期存款——××户　　人民币××（实付外币金额×汇买价）

外汇买卖价差　　人民币××

【特别提示】承做出口押汇的银行，实际上是以出口方提交的以信用证项下或托收项下的单据为抵押，向出口商发放一笔抵押贷款，对抵押银行来说，是预先垫款买下一笔尚未收妥的外汇，因此担负着一定风险。实务工作中所说的出口押汇就是跟单信用证统一惯例（UCP600）所定义的议付，是同一种业务的两种不同说法。

为了降低风险，凡属于下列情况之一的，议付行可不予办理出口押汇。第一，单证不符；第二，来证有限制议付条款，如××银行议付；第三，开证行所在地局势不稳定；第四，收汇地区外汇短缺，资金冻结或索汇路线迂回。

3. 收妥出口款项的处理

根据《结汇、售汇及付汇管理规定》的要求，外商投资企业的收汇款，在扣除银行费用或抵偿出口押汇后，超出外币账户额度的部分，按当天的国家外汇牌价，全部卖给外汇指定银行，结付人民币入账。中资企业的收汇款，在扣除银行费用或抵偿出口押汇后，按当天的外汇牌价结付人民币入账。出口商收到到款通知书，持出口收汇核销单、海关申报单、涉外收入申报单办理结汇（涉外收入申报单于当日通过计算机传至外汇管理局，于每月8日前汇总交外汇管理局）。外汇指定银行在向出口单位出具结汇水单或收账通知时，必须注明核销单编号及BP号（bill of purchase，信用证项下银行向国外付款行出具的出口寄单议付通知书的编号），作为出口核销及退税的有效依据。

（1）寄单索汇环节没有叙作押汇。议付行收到国外行寄来的已贷记报单，审核无误后，办理出口结汇。

借：代收即期信用证出口款项　　外币××
　贷：应收即期信用证出口款项　　外币××
借：港澳及国外联行往来或存放国外同业等　　外币××
　贷：手续费收入　　外币××
　　外汇买卖（汇买价）　　外币××
借：外汇买卖（中间价）　　人民币××
　贷：单位活期存款——××户　　人民币××
　　外汇买卖价差　　人民币××

【点拨指导】国外开证行通过已贷记报单的方式划款给议付行，议付行通过出口结汇的方式将出口款项转入出口单位存款账户，所以在议付环节产生的应收即期信用证出口款项要和代收即期信用证出口款项进行核销。

（2）寄单索汇环节叙作出口押汇。议付行收到已贷记报单，核对无误后，抽出出口押汇申请书的“出口押汇”科目的贷方传票，办理转账。

借：代收即期信用证出口款项　　外币××
　贷：应收即期信用证出口款项　　外币××
借：港澳及国外联行往来或存放国外同业等　　外币××
　贷：手续费收入　　外币××
　　出口押汇　　外币××

【点拨指导】出口商在寄单索汇议付环节叙作了出口押汇，议付行扣除押汇利息后，提前给出口商办理结汇。所以议付行在收到出口款项后直接核销贷记“出口押汇”科目。

【例8-15】外汇银行A行于9月3日收到纽约某联行开来的不可撤销即期信用证，金额为302 600美元，受益人为佳美外贸工艺品公司，审核无误后当天通知受益人。

9月6日，A行又接到纽约联行来电，要求修改信用证，减少金额2 600美元，经受益人同意，当天复电，作了修改。

9月15日，公司交来全套出口单据，审单合格后，A行当天就将有关单证全部寄出，计收通知费、议付费、修改费共计2 000美元连同货款300 000美元一并向开证行索偿。

9月23日，收到纽约联行发来的已贷记报单，收妥出口款项即对出口公司办理结汇，出口款项结汇转入公司人民币活期存款账户（01825135369）。当日美元汇买价为709.03%，中间价为710.63%。

要求：列出外汇银行A行对该笔业务的全套会计分录。

9月3日受证通知，会计分录如下：

收入：国外开来保证凭信　　USD 302 600

9月6日修改信用证，减少金额，会计分录如下：

收入：国外开来保证凭信　　USD 2 600（红字）

9月15日寄单索汇，会计分录如下：

借：应收即期信用证出口款项　　USD 302 000

　贷：代收即期信用证出口款项　　USD 302 000

付出：国外开来保证凭信　　USD 300 000

9月23日收到出口款项，会计分录如下：

借：港澳及国外联行往来——纽约某联行　　USD 302 000

　贷：手续费收入　　USD 2 000

　　外汇买卖（汇买价709.03%）　　USD 300 000

借：外汇买卖（中间价710.63%）CNY 2 131 890（USD 300 000×710.63%）

　贷：单位活期存款——佳美外贸工艺品公司户　　CNY 2 127 090

（USD 300 000×709.03%）

　　外汇买卖价差　　CNY 4 800

借：代收即期信用证出口款项　　USD 302 000

　贷：应收即期信用证出口款项　　USD 302 000

【点拨指导】信用证项下出口业务的会计核算要按照信用证项下出口业务结算的各环节进行。在寄单索汇环节，议付行向开证行索汇的金额是货款300 000美元加上通知费、议付费、修改费2 000美元。另外，议付行在收到出口款项时，国外银行费用2 000美元是银行的手续费收入，银行只是就货款300 000美元给出口商办理结汇。

【例8-16】外汇银行A行于10月9日收到纽约某联行开来的不可撤销即期信用证，金额为303 000美元，受益人为乐华外贸纺织公司，审核无误后当天通知受益人。

10月12日，A行又接到纽约联行来电，要求修改信用证，减少金额3 000美元，经受益人同意，当天复电，作了修改。

10月19日，公司交来全套出口单据，随同信用证送来进行议付，要求叙作出口押汇，A行审查同意，当天结汇并按7.5%的利率扣除10天的原币贴息，结汇金额转入该外贸纺织公司人民币活期存款账户，A行当天就将有关单证寄出，计收通知费、议付费、修改费共计2 000美元向开证行索偿。当日美元汇买价为701.20%，中间价为702.69%。

10月29日，收到纽约联行发来的已贷记报单，即办理转账。

要求：列出外汇银行A行对该笔业务的全套会计分录。

10月9日受证通知，会计分录如下：

收入：国外开来保证凭信　USD 303 000

10月12日修改信用证，减少金额，会计分录如下：

收入：国外开来保证凭信　USD 3 000（红字）

10月19日议付寄单索汇，会计分录如下：

押汇利息＝USD 300 000×10×7.5%÷360＝USD 625

借：出口押汇　USD 300 000

　贷：利息收入——押汇利息收入　USD 625

　　外汇买卖（汇买价701.20%）　USD 299 375

借：外汇买卖（中间价702.69%）　CNY 2 103 678.19

（USD 299 375×702.69%）

　贷：单位活期存款——乐华外贸纺织公司户　CNY 2 099 217.50

（USD 299 375×701.20%）

　　外汇买卖价差　CNY 4 460.69

借：应收即期信用证出口款项　USD 302 000

　贷：代收即期信用证出口款项　USD 302 000

付出：国外开来保证凭信　USD 300 000

10月29日收到出口款项，会计分录如下：

借：港澳及国外联行往来——纽约某联行　USD 302 000

　贷：手续费收入　USD 2 000

　　出口押汇　USD 300 000

借：代收即期信用证出口款项　USD 302 000

　贷：应收即期信用证出口款项　USD 302 000

【点拨指导】出口商在议付环节办理了出口押汇，议付行扣除从办理押汇日到收到出口款项日的押汇利息后，提前给出口商办理结汇。在收到出口款项后就不能再给出口商办理结汇了，直接核销贷记“出口押汇”科目。

二、出口托收结算业务的核算

（一）出口托收结算概述

1. 出口托收的定义

出口托收是由债权人或收款人开立汇票或提供索汇凭据，委托银行向债务人或付款人收取款项的一种结算方式。即外汇银行受出口商委托，凭其提交的出口商业单据和金融票据通过国外代收行向进口商收取款项。

【特别提示】出口托收结算由于没有信用证作为付款保证，通常又无证托收，属于商业信用。实际工作中，以跟单托收为主。跟单托收是指收款人（出口方）开立汇票并附有货运单据，凭跟单汇票，委托银行向付款人（进口方）收取货款的一种贸易结算方式。

2. 出口托收结算方式的主要程序

出口托收结算方式的主要程序见图8-2。

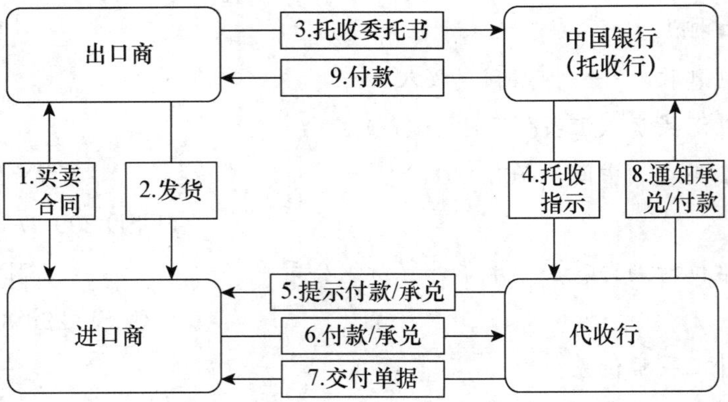

图8-2 出口托收结算方式的主要程序

资料来源：中国银行网站．https://www.boc.cn/.

(二) 出口托收结算业务的核算

作为出口方的托收行主要涉及寄单托收和收妥托收款项两个环节。

1. 寄单托收的核算

出口单位备货并取得货运单据后应填制出口托收申请书（一式二联），连同全套出口单据一并送交银行。银行审单后，编列托收号码，将申请书一联作回单给出口单位，另一联留存，并据以填制出口托收委托书（一式五联）。第一、二联分两次附单据航空邮寄给代收行；第三联作应收出口托收款项借方传票；第四联作代收出口托收款项的贷方传票；第五联作留底卡片账。其会计分录为：

借：应收出口托收款项　　外币××

　贷：代收出口托收款项　　外币××

【特别提示】托收行发出委托书及有关跟单汇票，代表物权的单据已寄出，但货款尚未收妥，托收行对委托人出口商承担代收货款的责任，同时，对进口代收行拥有收取货款的权利，因此，应通过或有资产和或有负债进行记录，以明确权责关系。

增加金额时会计分录同上，减额时做相反的会计分录。同时按规定的费率向主动提出修改要求的一方计收修改费。

2. 收妥托收款项的核算

(1) 出口托收款项一律实行收妥进账的做法，即根据国外银行的已贷记报单办理收汇或结汇。

(2) 实际收到的金额与应托收的款项不一致时，按实际收到的金额办理结汇，但按应托收的款项核销应收出口托收款项和代收出口托收款项。

(3) 国外银行扣收的银行费用，原则上由委托人负担。其会计分录为：

借：代收出口托收款项　外币××
　贷：应收出口托收款项　外币××
借：港澳及国外联行往来等　外币××
　贷：外汇买卖（汇买价）　外币××
借：外汇买卖（中间价）　人民币××
　贷：单位活期存款——××户　人民币××
　　外汇买卖价差　人民币××

3. 催收的处理

托收行寄出托收单据后，应根据付款期限的长短和正常邮程进行估计，对超过正常期限尚未收到的托收款项，按规定办法催收；甚至可以要求出口单位与进口单位直接恰询，以防代收行收妥托收货款后无偿占有资金。对远期汇票，要认真检查是否承兑，如发现未承兑的汇票应及时催收，对收到的已承兑通知书必须专夹保管，以便在到期日凭以监督收汇。

【例 8-17】外汇银行A行受理盛昌进出口公司托收出口货款业务：

9月3日，盛昌进出口公司交来全套单据，金额为60 020美元，交单方式为即期付款交单，委请纽约某联行代收（该行与A行有美元账户关系），当天填发出口托收委托书并寄出全套单据。

9月5日，盛昌进出口公司因故要求增加托收金额500美元，按规定办妥手续。

9月24日，A行接到代收行已贷记报单及委托书回单，内扣银行费用20美元，余额60 500美元结汇，同时A行扣收1.25‰的托收手续费（结汇金额按牌价折算成人民币的1.25‰）。当日美元汇买价为692.80%，中间价为694.27%。

要求：列出外汇银行A行对以上业务的全套会计分录。

9月3日发出托收，会计分录如下：

借：应收出口托收款项　USD 60 020
　贷：代收出口托收款项　USD 60 020

9月5日修改托收金额，会计分录如下：

借：应收出口托收款项　USD 500
　贷：代收出口托收款项　USD 500

9月24日收妥托收款，会计分录如下：

借：港澳及国外联行往来——纽约某联行　USD 60 500
　贷：外汇买卖（汇买价692.80%）　USD 60 500
借：外汇买卖（中间价694.27%）　CNY 420 033.35

(USD 60 500×694.27%)

贷：单位活期存款——盛昌进出口公司户　　CNY 419 144.00

(USD 60 500×692.80%)

外汇买卖价差　　CNY 889.35

借：单位活期存款——盛昌进出口公司户　　CNY 523.93

(USD 60 500×692.80%×1.25‰)

贷：手续费收入　　CNY 523.93

借：代收出口托收款项　　USD 60 520

贷：应收出口托收款项　　USD 60 520

【点拨指导】实际收到的金额60 500美元与应托收的款项60 520美元不一致时，按实际收到的金额与出口公司办理结汇，但按应托收的款项核销应收出口托收款项和代收出口托收款项。纽约某联行扣收的银行费用20美元，原则上由出口商盛昌进出口公司负担。

三、进口信用证结算业务的核算

【知识链接】
进口商选择信用证结算的好处

（一）进口信用证结算概述

进口信用证结算是指外汇银行根据批准的进口单位申请向出口商开立信用证或保证书，凭国外寄来的信用证项下规定的单据，按信用证条款规定核对无误后对外付款并向公司办理结账的一种结算方式。业务处理包括进口开证和审单付款两个环节的核算。

（二）进口信用证结算业务的核算

1. 进口开证的核算

（1）填写开证申请书。国内进口公司根据合同条款向我国进口方银行申请信用证，填写开证申请书。开证申请书的内容包括两部分：一是开立信用证的具体内容；二是进口公司向开证行负责的声明。

【特别提示】开证行在收到申请人递交的开证申请书后，要认真审查，确保申请单位公章与申请人名称相符；内容完整、清楚；信用证条款符合UCP600的有关要求；货运目的港必须是我国的口岸，避免出现套取国家外汇的现象。

（2）收取信用证保证金。

1）原则上收取足额的保证金。开立信用证原则上要收取足额的保证金，特别对于资信情况没有把握或资信情况不佳不能保证按期资金到位的开证申请人，应收取足额保证金后才能开证。不能以申请人自身付款保证或进账计划作为开证保证。

2）免收保证金开证，但对免保部分要落实好担保措施。开证行对于一些资信良好、实力雄厚，且经常发生业务往来的进出口企业可以实行免收保证金开证，但对免保部分要落实好担保措施。有的银行凭进口开证授信合同或金融机构出具的保函开证。原则上只接受本市市级以上有权叙作担保业务的分行或金融机构出具的保函，确定担保的有效性，落实好资金划拨途径。如果以银行承兑汇票等有价证券抵押开证，要办妥抵押合同并列明抵押品变现的有关权利及手续。

银行可收取外币保证金，也可收取人民币保证金。其会计分录为：

借：单位活期存款——××户　　外币（或人民币）××

　　贷：存入保证金　　外币（或人民币）××

【点拨指导】“存入保证金”是负债类科目，存入时记入贷方，支取时记入借方，余额在贷方反映。开证行对外付汇时，要先从保证金中开支，保证金不足时，再用存款补付，或者从外汇贷款、进口押汇中支付。

收取开证手续费。开证行按规定向开证申请人收取开证手续费，其会计分录为：

借：单位活期存款——开证申请人户　　人民币××

　　贷：手续费收入——担保费收入　　人民币××

（3）开出信用证。收到开证申请，银行审核申请人开证手续是否齐备，经各级领导批准同意开证，进口开证经办员按规定对信用证进行编号，并在开证登记簿上登记有关内容，然后严格按照已经审核的开证申请书缮打信用证一式六联，各联的用途为：

第一联信用证正本，经有权签字人员签字后航寄国外通知行；

第二联信用证副本，第二次寄开证行；

第三联信用证副本，开证行代统计卡；

第四联信用证副本，第五联信用证副本，加盖进口业务公章后，退回进口单位；

第六联随开证行申请书留存。

根据权责发生制的原理，信用证一经开出，开证行就拥有对进口商收取货款的权利，并承担对国外银行付款的责任，因此，登记或有资产、或有负债，其会计分录为：

借：应收开出信用证款项　　外币××

　　贷：应付开出信用证款项　　外币××

（4）修改信用证。不可撤销的信用证一经开出，未经开证行、保兑行（如有的话）及受益人的同意，信用证既不能修改也不能撤销。修改信用证增加额时，其会计分录为：

借：应收开出信用证款项　　外币（增额）××

　　贷：应付开出信用证款项　　外币（增额）××

减少金额时做相反的会计分录。

【特别提示】信用证项下出口业务的减额是同方向红字修改，但是信用证项下进口业务的减额是反方向蓝字修改。

按规定，每修改一次，须按规定费率计收修改手续费。

1）开证申请人主动提出修改。其会计分录为：

借：单位活期存款　　人民币××

贷：手续费收入　　人民币××

2）受益人主动提出修改，计收等值外汇修改费。其会计分录为：

借：存放港澳及国外同业或有关科目　　外币××

贷：手续费收入——国外银行费用　　外币××

【特别提示】信用证项下进口业务中信用证的修改费承担原则是谁主动提出修改，谁承担修改费用。

3）撤证的账务处理同修改减额，但要返还保证金。其会计分录为：

借：存入保证金　　外币××

利息支出　　外币××

贷：单位活期存款或有关科目　　外币××

2. 审单付款的核算

（1）收单审单。开证行收到国外议付行寄来的单据，审核无误后，缮打进口信用证单据通知书一式三联。各联的用途为：第一联收到单据通知书，第二联付款赎单通知书，第三联通知书银行留存备查，第一、二联进口全套单据送进口商审单后（一般三个工作日），由其在第二联上签注确认承付或拒付理由，并加盖公章退银行。对即期信用证，要求申请人付款赎单；对远期信用证，根据开证行与申请人之间的协议，将单据交给公司，或要求公司交纳一定的保证金。由于单据往往代表了物权，因而须与申请人办好单据交接手续。

【特别提示】开证行要独立行使审单职能，不要听命于申请人的不正当要求，利用不符点来达到某些商业目的。单证不符点必须一次性提出，并说明是持单听候交单行处理，还是退单据给交单行。

（2）对外付汇。进口商提交海关申报单，涉外付汇申报单及外管局批文，付汇确认书，审核无误后在付款登记簿上详细登记信用证号码、付款日期、金额、账户行名称、寄单行名称及业务编号，以备查阅。

1）单到国内审单付款。单到国内审单付款是指国外议付行寄来进口单据，进口商确认承付后，银行即填发请借记报单对外付汇，同时从进口商保证金存款账户中扣款支付。付汇金额应包括由进口商负担的银行费用。其会计分录为：

借：单位活期存款或存入保证金　　人民币××

贷：外汇买卖（中间价）　　人民币××

外汇买卖价差　　人民币××

借：外汇买卖（卖出价）　　外币××

贷：港澳及国外联行往来或其他科目　　外币××

进口付汇后，开证行与进口商及境外银行的债权债务关系已解除，故应转销或有资产、或有负债科目。

借：应付开出信用证款项　　外币××

贷：应收开出信用证款项　　外币××

【例 8－18】外汇银行 A 行根据外贸华昆进口公司的申请，于 9 月 6 日对纽约某联行开出即期信用证向某外商购买价值 602 000 美元的机器设备，支付方式为单到国内审单付款。开证时从其人民币存款账户 0182500253 支取 3 360 000 元人民币，存入保证金，并收取 1.5‰的开证费（由公司人民币存款账户 0182500253 支出）。9 月 9 日，公司因故要求减少开证金额 2 000 美元，征得受益人同意后银行当天修改开证金额。

9 月 20 日，接到纽约联行寄来该证项下全套单据，全额 600 000 美元，同时加收银行费用 3 000 美元，公司于 9 月 23 日送来确认承付书，全额承付，银行当日对外付款。即先从企业保证金账户中转出款项，不足部分另从公司美元存款账户 1482538655 中支取。假设当天美元汇卖价为 704.17%，中间价为 702.69%。

要求：列出外汇银行 A 行对以上业务的全套会计分录。

9 月 6 日开证，会计分录如下：

借：应收开出信用证款项　　USD 602 000

　贷：应付开出信用证款项　　USD 602 000

收取保证金，会计分录如下：

借：单位活期存款——外贸华昆进口公司户　　CNY 3 360 000

　贷：存入保证金　　CNY 3 360 000

USD 602 000×704.17%×1.5‰＝ CNY 6 358.66

收取开证手续费，会计分录如下：

借：单位活期存款——外贸华昆进口公司户　　CNY 6 358.66

　贷：手续费收入——担保费收入　　CNY 6 358.66

9 月 9 日修改信用证[①]，会计分录如下：

借：应付开出信用证款项　　USD 2 000

　贷：应收开出信用证款项　　USD 2 000

9 月 23 日对外付款，会计分录如下：

USD 603 000－CNY 3 360 000÷704.17%＝USD 603 000－477 157.50

＝USD 125 842.50

借：存入保证金　　CNY 3 360 000

　贷：外汇买卖（中间价 702.69%）　　CNY 3 352 938.04

（USD 477 157.50×702.69%）

　　外汇买卖价差　　CNY 7 061.96

借：外汇买卖（汇卖价 704.17%）　　USD 477 157.50

　　单位活期存款——外贸华昆进口公司户　　USD 125 842.50

① 按规定，信用证每修改一次，须按规定费率计收修改手续费。由于信用证项下业务的会计核算内容较多，修改手续费的会计核算和收取开证费基本相同，本书例题省去了计收修改手续费的会计核算。

贷：港澳及国外联行往来——纽约某联行 USD 603 000

借：应付开出信用证款项 USD 600 000

贷：应收开出信用证款项 USD 600 000

【点拨指导】在本例题中，A 行开出信用证时向申请人收取人民币保证金，那么在对外付汇时，要先从保证金中开支，保证金不足再用存款补付。补付金额等于对外付汇的总额减去人民币保证金折成美元的数额。

2）国外审单主动借记。国外审单主动借记是指议付行审单后主动借记进口方银行在议付行开立的账户，将单据连同已借记报单一并寄开证行。账务处理与国内开证行审单方式相同。

【特别提示】开证行把进口单据交进口商后，不必再由进口商承付。议付行审单后主动借记日到国内开证行向进口商收款日之间的垫款外币利息，开证行应一并向进口商计收。

【例 8-19】外汇银行 A 行根据百盛合资企业的申请于 5 月 8 日对纽约某联行开出即期信用证向某外商购买原材料，金额 80 600 美元，支付条款注明“国外验单相符，主动借记我行账”，开证时百盛合资企业从其美元账户支取 80%存入保证金，并交 1.5‰的开证费（按美元卖出价折算的人民币，从企业人民币存款账户支出）。

此后，该企业因故要求增加开证金额 400 美元，征得受益人同意后于 5 月 15 日修改开证金额。

议付行议付单据后，5 月 18 日发单据和已借记报单给开证行，金额为 81 000 美元，同时加收银行费用 160 美元。A 行于 5 月 26 日收到已借记报单，即从企业保证金账户中转出款项，不足部分从其美元账户中支取，同时按 0.5‰的利率计收 8 天垫款利息，保证金账户按 2%利率计付企业利息，从其存款账户中收取。假设当天美元汇卖价为 694.78%，中间价为 693.32%。

要求：列出外汇银行 A 行对以上业务的全套会计分录。

5 月 8 日开出信用证，其会计分录如下：

借：应收开出信用证款项 USD 80 600

贷：应付开出信用证款项 USD 80 600

收取美元保证金，其会计分录如下：

借：单位活期存款——百盛合资企业户 USD 64 480（USD 80 600×80%）

贷：存入保证金 USD 64 480

收取开证手续费，其会计分录如下：

借：单位活期存款——百盛合资企业户 CNY 839.99

（USD 80 600×694.78%×1.5‰）

贷：手续费收入——担保费收入 CNY 839.99

5 月 15 日修改开证金额，其会计分录如下：

借：应收开出信用证款项 USD 400

　　贷：应付开出信用证款项　　USD 400

5 月 26 日对外付汇，其会计分录如下：

垫款利息＝USD 81 160×0.5‰×8＝USD 324.64

保证金账户利息＝USD 64 480×2%÷360×18＝USD 64.48

借：存入保证金　　USD 64 480.00
　　单位活期存款——百盛合资企业户　　USD 17 004.64
　　贷：利息收入　　USD 324.64
　　　　港澳及国外联行往来——纽约某联行　　USD 81 160.00

借：利息支出　　USD 64.48
　　贷：单位活期存款——百盛合资企业户　　USD 64.48

借：应付开出信用证款项　　USD 81 000
　　贷：应收开出信用证款项　　USD 81 000

【点拨指导】国外议付行纽约某联行 5 月 18 日发出单据和已借记报单，金额为 81 160 美元，国内开证行 A 行在纽约某联行开立账户的存款 81 160 美元从 5 月 18 日开始就没有计算利息，5 月 26 日收到已借记报单才开始停止计息，其中开证行 A 行垫付了 8 天的外币利息，要随进口款项一并向进口商算收。

3）国外审单电报索汇。这种支付方式下，议付行审单后不能主动借记我国开证银行账户，而必须用加押电报向我国开证银行索偿。开证行收到电报核押相符，即用电汇方式对国外付汇并向进口商收取货款。开证行应注意，如国外来电说明单据某些不符点，应如实通知进口商，经进口商确认后办理付汇。在付汇的同时缮打进口信用证单据通知书，注明“已凭电索付款”，待收到单据核对相符，再送进口商，防止重复付款。

【特别提示】在国外审单电报索汇支付方式下，开证行没有垫付外汇资金，故不能向进口商收取垫款利息。会计分录与单到国内审单付款方式相同。

4）授权国外议付行向我账户行索汇。这种方式适用境外议付行与开证行及其总行均无账户关系，只得指定偿付行（第三家银行）办理三角清算。开出信用证时，必须加列指定偿付行的特别条款，同时将一份信用证副本寄给偿付行，以便该行凭议付行 BP 联核对拨款。议付行审单相符后，即将 BP 单寄出向偿付行索汇，同时将单据寄给开证行，偿付行收到 BP 单与信用证副本核对相符并验对议付行签章后，主动借记开证行账，贷记议付行账。开证行凭国外账户行（偿付行）已借记报单计算外币垫款利息。如国外偿付行 8 月 5 日主动借记开证行账，开证行 8 月 12 日收到已借记报单，则银行垫付利息 7 天。会计分录与国外审单主动借记方式相同。

【特别提示】国外审单主动借记和授权国外议付行向开证行在国外的账户行索汇，进口公司要承担国外付款日至单到国内这段时间银行垫付的外币利息。

5）远期信用证项下进口付汇。远期信用证项下付汇分承兑和付汇两个阶段。承兑是指远期汇票的付款人，以其签名表示同意按照出票人的命令付款。在远期信用证项下，开证行决定接受寄单行提交的单据，必须在接到单据次日起的7个工作日内做出承兑行为。办理承兑手续后，应调整或有资产、或有负债，以反映承兑确定下来的权责关系。其会计分录为：

借：应付开出信用证款项　　外币××

　贷：应收开出信用证款项　　外币××

借：应收承兑汇票款　　外币××

　贷：承兑汇票　　外币××

开证行在付款到期日要及时付款，决不能发生迟付或拒付现象。若申请人资金未到位，开证行应以备用垫款垫付。银行应抽出"承兑汇票"科目卡片账，注明销账日期后办理转账。在账务处理上同单到国内审单付款，同时转销承兑登记的或有资产、或有负债。其会计分录为：

借：承兑汇票　　外币××

　贷：应收承兑汇票　　外币××

【例8-20】外汇银行A行应佳美外贸公司的申请于8月5日对香港某联行开出不可撤销远期信用证购买货物，金额是500 500美元，支付条款规定承兑后30天付款。

8月8日，公司因故要求减少开证金额500美元，A行按规定办理了修改手续。

8月28日，开证行收到议付行全套单据及跟单汇票，金额500 000美元，A行审单后即通知公司。

8月31日，公司确认承兑，银行办理承兑手续。开证行即向议付行发出承兑通知书，确认9月30日为付款日。

9月30日，A行向公司办理售汇，向议付行发出请借记报单，对外付款。假设美元当天汇卖价为694.78%，中间价为693.32%。

要求：列出外汇银行A行对以上业务的全套会计分录。

8月5日开出信用证，其会计分录如下：

借：应收开出信用证款项　　USD 500 500

　贷：应付开出信用证款项　　USD 500 500

8月8日修改信用证，其会计分录如下：

借：应付开出信用证款项　　USD 500

　贷：应收开出信用证款项　　USD 500

8月31日承兑，其会计分录如下：

借：应收承兑汇票款　　USD 500 000

　贷：承兑汇票　　USD 500 000

借：应付开出信用证款项　　USD 500 000

　贷：应收开出信用证款项　　USD 500 000

9月30日对外付款，其会计分录如下：

借：单位活期存款——佳美外贸公司户　　CNY 3 473 900

(USD 500 000×694.78%)

贷：外汇买卖（中间价 693.32%）　　CNY 3 466 600

(USD 500 000×693.32%)

外汇买卖价差　　CNY 7 300

借：外汇买卖（汇卖价 694.78%）　　USD 500 000

贷：港澳及国外联行往来——香港某联行　　USD 500 000

借：承兑汇票　　USD 500 000

贷：应收承兑汇票款　　USD 500 000

【点拨指导】外汇银行办理承兑手续后，要对或有资产科目“应收开出信用证款项”、或有负债科目“应付开出信用证款项”进行调整，以反映承兑确定下来的权责关系。到期对外付款时要核销“应收承兑汇票款”和“承兑汇票”科目。

四、进口代收结算业务的核算

进口代收，是指国外出口商根据托收的规定，不经银行开立信用证，于货物装运后，将全套单据经由托收银行寄给进口方银行向进口商代收货款或其从属费用的结算方式。

（一）收到进口代收单据的核算

代收行收到托收行寄来的托收单据时，须认真清点委托书上所列单证种类及份数，确认无误后，编列顺序号，登记进口单据通知书（格式与进口信用证单据通知书相同），通知进口商备款赎单，同时通过或有资产、或有负债账户反映代收行与进口商及托收行的权责关系。其会计分录为：

借：应收进口代收款项　　外币××

贷：进口代收款项　　外币××

【特别提示】若进口商不同意承付，应提出拒付理由，连同单据退交代收行，转告托收行；如部分拒付，则在征得托收行同意后按实际金额付款。

在账务处理方面，如果是全部拒付，应反方向冲减收到进口代收单据时所做的或有资产、或有负债账户的记录；如果是部分拒付，则在征得托收行同意后按拒付金额调整或有资产、或有负债账户记录。

（二）进口商确认后对外付汇的核算

进口商确认付款（交回付款确认书）或对远期汇票承兑并到期付款后，提交通知书第二联（代承付确认书）和贸易进口付汇核销单一式三联，通知银行代为付款，代收行即办理售汇和对外划款，其会计分录为：

借：单位活期存款　　人民币××

贷：外汇买卖（中间价） 人民币××
外汇买卖价差 人民币××
借：外汇买卖（汇卖价） 外币××
贷：港澳及国外联行往来或存放国外同业 外币××

同时销记或有资产和或有负债账户的记录。

借：进口代收款项 外币××
贷：应收进口代收款项 外币 ××

【特别提示】按国际惯例，代收行须按规定费率计收进口代收手续费。此项费用若按规定由进口商负担，则向进口商计收；若托收委托书上没有明确由谁负担，则从收妥的进口代收款项中扣收等值外汇。出口商如有异议，由交易双方直接交涉，代收行不必过问。

【例 8-21】外汇银行 A 行 11 月 20 日收到纽约某代理行寄来的进口代收单据一套，交单方式为即期付款交单，金额为 80 000 美元，委托向乐道外资企业收取货款。该行把单据签送进口商后，11 月 22 日进口商确认承付，款项从其美元外汇存款账户支取，该行按规定扣收 25 美元手续费后，将余款划给托收行（托收行与代收行有美元账户关系）。

要求：列出外汇银行 A 行对以上业务的全套会计分录。

11 月 20 日收到进口代收单据，会计分录如下：

借：应收进口代收款项 USD 80 000
贷：进口代收款项 USD 80 000

11 月 22 日对外付款，会计分录如下：

借：单位活期存款——乐道外资企业户 USD 80 000
贷：手续费收入 USD 25
存放国外同业——纽约某代理行 USD 79 975
借：进口代收款项 USD 80 000
贷：应收进口代收款项 USD 80 000

第六节 国际汇兑业务的核算

一、国际汇兑概述

（一）国际汇兑的定义

国际汇兑是银行在不运送现金的情况下，利用汇票和其他信用工具，将资金从本国拨付到国外债权人或收款人所在地的分行或代理行转付给债权人或收款人，使处于不同国家的债权人或债务人了清相互间的债权债务。

国际汇兑是早期国际结算业务中的主要方法，由于其具有灵活、方便、收费低廉的特点，一直是国际结算业务中经常使用的方法。一般而言，国际贸易项下金额不大的货款或有关的从属费用、非贸易结算、国际金融交易大都采取汇款方式办理结算。

（二）汇付方式

汇付方式可分为信汇、电汇和票汇三种。

1. 信汇

信汇（mail transfer，M/T）是指汇出行应汇款人的申请，将信汇付款委托书寄给汇入行，授权解付一定金额给收款人的一种汇款方式。信汇方式的优点是费用较为低廉，但收款人收到汇款的时间较晚。

2. 电汇

电汇（telegraphic transfer，T/T）是指汇出行应汇款人的申请，采用SWIFT（环球银行间金融电讯网络）等电讯手段将电汇付款委托书给汇入行，指示解付一定金额给收款人的一种汇款方式。电汇方式的优点是收款人可迅速收到汇款，但费用较高。

3. 票汇

票汇（demand draft，D/D）是指汇出行应汇款人的申请，代汇款人开立以其联行或代理行（国外账户行）为解付行的银行即期汇票（banker's demand draft），支付一定金额给收款人的一种汇款方式。

二、国际汇兑业务的核算

（一）汇出汇款业务的核算

1. 汇出汇款的定义

汇出汇款是指外汇银行接受汇款人的委托，以约定汇款方式委托海外联行或代理行将一定金额的款项付给指定收款人的业务。

2. 汇出汇款的业务流程

汇出汇款的业务流程见图8-3。

3. 汇出汇款的核算

单位或个人要求汇款时，必须填制汇款申请书（一式二联），银行审查同意后，收妥款项和有关费用，一联作汇出汇款传票附件，另一联作回单加盖业务公章后退给汇款人。

【特别提示】汇出行受理汇出汇款业务，选择国外解付行非常重要，因为这直接关系到汇款的安全解付。选择国外解付行首先选择国外联行，然后选择有账户关系的代理行，最后考虑双方都有账户关系的代理行。

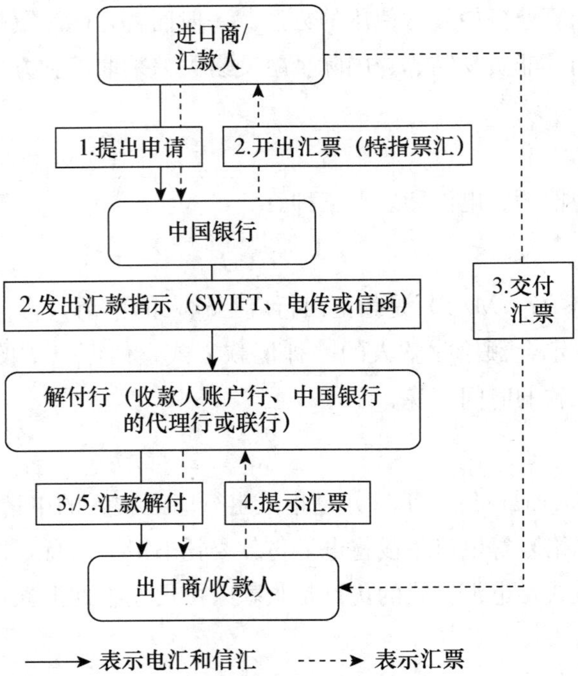

图 8-3　汇出汇款的业务流程

资料来源：中国银行网站．https://www.boc.cn/.

汇出行根据不同汇付方式选择不同的汇出凭证。如果是电汇，选择使用一式四联的电汇凭证，第一联是电汇电镐，加编密押后凭以拍发电报；第二联是汇出汇款科目贷方传票；第三联是汇出汇款科目卡片账；第四联是汇出汇款科目借方传票。如果是信汇，选择使用一式七联的信汇凭证，第一联是信汇委托书，有权人签字后寄解付行；第二联是信汇通知书，由解付行通知收款人；第三联是正收条，收款人签章后寄还汇款行；第四联是副收条，解付行代传票；第五联是汇出汇款科目贷方传票；第六联是汇出汇款科目卡片账；第七联是汇出汇款科目借方传票。如果是票汇，选择使用一式五联的票汇凭证，第一联是汇票正本，作取款依据；第二联是汇票通知书，通知付款行已签发汇票；第三联是汇出汇款科目贷方传票；第四联是汇出汇款科目卡片账；第五联是汇出汇款科目借方传票。

（1）从原币存款账户下汇出。会计分录如下：

借：单位活期存款或相关科目　　　　外币××

　贷：汇出汇款　　　　外币××

（2）从人民币存款账户下汇出。会计分录如下：

借：有关人民币存款　　　　人民币××

　贷：外汇买卖（中间价）　　　　人民币××

　　　外汇买卖价差　　　　人民币××

借：外汇买卖（汇卖价）　　　　外币××

　贷：汇出汇款　　　　外币××

（3）从其他外汇存款账户下汇出。会计分录如下：

借：有关存款　　存款外币××
　贷：外汇买卖（汇买价）　　存款外币××
借：外汇买卖（中间价）　　人民币××
　贷：外汇买卖（中间价）　　人民币××
　　外汇买卖价差　　人民币××
借：外汇买卖（汇卖价）　　汇款外币××
　贷：汇出汇款　　汇款外币××

（4）汇款手续费的收取。会计分录如下：

借：有关存款　　外币或人民币××
　贷：手续费收入　　外币或人民币××

【特别提示】如果汇款人的存款货币与汇款货币不同，要通过“外汇买卖”科目进行会计核算。

4. 结清汇款的核算

国内汇出行收到国外汇入行的已借记报单和已解讫通知书，就可以结清汇款了，其会计分录如下：

借：汇出汇款　　外币××
　贷：港澳及国外联行往来或存放国外同业　　外币××

【例 8－22】10 月 12 日盛华进出口贸易有限公司要求从其美元账户中兑取 80 000 欧元电汇给德国某联行，支付某德商的货款，外汇银行 A 行同意并办理汇出汇款业务，A 行与德国某联行有欧元账户关系。A 行按规定收取手续费 670 元人民币。10 月 18 日收到德国某联行的已借记报单，结清汇款。假设当日美元汇买价为 691.25%，中间价为 692.72%，欧元汇卖价为 827.21%，中间价为 824.19%。

要求：列出 A 行以上业务的全套会计分录。

10 月 12 日电汇汇出，其会计分录如下：

EUR 80 000×827.21%÷691.25%＝USD 95 734.97

借：单位活期存款——盛华进出口贸易有限公司户　　USD 95 734.97
　贷：外汇买卖（汇买价 691.25%）　　USD 95 734.97
借：外汇买卖（中间价 692.72%）　　CNY 663 175.28
　　（USD 95 734.97×692.72%）
　贷：外汇买卖（中间价 824.19%）　　CNY 659 352.00
　　（EUR 80 000×824.19%）
　　外汇买卖价差　　CNY 3 823.28
借：外汇买卖（汇卖价 827.21%）　　EUR 80 000
　贷：汇出汇款　　EUR 80 000

收取手续费，其会计分录如下：

借：单位活期存款——盛华进出口贸易有限公司户　　　　CNY 670

　贷：手续费收入　　　　CNY 670

10月18日结清汇款，其会计分录如下：

借：汇出汇款　　　　EUR 80 000

　贷：港澳及国外联行往来——德国某联行　　　　EUR 80 000

【点拨指导】汇款人从美元存款账户中汇出欧元，汇出行按买入美元现汇卖出欧元现汇进行套汇处理。凡国内外汇银行委托港澳及国外联行、代理行解付的汇款，用“汇出汇款”科目核算。“汇出汇款”属负债类科目，汇出境外，国外汇入行尚未解付，贷记该科目；国外汇入行已解付，借记该科目，余额为零。如果该科目有贷方余额，表示汇出行已经汇出，但是国外行尚未解付的金额。

（二）汇入汇款业务的核算

1. 汇入汇款的定义

汇入汇款是指国外联行及国外代理行委托国内外汇行解付的汇入汇款业务。它的特点是速度快、操作简单易行、费用少，适用范围较广。

2. 汇入汇款的业务流程

汇入汇款的业务流程见图 8-4。

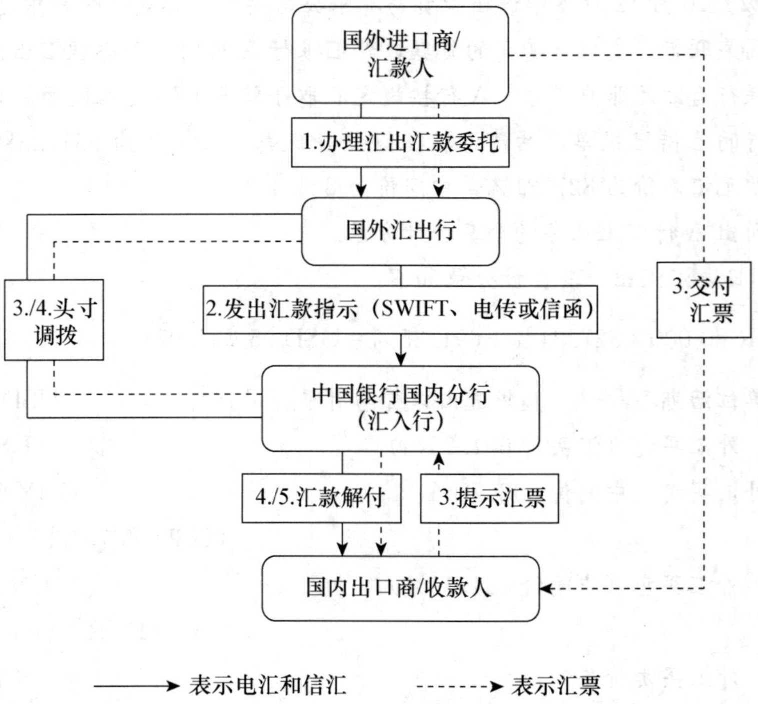

图 8-4　汇入汇款的业务流程

资料来源：中国银行网站. https://www.boc.cn/.

3. 收到汇款的核算

（1）填制汇入汇款通知书。接到汇出行的汇款电报或信汇委托书，电汇应核对密押，信汇应核对印鉴，核对人员签章后，填制一式五联的汇入汇款通知书。第一联是汇入汇款通知书；第二联是正收条，收款人签章后寄还国外汇出行；第三联是副收条，作汇入汇款科目借方传票；第四联是汇入汇款科目贷方传票；第五联是汇入汇款卡片账。

（2）收到头寸报单。收到港澳及国外联行或代理行发来的已贷记报单或总行发来的划收报单，表明汇款头寸已经收妥，其会计分录为：

借：港澳及国外联行往来或存放国外同业或全国联行往来　　外币××
　贷：汇入汇款　　外币××

4. 解付汇款的核算

【特别提示】国内外汇银行作为解付行，在解付过程中要坚持以下原则：一是收妥解付原则，即在接到汇出行的头寸报单或可以立即借记汇款行存款账户的借记通知书后，才办理解付；二是印押相符原则，即电汇要核对密押，信汇要核对有权人签字；三是收款人签收原则，即解付电汇、信汇应由收款人在正、副收条上签章，解付票汇经背书才能解付。另外，一定要注意解付的安全，禁止重复解付。电汇凭电报解付，信汇凭信汇委托书正本解付，票汇凭汇票正本解付。

（1）解付原币。外汇银行如解付原币，直接转入单位现汇存款账户，其会计分录为：

借：汇入汇款　　外币××
　贷：单位活期存款或定期存款　　外币××

（2）解付人民币。外汇银行如解付人民币，比照结汇业务进行会计处理，其会计分录为：

借：汇入汇款　　外币××
　贷：外汇买卖（汇买价）　　外币××
借：外汇买卖（中间价）　　人民币××
　贷：有关存款　　人民币××
　　　外汇买卖价差　　人民币××

（3）解付其他外币。外汇银行如解付其他外币，比照套汇业务进行会计处理，其会计分录为：

借：汇入汇款　　汇款外币××
　贷：外汇买卖（汇款外币汇买价）　　汇款外币××
借：外汇买卖（汇款外币中间价）　　人民币××
　贷：外汇买卖（存款外币中间价）　　人民币××
　　　外汇买卖价差　　人民币××
借：外汇买卖（存款外币汇卖价）　　存款外币××

贷：有关存款　　　　存款外币××

【例 8-23】12 月 15 日，外汇银行 A 行收到法国某联行的信汇委托书一份和已贷记报单，委请解付德运有限公司货款 60 000 欧元。A 行当日填制汇入汇款通知书，通知收款人德运有限公司来行取款。12 月 17 日，德运有限公司持通知书来行要求将此笔汇款存入其美元活期存款账户（148250361228），银行同意并办理此业务。当天欧元的汇买价为 775.49%，中间价 778.35%；美元的汇卖价 704.17%，中间价为 702.69%。

要求：列出 A 行以上业务的全套会计分录。

12 月 15 日收到汇款，其会计分录为：

借：港澳及国外联行往来——美国某联行　　　　EUR 60 000

贷：汇入汇款　　　　EUR 60 000

12 月 17 日解付汇款，其会计分录为：

EUR 60 000×775.49%÷704.17%=USD 66 076.94

借：汇入汇款　　　　EUR 60 000

贷：外汇买卖（汇买价 775.49%）　　　　EUR 60 000

借：外汇买卖（中间价 778.35%）　　　　CNY 467 010.00

（EUR 60 000×778.35%）

贷：外汇买卖（中间价 702.69%）　　　　CNY 464 316.05

（USD 66 076.94×702.69%）

外汇买卖价差　　　　CNY 2 693.95

借：外汇买卖（汇卖价 704.17%）　　　　USD 66 076.94

贷：单位活期存款——德运有限公司户　　　　USD 66 076.94

【点拨指导】收款人收到欧元，但是要求银行解付美元，银行要通过买入欧元现汇卖出美元现汇进行套汇处理。凡国外联行、代理行委托国内外汇银行解付汇款时，用“汇入汇款”科目核算。该科目属负债类科目，收到汇款，尚未解付，贷记该科目；解付时借记该科目，余额为零。如果该科目有贷方余额，表示外汇银行收到汇款且尚未解付的金额。

5. 退汇的核算

国外汇出行在汇出后要求退汇时，经查明汇款头寸确已收妥且尚未解付，经收款人同意可以办理退汇手续。汇入行在办理退汇时，先在汇款留底上批注退汇原因、退汇日期，并做好会计分录。

借：汇入汇款　　　　外币××

贷：港澳及国外联行往来等　　　　外币××

【特别提示】外汇银行在办理退汇时，注意原已贷记报单已经入账，所以原已贷记报单不能和汇款解付凭证一并退回汇出行，银行应填发请借记报单将汇款头寸退回汇出行。

如果收款人在外地，汇款以代转汇，汇款行要求退汇，应立即通知解付行办理退汇手续，待汇款退回时再向汇入行办理退款手续。汇入行在退汇时，将汇入时的会计分录作借贷反方向冲转。

本章小结

1. 商业银行的外汇业务是指以记账本位币以外的货币进行收付、结算的业务。目前我国外汇指定银行经营的外汇业务主要有：外币存款业务，外汇贷款业务，外汇汇款业务，外汇兑换业务，外汇同业拆借，发行或代理发行股票以外的外币有价证券，外币票据的承兑和贴现，贸易和非贸易结算，外汇担保业务，自营及代客外汇买卖业务，国家外汇管理局批准的其他外汇业务。我国汇率采用的是直接标价法。在人民币与各种外币的比价中，英镑、港币、美元、日元和欧元均为基准货币，单位为100，人民币为标价货币。正确掌握汇率的使用是银行核算外汇业务的基础，买卖什么外汇就使用什么外汇牌价。

2. 商业银行外汇业务会计记账方法采用借贷复式记账法，记账方式采用外汇分账制，记账基础采用权责发生制。外汇分账制又叫原币记账法，是按业务发生时的货币记账，不折成本位币入账的一种记账方式。其主要内容是：人民币与外币分账；专门设置"外汇买卖"科目，起桥梁和平衡作用；年度决算时，编制汇总的人民币报表。权责发生制又称应收应付制，债权债务一经产生，不管有无实际的资金收付行为，都应记账。

3. 当一项银行业务涉及两种或两种以上的货币时，必须通过"外汇买卖"科目核算。"外汇买卖"科目是外汇分账制的一个特定科目，在不同的外汇业务之间起到桥梁的平衡和联系作用。"外汇买卖"科目是共同类会计科目，买入外币时，外币金额应贷记此科目，同时，人民币金额应借记此科目。卖出外币时，外币金额应借记此科目，同时，人民币金额应贷记此科目。商业银行外汇买卖业务的核算包括买入外汇的会计核算、卖出外汇的会计核算和套汇业务的会计核算。

4. 外汇存款是商业银行以信用方式吸收的国内外单位和个人在经济活动中暂时闲置或结余的能自由兑换或在国际上获得偿付，并可随时或在约定期限支取的外币资金。单位外汇存款一般属于现汇户存款，现汇户存款可直接汇至国外，但须通过汇买钞卖处理后才能支取现钞，单位存入外币现钞，要通过钞买汇卖处理。个人外汇存款有现汇户存款和现钞户存款的区别，现钞户存款可直接支取现钞，但须通过钞买汇卖处理后才能汇出。对单位和个人外汇存款要进行正确的核算。

5. 短期外汇贷款是外汇银行办理的以外币为计量单位的短期贷款，它是外汇银行一项重要的信贷业务。外汇银行目前发放的是短期外汇浮动利率贷款，按1个月、3个月和6个月浮动。外汇银行目前发放的短期外汇贷款货币主要有美元、港币、日元、英镑、欧元五种。贷什么货币，还什么货币，计收原币利息。短期外汇贷款在借款单位实际对外支付外汇时发放，即什么时候用，什么时候发放。一般不发生派生性存款。利息采用浮动利率计算。短期外汇贷款通过“短期外汇贷款”科目核算，核算程序主要包括贷款发放、计收利息和收回贷款三个环节。

6. 在办理信用证出口业务时，我国经办银行作为出口方银行，替国内出口企业进行结算，充当国外信用证的通知行、议付行，其会计核算主要分为受证与通知、议付与寄单和收妥出口款项三个环节；在办理出口托收业务时，我国经办银行充当托收行，其会计核算主要分为寄单托收和收妥托收款项两个环节；在办理信用证进口业务时，我国经办银行作为进口方银行，替国内进口企业进行结算，充当开证行、付款行，其会计核算主要分为进口开证、审单付款两个环节；在办理进口代收业务时，我国经办银行充当代收行，其会计核算主要分为收到进口代收单据和进口商确认后对外付汇两个环节。

7. 国际汇兑是银行在不运送现金的情况下，利用汇票和其他信用工具，将资金从本国拨付到国外债权人或收款人所在地的分行或代理行转付给债权人或收款人，使处于不同国家的债权人或债务人了清相互间的债权债务。汇付方式可分为信汇、电汇和票汇三种。汇出汇款是指外汇银行接受汇款人的委托，以约定汇款方式委托海外联行或代理行将一定金额的款项付给指定收款人的业务，其会计处理主要包括汇出汇款的核算和结清汇款的核算。汇入汇款是指国外联行及国外代理行委托国内外汇行解付的汇入汇款业务，其会计处理主要包括收到汇款的核算和解付汇款的核算。

本章练习

一、单项选择题

1. 出口商将出口外汇收入100万美元卖给外汇银行，应使用当天美元（　　）。

A. 现钞买入汇率　B. 现汇卖出汇率　C. 中间汇率　D. 现汇买入汇率

2. 外汇买卖分户账上的外币余额为贷方，表明外汇头寸为（　　）。

A. 空头　B. 多头　C. 平仓　D. 零

3. 单位外汇存款现汇户须经过（　　）处理方可支取外币现钞。

A. 汇买　B. 汇卖　C. 钞买汇卖　D. 汇买钞卖

4. 个人向外汇储蓄账户存入外币现钞，当日累计等值（　　）美元（含）以下的，可以在银行直接办理。

A. 1 000　B. 3 000　C. 5 000　D. 10 000

5. 单位外汇活期存款起存金额不低于（　　）等值外汇。

A. 人民币100元　B. 人民币200元

C. 人民币500元　D. 人民币1 000元

6. （　　）是供国内一般居民使用的外汇存款种类。

A. 甲种存款　B. 乙种存款　C. 丙种存款　D. 丁种存款

7. 外汇贷款借款人必须具有独立法人资格，实行独立核算，资产负债率一般不超过（　　）。

A. 35%　　B. 50%　　C. 75%　　D. 80%

8. 商业银行短期外汇贷款（　　）。

A. 通过贷款账户直接对外支付　　B. 转作存款后对外支付

C. 形成借款单位的派生性存款　　D. 形成借款单位的专项存款

9. 外汇银行收到国外开证行寄来的（　　），表明已收妥出口款项。

A. 请借记报单　　B. 已借记报单　　C. 请贷记报单　　D. 已贷记报单

10. 出口托收业务核算中，国外代收行扣收的银行费用原则上由（　　）负担。

A. 托收行　　B. 代收行　　C. 国内出口商　　D. 国外进口商

11. 出口商接到信用证后，按信用证要求备货出运时，若资金有困难，可申请（　　）。

A. 出口打包放款　　B. 出口押汇　　C. 出口卖方信贷　　D. 福费廷

12. 单到国内审单付款是指国外议付行寄来进口单据，进口商确认承付后，银行即填发（　　）对外付汇，同时从进口商保证金存款账户中扣款支付。

A. 请借记报单　　B. 已借记报单　　C. 请贷记报单　　D. 已贷记报单

13. “汇入汇款”和“汇出汇款”都是（　　）科目。

A. 资产类　　B. 负债类　　C. 共同类　　D. 损益类

14. 外汇银行在收到国外解付行的（　　）后才能结清汇出汇款。

A. 请借记报单　　B. 已借记报单　　C. 请贷记报单　　D. 已贷记报单

15. 国内汇入行收到国外汇出行寄来的（　　），表明汇款头寸已经收妥。

A. 已借记报单　　B. 请借记报单　　C. 已贷记报单　　D. 请贷记报单

二、多项选择题

1. 银行外汇会计的核算特点是（　　）。

A. 记账方法采用借贷复式记账法　　B. 记账方式采用外汇分账制

C. 记账方式采用外汇统账制　　D. 记账基础采用权责发生制

2. 外汇分账制的主要内容包括（　　）。

A. 人民币与外币不分账　　B. 人民币与外币分账

C. 专门设置“外汇买卖”科目　　D. 年度决算时编制汇总的人民币报表

3. 外汇银行应通过“外汇买卖”科目核算的业务包括（　　）。

A. 结汇　　B. 售汇

C. 同种货币之间的套汇　　D. 两种外币之间的套汇

4. 个人外汇存款包括（　　）。

A. 甲种外币存款　　B. 乙种外币存款　　C. 丙种外币存款　　D. 丁种外币存款

5. 外汇银行目前发放的外汇贷款以短期外汇浮动利率贷款为主，期限有按（　　）浮动。

A. 1个月　　B. 2个月　　C. 3个月　　D. 6个月

6. 根据权责发生制的原理，出口银行在寄出议付单据后，对国外银行拥有了收取货款的权益，其索汇金额包括（　　）。

A. 货款　　B. 通知费　　C. 议付费　　D. 修改费

7. 议付行可不予办理出口押汇的情形包括（　　）。

A. 单证不符

B. 来证有限制议付条款

C. 开证行所在地局势不稳定

D. 收汇地区外汇短缺，资金冻结或索汇路线迂回

8.（　　）付款方式下，进口公司要承担国外付款日至单到国内这段时间内银行垫付的外币利息。

A. 单到国内审单付款

B. 国外审单主动借记

C. 国外审单电报索汇

D. 授权国外议付行向开证行在国外的账户行索汇

9. 国外审单主动借记是指议付行审单后主动借记进口方银行在议付行开立的账户，将单据连同已借记报单一并寄开证行。开证行必须注意（　　）。

A. 把进口单据交进口商后，不必再由进口商承付

B. 把进口单据交进口商后，必须由进口商承付

C. 计收外币垫款利息

D. 不计收外币垫款利息

10. 外汇银行处理汇入汇款业务应遵循的解付原则有（　　）。

A. 垫款解付原则　　B. 收妥解付原则

C. 收款人签收原则　　D. 印押相符原则

三、判断题

1. 当一项外汇银行业务涉及两种或两种以上的货币时，必须通过“外汇买卖”科目核算。（　　）

2. 外汇买卖结余的外币金额反映在贷方，表明卖出外币多于买入外币，称为空头。（　　）

3. 外汇买卖分户账的结余数额外币和人民币同时反映，方向正好相同。（　　）

4. 个人和单位外汇存款既可开立现汇账户也可开立现钞账户。（　　）

5. 从外汇储蓄账户中提取现钞，当日累计等值1万美元（含）以下的，可以在银行直接办理；超过上述金额的，凭本人有效身份证件、提钞用途证明等材料向银行所在地外汇局事前报备。（　　）

6. 出口银行寄出议付单据后，由于不存在实际的资金收付行为，可以不进行账务处理。（　　）

7. 承做出口押汇的银行，实际上是以出口方提交的以信用证项下或托收项下的单据为抵押，向出口商发放一笔抵押贷款。对抵押银行来说，是预先垫款买下一笔尚未收妥的外汇，因此，担负一定风险。（　）

8. 出口托收款项一律实行收妥进账的做法，即根据国外银行的已贷记报单办理收汇或结汇。（　）

9. 实际收到的金额与应托收的款项不一致时，按应托收的款项办理结汇，但按实际收到的金额核销应收出口托收款项和代收出口托收款项。（　）

10. 远期信用证下进口业务承兑环节和进口代收业务远期汇票承兑环节的会计核算相同。（　）

11. 若托收委托书上没有明确进口代收手续费由谁负担，则从收妥的进口代收款项中扣收等值外汇。（　）

12. 国外审单电报索汇开证行要向进口商收取垫款利息。（　）

13. 外汇银行办理汇出汇款业务时，国外解付行应首选国外联行。（　）

14. 汇入汇款是指国外联行及国外代理行委托国内外汇行解付的汇入汇款业务。（　）

15. 外汇银行办理汇入汇款退汇业务，应将所有的凭证及国外汇款行寄来的已贷记报单一起退回原汇款行。（　）

四、业务题

以下为外汇银行A行发生的经济业务，要求根据下列业务资料编制相应的会计分录，有计算的请列出计算过程。为了方便练习，本章业务题涉及的汇率采用下表中的汇率。（实际工作中每个工作日的外汇汇率都是变动的，外汇会计核算以每个工作日银行公布的外汇牌价为准。）

货币名称	现汇买入价	现钞买入价	现汇卖出价	现钞卖出价	中间价
英镑（GBP）	911.46	883.14	918.17	922.23	915.17
美元（USD）	689.75	684.14	692.67	692.67	691.21
欧元（EUR）	815.80	790.45	821.81	824.45	818.81

1. 外汇买卖业务的核算

（1）当天，外汇银行A行从国内居民江玲手中买入2 000美元现钞，结付人民币现金。

（2）当天，外汇银行A行收到与A行有美元账户关系的纽约某联行的汇入销货款80 000美元，收款方为禾昌进出口公司，转入公司单位人民币存款账户。

（3）当天，外汇银行A行按客户周平的要求卖出3 500美元现钞，收入人民币现金。

（4）当天，飞捷汽车贸易有限公司持有效凭证向外汇银行A行购汇60 000欧元汇往德国，支付进口汽车配件货款。

（5）当天，飞越外资企业从其美元现汇账户中兑取70 000英镑汇往国外，外汇银行A行审查同意并办理此业务。

(6) 当天，雅美外资企业持1 500美元现钞要求存入其美元现汇存款账户，外汇银行A行审查同意并办理此业务。

2. 外汇存款业务的核算

(1) 国内居民江明持2 000美元现钞要求开立美元现钞活期存款账户，外汇银行A行审核无误后办理了开户存款业务。

(2) 国内居民林华收到一笔美国某联行的汇入汇款3 600美元，要求外汇银行A行办理定期3个月的现汇存款，利率为0.1%，银行审核无误后办理了定期存款开户业务。

(3) 客户黄刚要求从其活期存款账户中支取1 000美元现钞，外汇银行A行审核无误后办理了支取手续。

(4) 昆兰合资有限公司要求从其活期存款账户中支取3 000美元现钞，外汇银行审查无误后办理了支取手续。

3. 外汇贷款业务的核算

杜邦合资企业与外汇银行A行订立短期浮动利率贷款合同，贷款30万美元，向美国某公司进口机器零部件，期限半年，按3个月浮动，利息转入贷款本金。A行5月8日发放贷款，全额支付美国某联行的出口托收款，5月8日浮动利率为5.16%，6月10日为5.17%，7月12日为5.18%，8月16日为5.185%，9月17日为5.19%，10月19日为5.21%，11月7日为5.22%，11月8日借款人用其美元存款账户偿还贷款全部本息。

4. 国际贸易结算业务的核算

(1) 外汇银行A行于5月6日收到纽约某联行开来的不可撤销即期信用证，金额为201 500美元，受益人为舒美外贸服装公司，审核无误后当天通知受益人。

5月9日，A行接到纽约联行来电，要求修改信用证，减少金额1 500美元，经受益人同意，当天复电，作了修改。

5月16日，公司交来全套出口单据，审单合格后，A行当天就将有关单证全部寄出，计收通知费、议付费、修改费共计800美元，连同货款200 000美元一并向开证行索偿。

5月26日，收到纽约联行发来的已贷记报单，收妥出口款项即和出口公司办理结汇，出口款项结汇转入公司人民币活期存款账户(01825135686)。

(2) 外汇银行A行受理隆平进出口公司托收出口货款业务：

11月5日，隆平进出口公司交来全套单据，金额为80 050美元，交单方式为即期付款交单，委请纽约某联行代收(该行与A行有美元账户关系)，当天填发出口托收委托书并寄出全套单据。

11月7日，隆平进出口公司因故要求增加托收金额700美元，按规定办妥手续。

11月26日，A行接到代收行已贷记报单及委托书回单，内扣银行费用50美元，余额 80 700 美元结汇，同时 A 行扣收 1.25‰的托收手续费（结汇金额按牌价折算成人民币的 1.25‰）。

（3）外汇银行 A 行根据嘉华机电外贸公司的申请，于 11 月 10 日对纽约某联行开出即期信用证向某外商购买机器设备，价值 506 000 美元，支付方式为单到国内审单付款。开证时从其人民币存款账户 0180900689 支取 2 800 000 元人民币，存入其保证金，并收取 1.5‰的开证费（由公司人民币存款账户 0180900689 支出）。11 月 12 日，公司因故要求减少开证金额 6 000 美元，征得受益人同意后银行当天修改了开证金额。

11 月 19 日，接到纽约联行寄来该证项下全套单据，金额 500 000 美元，同时加收银行费用 2 000 美元，公司于 11 月 22 日送来确认承付书，全额承付，银行当日对外付款：先从企业保证金账户中转出款项，不足部分从企业美元存款账户 1482500253 支取。

（4）外汇银行 A 行 8 月 5 日收到纽约某代理行寄来的进口代收单据一套，交单方式为即期付款交单，金额为 90 000 美元，委托向固有轮胎外资企业收取货款。该行把单据签送进口商后，8 月 7 日进口商确认承付，款项从其美元外汇存款账户支取，该行按规定扣收 36 美元手续费后，将余款划给托收行（托收行与代收行有美元账户关系）。

5. 国际汇兑业务的核算

（1）8 月 20 日杭进贸易有限公司要求从其美元账户中兑取 50 000 英镑电汇往伦敦某联行，支付某英商的货款，外汇银行 A 行同意并办理汇出汇款业务，A 行与伦敦联行有英镑账户关系。A 行按规定收取手续费 850 元人民币。8 月 26 日收到伦敦联行的已借记报单，结清汇款。

（2）9 月 6 日，外汇银行 A 行收到美国某联行的信汇委托书一份和已贷记报单，委请解付福华合资企业货款 70 000 美元，A 行当日填制汇入汇款通知书，通知收款人来行取款。9 月 8 日，收款单位持通知书来行要求将此笔汇款存入其英镑活期存款账户（128250361365），银行同意并办理此业务。

第九章

所有者权益及损益的核算

学习目的

1. 了解实收资本、资本公积、盈余公积和未分配利润各项目所包含的内容，掌握它们的会计核算。

2. 掌握构成收入、成本费用的项目，每个项目所包含的内容及其与收入、成本的关系。

3. 掌握利润的组成，包括营业利润、利润总额、净利润及其相互关系；掌握本年利润分配的核算。

第一节　所有者权益的核算

银行的所有者权益又称为股东权益，是所有者对银行资产的剩余索取权，它是银行的资产扣除债权人权益后应由所有者享有的部分，既可反映所有者投入资本的保值增值情况，又体现了保护债权人权益的理念。

所有者权益的来源包括所有者投入的资本、其他综合收益、留存收益等，通常由股本（或实收资本）、资本公积（含股本溢价或资本溢价、其他资本公积）、其他综合收益、盈余公积和未分配利润等构成。

所有者投入的资本，是指所有者投入银行的资本部分，它既包括构成银行注册资本或者股本的金额，也包括投入资本超过注册资本或股本部分的金额，即资本溢价或股本溢价，这部分投入资本作为资本公积（资本溢价）反映。

其他综合收益，是指银行根据会计准则的规定未在当期损益中确认的各项利得和损失。

留存收益，是指银行从历年实现的利润中提取或形成的留存于银行的内部积累，包括盈余公积和未分配利润。

一、实收资本的核算

实收资本是指银行实际收到的投资人投入的资本。按投资主体可分为国家资本、集体资本、法人资本、个人资本和外商资本等。投资者可以用现金进行投资，也可以用现金以外的其他有形资产和无形资产进行投资。投资者投入的资本在银行经营期间一般无须偿还，可以长期周转使用。

【知识链接】实收资本是指投资者作为资本投入企业的各种财产，是企业注册登记的法定资本总额的来源，它表明所有者对企业的基本产权关系。实收资本的构成比例是企业向投资者进行利润或股利分配的主要依据。中国企业法人登记管理条例规定，除国家另有规定外，企业的实收资本应当与注册资本一致。企业实收资本比原注册资本数额增减超过20%时，应持资金使用证明或验资证明，向原登记主管机关申请变更登记。

所有者投入的资本主要是指所有者按照投资合同的约定实际投入商业银行的资本，主要包括两个部分：一部分是形成所有者在商业银行注册资本（法定资本）中所占份额的实收资本（股本）部分；另一部分是超出所有者在商业银行注册资本中所占份额的资本公积部分，即资本溢价或股本溢价部分。

（一）实收资本核算的相关规定

1. 股份制商业银行实收资本入账的规定

（1）股份制商业银行的股本应当在核定的股本总额及核定的股份总额的范围内通过发行股票或股东出资取得。股本以发行的股票面值入账，超过面值发行股票取得的收入，其超过面值的部分作为股本溢价，记入“资本公积”科目。

（2）境外上市商业银行以及在境内发行外资股的上市商业银行，其股本是按确定的人民币股票面值和核定的股份总额的乘积计算出的金额，按收到股款当日的汇率折合的人民币金额与按人民币计算的股票面值总额的差额，作为资本公积处理。

2. 非股份制商业银行实收资本入账的规定

（1）投资者以现金投入的资本，应当以实际收到的金额作为实收资本入账。实际收到的金额超过其在该商业银行注册资本中所占份额的部分，记入“资本公积”科目。

（2）投资者以实物、无形资产等非现金资产投入的资本，应按投资各方确认的价值作为实收资本入账；首次发行股票而接受投资者投入的无形资产，应按该项无形资产在投资方的账面价值入账。

（3）投资者投入的外汇，合同没有约定汇率的，按收到出资额当日的汇率折算；合同约定汇率的，按合同约定的汇率折算，因汇率不同而产生的差额，作为资本公积处理。

3. 对金融企业实收资本数额的要求

我国中央银行（中国人民银行）对设立银行及非银行金融性公司提出了最低资本限额的要求。

（1）设有分支机构的全国性银行的最低实收资本金为20亿元人民币；不设立分支机构的全国性银行的最低实收资本金为10亿元人民币；区域性银行的最低实收资本金

为 8 亿元人民币；合作银行的最低实收资本金为 5 亿元人民币。

（2）设立全国性信托投资公司的最低实收资本金为 11 亿元人民币；设立省、自治区、直辖市、计划单列市、经济特区的信托投资公司的最低实收资本金为 5 000 万元人民币；设立融资租赁机构的最低实收资本金为 3 000 万元人民币；设立财务公司的最低实收资本金为 5 000 万元人民币。所有的金融企业设立时，其实收资本都要按照中国人民银行的规定办理手续。

【特别提示】为了确保商业银行经营活动的顺利进行，保障所有者权益，必须贯彻资本保全原则。商业银行登记注册的资本金应与实有资金相一致并在财务制度规定的期限内缴足。商业银行筹集的资本金，在经营期间，除投资者依法转让外，不得以任何方式抽走。

（二）实收资本的会计核算

【特别提示】对于实收资本，除股份制银行以“股本”科目核算外，其他银行以“实收资本”科目核算。“股本”和“实收资本”属于所有者权益类科目，银行收到投资者投入的货币或非现金资产投资时，贷记这两个科目，在银行按法定程序报经批准减少注册资本时，借记这两个科目，期末贷方余额表示银行实际拥有的资本金总额。

1. 投资者以现金、银行存款投入的核算

国家、企业、外商、个人以人民币现钞或银行存款进行投资时，以实际收到或者存入企业开户银行的金额作为实收资本入账。其会计分录为：

借：现金（或××存款、存放中央银行准备金）

　贷：实收资本（或股本）

　　资本公积——资本溢价

【例 9-1】在甲银行股份制改革过程中，A 和 B 两个股东作为发起人决定在 6 月 30 日投入资本。甲银行注册资本为 500 亿元人民币，A、B 股东的出资比例为 49%、51%。6 月 30 日，A、B 股东的出资到位并办理了有关手续。两个股东全部以货币资金投入。会计分录如下：

借：存放中央银行准备金	50 000 000 000
贷：股本——A 股东户	24 500 000 000
股本——B 股东户	25 500 000 000

【点拨指导】商业银行跨系统汇划款项和商业银行系统内 50 万元（含）以上的大额汇划款项，一律通过中国人民银行办理转汇并清算资金。

2. 投资者以实物投入的核算

银行收到投资者实物形态的投资时，需按照投资各方确认的价值记账。其会计分录为：

借：固定资产（或无形资产等）

贷：实收资本（或股本）

资本公积——资本溢价

【例 9－2】乙商业银行（股份制银行）收到国家投入的房屋一栋，价值 2 亿元人民币。其会计分录如下：

借：固定资产　200 000 000

贷：股本　200 000 000

3. 投资者以外币投入的核算

投资者投入的外币，合同没有约定汇率的，按收到出资额当日的汇率折算；合同约定汇率的，按合同约定的汇率折算，因汇率不同产生的折算差额，作为资本公积处理。其会计分录为：

借：××科目

贷：实收资本（或股本）

资本公积——资本溢价

4. 增加资本的核算

商业银行可以通过以下途径增加资本：新增所有者投入资本；原所有者追加投入资本；资本公积和盈余公积转增资本；发放股票股利；可转换债券转为股本。前两种增加资本的途径的核算和投入时相同。

（1）资本公积和盈余公积转增资本的核算。经股东大会决议，用资本公积和盈余公积转增资本时，应按原所有者持股比例增加各所有者的股权。会计分录为：

借：资本公积（或盈余公积）

贷：实收资本（或股本）——××投资者或股东户

（2）发放股票股利的核算。经股东大会批准的利润分配方案中应当分配的股票股利，在办理增资手续后，应按原持有者持股的比例增加各所有者的股权。会计分录为：

借：利润分配——应付股票股利

贷：股本——××股东户

（3）可转换债券转为股本的核算。可转换债券转为股本，在办理增资手续后，应按转为股本的金额增加各所有者的股权。会计分录为：

借：应付债券——可转换债券

贷：股本——××股东户

资本公积——股本溢价

【例 9－3】承例 9－1，甲银行 20××年经营业绩良好，股东大会决定以 10 送 1 的方式发放股票股利，已办理增资手续。

A 股东分配的股票股利＝50 000 000 000×49％×0.1＝2 450 000 000(元)

B 股东分配的股票股利＝50 000 000 000×51％×0.1＝2 550 000 000(元)

会计分录为：

借：利润分配——应付股票股利　　5 000 000 000

　贷：股本——A股东户　　2 450 000 000

　　　股本——B股东户　　2 550 000 000

【点拨指导】应当分配的股票股利，在办理增资手续后，应按原持有者持股的比例增加各所有者的股权，会计分录中贷记“股本”科目。

二、资本公积的核算

资本公积是指商业银行收到的投资者出资额超过其在注册资本（实收资本或股本）中所占份额的部分，以及直接计入所有者权益的利得和损失等。

（一）资本公积的内容

资本公积是指金融企业取得的所有者共有的、非收益转化而形成的资本。会计准则规定的可记入资本公积的贷项包括：资本（股本）溢价、其他资本公积、资产评估增值、资本折算差额。资本溢价是公司发行权益债券的价格超出所有者权益的部分。股本溢价是公司发行股票的价格超出票面价格的部分。其他资本公积包括可供出售金融资产公允价值变动、长期股权投资权益法下被投资单位净利润以外的变动。资产评估增值是按法定要求对企业资产进行重估价时，重估价高于资产账面净值的部分。资本折算差额是外币资本因汇率变动产生的差额。

【特别提示】资本公积转增资本时，所留存的资本公积不得低于转增前商业银行注册资本的25%。

（二）资本公积的会计核算

为反映银行资本公积的增减变动情况，银行设置“资本公积”科目。该科目属于所有者权益类科目，贷方登记资本公积的增加数，借方登记弥补亏损或转赠资本等原因减少的资本公积，余额在贷方，反映银行实有的资本公积。该科目应按资本公积形成的类别设置明细账。

1. 资本溢价的核算

资本（或股本）溢价，是指银行投资者投入的资金超过其在注册资本中所占份额的部分。当发生资本（或股本）溢价时，将溢价数额纳入资本公积核算。其会计分录为：

借：××科目

　贷：实收资本（或股本）

　　　资本公积——资本溢价

【特别提示】对于上市的股份制商业银行而言，溢价发行股票的，股票面值的部分作为实收资本记入“股本”科目，超过面值的部分作为资本溢价记入“资本公积”科目。对于有限责任公司性质的商业银行而言，资本溢价一般是指在商业银行经营过程中，由于新的投资者加入，其实际投入的资本超过按其所占有表决权资本比例计算的资本的部分，超过的部分作为资本公积。

【例9-4】 M商业银行发行普通股股票2 000 000股，每股面值6元，以每股8元的价格溢价发行，股票全部认购足额，并如数收到股本，全部存入银行。其会计分录为：

借：存放中央银行准备金　　16 000 0000

贷：股本　　12 000 0000

资本公积——资本溢价　　4 000 0000

【点拨指导】 银行溢价发行股票的，每股面值6元的部分记入“股本”科目，超过面值的部分作为资本溢价记入“资本公积”科目。

2. 接受捐赠资产的核算

捐赠人捐赠资产是对银行的一种投入，会造成银行的权益增加。按规定，银行接受捐赠的资产价值作为资本公积，属于所有者权益。接受捐赠的资产可分为现金资产和非现金资产。

（1）接受现金资产捐赠的处理。银行接受现金资产捐赠时，按实际捐赠额入账。其会计分录为：

借：现金（或有关科目）

贷：资本公积——接受现金捐赠

（2）接受非现金资产捐赠的处理。银行接受非现金资产捐赠时，按规定价款入账。以接受固定资产捐赠为例，其会计分录为：

借：固定资产

贷：资本公积——接受非现金资产捐赠

递延税款（固定资产净值×25%）

（累计折旧）

【特别提示】 如果接受捐赠的为已经折旧的固定资产，其折旧额应记入“累计折旧”科目。

3. 股权投资准备的核算

商业银行作为投资人对被投资单位的投资采用权益法核算，当被投资单位因接受捐赠资产而导致所有者权益增加，商业银行按持股比例计算应享有的部分，作为股权投资准备，增加资本公积。其会计分录为：

借：长期股权投资——××单位股权投资准备户

贷：资本公积——股权投资准备

4. 资本公积用于转增资本的核算

企业按规定程序增资时，应按其他资本公积转增资本的数额作会计分录：

借：资本公积——其他资本公积

贷：实收资本（或股本）

5. 外币资本折算差额的核算

外币资本折算差额是指商业银行接受外币投资因所采用的汇率不同而产生的资本折算差额。银行接受外币资本投资时，如果合同约定汇率与收到投资时的市场汇率不同，其按合同约定汇率与收到投资时的市场汇率折算金额之间的差额作为资本公积。

如果实际收到外币时的汇率高于约定的汇率，其会计分录为：

借：银行存款——外汇户

贷：实收资本——××户

资本公积——外币资本折算差额

如果实际收到外币时的汇率低于约定的汇率，其会计分录为：

借：银行存款——外汇户

资本公积——外币资本折算差额

贷：实收资本——××户

三、盈余公积的核算

盈余公积是商业银行按照有关规定从税后利润中提取的公积金。盈余公积包括法定盈余公积、任意盈余公积和法定公益金。

（一）盈余公积的内容

（1）法定盈余公积。法定盈余公积是指银行按照规定的比例从净利润中提取的盈余公积，按税后利润的10%提取。

（2）任意盈余公积。任意盈余公积是指银行经股东大会或类似机构批准按照规定的比例从净利润中提取的盈余公积。任意盈余公积的提取比例由商业银行自行确定。

（3）法定公益金。法定公益金是指银行按照规定的比例从净利润中提取的用于职工集体福利设施的公益金。一般按税后利润的5%～10%提取。法定公益金用于职工集体福利时，应先将其转入任意盈余公积。

（二）盈余公积的会计核算

为加强对盈余公积的核算和管理，设置“盈余公积”科目，该科目属于所有者权益类科目，贷方登记按规定比例从税后利润中提取的盈余公积数额，借方登记盈余公积支用和减少的数额，期末贷方余额为提取的盈余公积结余数。

1. 提取法定盈余公积、任意盈余公积和法定公益金的核算

按规定标准和比例提取法定盈余公积、任意盈余公积、法定公益金时，其会计分录为：

借：利润分配——提取盈余公积

贷：盈余公积——法定盈余公积

盈余公积——任意盈余公积

盈余公积——法定公益金

【例 9 - 5】 商业银行 A 行按规定比例从税后利润中提取法定盈余公积 300 万元，提取法定公益金 200 万元。其会计分录为：

借：利润分配——提取盈余公积	5 000 000
贷：盈余公积——法定盈余公积	3 000 000
盈余公积——法定公益金	2 000 000

2. 盈余公积补亏的核算

银行经批准用盈余公积弥补亏损时，其会计分录为：

借：盈余公积——法定盈余公积

——任意盈余公积

贷：利润分配——盈余公积补亏

【例 9 - 6】 商业银行 A 行按规定以法定盈余公积 350 万元弥补上年度亏损，其会计分录为：

借：盈余公积——法定盈余公积	3 500 000
贷：利润分配——盈余公积补亏	3 500 000

【点拨指导】 银行以法定盈余公积 350 万元弥补上年度亏损，造成银行盈余公积减少，所有者权益减少，记入“盈余公积”科目的借方。

3. 盈余公积转增资本的核算

银行按规定以盈余公积转增资本时，其会计分录为：

借：盈余公积

贷：实收资本（或股本）

【例 9 - 7】 股份制银行 A 行经有关部门批准，以盈余公积 360 万元转增资本。其会计分录为：

借：盈余公积	3 600 000
贷：股本	3 600 000

4. 法定公益金用于集体福利的核算

法定公益金用于职工集体福利时，应先将其转入任意盈余公积。会计分录为：

借：盈余公积——法定公益金

贷：盈余公积——任意盈余公积

5. 用盈余公积派送新股的核算

经股东大会决议，股份制银行用盈余公积派送新股，会计分录为：

借：盈余公积

贷：股本

资本公积——股本溢价

【点拨指导】“盈余公积”的借记数额是按派送新股计算的金额；“股本”的贷记金额是股票面值与派送新股总数的乘积；借贷方的差额记入“资本公积——股本溢价”。

四、未分配利润的核算

未分配利润是指银行业留给以后年度分配的利润或待分配的利润，是一种留存收益，属于所有者权益。

（一）结转本年利润的核算

年度终了，商业银行将本年实现的各项收入与各项支出归集到“本年利润”科目。各项收入归集到“本年利润”科目的贷方；各项支出归集到“本年利润”科目的借方。当年收入轧差后，如果“本年利润”科目余额出现在借方，为本年亏损。如果“本年利润”科目余额出现在贷方，为本年盈余。当年银行有盈余时，结转本年利润的会计分录为：

借：本年利润

　　贷：利润分配——未分配利润

【点拨指导】商业银行结转本年利润实际上是将全年实现的净利润自“本年利润”转入“利润分配——未分配利润”，结转后“本年利润”科目余额为零。

如为亏损，做相反的会计分录。

（二）结转利润分配的核算

将“利润分配”科目下的“其他明细科目”的余额转入“利润分配”科目下“未分配利润”明细科目，其会计分录为：

借：利润分配——未分配利润

　　贷：利润分配——其他明细科目

结转后，除“未分配利润”明细科目外，“利润分配”科目下的“其他明细科目”应无余额。“未分配利润”明细科目贷方余额为历年积累的未分配利润，借方余额为历年未弥补的亏损。

第二节　银行损益的核算

一、营业收入的核算

（一）收入的内容及确认

银行的收入主要是指银行提供金融商品服务所取得的各项收入，由营业收入和非营业收入构成，而营业收入是财务收入的主要组成部分。银行的营业收入主要包括：利息收入、金融企业往来收入、中间业务收入、投资收益、公允价值变动收益、汇兑收益和其他营业收入。

【特别提示】商业银行营业收入不包括为第三方或者客户代收的款项，如企业代垫的工本费、代邮电部门收取的邮电费等。

银行应当根据收入的性质，按照收入确认的条件，合理确认和计量各项收入。商业银行提供金融产品服务取得的收入，应当在以下条件均能满足时予以确认：

（1）与交易相关的经济利益很可能流入商业银行。银行应根据对方（如借款人）的信誉状况、当年的经济效益情况以及对方就付款方式、付款期限等达成的协议等进行判断。如果收回的可能性不大，即使满足其他条件，也不应当确认收入。

（2）收入的金额能够可靠地计量。收入能够可靠地计量是确认收入的基本前提。收入不能可靠计量，则无法确认收入。银行利息收入根据合同或协议规定的存贷款利率及期限确定。其他如提供金融商品服务所取得的收入应按银行与其他资产使用者签订的合同或协议确定。

另外，银行收入入账时间的早晚和入账金额的大小直接影响到商业银行的经营成果，所以必须合理地确定收入的实现。权责发生制又称应收应付制，它是以权益和责任是否发生为标准来确认本期的收入和费用的原则。根据这一原则，凡是在本月应当收到的收入，不论其是否能够在本月实际收到，都应作为本月的收入入账。

（二）营业收入的核算

1. 利息收入的核算

利息收入是银行发放各项贷款与办理贴现而取得的收入。利息收入在银行的整个营业收入中占有很大的比重，是银行损益的重要内容之一。利息收入应按让渡资金使用权的时间和适用利率计算确定。

银行发放的各项贷款应按规定的利率及计息期限计算应收利息。取得利息时，根据计算清单编制借、贷方记账传票办理转账。利息收入的核算已在第五章介绍过，在此不再赘述。

2. 金融企业往来收入的核算

金融企业往来收入是指商业银行系统内、商业银行之间以及商业银行与中国人民银行之间资金往来形成的利息收入。金融企业往来收入，应按让渡资金使用权的时间和适用利率计算确定。它在营业收入中占较大的份额，应设置“金融企业往来收入”科目予以反映，并按往来单位设明细账。

发生金融企业往来收入时，根据有关利息通知或划款凭证进行账务处理。其会计分录为：

借：存放中央银行准备金

贷：金融企业往来收入——××利息收入

【例 9-8】 商业银行A行收到存入当地人民银行款项的利息35万元，收到其管辖分行划来的第三季度省辖联行利息5万元。其会计分录为：

借：存放中央银行准备金　350 000

　贷：金融企业往来收入——中央银行利息收入　350 000

借：待清算辖内往来　50 000

　贷：金融企业往来收入——省辖清算资金往来利息收入　50 000

【点拨指导】 商业银行与中国人民银行之间资金往来形成的利息收入不能记入“利息收入”科目，应该记入“金融企业往来收入”科目的贷方。

3. 中间业务收入的核算

中间业务收入是指商业银行在办理支付结算、咨询、担保、委托贷款业务时取得的手续费收入。银行应设置“中间业务收入”账户，并按其种类分设明细账。

计收手续费时，其会计分录为：

借：××科目

　贷：中间业务收入

【例 9-9】 华盛机电公司向其开户银行A行申请办理银行承兑汇票，A行按规定收取750元承兑手续费。A行会计分录为：

借：单位活期存款——华盛机电公司户　750

　贷：中间业务收入——银行承兑汇票承兑收入　750

4. 公允价值变动收益的核算

公允价值变动收益是指商业银行由于交易性金融资产、交易性金融负债，以及采用公允价值模式计量的衍生金融工具、套期保值工具公允价值变动形成的应计入当期损益的利得收入。

（1）交易性金融资产的公允价值变动的会计核算。资产负债表日，若交易性金融资产的公允价值高于其账面余额，其会计分录为：

借：交易性金融资产——公允价值变动

　贷：公允价值变动损益

（2）交易性金融负债的公允价值变动的会计核算。资产负债表日，若交易性金融负债的公允价值低于其账面余额，其会计分录为：

借：交易性金融负债——公允价值变动

　贷：公允价值变动损益

【特别提示】 商业银行持有的以公允价值计量且其变动计入当期损益的金融资产或金融负债，其公允价值可能高于或低于其账面余额，因此，在利润表上应按公允价值变动收益减去公允价值变动损失后的净额列报。若为公允价值变动损失，则以“—”号列报。

5. 汇兑收益的核算

汇兑收益是指商业银行在经营外汇买卖和外币兑换等业务过程中，因汇率变动而取得的收入。银行通过“汇兑收益”科目进行核算，同时按外汇买卖币种分设明细账。

银行发生汇兑收益时，其会计分录为：

借：外汇买卖

　贷：汇兑收益——××币种

6. 其他营业收入的核算

其他营业收入是商业银行除存款、贷款、中间业务、投资、外汇买卖、金融企业往来以外的其他营业收入。比如：咨询服务收入、代保管收入等。银行应设置“其他营业收入”科目进行核算，并按其种类设置明细账。

银行收到各项其他营业收入时，其会计分录为：

借：存放中央银行准备金（或有关科目）

　贷：其他营业收入——××收入户

二、成本费用的核算

（一）成本费用的含义及内容

商业银行的成本是指商业银行为提供劳务和产品而发生的各种耗费；费用是指商业银行为销售银行产品、提供劳务等日常活动所发生的经济利益的流出。

商业银行的成本费用主要包括营业成本、营业费用和有关税金及附加。

商业银行的营业成本是指在业务经营过程中发生的与业务经营有关的支出，包括利息支出、金融企业往来支出、手续费支出、汇兑损失等。

商业银行的营业费用是指银行在业务经营及管理工作中发生的各项费用，包括：固定资产折旧、业务宣传费、业务招待费、电子设备运转费、安全防卫费、财产保险费、邮电费、劳动保护费、外事费、印刷费、公杂费、低值易耗品摊销、职工工资、差旅费、水电费、租赁费（不含融资租赁费）、修理费、职工福利费、职工教育经费、工会经费、房证费、咨询费、无形资产摊销、长期待摊费用摊销、待业保险费、劳动保险费、取暖费、审计费、技术转让费、研究开发费、绿化费、董事会费、上交管理费、广告费、其他税金等。

商业银行的有关税金及附加主要是指由经营收入负担的各项税金，包括增值税、城市维护建设税、教育费附加等。

【特别提示】 商业银行营业成本不包括为第三方或客户垫付的款项。

银行应划清成本界限，正确计算成本。在成本核算中，要严格划清以下成本的界限：一是划清本期成本与下期成本的界限，不得提前或延后列支，不得任意预提和待摊费用；二是划清成本支出与营业外支出的界限，不属于成本开支范围的，不得列入成本，属于成本开支的费用，不得列入营业外支出。

(二) 成本费用的核算

1. 利息支出的核算

利息支出是指银行对以负债形式筹集的各种资金按国家规定的利率提取、支付的利息。资产负债表日，银行将按照金融工具确认和计量准则计算确定该项利息支出的金额。银行应根据权责发生制原则按期预提应付利息。

关于利息支出的核算已在第四章介绍过，在此不再赘述。

2. 金融企业往来支出的核算

金融企业往来支出是指商业银行系统内、商业银行之间以及商业银行与中国人民银行之间资金往来形成的利息支出，包括向中央银行借款利息支出、银行同业存款利息支出、非银行同业存款利息支出、境外同业存款利息支出、系统内存放款项利息支出、系统内借入款项利息支出以及再贴现利息支出、转贴现利息支出等。

(1) 实际发生金融企业往来利息支付的核算。本期发生、本期支付利息时，其会计分录为：

借：金融企业往来支出——××利息支出

　　贷：存放中央银行准备金（或其他科目）

(2) 预提金融企业往来应付利息的核算。金融企业对跨年度的各项借款可按实际情况进行预提，预提时的会计分录为：

借：金融企业往来支出——××利息支出

　　贷：应付利息——应付××利息

【例 9－10】 商业银行A行向中央银行借款300万元，第三季度结息日次日收到借款利息通知回单，借款利息300 000元已扣。A行会计分录为：

借：金融企业往来支出——与中央银行往来利息支出	300 000	
贷：存放中央银行准备金		300 000

3. 手续费支出的核算

手续费支出是指银行委托其他单位代办业务所支付的手续费以及参加票据交换的管理费支出等。手续费支付方式有两种：现金支付和转账支付。商业银行参加票据交换的结算手续费，由组织清算的中央银行确定。代办储蓄手续费的总体标准，按代办机构吸揽储蓄存款年平均余额的1.2%控制，各分支行可以根据本地区、本行处的经营特点在此指标（1.2%）内确定内部控制比例。在实际计算手续费时，以代办机构吸收储蓄存款的上月平均余额为基数，扣除银行职工在揽储、复核和管理工作中应分摊的数额，计算后予以支付。手续费支出应按有关规定和付费标准如实列支，不得预提。

发生手续费支出时，其会计分录为：

借：手续费支出——××手续费支出

贷：存放中央银行准备金——××代办单位存款户

（或：存放银行同业活期存款/现金）

期末结转“手续费支出”科目余额时，其会计分录为：

借：本年利润

贷：手续费支出——××手续费支出

4. 汇兑损失的核算

汇兑损失与汇兑收益是相对而言的，是指银行在外汇买卖和外币兑换过程中，因汇率变动而产生的损失。

发生汇兑损失时，其会计分录为：

借：汇兑损失

贷：外汇买卖

5. 营业费用的核算

（1）银行业务及管理费用的核算。银行在业务经营及管理工作中发生的各种费用，主要包括业务宣传费、业务招待费、业务管理费等。各项营业费用的开支必须符合规定的列支标准，经审批才能列账。营业费用直接列账的会计分录为：

借：营业费用——××户

贷：现金（或其他科目）

【特别提示】业务宣传费一律按实际数列支，即按实际发生数计入成本费用，不得预提。

营业费用采取间接列账的，会计部门可向行政部门拨付周转金，并为行政部门开立存款户。行政部门在开支各项费用时，用存款账户支付款项，定期向会计部门报销，年底将周转金划还会计部门。

职工福利费按照职工工资总额的14%提取，是用于职工个人福利方面的费用，提取时的会计分录为：

借：营业费用——职工福利费

贷：应付福利费

实际支付福利费的会计分录为：

借：应付福利费

贷：现金（或其他科目）

（2）其他税金的核算。营业费用中的其他税金是按照规定向税务部门缴纳的除增值税以外的房产税、车船税、城镇土地使用税、印花税等应当在成本中列支的税金。

【知识链接】
房产税、车船税、城镇土地使用税、印花税

房产税、车船税、城镇土地使用税等在会计期末计算后列支营业费用，并记入“应交税费”的贷方。实际缴纳时再冲减“应交税费”。

列支营业费用的会计分录如下：

借：营业费用——税金
　　贷：应交税费——应交房产税
　　　　　　　　——应交车船税
　　　　　　　　——应交城镇土地使用税

实际缴纳时的会计分录如下：

借：应交税费——应交房产税
　　　　　　——应交车船税
　　　　　　——应交城镇土地使用税
　　贷：存放中央银行准备金（或其他科目）

印花税在缴纳时直接列支营业费用，其缴纳的会计分录如下：

借：营业费用——印花税
　　贷：现金（或其他科目）

6. 税金及附加的核算

（1）商业银行营改增的概述。

【知识链接】营业税是对在中国境内提供应税劳务、转让无形资产或销售不动产的单位和个人，就其所取得的营业额征收的一种税。营业税是流转税的一个主要税种。2011年11月17日，财政部、国家税务总局正式公布营业税改征增值税试点方案。根据试点方案，金融保险业和生活服务业，原则上适用增值税简易计税方法。2016年全面推开营改增改革，将建筑业、房地产业、金融业和生活服务业纳入试点范围。房地产的增值税税率为11%，金融保险、生活服务业为6%。

增值税计税方法包括简易计税方法和一般计税方法。其中，简易计税方法的应纳税额是指按照销售额和增值税征收率计算的增值税额，不得抵扣进项税额。

应纳税额计算公式：

应纳税额＝销售额×征收率

简易计税方法的销售额不包括应纳税额，纳税人采用销售额和应纳税额合并定价方法的，按照下列公式计算销售额：

销售额＝含税销售额÷(1＋征收率)

2017年10月30日，国务院常务会议通过《国务院关于废止〈中华人民共和国营业税暂行条例〉和修改〈中华人民共和国增值税暂行条例〉的决定（草案）》，标志着实施60多年的营业税正式退出历史舞台。

商业银行涉及营改增的自营业务主要有：

①贷款服务。贷款服务是指银行将资金贷给他人使用而取得利息收入以及利息性质的收入的业务活动。其收入主要包括：保本收益、报酬、资金占用费、补偿金等收入以及信用卡透支利息收入等。贷款服务的增值税税率是6%。

②直接收费金融服务。直接收费金融服务指为货币资金融通及其他金融业务提供相

关服务并收取费用的业务活动。主要包括：货币兑换、账户管理、电子银行、信用卡、信用证等。直接收费金融服务的增值税税率是6%。

③金融商品转让服务。金融商品转让服务指转让外汇、有价证券、非货物期货和其他金融商品所有权的业务活动。主要包括：基金、信托、理财产品等各类资产管理产品和各种金融衍生品的转让。金融商品转让服务的增值税税率是6%。

商业银行业务板块不一样，税率也不一样。比如代理贵金属的税率是17%。银行的自营业务如贷款服务、直接收费金融服务、金融商品转让服务，三项税率都是6%。农村信用社、村镇银行、农村商业银行等金融机构提供的农村金融服务的税率是3%。

【特别提示】中国农业发展银行总行及其各分支机构、中国农业银行提供农户贷款，农村企业和农村各类组织贷款取得的利息收入，农村信用社、村镇银行、农村资金互助社、由银行业机构全资发起设立的贷款公司、法人机构在县（县级市、区、旗）及县以下地区的农村合作银行和农村商业银行提供金融服务的收入，可以选择适用简易计税方法按照3%的征收率计算缴纳增值税。

（2）商业银行增值税、城市维护建设税和教育费附加的核算。只要是省内的分支机构，均可向税务机关申请汇总纳税。汇总纳税即由总行统一核算，统一向总行所在地主管税务机关申报缴纳增值税，其他分支机构不涉及增值税纳税申报。支行为非独立核算单位与是否必须汇总至总行申报无关，只要总行在会计核算时能够将该支行的收入、支出区分，即可根据该支行的收入在该支行所在地主管税务机关进行纳税申报，同时需要注意，支行取得的进项发票抬头需开具该独立纳税支行名称，以便进项抵扣。基层银行的处理比较简单，基本是一级分行做电子信息报表，所有业务板块发生业务的时候就计算好税额。基层银行发生业务的时候，系统自动计算发票金额和税额。

城市维护建设税是按本期应交增值税与规定的税率计算后缴纳的附加税。教育费附加是按本期应交增值税与规定的税率计算后缴纳的附加税，其性质是用于教育事业的基金。

每季末按该季纳税项目收入净增额计算应缴增值税额，在此基础上计算城市维护建设税及教育费附加。

申报缴纳增值税的会计分录如下：

借：税金及附加

　贷：应交税费——应交增值税

　　　　　　——应交城市维护建设税

　　　　　　——应交教育费附加

实际缴纳的会计分录如下：

借：应交税费——应交增值税

　　　　　——应交城市维护建设税

　　　　　——应交教育费附加

贷：存放中央银行准备金（或其他科目）

三、营业外收支的核算

（一）营业外收支的内容

营业外收支是指银行发生的与其经营业务活动无直接关系的各项收入和支出。

（二）营业外收支的核算

对营业外收支核算的要求有：第一，必须按国家有关规定，认真核实各项营业外收入，据实列账，不得转移、截留和作其他财务收入处理；第二，营业外收支在核算上采用收付实现制；第三，要划清营业外支出与成本支出以及利润分配的界限，避免相互挤占。

1. 营业外收入的核算

营业外收入是指银行发生的与其经营业务活动无直接关系的各项收入。主要包括固定资产盘盈、处置固定资产净收益、处置无形资产净收益、处置抵债资产净收益、罚款收入等。营业外收入应根据收入项目按实际发生数进行账务处理，其会计分录为：

借：固定资产清理
　　其他应付款
　　存放中央银行准备金
　　（或其他科目）
　贷：营业外收入——××收入

【例 9-11】商业银行 A 行在经营过程中发生出纳长款 20 元，经批准作为营业外收入。其会计分录为：

借：其他应付款——待处理出纳长款　　20
　贷：营业外收入——出纳长款收入　　20

2. 营业外支出的核算

营业外支出是指发生在银行业务经营以外且与银行经营活动无直接联系的各项支出。主要包括固定资产盘亏、处置固定资产净损失、处置抵债资产净损失、债务重组损失、罚款支出、捐赠支出、出纳短款、非常损失等。

银行发生营业外支出应通过“营业外支出”科目核算，该科目借方登记发生的各项营业外支出，平时余额在借方，期末结转到本年利润后无余额。

【例 9-12】商业银行 A 行在办理现金收付业务活动中发生现金短款 100 元，当天未能查清和找回。其会计分录为：

借：其他应收款——应收出纳短款　　100
　贷：现金　　100

经调查确认该笔短款无法找回，按照规定的审批权限，转为营业外支出，其会计分录为：

借：营业外支出——出纳短款　100

　贷：其他应收款——应收出纳短款　100

第三节　利润与利润分配的核算

一、利润的构成

银行的利润是指银行在一定会计期间的经营成果，包括营业利润、利润总额和净利润。计算公式如下：

营业利润=营业收入-营业成本-营业费用+投资净收益

利润总额=营业利润-税金及附加+营业外收入-营业外支出

净利润=利润总额-资产减值损失-所得税

二、所得税的核算

所得税是以应纳税所得额与适用所得税税率相乘计算求得的。应纳税所得额与利润总额不同，利润总额是一个会计概念，也可称为税前会计利润。会计准则、会计制度与税法的目的不同，收益、费用、资产、负债等的确认时间和范围也不同，从而导致税前会计利润与应纳税所得额之间产生差异，因此税前会计利润还需要按照税法的规定进行纳税调整，调整后再进行计算。银行根据计算出的所得税进行账务处理，其会计分录为：

借：所得税

　贷：应交税金——应交所得税

实际缴纳所得税的会计分录为：

借：应交税金——应交所得税

　贷：存放中央银行准备金（或其他科目）

对于税前会计利润和应纳税所得额之间的差异，在会计核算中可采用应付税款法和纳税影响会计法进行调整。采用纳税影响会计法时，有些情况下需要通过“递延税款”科目核算。

期末结转利润时，将“所得税”科目余额转入“本年利润”科目借方，其会计分录为：

借：本年利润

　贷：所得税

三、利润结转的核算

每个会计年度终了时，银行都要结转利润。商业银行设置“本年利润”科目，该科目属于所有者权益类科目，用来核算商业银行在本年度实现的利润（或发生的亏损）总额。

1. 结转收入类科目余额的核算

将收入类各科目按账户编制转账传票转入“本年利润”科目的贷方。其会计分录为：

借：利息收入
　　金融企业往来收入
　　中间业务收入
　　其他营业收入
　　汇兑收益
　　投资收益
　　营业外收入
　贷：本年利润

2. 结转支出类科目余额的核算

将支出类各科目按账户编制转账传票转入“本年利润”科目的借方。其会计分录为：

借：本年利润
　贷：利息支出
　　　金融企业往来支出
　　　营业费用
　　　税金及附加
　　　其他营业支出
　　　汇兑损失
　　　营业外支出
　　　所得税

【特别提示】结转后，各收入、支出类科目应无余额。“本年利润”科目应与上述各收支类科目结转前的轧差数一致。“本年利润”科目如为贷方余额，则表示当期实现的净利润；如为借方余额，则表示当期发生的净亏损。

3. 结转本年利润科目余额的核算

年度终了，应将“本年利润”科目结平，转入“利润分配”科目。如为净利润，其会计分录为：

借：本年利润

　　贷：利润分配——未分配利润

如为亏损，则会计分录为：

借：利润分配——未分配利润

　　贷：本年利润

【特别提示】结转后，“本年利润”科目无余额。

四、利润分配的核算

利润分配是指银行所实现的利润总额，按照有关法规和投资协议所确认的比例，在国家、银行、投资者之间进行分配。银行董事会或类似机构决议提请股东大会或类似机构批准年度利润分配方案。

【知识链接】按规定，商业银行以前年度发生的亏损，可以用亏损年度后连续5年的税前利润弥补，在5年内未能弥补的亏损，第6年起只能用税后利润弥补。商业银行当年实现的利润总额按规定税前补亏后若有剩余，扣除相应的所得税费用，即为当年实现的净利润。

（一）可供分配的利润的构成

商业银行当年实现的净利润，加上年初未分配的利润（或减去年初未弥补的亏损）和其他转入的余额，即为可供分配的利润。

（二）利润分配的顺序

（1）抵补银行已缴纳的在成本和营业外支出中无法列支的有关惩罚性或赞助性支出。包括：被没收的财物损失，延期缴纳各项税款的滞纳金和罚款，少交或迟交中央银行准备金的加息等。

（2）弥补银行以前年度亏损。银行在5年内不能用税前利润弥补完的部分，可自第6年起用税后利润进行弥补，银行历年提取的法定盈余公积和任意盈余公积也可以用于弥补亏损。

（3）提取法定盈余公积。银行按照税后利润加上上年末未分配利润减去弥补以前年度亏损和罚款支出后的余额，按规定比例10%提取法定盈余公积。

【特别提示】以前年度累计的法定盈余公积达到注册资本的50%时，可以不再提取；法定盈余公积可用于弥补亏损，也可用于转增资本，但法定盈余公积弥补亏损和转增资本后的剩余部分，不得低于注册资本的25%。

（4）提取公益金。银行提取的公益金主要用于职工食堂、宿舍、浴室、幼儿园等福利设施的建设支出。国有商业银行提取公益金的比例由国家核定；股份制银行由董事会、股东大会决定提取比例。

（5）提取一般风险准备和基金。银行按规定可按贷款余额的一定比例从税后利润中提取一般准备；外商投资商业银行按规定提取储备基金、银行发展基金、职工奖励及福利基金等。

（6）向投资者分配利润或股利。银行可供投资者分配的利润减去提取的法定盈余公积、法定公益金等后，应按如下顺序进行分配：

1）应付优先股股利。这是商业银行按照利润分配方案分配给优先股股东的现金股利。

2）任意盈余公积。经股东大会或类似机构决议，提取任意盈余公积。

3）应付普通股股利。这是商业银行按照利润分配方案分配给普通股股东的现金股利。不属于股份制银行分配给投资者的利润也在该账户核算。

4）转作股本（或资本）的普通股股利。这是商业银行按照利润分配方案以分派股票股利的形式转作的股本或商业银行以利润转增的资本。

（三）未分配利润

经过上面的顺序分配后，剩下的为未分配利润。未分配利润可留待以后年度进行分配。银行如发生亏损，可以按规定用以后年度利润进行弥补。

【特别提示】银行未分配的利润（或未弥补的亏损）应当在资产负债表的所有者权益项目中单独反映。

（四）利润分配的核算

为了加强利润分配的核算，银行应设置“利润分配”科目。该科目属于权益类科目，借方登记各种利润分配事项，贷方登记抵减利润分配的事项，年末借方余额表示未弥补的亏损总额，贷方余额表示累计未分配总额。该科目应当分别按“提取法定盈余公积”“提取任意盈余公积”“应付现金股利”“转作股本的股利”“盈余公积补亏”“未分配利润”等进行明细核算。

1. 提取盈余公积、法定公益金及补亏的核算

银行从税后利润中提取盈余公积、法定公益金的会计分录为：

借：利润分配——提取法定盈余公积

　贷：盈余公积——法定盈余公积

借：利润分配——提取法定公益金

　贷：盈余公积——法定公益金

借：利润分配——提取任意盈余公积

　贷：盈余公积——任意盈余公积

银行用盈余公积弥补亏损时，其会计分录为：

借：盈余公积——法定盈余公积

　　盈余公积——任意盈余公积

贷：利润分配——盈余公积补亏

2. 提取一般风险准备的核算

银行按规定提取一般风险准备时，其会计分录为：

借：利润分配——提取一般风险准备

贷：一般风险准备

银行用一般风险准备弥补亏损时，其会计分录为：

借：一般风险准备

贷：利润分配——一般风险准备补亏

【特别提示】商业银行当年实现的净利润在弥补以前年度累计亏损和计提盈余公积后，应根据其承担风险和损失的资产余额的一定比例提取一般风险准备。

3. 向股东或投资者分配股利或利润的核算

商业银行按照利润分配方案向股东或投资者分配股利或利润时，其会计分录为：

借：利润分配——应付优先股股利

利润分配——应付普通股股利

贷：应付股利

借：利润分配——应付利润

贷：应付利润

银行实际支付应付股利或应付利润时，其会计分录为：

借：应付股利（或应付利润）

贷：存放中央银行准备金

4. 转作股本（或资本）的普通股股利的核算

分配给股东的股票股利在办理增资手续后，应按原持有者持股的比例增加各所有者的股权。其会计分录为：

借：利润分配——转作股本的普通股股利

贷：股本

资本公积——股本溢价（差额）

5. 未分配利润的核算

年度终了将“利润分配”科目下所有明细科目的余额转到“未分配利润”明细科目中，其会计分录为：

借：利润分配——未分配利润

贷：利润分配——提取法定盈余公积

——提取法定公益金

——提取任意盈余公积

——提取一般风险准备

——应付优先股股利

——应付普通股股利

——应付利润

——转作股本的普通股股利

借：利润分配——盈余公积补亏

——一般风险准备补亏

贷：利润分配——未分配利润

经过利润分配，如果“利润分配”科目还有贷方余额，该余额即为当年的未分配利润，可作留存收益，与新年度的利润一并进行分配。如果为借方余额，表示存在未弥补的亏损。

【例 9-13】 年度终了，商业银行A行各个收支科目的余额如下：

利息收入600万元，金融企业往来收入28万元，中间业务收入50万元，汇兑收益39万元，其他营业收入45万元，营业外收入6万元。

利息支出350万元，金融企业往来支出49万元，手续费支出42万元，营业费用127万元，其他营业支出35万元，营业外支出27万元，税金及附加46万元，所得税28.68万元。

要求： 编制以下业务的会计分录：

（1）结转本年利润。

（2）将“本年利润”科目的余额转入“利润分配”科目。

（3）按当年净利润的10%提取法定盈余公积，5%提取法定公益金。

（4）将提取盈余公积和公益金后的净利润的30%分配给投资者。

（5）将“利润分配”科目下所有明细科目的余额转到“未分配利润”明细科目中。

（1）结转本年利润的会计分录如下：

借：利息收入	6 000 000	
金融企业往来收入	280 000	
中间业务收入	500 000	
汇兑收益	390 000	
其他营业收入	450 000	
营业外收入	60 000	
贷：本年利润		7 680 000
借：本年利润	7 046 800	
贷：利息支出		3 500 000
金融企业往来支出		490 000
手续费支出		420 000
营业费用		1 270 000
其他营业支出		350 000
营业外支出		270 000

税金及附加　460 000

所得税　286 800

【点拨指导】结转本年利润就是将收入类各科目转入“本年利润”科目的贷方，将支出类各科目转入“本年利润”科目的借方。

（2）将“本年利润”科目的余额转入“利润分配”科目。

借：本年利润　633 200

　贷：利润分配——未分配利润　633 200

【点拨指导】“本年利润”科目贷方发生额为 7 680 000 元，借方发生额为 7 046 800 元，借贷相抵后，“本年利润”科目贷方余额 633 200 元(7 680 000－7 046 800)，表示 A 行实现的净利润。

（3）按当年净利润的 10％提取法定盈余公积，5％提取法定公益金，其会计分录如下：

借：利润分配——提取法定盈余公积　63 320

　　　　　——提取法定公益金　31 660

　贷：盈余公积——法定盈余公积　63 320

　　　　　　——法定公益金　31 660

（4）将提取盈余公积和公益金后的净利润的 30％分配给投资者，其会计分录如下：

借：利润分配——应付利润　161 466

　贷：应付利润　161 466

【点拨指导】A 行实现净利润 633 200 元，减去提取法定盈余公积 63 320 元和提取法定公益金 31 660 元，再按 30％分配给投资者的利润为 161 466 元。

（5）将“利润分配”科目下所有明细科目的余额转到“未分配利润”明细科目中，其会计分录如下：

借：利润分配——未分配利润　256 446

　贷：利润分配——提取法定盈余公积　63 320

　　　　　　——提取法定公益金　31 660

　　　　　　——应付利润　161 466

本章小结

1. 银行的所有者权益是所有者在银行资产中享有的经济利益，是银行投资者对银行净资产的所有权，它是金融企业资金的主要来源之一。从数量上看，它等于全部资产减去全部负债后的余额。所有者权益包括实收资本（或股本）、资本公积、其他综合收益、盈余公积和未分配利润等。

2. 实收资本是指投资者按照银行章程或合同、协议的约定，实际投入银行的资本。

按其来源不同可分为国家资本、法人资本、个人资本和外商资本等。投资者可以用现金进行投资，也可以用现金以外的其他有形资产和无形资产进行投资。所有者投入的资本主要包括实收资本（股本）部分和资本溢价或股本溢价部分。资本公积是指金融企业取得的所有者共有的、非收益转化形成的资本，主要包括资本（股本）溢价、其他资本公积、资产评估增值、资本折算差额等。盈余公积是商业银行按照有关规定从税后利润中提取的公积金，包括法定盈余公积、任意盈余公积和法定公益金，盈余公积可用于弥补亏损、转增资本或派送新股。未分配利润是指银行业留给以后年度分配的利润或待分配的利润，是一种留存收益，属于所有者权益。

3. 商业银行的收入主要是指银行提供金融商品和服务所取得的各项收入，由营业收入和非营业收入构成，营业收入是财务收入的主要组成部分。银行的营业收入主要包括：利息收入、金融企业往来收入、中间业务收入、投资收益、公允价值变动收益、汇兑收益和其他营业收入。银行的成本费用主要包括营业成本、营业费用和有关税金及附加。银行的营业成本是指在业务经营过程中发生的与业务经营有关的支出。营业外收支是指银行发生的与其经营业务活动无直接关系的各项收入和支出。银行的利润是指银行在一定会计期间的经营成果，包括营业利润、利润总额和净利润。利润分配是指银行所实现的利润总额，按照有关法规和投资协议所确认的比例，在国家、银行、投资者之间按顺序进行分配。商业银行要按照国家规定对银行的收入、成本费用和利润进行正确的核算。

本章练习

一、单项选择题

1. 投资者以实物、无形资产等非现金资产投入的资本，应按（　　）作为实收资本入账。

A. 评估价值　　B. 市场价值

C. 投资各方确认的价值　　D. 资产的账目价值

2. 银行股本以发行的股票面值入账，超过面值发行股票取得的收入，其超过面值的部分作为股本溢价计入（　　）。

A. 实收资本　　B. 资本公积　　C. 盈余公积　　D. 未分配利润

3. 投资者投入的外汇，合同约定汇率的，按合同约定的汇率折算，因合同汇率与出资当日汇率不同而产生的差额作为（　　）处理。

A. 资本公积　　B. 盈余公积　　C. 中间业务收入　　D. 营业外收入

4. 资本公积转增资本时，所留存的资本公积不得低于转增前商业银行注册资本的（　　）。

A. 20%　　B. 25%　　C. 30%　　D. 50%

5. 按规定，银行接受捐赠的资产价值作为（　　），属于所有者权益。

A. 实收资本　　B. 资本公积

C. 盈余公积　　D. 未分配利润

6. 法定盈余公积按（　　）提取。

A. 税前利润的10%　　B. 税后利润的10%

C. 税前利润的15%　　D. 税后利润的15%

7. 法定盈余公积达到注册资本的（　　）时，可不再提取。

A. 30%　　B. 40%　　C. 50%　　D. 60%

8. 下列收入属于金融企业往来收入的是（　　）。

A. 银行发放贷款计收的利息　　B. 银行办理贴现计收的利息

C. 银行收取的手续费　　D. 向同业拆借资金收取的利息

9. 商业银行的职工工资及福利费支出应作为（　　）项目。

A. 营业成本　　B. 营业费用　　C. 资本性支出　　D. 其他营业支出

10. 按规定，商业银行以前年度发生的亏损，可以用亏损年度后连续（　　）的税前利润弥补。

A. 2年　　B. 3年　　C. 5年　　D. 6年

二、多项选择题

1. 投资者实际投入银行的资本可以是（　　）。

A. 现金　　B. 银行存款　　C. 实物资产　　D. 无形资产

2. 商业银行增加资本的途径包括（　　）。

A. 新增所有者投入资本或原所有者追加投入资本

B. 发放股票股利

C. 用资本公积和盈余公积转增资本

D. 可转换债券转为股本

3. 资本公积主要包括（　　）。

A. 资本溢价和捐赠资产　　B. 股权投资准备

C. 关联交易差价　　D. 外币资本折算差额

4. 盈余公积包括（　　）。

A. 法定盈余公积　　B. 任意盈余公积　　C. 法定公益金　　D. 股权投资准备

5. 商业银行的盈余公积可用于（　　）。

A. 弥补亏损　　B. 转增资本　　C. 派送新股　　D. 核销坏账损失

6. 商业银行的营业收入主要包括（　　）。

A. 利息收入　　B. 金融企业往来收入

C. 中间业务收入　　D. 投资收益和汇兑收益

7.（　　）是商业银行的营业成本。

A. 利息支出　　B. 金融企业往来支出

C. 固定资产折旧　　D. 汇兑损失

8.（　　）是商业银行的营业费用。

A. 业务招待费　　B. 职工工资　　C. 广告费　　D. 手续费支出

9. 商业银行涉及营改增的自营业务主要有（　　）。

A. 贷款服务　　B. 存款服务

C. 直接收费金融服务　　D. 金融商品转让服务

10.（　　）是商业银行营业外收入。

A. 固定资产盘盈　　B. 处置固定资产净收益

C. 处置无形资产、抵债资产净收益　　D. 罚款收入

三、判断题

1. 一般而言，实收资本和资本公积是由所有者直接投入的，而盈余公积是从商业银行税后利润中提取的。盈余公积和未分配利润又称为留存收益。（　　）

2. 投资者投入的资本在银行经营期间一般无须偿还，可以长期周转使用。（　　）

3. 如果银行经营不善，除依法转让资本金外，投资者可以抽走其投入的资本金。（　　）

4. 分配的股票股利，在办理增资手续后，应按原持有者持股的比例增加各所有者的股权。（　　）

5. 关联交易差价形成的资本公积可以用于转增资本或弥补亏损。（　　）

6. 捐赠人向商业银行捐赠资产是对银行的投资，这种投资形成银行的实收资本。（　　）

7. 商业银行的盈余公积可全部用于转增资本。（　　）

8. 法定公益金用于职工集体福利时，应先将其转入任意盈余公积。（　　）

9. 商业银行年末结转后，“未分配利润”账户的贷方余额是历年积累的未分配利润，借方余额是历年未弥补的亏损。（　　）

10. 银行的收入包括为第三方或者客户代收的款项，如企业代垫的工本费、代邮电部门收取的邮电费等。（　　）

11. 银行会计核算中，凡是在本月应当收到的收入，如果在本月没有收到，则不应作为本月的收入入账。（　　）

12. 业务宣传费一律按实际数列支，即按实际发生数计入成本费用，可以预提。（　　）

13. 商业银行与其他金融机构发生拆借业务往来而形成的利息收入属于银行利息收入的一部分。（　　）

14. 商业银行年终结转时，将收入类各科目转入“本年利润”科目的贷方，将支出类各科目转入“本年利润”科目的借方。（　　）

15.“本年利润”科目如为借方余额，则表示当前实现的净利润；如为贷方余额，则表示当期发生的净亏损。（　　）

四、业务题

1. 列出股份制商业银行A行下列业务的会计分录。

(1) 在A行股份制改革过程中，甲和乙两个股东作为发起人，决定在6月30日投资600亿元人民币，甲、乙的出资比例为49%、51%。6月30日，甲、乙的出资到位并办理了有关手续。两个股东全部以货币资金投入。

(2) A行收到国家投入的房屋一栋，价值3亿元人民币。

(3) A行发行普通股股票3 000 000股，每股面值5元，以每股7元的价格溢价发行，股票全部认购足额，并如数收到股本，全部存入银行。

(4) A行按规定比例从税后利润中提取法定盈余公积200万元，提取法定公益金100万元。

(5) A行按规定以法定盈余公积50万元弥补上年度亏损。

(6) 经股东大会决议，A行依法用法定盈余公积60万元转增资本。

(7) A行收到存入当地人民银行款项的利息46万元，收到其管辖分行划来的第三季度省辖联行利息4万元。

(8) A行向中央银行借款200万元，第三季度结息日次日，收到借款利息通知回单，借款利息200 000元已扣。

(9) A行在经营过程中发生出纳长款50元，经批准作为营业外收入。

(10) A行在办理现金收付业务活动中发生现金短款200元，当天未能查清和找回。后来经调查确认该笔短款无法找回，按照规定转为营业外支出。

2. 列出股份制商业银行A行利润分配核算的会计分录。

本年度终了，A行各个收支科目的期末余额如下：

利息收入750万元，金融企业往来收入56万元，中间业务收入60万元，汇兑收益38万元，其他营业收入52万元，营业外收入8万元。

利息支出380万元，金融企业往来支出46万元，手续费支出39万元，营业费用206万元，其他营业支出35万元，营业外支出18万元，税金及附加43万元，所得税22.56万元。

(1) 结转本年利润。

(2) 将“本年利润”科目的余额转入“利润分配”科目。

(3) 按当年净利润的10%提取法定盈余公积，5%提取法定公益金。

(4) 将提取盈余公积和公益金后的净利润的30%分配给投资者。

(5) 将“利润分配”科目下所有明细科目的余额转到“未分配利润”明细科目中。

第十章

年度决算

学习目的

1. 了解银行年度决算的基本概念、现实意义以及决算步骤。

2. 掌握银行年度决算的准备工作和年度决算日的工作内容。

3. 掌握银行资产负债表、利润表和现金流量表等主要财务报表的格式、内容及数字填列的方法。

第一节 年度决算概述

一、年度决算的概念

年度决算是银行每年年度终了，根据日常会计核算资料，通过财务报表等形式，对会计年度内经营状况及财务成果进行数字总结和文字说明的一项综合性总结。它是全面总结银行业务、考核银行经营成果的一项综合性工作。根据会计法的规定，我国金融机构以每年 1 月 1 日至 12 月 31 日为一个会计年度。每年的 12 月 31 日为年度决算日，办理当年的年度决算。如遇 12 月 31 日为节假日，仍以该日为决算日。

【特别提示】 根据我国银行体制的特点，总行为对外报告的会计主体，各独立核算的银行报表数字逐级汇总报上级行，最后由总行汇总，进行全行的总决算。银行系统内部凡独立会计核算单位（总行、分行、支行）都应进行年度决算，附属会计核算单位（分理处、营业所）则应当以并账或并表方式，由管辖行合并进行年度决算。

二、年度决算的意义

银行年度决算对于提高银行经营管理水平，向管理当局、投资者、债权人等社会公众提供正确、完整、真实的财务会计信息，充分发挥银行的职能作用，具有重要的意义。

（1）有利于总结经验，改善银行经营管理。商业银行年度决算可以汇总反映银行全年的经营成果，考核经营效益，对出现经营亏损、呆账等问题，检查分析原因，总结经验，吸取教训，及时采取措施，促进银行改善经营管理水平。

（2）有利于综合反映财务状况、经营成果和现金流量情况，发挥银行会计的职能作用。银行年度决算通过编制财务报表的方式来反映银行的经营情况，如资产负债表反映银行财务状况；利润表反映银行经营成果；现金流量表反映现金流量情况。另外，银行会计部门在办理年度决算的过程中，需要银行与各开户单位对账，以及银行内部账据核对、账实核对、账账核对、账款核对和利息核对等，这既可以检查日常的核算资料是否真实、完整，记载是否准确、及时，又有利于保证核算质量，维护资金财产安全，发挥银行会计的职能作用。

（3）为国家宏观经济调控提供信息，有利于国家金融宏观调控。银行是国民经济的综合部门，它面向全社会的企事业单位和个人居民，是社会货币资金收支和信用活动的枢纽。银行通过年度决算，可以帮助国家有关部门掌握货币、信贷及资金活动的增减变化情况，了解国民经济各部门的资金投入、运用和周转，货币发行量，信贷规模总额，外汇及黄金增减、结余等情况，为国家宏观调控和制定货币政策提供重要的金融、经济信息。

三、年度决算的步骤

银行的年度决算可以分为三个步骤。

1. 年度决算前的准备工作

银行年度决算工作的相当一部分是在决算日之前进行的。年度决算准备工作一般从每年第四季度开始，主要包括：全面核对内外账务、清理资金、盘点财产实物、核实损益、调整账务、试算平衡等。年度决算前的准备工作是年度决算工作的基础。

2. 年度决算日的工作

每年 12 月 31 日是商业银行实行年度决算的时间，其主要工作包括：组织年末财务数据入当年账、检查各项库存、计算外汇买卖损益、结转本年利润、进行新旧账簿的结转、编制财务报告等。年度决算日的工作是年度决算工作的关键。

3. 年度决算日后的工作

年度决算日后的工作是各级银行汇总财务报表并逐级上报，最终完成年度决算任务。

第二节　年度决算的工作

一、年度决算前的准备工作

银行年度决算时间紧、任务重。为了保证年度决算工作的顺利进行，提高决算工作效率，银行各级机构要认真做好决算前的准备工作。

（一）总、分行的准备工作

为了保证年度决算工作的顺利进行，决算的准备工作一般从每年第四季度开始，由总行根据当年业务工作的新情况，及时下发办理当年决算工作的通知，明确提出当年决算中应注意的事项和相应的处理原则或要求。如果当年在会计制度或财务管理体制方面发生变更，新设或修订会计科目，则要在通知中详细指出在年度决算中的处理方法，以便统一口径。

各管辖机构应根据总行的通知精神，结合辖内具体情况，提出年度决算的具体要求和补充办法，组织和督促各附属机构做好决算准备，正确及时地办理决算。对某些力量相对薄弱的基层机构，还必须给予必要的指导和帮助，以保证全辖年度决算工作顺利进行。

（二）基层行处的准备工作

基层机构是具体办理年度决算的单位，是全系统年度决算的基础环节。基层单位的决算准备工作主要包括：清理资金、核对账务、清查财产、核实损益、试算平衡、做好银行年度决算电子系统设定的准备工作等。

1. 清理资金

各银行在年度决算前，会计部门要与其他业务部门密切配合，对各种资金进行清理。主要包括以下方面：

【知识链接】
“双零卡”的银行处理方法举例

（1）清理贷款资金。对到期贷款，应当争取如期收回。对非正常贷款，应弄清情况，积极清理收回或按照规定程序申请核销。检查应计贷款与非应计贷款的转换及对应挂账利息的冲销。对于无法收回的抵押贷款，应根据合同对抵押品依法处置，以保证贷款资金的流动性、效益性。

（2）清理存款资金。对连续一年未发生资金收付、经联系又查找不到存款户的存款，可按规定转入“其他应付款”账户管理。对长期未发生资金收付的余额为零的存款账户，可按存款睡眠户清理。

（3）清理结算资金。各银行办理商品交易、劳务供应、资金划拨造成的结算资金，根据使用票据和结算方式的不同，进行全面清理，减少在途资金。该划分的款项要及时划出，应收回的款项要积极催收，没有解付的款项要多方联系积极解付。

【知识链接】国内汇入行对应解汇款资金应积极联系解付，若超过2个月仍无法解付，应办理退汇手续。对逾期未付的托收承付款项，应积极联系付款单位付款，若超过3个月仍未支付或未付清，应通知付款人将有关单证退回，并退给收款人开户行。对本行开出的超过提示付款期的票据，应与有关单位联系，按照规定处理。

(4) 清理内部资金。内部资金是指银行内部暂时过渡性资金，清理内部资金主要是指清理其他应付款、其他应收款、待摊费用、呆账准备金、坏账准备金、投资风险准备金等。对其他应收、应付款项，要在日常严格控制的基础上逐笔清理，该收回、上缴、摊销、报损、转收益、核销的，应按规定认真清理，把这部分资金压缩到最低限度。经过清理暂时无法解决的，要注明原因，以备日后查考。

(5) 清理其他资金。如检查到期的信托贷款是否收回；若委托贷款已收回，应将委托存款资金及时划还给委托人；代发行证券的资金应全部划缴发行单位等。

2. 核对账务

在年度决算前，各银行要全面清查账务，主要包括以下内容：第一，全面检查会计科目使用情况。在年度决算前应根据会计科目的变动情况，结合会计科目使用说明及当年本行有关科目调整的文件规定，检查会计科目的归属和运用情况。第二，全面核对内外账务。确定各科目总账与分户账的金额是否相符，金银、外币等账面记载与库存实物是否相符，内部账务与客户账是否相符，库存现金账面结存数与实际库存现金结存数是否相符。第三，全面核对往来账务。银行之间往来项目较多，系统内往来、金融企业之间跨系统往来、商业银行与中央银行往来等，都要认真清理和核对，如有差错应及时更正，以保证各种金融机构往来相互平衡。

3. 清查财产

在年度决算前，各银行要对本行所有的实物资产和账面资产进行一次彻底的检查盘点，主要包括两方面内容：第一，清查实物库存。对现钞、铸币、金银、有价单证、空白重要凭证、收费单证、代保管有价值品等，应根据有关账簿进行盘点，账面余额要与实际库存保持一致，表内外科目、总账、明细账、登记簿（卡）与实物要一一核对相符。第二，清理固定资产及低值易耗品。对房屋、器具、设备等固定资产以及各种低值易耗品，应配合有关部门进行清查。凡未入账的应登记入账，已入账、设卡的要逐一核对清楚，发现有余缺的，要查明原因，按盘盈或盘亏的有关规定报经批准，在年度决算前办好入账或报损的手续，做到账实相符。

4. 核实损益

在年度决算前，各银行要对本行的收入和成本费用开支进行认真的核实，主要包括两方面内容：第一，检查与核实各项费用开支。对各项业务费用，应按照开支范围和费用标准进行复查。对超过范围和标准开支的，应查明情况，若发现差错或问题，应及时更正。第二，检查与核实各项存贷款的利息。存贷款利息是银行财务收支的主要内容，要求做到内容真实、数字准确。对存贷款利息应根据计算范围、利率、积数和调整等内容，进行逐户复查或抽查。发现问题要立即纠正，以确保利息收支的完整与正确。

5. 试算平衡

为了检查账务正确与否，保证年度决算工作顺利进行，各基层行处应于每年 11 月底根据总账各科目累计发生额和借贷方余额编制试算平衡表。

【特别提示】银行编制试算平衡表时，总账各科目累计发生额和借贷方余额平衡并不代表银行的账务没有发生差错，因为有些错误事项并不会影响账务的平衡，如会计科目用错、借贷方同时记错方向等。但是如果不平衡，说明一定时期内银行的账务一定有差错，一定要查明原因，以求平衡。

6. 做好银行年度决算电子系统设定的准备工作

银行年度决算电子系统设定的准备工作包括：新年度工作日历设定是否正确，新年度启用的贷款利率设定是否正确，年度决算日的浮动余额入账时间设定是否正确；年终外汇结算牌价设定是否正确；涉及损益、年终结转利润等账务设定是否正确等。各银行要认真做好年度决算电子系统设定的准备工作，以提高年度决算的工作效率，保证年度决算工作顺利进行。

二、年度决算日的工作

我国银行以每年的 12 月 31 日为年度决算日，这一天无论是否属于法定休假日，均应办理年度决算。各行应具体做好以下几项工作。

1. 及时处理并结平当天的账务

决算日金融机构照常营业，这一天发生的全部账务应于当日全部入账，处理完毕，不得提前或延后。对外营业终了，应将各科目总账与所属分户账进行核对，做到发生额、余额完全一致，以保证账务绝对正确，顺利轧平当日全部账务。全日账务处理完毕后，对全年账务进行一次全面核对，做到账账相符。

【特别提示】决算日票据交换所通常会延长工作时间，增加票据交换的次数。参加票据交换的行处，凡当天柜面受理的票据、凭证，应按时提出交换，做到不遗漏、不误递、不误场。提回的交换票据、凭证，全部入当日账。托收票据如有退票，应电话通知对方行，说明票据退回的时间、场次，并在当日解付。另外，当日现金收付、各类外币收付及延长营业时间的收款，均应全部纳入当日账。

2. 检查各项库存

决算日营业终了，为保证账实相符，对当日的库存现金、金银、外币、有价单证以及空白重要凭证、有价实物，进行一次全面检查、盘点、核实，以保证账款、账实相符。

3. 调整金银、外币记账价格

决算日，金银的牌价如有变动，应按当日牌价调整账面余额，其差额转入有关损益账户。将各种外币买卖账户余额按决算日外汇牌价折成人民币，并与原币“外汇买卖”账户的人民币余额进行比较，其差额作为本年度外汇买卖的损益列入有关损益账户。

4. 核实应交税款

按规定的税率，核实各项税款缴纳情况，先计算本年应交税款总数，然后减去一至三季度已交税款，即为第四季度应交数，在决算日当日办理转账。

5. 结转本年利润

结转利润时，将各项收入类账户的余额转入“本年利润”账户的贷方，将各项支出类账户的余额转入“本年利润”账户的借方，结平各损益类账户余额。结转后，若“本年利润”账户的余额在贷方，则为盈利（净利润）；若“本年利润”账户的余额在借方，则为亏损。最后将“本年利润”账户余额转入“利润分配”账户，结平“本年利润”账户。

6. 办理新旧账簿的结转

新年度开始各行必须启用新账。在办理新旧账簿结转时，除登记簿、卡片账、储蓄分户账因数量多、工作量大可继续沿用外，其余分户账以及总账均应办理结转，更换新账页。

【特别提示】总账年终结转时，新账页的日期应写新年度的1月1日，摘要栏加盖“上年结转”戳记，旧账余额过入新账的上年余额栏即可。结转明细账不填制凭证，按结转过来的科目所属的账户余额，逐户对入下年度新账页，并在新账页的摘要栏内注明“上年结转”字样，注意结转后新账户的余额之和必须与总账同账户的余额相等。

第三节　年度财务报告

一、财务报告的概述

（一）财务报告的定义

财务报告也称财务会计报告，是指银行对外提供的反映全行某一特定日期财务状况和某一会计期间经营成果、现金流量等会计信息的书面文件。一般来说，银行的财务报告由财务报表、财务报表附注以及财务情况说明书组成。（不要求编制和提供财务情况说明书的银行除外。）

(二) 财务报告的种类

1. 财务报告按编制的时间划分

财务报告按编制的时间划分为月度、季度、半年度和年度财务报告。

月度、季度财务报告是指商业银行月度与季度终了对外提供的财务报告；半年度财务报告指商业银行在每个会计年度的前 6 个月结束后对外提供的财务报告。年度财务报告指商业银行在会计年度终了对外提供的财务报告。

2. 财务报告按编制的内容划分

按内容不同，财务报告可以分为财务报表、财务报表附注和财务情况说明书。财务报表是根据账簿记录，按照规定的报表格式，总括反映银行财务状况、经营成果和现金流量的报告文件；财务报表附注是对财务报表的补充说明；财务情况说明书是在财务报表所反映情况的基础上，对银行财务状况、经营成果和资金周转情况所做的总括说明。

商业银行至少应当按年编制财务报告，年度财务报告至少应包括四张报表和一个附注，即资产负债表、利润表、现金流量表、所有者权益（股东权益）变动表以及附注。半年度财务报告至少应包括资产负债表、利润表、现金流量表以及附注，一般不包括所有者权益（股东权益）变动表。月度和季度财务报告至少包括资产负债表和利润表（国家另有规定除外），一般不包括现金流量表、所有者权益（股东权益）变动表和附注。

二、财务报告的编制要求

财务报告是对外提供信息的主要工具，为了保证信息真实可靠，商业银行在编制财务报告时必须满足以下要求。

1. 真实完整

商业银行要根据实际发生的交易和事项，按照具体会计准则的规定进行确认和计量，并在此基础上编制财务报表，保证财务报表所提供的信息真实可靠。财务报表列报的内容必须全面、系统、有效地反映银行的经营活动和经营结果全貌，不得少报、漏报、虚报以及隐瞒。

2. 编报及时

及时性是会计信息有用性的基本要求，再有用的信息如果不能及时提供，也就失去了意义。《纳税人财务会计报表报送管理办法》规定纳税人财务报表的报送时间为：按季度报送的在季度终了后 15 日内报送，按年度报送的内资企业在年度终了后 45 天内报送，外商投资企业和外国企业在年度终了后 4 个月内报送。

3. 列报保持一致

为了保证会计信息的可比性，商业银行的财务报告应当按照国家统一的会计制度规定的基础、依据、原则和方法编制，确保会计信息的可比性。财务报表项目的列报应当在各个会计期间保持一致，不得随意变更。如果当前的财务报表项目的列报发生变更，应在附注中披露调整的原因、性质及金额。

三、资产负债表

资产负债表（见表10－1）是反映银行在某一特定日期（即月末、季末、半年末和年末）的财务状况的财务报表。它主要提供有关银行财务状况方面的信息，即某一特定日期银行资产、负债、所有者权益及其相互关系的信息。资产负债表反映的会计信息对于不同使用者都有重要的作用。

【特别提示】由于资产负债表反映的是某一时点的财务状况，所以又称为静态报表。

（一）资产负债表的列报格式

资产负债表的列报格式有报告式和账户式两种。根据我国财务报表列报准则的规定，银行资产负债表采用账户式的格式，它是按照“资产＝负债＋所有者权益”这一会计恒等式中各项目的方向设计的，即左侧列报资产方，一般按资产的流动性大小排列；右侧列报负债方和所有者权益方，一般按要求清偿时间的先后顺序排列。各项目再分为年初余额和期末余额两栏分别填列。

【特别提示】资产负债表中资产各项目的合计等于负债和所有者权益各项目的合计，即资产负债表左方和右方平衡。因此，通过账户式资产负债表，可以反映资产、负债、所有者权益之间的内在关系，即“资产＝负债＋所有者权益”。

表10－1　资产负债表

资产负债表

会商银01表

编制单位：　　　　　　　　____年____月____日　　　　　　　　单位：元

资产	期末余额	年初余额	负债和所有者权益（或股东权益）	期末余额	年初余额
资产：			负债：		
现金及存放中央银行款项			向中央银行借款		
存放同业款项			同业及其他金融机构存放款项		
贵金属			拆入资金		
拆出资金			交易性金融负债		
交易性金融资产			衍生金融负债		
衍生金融资产			卖出回购金融资产款		
买入返售金融资产			吸收存款		
应收利息			应付职工薪酬		
发放贷款和垫款			应交税费		
可供出售金融资产			应付利息		

续表

资产	期末余额	年初余额	负债和所有者权益（或股东权益）	期末余额	年初余额
持有至到期投资			预计负债		
长期股权投资			应付债券		
投资性房地产			递延所得税负债		
固定资产			其他负债		
无形资产			负债合计		
递延所得税资产			所有者权益（或股东权益）：		
其他资产			实收资本（或股本）		
			资本公积		
			减：库存股		
			盈余公积		
			一般风险准备		
			未分配利润		
			所有者权益（或股东权益）合计		
资产总计			负债和所有者权益（或股东权益）总计		

（二）资产负债表的编制

1. 年初余额栏的列报方法

资产负债表年初余额栏内各项数字，应根据上年末资产负债表期末余额栏内所列数字填列。如果上年度资产负债表规定的各个项目的名称和内容同本年度不一致，应对上年年末资产负债表各项目的名称和数字按照本年度的规定进行调整，填入表中年初余额栏内。

2. 期末余额栏的列报方法

资产负债表期末余额栏内各项数字，有的可以根据有关科目的期末余额直接填列，有的需要根据相关科目的期末余额，经过分析、计算后填列。

3. 对主要项目的填列说明

（1）“现金及存放中央银行款项”项目，反映银行期末持有的现金、存放中央银行款项的总额，应根据“库存现金”“存放中央银行款项”等科目的期末余额合计填列。

（2）“存放同业款项”“买入返售金融资产”等资产项目，一般直接反映银行持有的相应资产的期末价值，应根据“存放同业”“买入返售金融资产”等科目的期末余额填列。买入返售金融资产计提坏账准备的，还应减去“坏账准备”科目所属相关明细科目的期末余额。

（3）“贵金属”项目，反映银行期末持有的按成本与可变现净值孰低计量的黄金、白银等，应根据“贵金属”科目的期末余额填列。

（4）“衍生金融资产”项目，反映银行期末持有的衍生工具、套期工具、被套期项目中属于衍生金融资产的金额，应根据“衍生工具”“套期工具”“被套期项目”等科目的期末借方余额分析、计算、填列。

（5）“发放贷款和垫款”项目，反映银行发放的贷款和贴现资产扣减贷款损失准备期末余额后的金额，应根据“贷款”“贴现资产”等科目的期末借方余额合计，减去“贷款损失准备”科目所属明细科目期末余额后的金额分析、计算、填列。

（6）“拆出资金”项目，反映银行拆借给境内、境外其他金融机构的款项，应根据“拆出资金”科目的期末余额，减去“贷款损失准备”科目所属相关明细科目期末余额后的金额分析、计算、填列。

（7）“其他资产”项目，反映银行期末持有的存出保证金、应收股利、其他应收款等资产的账面余额，应根据有关科目的期末余额填列。已计提减值准备的，还应扣减相应的减值准备。

长期应收款账面余额扣减累计减值准备和未实现融资收益后的净额、抵债资产账面余额扣减累计跌价准备后的净额、“代理兑付证券”减去“代理兑付证券款”后的借方余额也在本项目反映。

（8）“向中央银行借款”“同业及其他金融机构存放款项”“拆入资金”“卖出回购金融资产款”“吸收存款”等项目，反映银行从中央银行借入在期末尚未偿还的借款、尚未偿付的债券金额等，应根据“同业存放”“向中央银行借款”“拆入资金”“卖出回购金融资产款”“吸收存款”等科目的期末余额填列。

（9）“衍生金融负债”项目，反映衍生工具、套期项目、被套期项目中属于衍生金融负债的金额，应根据“衍生工具”“套期项目”“被套期项目”等科目的期末贷方余额分析、计算、填列。

（10）“其他负债”项目，反映银行存入保证金、应付股利、其他应付款、递延收益等负债的账面余额，应根据有关科目的期末余额填列。

长期应付款账面余额减去未确认融资费用后的净额、“代理兑付证券”减去“代理兑付证券款”后的贷方余额也在本项目反映。

（11）“实收资本（或股本）”“资本公积”“库存股”“盈余公积”“一般风险准备”项目，根据“实收资本（或股本）”“资本公积”“库存股”“盈余公积”“一般风险准备”总账科目的期末余额分别填列。

（12）“未分配利润”项目，反映商业银行历年积累的未分配利润或未弥补的亏损。根据“利润分配”科目的“未分配利润”明细科目的期末余额填列。

【特别提示】资产减值准备明细表和所有者权益增减变动表是资产负债表的两张附表。资产减值准备明细表是反映商业银行一定会计期间各项资产减值准备的增减变动情况的报表。银行主要编制贷款损失准备明细表，表中项目分为年初余额、本年增加数、本年转回数、年末余额四栏，分别列示年度变化过程或结果。所有者权益增减变动表是反映银行在某一特定日期所有者权益增减变动情况的报表，各项目根据“实收资本（或股本)”“资本公积”“盈余公积”“一般风险准备”“未分配利润”等科目的发生额分析填列。

四、利润表

利润表（见表10－2）是反映银行在一定会计期间的经营成果的财务报表。它的列报必须充分反映银行经营业绩的主要来源和构成，有助于使用者判断净利润的质量及其风险，预测净利润的持续性，从而做出正确的决策。利润表可以反映银行一定会计期间收入的实现情况、费用的耗费情况和银行业务经营活动的成果。将利润表中的信息与资产负债表中的信息相结合，还可以提供财务分析的基本数据，便于报表使用者判断银行未来的发展趋势，做出经济决策。

【特别提示】利润表反映银行在一定会计期间的经营成果，它又称为动态报表。有时，利润表也称为损益表或收益表。

表10－2　利润表

利润表

会商银02表

编制单位：　　　　　　　　　　　　　____年____月　　　　　　　　　　　　单位：元

项目	本期金额	上期金额
一、营业收入		
利息净收入		
利息收入		
利息支出		
手续费及佣金净收入		
手续费及佣金收入		
手续费及佣金支出		
投资收益（损失以“—”号填列）		
其中：对联营企业和合营企业的投资收益		
公允价值变动收益（损失以“—”号填列）		
汇兑收益（损失以“—”号填列）		
其他营业收入		
二、营业支出		
税金及附加		
业务及管理费		
资产减值损失		

续表

项目	本期金额	上期金额
其他营业成本		
三、营业利润（亏损以“－”号填列）		
加：营业外收入		
减：营业外支出		
四、利润总额（亏损总额以“－”号填列）		
减：所得税费用		
五、净利润（净亏损以“－”号填列）		
六、其他综合收益的税后净额		
（一）以后不能重分类进损益的其他综合收益		
（二）以后将重分类进损益的其他综合收益		
七、综合收益总额		
八、每股收益		
（一）基本每股收益		
（二）稀释每股收益		

（一）利润表的列报格式

利润表的格式一般有两种：单步式利润表和多步式利润表。根据财务报表列报准则的规定，银行应当采用多步式利润表，将不同性质的收入和费用类别进行对比，从而得出一些中间性的利润资料，便于使用者理解银行经营成果的不同来源。同时，为了使报表使用者通过比较不同期间利润的实现情况，判断银行经营成果的未来发展趋势，利润表各项目分为本期金额和上期金额两栏填列。

（二）利润表的编制

1. 上期金额栏的列报方法

利润表中上期金额栏内各项数字，应根据上年该期利润表本期金额栏内所列数字填列。如果上年该期利润表规定的各个项目的名称和内容同本期不一致，应对上年该期利润表各项目的名称和数字按本期的规定进行调整，填入利润表上期金额栏内。

2. 本期金额栏的列报方法

利润表中本期金额栏内各项数字，有的根据各损益类科目的发生额分析填列，有的根据表中相关项目的数据计算填列。

3. 对主要项目的填列说明

（1）“营业收入”项目，反映“利息净收入”“手续费及佣金净收入”“投资收益”“公允价值变动收益”“汇兑收益”“其他营业收入”等项目的金额合计。

（2）“利息净收入”项目，应根据“利息收入”项目金额减去“利息支出”项目金额后的数额计算填列。

“利息收入”“利息支出”项目，反映银行经营存贷款业务等确认的利息收入和发生的利息支出，应根据“利息收入”“利息支出”等科目的发生额分析填列。

企业债券投资的利息收入、发行债券的利息支出，也可以分别在该项目反映。

(3)“手续费及佣金净收入”项目，应根据“手续费及佣金收入”项目金额减去“手续费及佣金支出”项目金额后的数额计算填列。“手续费及佣金收入”“手续费及佣金支出”等项目，反映银行确认的包括办理结算业务等在内的手续费、佣金收入和发生的手续费、佣金支出，应根据“手续费及佣金收入”“手续费及佣金支出”等科目的发生额分析填列。

(4)“汇兑收益”项目，反映银行外币货币性项目因汇率变动形成的净收益，应根据“汇兑损益”科目的发生额分析填列。如为净损失，以“—”号列示。

(5)“营业支出”项目，反映“税金及附加”“业务及管理费”“资产减值损失”“其他营业成本”等项目的金额合计。

(6)“业务及管理费”项目，反映银行在业务经营和管理过程中发生的电子设备运转费、安全防范费、物业管理费等费用，应根据“业务及管理费”科目的发生额分析填列。

(7)“营业利润”项目，根据“营业收入”项目金额减去“营业支出”项目金额后的数额填列。

(8)“营业外收入”“营业外支出”项目，分别根据“营业外收入”“营业外支出”科目的发生额分析填列。

(9)“利润总额”项目，根据“营业利润”项目金额加上“营业外收入”项目金额减去“营业外支出”项目金额后的数额填列。

(10)“所得税费用”项目，根据“所得税费用”科目的发生额分析填列。

(11)“净利润”项目，根据“利润总额”项目金额减去“所得税费用”项目金额后的数额填列。

(12)“其他综合收益的税后净额”项目及其各组成部分，根据“其他综合收益”科目及其所属明细科目的本期发生额分析填列。

(13)“综合收益总额”项目，根据“净利润”项目金额加上“其他综合收益的税后净额”项目金额后的数额填列。

(三) 利润表的附表

利润分配表（见表 10－3）是利润表的附表，反映的是银行一定会计期间实现利润的分配情况和年末未分配利润结余情况，本表按利润分配的去向设置项目。通过利润分配表，可以了解银行实现利润的分配情况或亏损的弥补情况，了解利润分配的构成，以及年末未分配利润的数额。利润分配表的主要项目有净利润、可供分配利润和期末未分配利润。其基本格式如表 10－3 所示。

表 10－3 利润分配表

利润分配表

编制单位：　　　　　　____年____月____日　　　　　　单位：元

项目	行次	本年实际	上年实际
一、净利润	1		
加：年初未分配利润	2		
上年利润调整	3		
减：上年所得税调整	4		
二、可供分配利润	5		
加：盈余公积补亏	6		
减：提取盈余公积	7		
应付利润	8		
三、期末未分配利润	9		

利润分配表的编制基本上可按照“利润分配”科目的有关明细科目来完成。表中本年实际栏须根据“本年利润”和“利润分配”科目及其所属明细科目的记录分析填列；上年实际栏可直接抄录上年利润分配表，但若上年度与本年度的利润分配表项目名称及内容不完全一致，则应先对上年度报表项目名称与金额按本年度的规定予以调整，然后再填入。

五、现金流量表

现金流量表（见表 10－4）是反映银行一定会计期间内现金和现金等价物流入和流出的财务报表。它可以为财务报表使用者提供银行一定会计期间内现金和现金等价物流入和流出的信息，以便财务报表使用者了解和评价银行获取现金和现金等价物的能力，据以预测银行未来现金流量。

现金流量表以现金及现金等价物为基础编制，划分为经营活动、投资活动和筹资活动，按照收付实现制原则编制，将权责发生制下的盈利信息调整为收付实现制下的现金流量信息。

【知识链接】现金是指商业银行库存现金以及可以随时用于支付的存款，包括库存现金、运送中现金、银行存款。不能随时用于支付的存款不属于现金。现金等价物是指商业银行持有的期限短（从购买日起 3 个月内到期）、流动性强、易于转换为现金、价值变动风险很小的投资，包括缴存中央银行超额准备金、3 个月内到期的存放同业款项、3 个月内到期的债券投资等。注意，权益性投资变现的金额通常不确定，因而不属于现金等价物。

表 10－4　现金流量表

现金流量表

会商银 03 表

编制单位：　　　　　　　　　　　____年____月　　　　　　　　　　　单位：元

项目	本期金额	上期金额
一、经营活动产生的现金流量：		
客户存款和同业存放款项净增加额		
向中央银行借款净增加额		
向其它金融机构拆入资金净增加额		
收取利息、手续费及佣金的现金		
收到其他与经营活动有关的现金		
经营活动现金流入小计		
客户贷款及垫款净增加额		
存放中央银行和同业款项净增加额		
支付手续费及佣金的现金		
分配股利、利润或偿付利息支付的现金		
经营租赁所支付的现金		
支付给职工以及为职工支付的现金		
支付的各项税款		
支付的其他与经营活动有关的现金		
经营活动现金流出小计		
经营活动产生的现金流量净额		
二、投资活动产生的现金流量：		
收回投资所收到的现金		
分得股利或利润所收到的现金		
取得债券利息收入所收到的现金		
处置固定资产、无形资产和其他长期资产而收到的现金净额		
收到的其他与投资活动有关的现金		
投资活动现金流入小计		
构建固定资产、无形资产和其他长期资产所支付的现金		
权益项投资所支付的现金		
债权性投资所支付的现金		
支付的其他与投资活动有关的现金		
投资活动现金流出小计		
投资活动产生的现金流量净额		
三、筹资活动产生的现金流量：		

续表

项目	本期金额	上期金额
吸收权益性投资所收到的现金		
发行债券所收到的现金		
借款所收到的现金		
收到的其他与筹资活动有关的现金		
筹资活动现金流入小计		
偿还债券所支付的现金		
发生筹资费用所支付的现金		
分配股利或利润所支付的现金		
偿付利息所支付的现金		
融资租赁所支付的现金		
减少注册资本所支付的现金		
支付的其他与筹资活动有关的现金		
筹资活动现金流出小计		
筹资活动产生的现金流量净额		
四、汇率变动对现金及现金等价物的影响额		
五、现金及现金等价物净增加额		
加：期初现金及现金等价物余额		
六、期末现金及现金等价物余额		

(一) 现金流量表的列报方式

编制现金流量表时，列报经营活动现金流量的方法有直接法和间接法两种。根据我国现金流量表会计准则的规定，银行应当采用直接法编报现金流量表，即按现金收入和现金支出的主要类别直接反映银行经营活动产生的现金流量。有关现金流量的信息可以通过银行会计记录或者根据有关项目对利润表中的营业收入、费用、营业外收支等项目计算得出。同时要求在附注中提供以净利润为基础调节到经营活动现金流量的信息。

【特别提示】我国企业会计准则要求商业银行对经营活动产生的现金流量采用直接法列报，同时，采用间接法将净利润调节为经营活动现金流量，作为补充资料在现金流量表附注中予以披露。

【知识链接】
直接法与间接法

(二) 现金流量表的编制

1. 编制方法

商业银行在编制现金流量表时，可以采用工作底稿法、T 型账户法和分析填列法。工作底稿法或 T 型账户法是指以工作底稿或 T 型账户为技术手段，以利润表和资产负债表数据为基础，对每一项目进行分析并编制调整分录，据以确定现金流量表各项目的金额，从而编制出现金流量表。分析填列法是直接根据资产负债表、利润表和有关会计科目明细账的记录，分析计算出现金流量表各项目的金额，据以编制现金流量表的方法。

2. 对主要项目的填列说明

（1）客户存款和同业存放款项净增加额。本项目反映银行本期吸收的境内外金融机构以及非同业存放款项以外的各种存款的净增加额。本项目可以根据“吸收存款”“同业存放”等科目的记录分析填列。

银行可以根据需要增加项目，例如，本项目可以分解成“吸收活期存款净增加额”“吸收活期存款以外的其他存款”“支付活期存款以外的其他存款”“同业存放净增加额”等项目。

（2）向中央银行借款净增加额。本项目反映银行本期向中央银行借入款项的净增加额。本项目可以根据“向中央银行借款”科目的记录分析填列。

（3）向其它金融机构拆入资金净增加额。本项目反映银行本期从境内外金融机构拆入款项所取得的现金，减去拆借给境内外金融机构款项而支付的现金后的金额。本项目可以根据“拆入资金”和“拆出资金”等科目的记录分析填列。本项目如为负数，应在经营活动现金流出类中单独列示。

（4）收取利息、手续费及佣金的现金。本项目反映银行本期收到的利息、手续费及佣金，减去支付的利息、手续费及佣金后的金额。本项目可以根据“利息收入”“手续费及佣金收入”“应收利息”等科目的记录分析填列。

（5）客户贷款及垫款净增加额。本项目反映商业银行本期发放的各种客户贷款，以及办理商业票据贴现、转贴现融出及融入资金等业务的款项的净增加额。本项目可以根据“贷款”“贴现资产”“贴现负债”等科目的记录分析填列。

银行可以根据需要增加项目，例如，本项目可以分解成“收回中长期贷款”“发放中长期贷款”“发放短期贷款净增加额”“垫款净增加额”等项目。

（6）存放中央银行和同业款项净增加额。本项目反映银行本期存放于中央银行以及境内外金融机构的款项的净增加额。本项目可以根据“存放中央银行款项”“存放同业”等科目的记录分析填列。

（7）支付手续费及佣金的现金。本项目反映银行本期支付的利息、手续费及佣金。本项目可以根据“手续费及佣金支出”等科目的记录分析填列。

（8）发行债券所收到的现金。本项目反映银行发行债券收到的现金，本项目可以根据“应付债券”等科目的记录分析填列。

（9）分配股利或利润所支付的现金。本项目反映商业银行实际支付的现金股利、支付给其他投资单位的利润所形成的现金流出。根据“应付股利”“利润分配”“库存现金”“存放中央银行准备金”等科目的记录分析填列。

（10）汇率变动对现金及现金等价物的影响额。本项目反映商业银行根据现金流量表会计准则的规定，将其外币现金流量及境外子公司的现金流量折算成人民币时，所采用的现金流量发生日的汇率与资产负债表日即期汇率不同而产生的折算差额。

（三）现金流量表补充资料

现金流量表补充资料是现金流量表的附表部分，主要列示银行应在报表附注中披露的内容。主要包括三部分内容：第一，将净利润调节为经营活动现金流量，即采用间接法，通过债权或债务变动、应计及递延项目、与投资和筹资现金流量相关的收益或费用项目，将净利润调节为经营活动现金流量。第二，不涉及现金收支的投资和筹资活动，该项目主要披露一定期间内影响资产或负债但不形成该期现金收支的所有投资和筹资活动的信息。第三，现金及现金等价物的净变动情况，即直接按现金及现金等价物的期末期初余额计算的净增加额。

六、财务报表附注

财务报表附注是商业银行对在资产负债表、利润表、现金流量表等财务报表中列示的项目的进一步文字描述或明细资料的补充说明，以及对未能在这些报表中列示的项目的说明等。它是财务报表不可或缺的组成部分。

【特别提示】财务报表中的数字是分类与汇总的结果，是对银行发生的经济业务高度简化和浓缩的数字。财务报表使用者需要借助附注披露的信息，更加全面地了解商业银行的财务状况、经营成果和现金流量情况。所以财务报表附注与资产负债表、利润表、现金流量表等财务报表具有同等的重要性，是财务报告的重要组成部分。

财务报表附注的内容繁多，为了方便财务报表使用者更好地理解报表信息，一般情况下，商业银行财务报表附注按下列顺序披露：

（1）商业银行的基本情况。

（2）财务报表的编制基础。

（3）遵循企业会计准则的声明。商业银行应当声明编制的财务报表符合企业会计准则的要求，真实完整地反映银行的财务状况、经营成果和现金流量。

（4）重要会计政策和会计估计。银行应当披露采用的重要会计政策和会计估计，主要包括贷款的种类和范围、计提贷款损失准备的范围和方法、收入确认原则、所得税的会计处理方法、衍生金融工具的计价方法、记账本位币、记账基础和计价原则、外币报表折算方法、合并财务报表的编制方法等。

（5）会计政策和会计估计变更以及差错更正的说明。商业银行所采用的会计政策和会计估计在本期发生变更，或者本期存在重大前期差错更正时，应当按照企业会计准则的规定，在附注中对变更和差错等信息予以披露。

（6）报表重要项目的说明。商业银行应当对报表中列示的重要项目明细资料作进一步的说明，如按贷款性质（如信用、保证、抵押、质押等）披露短期贷款；按贷款风险分类的结果披露贷款的期初数和期末数；披露贷款损失准备的期初数、本期计提、本期转回、本期核销和期末数；披露发行的短期债券名称、面值、发行日期、到期日和发行金额；按境内、境外披露同业拆入的期初数和期末数等。

（7）或有事项。

（8）资产负债表日后事项。

（9）关联方关系及其交易。

（10）风险管理。商业银行应当披露银行所面临的信用风险、流动性风险、市场风险等以及银行对这些风险的管理办法。

（11）其他需要在附注中披露的信息。

七、财务情况说明书

财务情况说明书是以文字来补充说明商业银行在一定会计期间的财务经营状况、利润实现及分配情况的综合性说明，是财务报告的重要组成部分。

财务情况说明书的主要内容有：

（1）商业银行经营的基本情况。

（2）利润实现和分配情况。

（3）资金增减和周转情况。

（4）对商业银行财务状况、经营成果和现金流量有重大影响的其他事项。

本章小结

1. 年度决算是银行每年年度终了，根据日常会计核算资料，通过财务报表等形式，对会计年度内经营状况及财务成果进行数字总结和文字说明的一项综合性总结。它是全面总结银行业务、考核银行经营成果的一项综合性工作。银行年度决算对于提高银行经营管理水平，向管理当局、投资者、债权人等社会公众提供正确、完整、真实的财务会计信息，充分发挥银行的职能作用，具有重要的意义。

2. 基层机构是具体办理年度决算的单位，是全系统年度决算的基础环节。基层单位的决算准备工作主要包括：清理资金、核对财务、清查财产、核实损益、试算平衡、做好银行年度决算电子系统设定的准备工作等。年度决算前的准备工作是年度决算工作的基础。

3. 我国银行以每年的 12 月 31 日为年度决算日，这一天无论是否属于法定休假日，均应办理年度决算。各行应具体做好以下几项工作：及时处理并结平当天的账务、检查各项库存、调整金银和外币记账价格、核实应交税款、结转本年利润和办理新旧账簿的结转。

4. 财务报告也称为财务会计报告，是银行对外提供的反映全行某一特定日期财务状况和某一会计期间经营成果、现金流量等会计信息的书面文件。一般来说，银行的财务报告由财务报表、财务报表附注以及财务情况说明书组成。（不要求编制和提供财务情况说明书的银行除外。）

本章练习

一、单项选择题

1. 2006年12月31日为周日，商业银行A行的年度决算日安排在（　　）。

A. 12月29日　　B. 12月30日　　C. 12月31日　　D. 2007年1月1日

2. 国内汇入行对应解汇款资金应积极联系解付，若超过（　　）仍无法解付，应办理退汇手续。

A. 1个月　　B. 2个月　　C. 3个月　　D. 6个月

3. 银行财务报表中的（　　）是一种静态报表。

A. 资产负债表　　B. 利润表

C. 现金流量表　　D. 利润分配表

4. 《纳税人财务会计报表报送管理办法》规定，季度会计报告应当在季度终了后（　　）天内提供。

A. 10天　　B. 15天　　C. 一个月　　D. 6天

5. 根据我国财务报表列报准则的规定，银行资产负债表采用（　　）的格式。

A. 账户式　　B. 报告式　　C. 单步式　　D. 多步式

6. 要列入银行的资产负债表的项目是（　　）。

A. 汇兑损益　　B. 向中央银行借款

C. 税金及附加　　D. 所得税费用

7. （　　）主要提供有关银行财务状况方面的信息，即某一特定日期关于银行资产、负债、所有者权益及其相互关系的信息。

A. 资产负债表　　B. 利润表　　C. 现金流量表　　D. 利润分配表

8. （　　）可以反映银行一定会计期间收入的实现情况、费用的耗费情况和银行业务经营活动的成果。

A. 资产负债表　　B. 利润表　　C. 现金流量表　　D. 利润分配表

9. （　　）可以为财务报表使用者提供银行一定会计期间内现金和现金等价物流入和流出的信息。

A. 资产负债表　　B. 利润表　　C. 现金流量表　　D. 利润分配表

10. （　　）是以文字来补充说明商业银行在一定会计期间的财务经营状况、利润实现及分配情况的综合性说明。

A. 资产负债表附表　B. 利润表附表　　C. 财务报表附注　　D. 财务情况说明书

二、多项选择题

1. 银行基层单位的决算准备工作主要包括（　　）。

A. 清理资金　　B. 核对账务

C. 清查财产　　D. 核实损益和试算平衡

2. 各银行在年度决算前，会计部门对各种资金进行清理，主要包括（　　）。

A. 清理贷款资金　　B. 清理存款资金

C. 清理结算资金　　D. 清理内部资金

3. 银行在年度决算日的工作内容有（　　）。

A. 及时处理并结平当天的账务

B. 检查各项库存，调整金银、外币记账价格

C. 核实应交税款

D. 结转本年利润

E. 办理新旧账簿的结转

4. 银行财务报告的核心是财务报表，包括（　　）。

A. 资产负债表　　B. 利润表　　C. 利润分配表　　D. 现金流量表

5. 银行财务报告按照编制时间可以分为（　　）。

A. 月度财务报告　　B. 季度财务报告

C. 半年度财务报告　　D. 年度财务报告

6. 银行的月度和季度财务报告至少包括（　　）。

A. 资产负债表　　B. 利润表

C. 所有者权益（股东权益）变动表　　D. 现金流量表

7. 资产负债表的附表包括（　　）。

A. 资产减值准备明细表　　B. 利润表

C. 所有者权益增减变动表　　D. 现金流量表

8. 银行利润分配表的主要项目有（　　）。

A. 本年利润　　B. 净利润

C. 可供分配利润　　D. 期末未分配利润

9. 现金流量表是反映银行一定会计期间内现金和现金等价物流入和流出的财务报表，其中现金等价物包括（　　）。

A. 缴存中央银行超额准备金　　B. 缴存中央银行法定准备金

C. 3 个月内到期的存放同业款项　　D. 3 个月内到期的债券投资

10. 银行财务情况说明书的主要内容有（　　）。

A. 银行经营的基本情况

B. 利润实现和分配情况

C. 资金增减和周转情况

D. 对银行财务状况、经营成果有重大影响的其他事项

三、判断题

1. 银行系统内部凡独立会计核算单位（总行、分行、支行）都应进行年度决算，附属会计核算单位（分理处、营业所）则应当以并账或并表方式，由管辖行合并进行年度决算。（ ）

2. 我国银行以每年的12月31日为年度决算日，无论是否属于法定休假日，均应办理年度决算。（ ）

3. 各银行在年度决算前要清理存款资金，对连续两年未发生资金收付、经联系又查找不到存款户的存款，可按规定转入“其他应付款”账户管理。（ ）

4. 年度决算前的准备工作是年度决算工作的基础，决算日的工作是年度决算工作的关键。（ ）

5. 银行编制试算平衡表时总账各科目累计发生额和借贷方余额平衡，说明银行该会计年度的账务无误。（ ）

6. 银行年终结转利润时，将各项收入类账户的余额转入“本年利润”账户的借方，将各项支出类账户的余额转入“本年利润”账户的贷方，结平各损益类账户余额。（ ）

7. 银行半年度财务报告至少应包括资产负债表、利润表、现金流量表、所有者权益（股东权益）变动表以及附注。（ ）

8. 银行通过账户式资产负债表，可以反映资产、负债、所有者权益之间的内在关系，即“资产＝负债＋所有者权益”。（ ）

9. 根据财务报表列报准则的规定，银行应当采用单步式利润表，将不同性质的收入和费用类别进行对比。（ ）

10. 银行现金流量表划分为经营活动、投资活动和筹资活动，按照权责发生制原则编制。（ ）

附录一
练习题参考答案

附录二
中国工商银行会计科目

附录三
新会计准则会计科目

参考文献

1. 中国人民银行支付结算司. 新版票据与结算凭证使用手册. 北京：中国金融出版社，2006.

2. 中华人民共和国财政部. 企业会计准则——应用指南. 北京：中国财政经济出版社，2006.

3. 中国人民银行支付结算司. 中国支付结算制度汇编. 北京：中国长安出版社，2009.

4. 周江银. 银行会计. 厦门：厦门大学出版社，2014.

5. 吴胜. 商业银行会计. 2版. 北京：高等教育出版社，2014.

6. 施晓春，周江银. 商业银行会计. 北京：中国财政经济出版社，2014.

7. 孟艳琼. 金融企业会计. 北京：中国人民大学出版社，2016.

8. 刘银玲. 商业银行会计学. 成都：西南交通大学出版社，2018.

9. 周江银. 外汇会计. 厦门：厦门大学出版社，2018.

10. 关新红，李晓梅. 金融企业会计. 3版. 北京：中国人民大学出版社，2018.

11. 志学红. 银行会计. 4版. 北京：中国人民大学出版社，2019.

教师教学服务说明

中国人民大学出版社财会出版分社以出版经典、高品质的会计、财务管理、审计等领域各层次教材为宗旨。

为了更好地为一线教师服务，近年来财会出版分社着力建设了一批数字化、立体化的网络教学资源。教师可以通过以下方式获得免费下载教学资源的权限：

在中国人民大学出版社网站 www. crup. com. cn 进行注册，注册后进入“会员中心”，在左侧点击“我的教师认证”，填写相关信息，提交后等待审核。我们将在一个工作日内为您开通相关资源的下载权限。

如您急需教学资源或需要其他帮助，请在工作时间与我们联络：

中国人民大学出版社　财会出版分社

联系电话：010-62515987，62511076

电子邮箱：ckcbfs@ crup. com. cn

通讯地址：北京市海淀区中关村大街甲 59 号文化大厦 1501 室（100872）

人大社财会